World Book 122
Martin Luther
VON DER FREIHEIT EINES CHRISTENMENSCHEN
DAY BY DAY WE MAGNIFY THEE
그리스도인의 자유/루터 생명의 말
마틴 루터/정태륭 옮김

동서문화사

디자인 : 동서랑 미술팀

그리스도인의 자유/루터 생명의 말
차례

그리스도인의 자유
예수 … 12

루터 생명의 말
머리말 … 47

1월 … 49

2월 … 111

3월 … 167

4월 … 231

5월 … 291

6월 … 353

7월 … 409

8월 … 463

9월 … 519

10월 … 573

11월 … 631

12월 … 687

수난 … 745

부활절 … 767

성령강림절 … 783

대강절·성탄절 … 797

루터의 생애 사상 저작 … 825

루터 연보 … 855

Von der Freiheit eines Christenmenschen
그리스도인의 자유

사려 깊고 현명한, 특히 애정이 풍부한 나의 친구이자 후원자이신 츠비카우 시장 히에로니무스 뮬포르트[*1] 군에게, 아우구스틴파(派) 수도사이자 마르티누스 루터라는 이름의 나는 충심으로부터의 봉사와 모든 소유를 바칩니다.

  사려 깊고 현명한 주군이자 자애가 넘치는 친구여. 당신의 찬미할 만한 시(市)의 설교자이자 존경하는 마기스테르 요한 에그란[*2]께서 당신이 성서에 대해서 품고 계신 사랑과 열성에 대해서, 또 당신이 이것을 근면하게 고백하고 또한 사람들 앞에서 찬양하고 있다는 것을 극구 칭찬하셨습니다. 그리고 제가 당신과 잘 알고 지내는 사이가 되기를 간절히 바라고 계셨는데 저 자신도 그의 말에 기꺼이 따르고자 합니다. 하느님의 진리를 사랑하신다는 말을 듣는 것은 저에게 큰 기쁨이기 때문입니다. 그런데 그리스도, 많은 사람을 패하거나 흥하게 하며 비방을 받는 표적이 되기 위하여 세움을 받은 이 그리스도[*3]로 말미암아 많은 사람들이 좌절하거나 넘어지고 또 일어나야 하는데—이렇게도 많은 사람들이, 특히 자신의 직함을 믿고 자랑하는 자들이 갖가지 권력과 술책으로 이 진리에 거역하려고 한다는 것은 유감의 극치가 아닐 수 없습니다. 이 때문에 나는, 우리가 교제와 교의(交誼)를 시작하기 전에 이 조촐한 논문을 독일어로—그 라틴어 문장은 로마 교황에 바쳤으므로—당신에게 바치고자 하는 것입니다. 바라건대 이것으로 교황권에 대한 나의 견해와 논의에 대하여 그 누구로부터도 배격을 받는 일이 없도록 그 모든 논거를 사람들 앞에 제시하고자 합니다. 이로써 당신과 하느님의 모든 은혜에 저 자신을 맡깁니다. 아멘.

                                      1520년 비텐베르크에서

예수

제1 '그리스도교적인 인간'*⁴이란 어떤 사람을 말하는가. 또 그리스도인에게 그리스도께서 주신 자유란 어떤 성질의 것인가. 이에 대해서는 성 바울이 충분히 논의한 바이지만, 우리도 이것을 근본적으로 인식할 수 있도록 우선 다음과 같은 두 명제를 들고자 한다.

• 그리스도인은 모든 것의 우위에 서는 자유로운 군주로서 그 누구에게도 종속되지 않는다.
• 그리스도인은 모든 이에게 봉사하는 하인으로서 모든 이에게 종속된다.

이 두 가지 명제는 성 바울이 〈고린토인들에게 보낸 첫째 편지〉 제9장에서 '나는 어느 누구에게도 매여 있지 않는 자유인이지만 되도록 많은 사람을 얻으려고 스스로 모든 사람의 종이 되었다'고 말한 것과, (9:19) 또 〈로마인들에게 보낸 편지〉 제13장에서 '아무리 해도 다할 수 없는 의무가 한 가지 있다. 그것은 사랑의 의무이다'라고 가르친 것으로 (13:8) 명백하다. 그러나 사랑은 사랑하는 것을 섬기고 또 복종하는 것이다. 그것은 그리스도에 대해서도 마찬가지이다. 〈갈라디아인들에게 보낸 편지〉 제4장에 '하느님께서 당신의 아들을 보내시어 여자의 몸에서 나게 하시고 율법의 지배를 받게 하

셨다'고 되어 있는 그대로이다. (4 : 4)

제2 자유와 봉사에 대한 이 두 가지 서로 모순되는 명제를 이해하기 위해서는, 그리스도인은 누구나 영적인 것과 신체적인 것 두 가지 성질을 가지고 있음을 기억하지 않으면 안 된다. 영혼의 면에서 보자면 그리스도인은 영적으로 새로운 내적인 사람이라고 불리고, 육신의 면에서 보자면 신체적으로 낡은 외적인 사람이라고 일컬어진다. 이와 같은 구별이 있기 때문에, 내가 지금 자유와 봉사에 대해서 지적한 바와 같이 그리스도인에 대해 정면으로 모순되는 일이 성서 안에서 언급되고 있는 것이다.

제3 그러면 여기서 내적이고 영적인 사람을 거론하여, 그가 의롭고 자유로운 그리스도인*5인가, 또 그리스도인라고 불리기 위해서는 무엇이 필연적인지를 살펴보기로 하자. 외적인 것은 그것이 무엇이라고 불리던 간에, 결코 사람을 자유롭게 하는 일도 없고 의롭게 만드는 일도 없다는 것이 분명해진다. 사람의 의(義)도 자유도, 또 그 반대로 악도 속박(束縛)도, 모두 신체적인 것도 아니고 외적인 것도 아니기 때문이다. 신체가 속박되지 않고 강건하며 건강하고, 마음대로 먹고 마시는 생활을 한다고 해서 그것이 영혼에게 무슨 이로움을 준단 말인가. 반대로 또 신체가 그 뜻에 반하여 속박되고 병들고 피곤하며 굶주리고 목마르고 괴로워한다고 해서 그것이 영혼에 무슨 손실을 가져온단 말인가. 이와 같은 것들은 영혼까지 깊이 영향을 주어 그것을 자유롭게 하거나 또는 속박하거나, 의롭게 하거나 나쁘게 하는 일에 절대로 관여할 수가 없다.

제4 마찬가지로 또 신체가 사제나 성직자가 입고 있는 것과 같은 성의(聖衣)를 입는다고 해서 영혼을 치장하지도 않으며, 또 교회나 신성한 영역(靈域)에 참예한다고 해도 소용이 없으며, 신성한 행사에 참여해도 쓸모가 없고, 신체만으로 기도하고 단식하고 순례에 참여하고, 또 신체로 행할 수 있는 선행을 모두 완수했다고 해도 모두 무익한 일이다. 실로 영혼에 의를 가져오고 자유를 부여할 수 있는 것은 이것과는 전혀 다른 것이어야 한다. 왜냐하면 이상에서 말한 모든 행위와 방법은 사악한 사람, 사기꾼이나 위선자라도 이를 소유하고 행할 수가 있으며, 또 이러한 것으로는 오직 위선자만이 생겨날 것이기 때문이다. 이에 반해서 신체가 성의가 아닌 평복을 입고, 신성하지 않는 곳에 살면서 보통 음식을 들고 순례도 기도도 하지 않고 위에서 말한 위선자가 행하는 행위를 전혀 하지 않아도 그것 또한 영혼에 아무런 장애도 가져오지 않는다.

제5 영혼은 성스러운 복음, 즉 그리스도에 대해서 설교된 하느님의 말씀 외에 의롭게 하고 자유롭게 하며 그리스도인이 되게 하는 그 어떠한 것을 하늘도 땅도 가지지 않는다. 이에 대하여 그리스도께서는 이렇게 말씀하셨다. 〈요한의 복음서〉 제11장 '나는 부활이요 생명이니 나를 믿는 사람은 죽더라도 살겠다.'(11 : 25) 마찬가지로[*6] 제14장 '나는 길이요 진리요 생명이다.'(14 : 6) 마찬가지로 〈마태오의 복음서〉 제4장 '사람이 빵으로만 사는 것이 아니라 하느님의 입에서 나오는 모든 말씀으로 살리라.'(4 : 4) 이것으로 우리는 다음과 같이 확신할 수 있다. 즉, 영혼은 하느님의 말씀 이외에 아무것도 필요치 않지만, 하느님의 말씀 없이는 다른 그 무엇으로도 그를 대신할 수가 없다. 그러나 만약에 영혼이 하느님의 말씀을 갖는다면, 더 이상 다른 아무것도 필요로 하지 않는다. 말씀만으로 충분하며, 그때 음식도 기쁨도 평화도 영광도 기능도 경건도 진리도 지혜도 자유도 모든 재물도 차고 넘치도록 소유한다. 그래서 우리는 〈시편〉 제119편[*7]을 통해, 선지자는 하느님의 말씀을 향하는 일 외에 아무것도 바라지 않는다는 것을 알 수 있다. 또 성서에서, 하느님이 그 말씀을 인간으로부터 거두어들일 때에 이보다 더 무서운 재앙이 없으며 하느님의 가장 격렬한 노여움으로 여기게 되고, (〈아모스〉 8 : 11 이하) 이에 반해 〈시편〉 제107편에 '말씀 한 마디로 그들을 고치시고'*8라고 되어 있는 것처럼 하느님이 그 말씀을 보내실 때에 그보다 큰 은혜가 없다는 것을 알 수가 있다. 그리고 그리스도가 이 땅에 오신 것은 하느님의 말씀을 전하기 위한 바로 그 사명 때문이며, 또 모든 사도들, 사교, 사제와 영적 계급(성직자) 전체가 오직 하느님의 말씀으로 말미암아 부름을 받고 그 자리에 있도록 하신 것이다. 그러나 유감스럽지만 지금의 사태는 그와는 다른 것 같다.

제6 그러나 당신이 이토록 큰 은혜를 내려주시는 말씀이 도대체 어떠한 것인가, 또 그것을 어떻게 사용하면 좋은가를 묻는다면, 나는 대답하리라. 하느님의 말씀이란 복음서에 포함되어 있는 것처럼 그리스도가 하신 설교 이외에는 없다. 즉 당신의 모든 생활도 행위도 하느님 앞에서는 없는 것과 마찬가지이며 오히려 당신 안에 있는 모든 것과 같이 영원히 버려야 한다는 하느님의 말씀을 듣고 깨닫는 것이어야 하고, 또 그렇게 되어 있는 것이다. 이것을 당신이 해야 하는 것으로 올바르게 믿는다면, 그때 당신은 자기 자신에 절망하여 '이스라엘아, 내가 너희를 멸할 터인데, 누가 너희를 도울 수 있겠느냐?'라고 하는 호세아처럼(13:9) 진실을 고백하게 될 것이다. 그런데 하느님은 당신이 자신으로부터, 바꾸어 말하면 당신이 멸망으로부터 벗어날 수 있도록 인자하신 하느님의 아들 예수 그리스도를 앞에 세워, 생명의 위로로 가득 찬 말씀으로 당신에게 이렇게 말씀하게 하셨다. 즉, 당신은 확고한 신앙을 가지고 그리스도에게 자신을 맡기고 과감하게 그를 믿어야 한다. 그러면 이 신앙으로 인하여 당신의 모든 죄를 용서받고 모든 멸망을 이겨내어, 당신은 올바르게 되고 진실되고 평화롭고 의롭게 되어, 모든 율법을 충족하고 모든 것으로부터 자유롭게 될 것이다. 이는 성 바울이 〈로마인들에게 보낸 편지〉 제1장에서 '믿음을 통해서 하느님과 올바른 관계를 가지게 된 사람은 살 것이다.'(1:17) 또 제10장에서 '그를 믿는 사람은 누구든지 하느님과 올바른 관계를 가지게 되었다'라고 말하고 있는 그

대로이다. (10:4)

제7 따라서 말씀과 그리스도를 자기 안에 잘 형성하여, 이 신앙을 부단히 단련하고 강화시키는 일은 모든 그리스도인이 마땅히 해야 할 단 하나의 행위이자 수행이어야 한다. 이 이외의 그 어떠한 행동도 우리로 하여금 그리스도인이 되게 할 수 없다는 것은, 〈요한의 복음서〉 제6장에서 유대인들이 신적(神的)이며 그리스도인으로서의 행동을 다하기 위해서는 무엇을 하여야 하는가—하는 물음에 답하여 그리스도께서 '하느님께서 보내신 이를 믿는 것이 곧 하느님의 일을 하는 것이다'고 말씀하신 대로이다. (6:28 이하) 이것은 아버지이신 하느님께서 처음에 이렇게 정하신 것으로, 바로 이것이 그리스도를 믿는 올바른 신앙이야말로 실로 충만하고 넘치는 부(富)라고 일컬어지는 까닭이다. 무릇 이 신앙이 모든 축복을 가져오고 모든 불행을 제거한다는 것은, 〈마르코의 복음서〉 마지막 장에서 '믿고 세례를 받는 사람은 구원을 받겠지만 믿지 않는 사람은 단죄를 받을 것이다'라고 적은 그대로이다. (16:16) 그래서 선지자 이사야는 제10장에서 이 신앙이 부(富)됨을 우러러보고 '이스라엘아, 너의 겨레가 바다의 모래 같다 하여도 살아남은 자만이 돌아온다. 파멸은 이미 결정된 것, 정의가 넘치리라'고 말하였다. (10:22 참조) 즉 모든 계명이 그 안에 간결하게 요약되어 충실해진 신앙은 넘쳐흘러서 이것을 가지는 모든 사람들을 의롭게 만들고, 그들은 이제 올바르고 의롭게 되기 위해서 그 이상 아무것도 필요하지 않게 되는 것이다. 그래서 성 바울도 〈로마인들에게 보낸 편지〉 제10장에서 '마음으로 믿어서 하느님과 올바른 관계에 놓이고'라고 말하고 있는 것이다. (10:10)

제8 그런데 성서 안에 이토록 많은 율법이나 계명, 계급이나 태도 등이 정해져 있는데도, 의인이 되는 것은 신앙에 의해서뿐이며 이로써 아무런 행동을 하지 않아도 충만한 부를 가져다 준다고 하는 까닭은 무엇일까. 이 점에 대해서는 후에 좀 더 자세히 말하겠지만, 지금은 우선 신앙만이 아무런 행위가 없어도 우리를 의롭게 하고 자유를 주고 구원에 이르게 한다는 것을 분명히 인식하고 진지하게 확신하는 일이 중요하다. 우리는 본디 성서 전체가 두 가지 말씀으로 구별되어 하느님의 율법과 약속으로 되어 있다는 것을 알고 있어야 한다. 율법은 우리에게 여러 가지 선행(善行)을 가르치고 규정하지만, 그렇다고 해서 그대로 되는 것이 아니다. 율법은 지시는 하지만 조력은 하지 않는다. 무엇을 해야 하는지를 가르치기는 하지만 실행하는 힘은 주지 않는다. 따라서 율법은 단지 인간이 이것을 통하여 선에 대해서 무능하다는 것을 깨닫고, 자기 자신을 믿을 수 없음을 알게 하는 데에만 소용이 있을 뿐이다. 따라서 율법은 낡은 계약으로서, 모두 구약성서에 속해 있다. 예를 들어, '네 이웃의 집을 탐내지 못한다'(《출애굽기》 20 : 17)고 하는 계명은 우리가 모두 죄인이고, 누구든지 자신이 원하는 것을 하려고 할 때 나쁜 욕망을 품을 수밖에 없다는 것을 증명하고 있다. 여기에서 사람들은 나쁜 욕망 없이 살고, 스스로는 채울 수 없는 계명을 남의 도움을 받아 충족하기 위해서는 우선 자신의 힘을 단념하고 어딘가에 도움을 청할 수밖에 없다는 것을 배워서 알게 되는 것이다. 이와 마찬가지로 다른 계명도 모두 우리에게는 불가능한 것들이다.

제9 한편, 인간은 자기의 무능력을 계명으로부터 배우고 또 경험하지만, 어떻게 하면 계명을 충족할 수 있는가 하는 불안에 휩싸인다. 계명은 반드시 충족되어야 하고 그렇지 않으면 멸망의 운명을 면치 못하기 때문이다. 그래서 사람들은 마음이 산산이 부서지고 자신의 눈에 매우 비참한 모습으로, 무엇 하나 스스로 의로움이 될 수 있을 만한 것을 찾지 못한다. 이럴 때 비로소 다른 곳으로부터의 말씀, 즉 하느님으로부터의 약속 또는 고지(告知)가 나타나서 말한다. '너희가 만약에 모든 계명을 채우고, 또 계명이 강요하고 요구하는 대로 너희의 나쁜 욕망과 죄로부터 해방되기를 원한다면 그리스도를 믿어라. 그리스도를 통하여 나는 너희에게 모든 은혜와 의와 평화와 자유를 약속한다. 네가 이것을 믿는다면 얻을 수 있고 믿지 않는다면 얻을 수 없다. 계명은 많을 수밖에 없고, 더욱이 아무 쓸모가 없는 계명이 요구하는 모든 것을 행해야 하기 때문에 너희는 아주 무력했다. 그러나 이제 그것이 아주 쉽고 간단하게 신앙에 의하여 이루어지는 것이다. 내가 모든 것을 압축해서 신앙 안에 두었으므로, 이를 갖는 자는 모든 일에 의로울 수 있고 이를 가지지 않는 자는 아무것도 얻을 수 없다.' 이렇게 해서 하느님의 부르심은 계명이 요구하는 것을 충족하고, 계명이 명하는 것을 성취하여, 계명과 충실과 모든 것을 하느님의 것으로 만든다. 명령하시는 것도 하느님뿐이고, 충만하게 하는 것도 오직 하느님뿐이다. 그러므로 하느님의 부르심은 새로운 계약의 말씀으로서 신약성서에 속하는 것이다.

제10 하느님의 모든 말씀은 성스럽고 진실하며 의롭고 평화적이고 자유로우며, 모든 선으로 충만해 있다. 따라서 사람이 올바른 신앙을 가지고 이에 굳게 의지한다면 그 영혼은 하느님의 말씀과 합체하고 완전히 합일하여 말씀의 모든 덕이 영혼의 것이 되고, 또 신앙에 의해서 하느님의 말씀으로부터 성스럽고 의롭고 진실되며 평화적으로 자유이자 모든 선에 가득 차, 진정한 하느님의 아들이 되는 것이다. 이것은 〈요한의 복음서〉 제1장에 '그분을 맞아들이고 믿는 사람들에게는 하느님의 자녀가 되는 특권을 주셨다'고 말씀하신 그대로이다. (1:12)

이러한 점에서 쉽게 인식할 수 있는 것은 어떻게 해서 신앙은 이토록 많은 일을 할 수가 있는가, 그리고 그 밖의 어떠한 선행도 이와 비교할 수가 없는가 하는 점이다. 그 어떤 선행도 신앙처럼 하느님의 말씀에 의지해 있지 않으며, 영혼 안에 있을 수 없으며, 오직 하느님의 말씀과 신앙만이 영혼 안에서 이를 지배하기 때문이다. 마치 쇠가 불속으로 던져져서 불꽃과 하나가 되어 불꽃처럼 빨갛게 되듯이 영혼도 말씀 안에 있는 것을 말씀으로부터 받는다. 그래서 그리스도인은 신앙만으로 충분하여서, 의롭게 되는 어떠한 행위도 행할 필요가 없다는 것이 명백해진다. 이리하여 그가 이제 어떠한 행동도 필요 없다고 하면 분명히 그는 모든 계명과 율법으로부터 해방되어 있는 것이며, 해방되어 있다고 하면 분명히 그는 자유인 것이다. 이것이 그리스도교적인 자유이며, '신앙에 의해서만' 이루어지는 것이다. 하는 일 없이 게으름을 피우거나 제멋대로 행동해도 된다는 것이 아니라, 우리가 의와 축복에 이르기 위해서는 아무런 행동도 필요하지 않다는 것을 말하는 것이다. 이에 대해서는 나중에 다시 말할 기회가 있을 것이다.

제11 또 신앙에는 다음과 같은 것이 관계되어 있다. 우리가 남을 믿는 것은 상대편을 정직하고 진실한 인격으로 존중하기 때문이며, 이 존경은 타인에게 바치는 최대의 영예이다. 이에 반하여 그를 거짓말쟁이 혹은 경솔한 사람으로 인정한다면 그것은 최대의 모욕이다. 그와 같이 만약 영혼이 하느님의 말씀을 확신한다면 하느님을 참되고 정직한 의로운 분으로 인정하는 것이며, 이렇게 함으로써 영혼은 하느님께로 돌아갈 수 있는 최고 최대의 영예를 바치고 있는 것이다. 이 경우 영혼은 당연히 되돌릴 것을 하느님에게 돌리고, 당연히 맡길 것을 하느님에게 맡기고, 하느님의 거룩한 이름을 숭상하고 하느님의 뜻대로 나를 맡기고 있는 것이다. 이것은 하느님께서 그 모든 말씀에서 의롭고 진실하다는 것을 영혼이 의심치 않기 때문이다. 반면에, 영혼이 하느님을 믿지 않는다면 하느님에 대해서 이보다도 큰 모욕은 없다. 이 불신앙에 의해서 영혼은 하느님을 악한 자, 위선자, 믿을 수 없는 자로 만들고, 할 수 있는 데까지 하느님을 거부하고, 마치 자기가 하느님보다도 현명하다고 자부하기라도 하는 것처럼 하느님에 거역하여 자신의 뜻에 맞는 우상을 마음속에 만들기 때문이다. 그러므로 영혼이 하느님에게 진실됨을 돌리고 그 신앙으로 하느님을 숭상하는 것을 하느님이 보신다면, 하느님도 영혼에게 영예를 허락하시고 이를 의롭고 진실된 자로 인정하시고, 영혼도 또한 이와 같은 신앙에 의해서 의롭고 진실해지게 된다. 사람이 하느님에게 진리와 의를 돌리는 것은 그것은 의롭고 진실된 일이며, 또한 그를 정당하고 진실하게 만들기 때문이다. 하느님에게 진실을 돌리는 것은 참되고 의로운 일이기 때문이다. 그러나 신앙에 의하지 않고, 더욱이 많은 선행(善行)을 추구하고 노고(勞苦)하는 자는 이 은혜를 받을 수 없다.

제12 신앙은 단순히 영혼이 하느님의 말씀과 같아지고[*9] 모든 은혜로 가득 차 자유롭고 축복을 받도록(구원을 받도록) 할 뿐만 아니라, 더 나아가 영혼으로 하여금 마치 신부를 신랑에게 짝지어 주듯이 그리스도와 하나가 되게 한다. 이 혼인의 결과, 성 바울의 말처럼(《에페소인들에게 보낸 편지》 5:30) 그리스도와 영혼은 일체가 되고 양자의 각 소유도 행운도 불운도 모든 것이 공유되어서, 그리스도가 소유하시는 것은 신앙 있는 영혼의 소유가 되고, 영혼이 소유하는 것이 그리스도의 것이 된다. 그래서 그리스도가 가지고 계셨던 모든 선한 것과 축복은 영혼에 소속되고, 마찬가지로 영혼에 속해 있던 모든 부덕(不德)과 죄의 허물은 그리스도에 맡겨진다. 이렇게 거룩한 교환과 화합이 시작되는 것이다. 그리스도는 신이자 인간이며 죄에 빠진 일이 없고 그 의가 파괴된 적이 없으며, 영원하고 전능하시기 때문에, 신앙을 가진 영혼의 죄를 영혼이 갖는 신앙이라고 하는 결혼반지 때문에 자기 것으로 삼아 마치 자신이 그 죄를 진 것처럼 짊어지신다. 그리하여 죄는 그리스도 안에 삼켜져서 익사하게 된다. 그것은 그리스도의 깨뜨릴 수 없는 의가 모든 죄에 너무도 강하기 때문이다. 이리하여 영혼은 오직 그 예물, 즉 신앙 때문에 모든 죄로부터 정결케 되어 자유롭게 석방되어 신랑인 그리스도가 베푸는 영원한 의를 받게 된다. 부유하고 고귀하며 의로운 신랑 그리스도가 가난하고 천하고 나쁜 신부를 얻어, 모든 악으로부터 이를 해방시키고, 모든 선을 가지고 이를 영광되게 하신다. 이 얼마나 훌륭한 거래(가계)인가! 죄가 영혼을 멸망으로 빠뜨리는 일은 없다. 죄는 이제 그리스도가 짊어지시는 것이 되고 그리스도께서 삼키셨기 때문이다. 이제 영혼은 그의 신랑 때문에 이토록 풍만한 의를 가지게 되므로 비록 모든 죄가 그에게 닥쳐오더라도 과감하게 이에 대항할 수가 있다. 여기에 대해서 성 바울은 〈고린토인들에게 보낸 첫째 편지〉 제15장에서 이렇게 기록하고 있다. '우리 주 예수 그리스도를 통하여 우리에게 승리를 주신 하느님께 감사하노니.'(15 : 57)

제13 그러나 당신은 여기에서 다시금, 신앙이 모든 계명을 채우고, 그 이외에 아무런 행위도 없이 의롭게 된다는 것이 과연 어떤 근거에 의해서 이토록 정당화되는가 하는 이유를 이해할 것이다. 왜냐하면 여기에서 당신은 '너희는 내 앞에서 다른 신을 모시지 못한다'라고 명하는 10계의 제1계명을 흡족케 하는 것이 신앙 외에는 없다는 것을 알고 있을 것이다. 비록 당신이 발끝까지 순수하게 선행만 행하였다 해도, 그로써 의롭게도 되지도 않고 하느님에게 영광을 돌릴 수 있는 것도 아니며, 따라서 제1계명을 충족시킨 것도 아니다. 하느님이 실제로 그러하신 것처럼, 진리와 모든 선이 하느님에게 돌려질 수 없다면 하느님이 숭상받고 있다고 할 수 없기 때문이다. 그러나 이를 마무르는 것은 그 어떤 선행도 아니고, 오직 마음속에서 우러나오는 신앙이기 때문이다.

그러므로 신앙만이 인간의 의이며, 모든 계명의 충족이다. 왜냐하면 제1의 중요한 계명을 채우는 자라야 비로소 확실하고 쉽게 다른 모든 계명도 충족할 수 있기 때문이다. 그러나 행위는 죽은 것이다. 본디 하느님에게 영예와 찬미를 돌리기 위해 그 행위가 이루어지거나 또 이루어지는 대로 허용되는 일은 있어도, 그 자체가 하느님을 숭상하고 찬미하는 것은 아니다. 그러나 우리가 지금 여기에서 구하고 있는 것은 행위와 같이 타동적으로 이루어지는 것이 아니라, 스스로 작용하고 스스로 주가 되는 자이신 하느님을 숭상하는 행위를 하는 것으로서, 이것은 마음속으로부터의 신앙이 없으면 할 수 있는 일이 아니다. 즉, 신앙이 의의 바탕이며, 아니, 그 모든 존재이다. 따라서 만약에 하느님의 계명은 행위를 가지고 채우는 것이라고 가르치는 사람이 있다면, 그것은 심히 위험한 가르침이다. 충실은 모든 행위에 앞서 신앙에 의해 이루어지고, 충만한 후에 행위가 수반되어야 하기 때문이다. 이것은 후에 다시 언급할 것이다.

제14 더 나아가 우리는 그리스도로부터 무엇을 얻을 수 있는가, 또 올바른 신앙이라고 하는 것이 얼마나 큰 보물인가를 분명히 하기 위해서는 구약 이전이나 구약성서에서도, 하느님이 모든 인간이나 동물에게서 태에서 처음 난 모든 것을 골라서 스스로 가지셨다는 것을 상기하는 것이 좋다. 초생아*[10]는 소중하며, 다른 모든 자제보다 앞서 두 가지 큰 특권인 지배권과 사제권(司祭權), 즉 왕자의 권위와 사제직을 부여받았다. 따라서 지상에서 맨 처음 태어난 아이는 모든 동생들 위에 위치하는 군주이며, 또 하느님 앞에 서는 제사장, 즉 교황이었다. 이 이야기는 동정녀 마리아에게서 나신 아버지 하느님의 맏자녀인 예수 그리스도를 비유적으로 상징하는 것으로, 즉 그리스도가 왕자이자 제사장임을 뜻한다. 물론 영적으로서이다. 그리스도의 나라는 지상의 것이 아니며, 지상의 보물에 의해 존재하는 것도 아니고, 진리, 지혜, 평화, 기쁨, 축복(구원) 등과 같은 영적인 보물에 의해 성립되기 때문이다. 그렇다고 해서 현재의 보물이 폐기되는 것은 아니다. 그리스도는 눈에 보이지 않는 영으로 통치하신다. 아무도 그를 보지 못한다고는 하지만, 하늘에 있는 것, 땅에 있는 것, 땅속에 있는 모든 것이 그에게 종속되어 있다.

마찬가지로 그리스도의 사제직도 보통의 인간에게서 볼 수 있는 것과 같은 외적인 동작(의식)이나 복장에 의해 유지되는 것이 아니라, 눈에 보이지 않는 영으로 존립하고 있다. 따라서 그는 그를 믿는 자를 위해 끊임없이 하느님 앞에 서고, 자기 스스로를 바쳐서 의로운 제사장이 행하여야 할 모든 일을 행한다. 성 바울이 〈로마인들에게 보낸 편지〉 제8장에서 말하고 있는 바와 같이, 그는 우리를 위하여 간구하고 계신다. (8 : 34) 이와 같이 그리스도는 우리를 마음으로 가르치신다. 이 두 가지 일은 제사장의 고유하고 정당한 직무이므로, 외적이며 인간적이고 현세적인 사제도 이와 같이 기원하고 가르치는 것이다.

제15 그리스도는 영예와 품위를 갖춘 초생아이지만, 그는 이 지위와 특권을 그에게 속하는 모든 그리스도인에게 나누어 주고, 그들도 신앙을 통하여 그리스도와 함께 왕과 사제가 되게 하신다. 성 베드로가 〈베드로의 첫째 편지〉 제2장에서 '너희는 선택된 민족이고 왕의 사제들이며'라고 말한 것은 그 때문이다. (2 : 9) 그리고 그리스도인은 신앙을 통해서 만물 위에 높이 서고, 그 무엇도 그의 축복에 상처를 줄 수가 없기 때문에, 영적으로 모든 것의 왕이 됨으로써 이가 성취된다. 실제로 성 바울이 로마인들에게 보낸 편지 제8장에서 '곧 하느님의 계획에 따라 부르심을 받은 사람들에게는 모든 일이 서로 작용해서 좋은 결과를 이루리라'고 가르치고 있는 바와 같이, (8 : 28 이하) 모든 것이 그에 속하여 그 축복을 도울 수밖에 없는 것이다. 마찬가지로 〈고린토인들에게 보낸 첫째 편지〉 제3장에도 '그러므로 아무도 인간을 자랑해서는 안 된다. 모든 것이 다 너희의 것이다'라고 되어 있다. (3 : 21 이하) 본디 이것은 지상에 있는 인간이 하는 것처럼 우리가 신체적으로 모든 것을 마음대로 소유하거나 사용하는 것을 말하는 것이 아니다. 우리는 신체적으로 죽을 수밖에 없기 때문에 누구나 죽음을 면할 수 없고, 또 그리스도와 그의 성도들이 보여 주는 것처럼 다른 많은 것에도 복종해야 한다. 그러므로 여기에서 말하고 있는 것은 영적 지배에 대한 것이다. 신체적으로는 강제 아래에 놓여 있어도 영을 지배할 수 있고, 영혼을 따르면 모든 것이 없어도 나 스스로를 선하게 하여 죽음과 고뇌까지도 나를 도와 축복에 이르는 것이다. 참으로 이것은 고귀한 영예가 있는 품위이자, 옳고 전능한 주권이며, 영적인 왕국이다. 믿기만 하면 제아무리 좋든 나쁘든 나에게 유익하지 않은 것은 없다. 더욱이 나의 신앙만으로 충분하므로 아무것도 필요하지 않다. 보라, 이 얼마나 귀중한 그리스도인의 자유와 권위인가.

제16 게다가 우리는 제사장이다. 이는 왕자가 되는 것보다도 훨씬 나은 직무이다. 우리로 하여금 하느님 앞으로 나아가서 남을 위해 기원하는 자가 되게 하시기 때문이다. 하느님 앞에 서서 기원하는 것은 제사장 이외의 그 누구에게도 허락되지 않는 일이었으나, 다만 그리스도께서 우리를 붙드셔서 마치 제사장이 사람들의 육신을 대신하여 앞으로 나아가서 기원하듯이, 우리로 하여금 영적으로 서로를 위하여 앞으로 나아가 기원하게 해 주셨다. 따라서 그리스도를 신앙하지 않는 자는 무슨 일을 해도 쓸모가 없고, 모든 것의 노예가 되어 그 무엇에도 방해되어 넘어질 뿐만 아니라, 그의 기도도 받아들여지지 않고 하느님 앞에 설 가치도 없는 것이다. 그 누가 이와 같은 그리스도인의 영예와 존귀를 생각해 낼 수 있는가. 그리스도인은 왕자가 됨으로써 만물을 지배하고, 제사장이 됨으로써 하느님도 움직인다. 〈시편〉에 '당신을 경외하는 사람의 소원을 채워 주시며 그 애원 들으시어 구해 주신다'고 되어 있는 것처럼, (145 : 19) 하느님은 그리스도인들이 기도로써 구하는 것을 들어 주시기 때문이다. 그리고 그리스도인들이 이와 같은 영예에 이르는 것은 오직 신앙을 통해서이지 그 어떤 행위에 의해서가 아니다. 이제 그리스도인들은 모든 것으로부터 자유로우며, 모든 것 위에 서며, 따라서 의인이 되고 축복받기 위해서 그 어떤 선행도 필요치 않으며, 오히려 신앙이 그에게 모든 것이 넘치도록 풍요를 가져 준다는 것을 분명히 알 수 있을 것이다. 그리고 만약에 그가 어리석게도 선행으로 의롭게 되고 자유가 되고 축복을 받아서 그리스도인이 되려고 한다면, 마치 고기 한 조각을 입에 물고 있으면서 물속에 비친 자신의 그림자에 달려들어 고기와 그림자를 모두 잃은 개처럼*11 그는 모든 것과 함께 아마 신앙도 잃을 것이다.

제17 그렇다면 그리스도교 세계에서 이와 같이 그들이 모두 제사장이라고 한다면, 사제와 평신도 사이에 도대체 어떠한 구별이 있는가 하고 묻는 사람이 있을지도 모른다. 나는 이렇게 대답한다. 사제나 신부, 성직자 등의 용어가 일반 사람들로부터 제거되어, 이제 성직자 계급이라고 불리는 소수의 사람에게만 적용되었다는 사실이 이들 용어법을 부당하게 만들었다고. 성서에서는 학자들이나 성직자들을 단순히 봉사자,*12 하인, 집사라고 부르며 다른 사람들에게 그리스도와 신앙과 그리스도교적 자유를 설교할 임무를 가진 사람이라고만 할 뿐, 그 이외에 어떤 차별도 인정하지 않는다. 우리는 사제이기는 하지만 우리 모두가 봉사하고 사무를 보고 설교할 수는 없기 때문이다. 따라서 바울은 〈고린토인들에게 보낸 첫째 편지〉 제4장에 '너희는 우리를 그리스도의 일꾼으로 여기며 하느님의 심오한 진리를 맡은 관리인으로 생각해야 한다'라고 말하고 있다. (4 : 1) 그런데 지금은 그 집사직에서 현세적이고 외적으로 빛나는 위엄 있는 주권과 권력이 발생하여, 지상의 정당한 권위로도 도무지 이에 필적할 수 없게 되어, 평신도 같은 사람들은 거의 그리스도교 신도와는 다른 것처럼 여겨지게 되었다. 이 때문에 그리스도교의 은혜도 자유도 신앙도, 우리가 그리스도에게서 받는 모든 것에 대한 이해도 완전히 상실되고, 그리스도 자신도 빼앗기셨다. 그 대신 우리가 얻은 것은 수많은 인간적 율법과 행동뿐, 우리는 이 지상에서 가장 못된 사람들의 종복이 되어 버린 것이다.

제18 이상 살펴본 것에서 우리는 다음과 같은 것을 배우게 된다. 만약에 사람들이 그리스도의 생애와 사업을 피상적인 것으로, 더욱이 단순한 이야깃거리나 연대적인 기록으로서 이야기하는 데에 그친다면, 그것은 설교만으로 부족하다. 하물며 그에 대해서 전혀 언급하지 않고 오로지 교회법이나 그 밖의 인간적인 법률이나 교법을 강론하기만 한다면 그것은 전혀 논할 가치가 없다. 또 그리스도에 대해서 설교하거나 낭독할 때에, 그를 동정하여 유대인에 대해 분개하고, 더 나아가 어린애처럼 구는 사람이 적지 않다. 하지만 그리스도는 나나 당신에게나, 그 말씀을 듣고 신앙심이 일어나 그것이 굳어지도록 설교되어야 하며 또 그렇게 될 수밖에 없는 것이다. 그러나 그리스도가 왜 오셨는가, 그를 어떻게 사용하고 맛보아야 할 것인가, [13] 그는 우리에게 무엇을 가져다 주는가—하는 것을 들었을 때에 비로소 신앙이 되살아나고 유지된다. 따라서 위에서 말한 바와 같이 그리스도로부터 받은 그리스도교적 자유를 올바르게 해석하여, 우리가 모든 것을 지배하는 왕이자 사제이며, 그리하여 우리가 행위하는 모든 일이 하느님 눈앞에 기꺼이 받아들여지고 청취된다는 것을 이해하였을 때이다. 이처럼 마음이 그리스도를 들을 때, 마음은 그 깊은 바닥에서부터 환희에 넘치고, 위로를 받고, 감미로운 그리스도[14]에게 사랑을 바치게 된다. 이것은 결코 율법이나 행동으로 다다를 수 있는 곳이 아니다. 그때 몇 사람이 이러한 마음에 상처를 받고 공포를 느끼게 될까? 비록 죄와 죽음이 닥쳐온다고 해도, 마음은 그리스도의 의가 나의 것이고, 자기의 죄가 이미 자신의 것이 아니라 그리스도의 것이라는 것을 믿고 있다. 그리고 위에서 말한 바와 같이[15] 죄는 신앙으로 그리스도의 의 앞에서 사라지게 되어 있다. 그러므로 사도와 함께 죽음과 죄에 거슬려 겁먹을 필요도 없이, '죽음아, 네 승리는 어디 갔느냐? 죽음아, 네 독침은 어디 있느냐? 죽음의 독침은 죄요, 죄의 힘은 율법이다. 그러나 우리 주 예수 그리스도를 통하여 우리에게 승리를 주신 하느님께 감사하노니'(《고린토인들에게 보낸 첫째 편지》 15 : 55 이하)라고 딱 잘라 말할 수가 있는 것이다.

제19 이것으로 내적인 사람과 그 자유 및 의에 대해서는 이미 충분히 언급한 것으로 본다. 그것은 그 어떤 율법도 선행도 필요로 하지 않는다. 아니, 율법이나 선행으로 의롭게 되기를 바란다면 오히려 그것이 장애가 된다는 것이었다. 그래서 우리는 제2부, 외적인 사람에 대한 논술로 들어가기로 한다. 여기에서 우리가 대답하고자 하는 것은, 위의 소론에 좌절하여 다음과 같은 주장을 항상 하는 사람에 관한 것이다. 그들은 주장한다. '아, 만약이 신앙이 전부여서 신앙만으로 사람을 충분히 의롭게 할 수가 있다면, 무엇 때문에 선행을 명령하고 있는가. 우리는 선한 사람이 되고자 하면서도 아무것도 행하지 않아도 되는가?' 아니다. 사랑하는 자여, 그렇지 않다. 만약에 여러분이 단순히 내적인 사람이어서 전적으로 영적이며 내적이 되었다면 그럴지도 모르지만, 그것은 종말의 날에 이르기까지는 어려울 것이다. 지상에서 그 시초가 발견되고 또 진보가 있다고 해도 그 완성은 저편의 세계에서 이루어진다. 그래서 사도는 이것을 '성령이 맺는 최초의 열매'*16라고 일컫고 있다. 따라서 앞에서 들었던 '그리스도인은 봉사하는 하인으로서, 모든 사람들에게 종속된다'고 하는 명제는 여기에 관련되어 있는 것이다. 다시 말하면 자유로운 그리스도인은 아무것도 행할 필요가 없으나, 종복으로서의 그리스도인은 모든 것을 행해야 한다. 어째서 그렇게 되는가. 아래를 살펴보기로 한다.

제20 내면적으로 보았을 때 인간의 영혼은, 신앙으로써 충분히 의롭게 되고, 그가 가져야 할 모든 것을 이미 가지고 있다—다만 이 신앙과 충만이 내세에 이를 때까지 한없이 증진되어야 한다는 것을 제외하고는.—그렇다 하더라도 그는 지상에서 여전히 신체적 생활에 머무르며 신체를 제어하고 또 사람들과 접촉을 계속하지 않으면 안 된다. 여기에서 행위가 시작되는데, 그가 하는 일 없이 시간을 보낸다는 것은 허용되지 않는다. 육체는 단식, 철야(수행), 노동, 기타 모든 훈련으로 강제되고 연단됨으로 말미암아, 내적인 사람과 신앙에 복종하여 그와 동등한 양상을 띠면서 강제되지 않는 경우에 생겨나기 쉬운 방해나 반항을 시도하는 일이 없도록 해야 한다. 내적인 사람이 그에게 이렇게까지 많은 것을 해 주시는 그리스도로 말미암아 하느님과 하나가 되어 기뻐하고 즐거워하면서 보답을 기대하지 않고 자유로운 사랑으로써 하느님에게 봉사하려고 하는 것은 여기에 그의 모든 기쁨이 관련되어 있기 때문이다. 동시에 그는 또 자신의 육체 안에 이 세상을 섬기고 또 내가 기뻐하는 것을 추구하려고 하는 순종치 못한 의지가 있다는 것을 알지만, 신앙이 이를 간과할 수 없기 때문에 이러한 의지를 억제하고 저지하기 위해 힘을 다하여 그 목덜미를 누른다. 성 바울도 〈로마인들에게 보낸 편지〉 제7장에서 '나는 내 마음속으로는 하느님의 율법을 반기지만 내 몸 속에는 내 이성의 법과 대결하여 싸우고 있는 다른 법이 있다는 것을 알고 있다. 그 법은 나를 사로잡아 내 몸 속에 있는 죄의 법의 종이 되게 한다'고 고백했고, (7 : 22 이하) 또 '나는 내 몸을 사정없이 단련하여 언제나 민첩하게 움직일 수 있게 한다. 이것은 내가 남들에게는 이기자고 외쳐놓고 나 자신이 실격자가 되지 않게 하려는 것이다'(〈고린토인들에게 보낸 첫째 편지〉 9 : 27)라고 말했으며, 〈갈라디아인들에게 보낸 편지〉 제5장에도 '그리스도 예수에게 속한 사람들은 육체를 그 정욕과 욕망과 함께 십자가에 못 박은 사람들이다'라고 적고 있다. (5 : 24)

제21 그러나 이런 종류의 행위는 인간이 하느님 앞에서 의롭게 되려는 의도를 가지고 이루어져서는 안 된다. 왜냐하면 하느님 앞에 의롭고 의로워야 하는 것은 오직 신앙뿐이기 때문에, 이와 같은 잘못된 거짓 의욕을 신앙이 그대로 두지 않기 때문이다. 행위는 오직 신체가 온순해지고 그 열악한 욕정으로부터 깨끗해지고, 그의 눈은 오직 열악한 욕정을 몰아내기 위해서만 이를 주시(注視)한다는 의도를 가지고 이루어져야 한다. 영혼은 신앙에 의해 깨끗해지고 하느님을 사랑하게 되므로, 또한 모든 것, 특히 자신의 깨끗한 몸과 함께 모든 사람이 그와 같은 몸을 가지고 하느님을 사랑하고 찬미하게 되기를 바라마지 않는 것이다. 그러므로 인간은 자신의 신체를 짊어지고 하는 일 없이 생활할 수가 없고, 동시에 몸을 강제해서 많은 선행을 다하는 것이 중요해진다. 그래도 그 행위는 하느님 앞에서 의로워지려고 하거나 의로운 선이 되려고 해서는 안 된다. 오직 하느님의 성의(聖意)를 이루기 위해 보답을 바라지 않고 자유로운 사랑으로 이를 행해야 한다. 더욱이 이를 맡아 할 때에는 하느님의 성의(聖意)를 가장 잘 행하고 싶다는 희망을 마음속에 가지고, 성의에 복종하는 일 이외에 아무것도 구하거나 의도해서는 안 된다. 그렇게 하면 각자가 거기에서 알맞은 사려(思慮)를 얻어 신체를 연단하고, 마음대로 행동하려는 마음을 억제하는 것이 필요할 때에 단식하고 철야하고 노동하는 것이 가능하게 된다. 그런데 다른 사람들은 행동으로 말미암아 의롭게 되기를 바라며 연단도 하지 않고 오직 행동만을 구하면서 많고 큰 행동을 하면 틀림없이 의롭게 될 것이라고 생각하여 자칫 그로 말미암아 몸이 멸망하기에 이른다. 신앙 없이 행동으로 의롭게 되고 구원을 얻고자 하는 것은 그리스도교적 생활과 신앙에 대해서 아무것도 이해하지 못한 우둔한 처사라 하지 않을 수 없다.

제22 이에 대해서 우리는 몇 가지 비유를 들어보기로 한다. 그리스도인은 오직 그 신앙과 하느님의 순수한 은혜에 의해서 아무런 대가 없이 의로워지고 축복받았기 때문에, 그가 해야 할 행동은 아담과 하와가 낙원에서 한 행동에 대해 창세기 제2장에 '야훼 하느님께서는 동쪽에 있는 에덴이라는 곳에 동산을 마련하시고 당신께서 빚어 만드신 사람을 그리로 데려다가 살게 하셨다'라고 기록된 바와 같은 행위이다.

아담은 하느님께서 의롭고 또 선하게 만드셨고 죄에 물들지도 않았기 때문에, 근로와 감독을 함으로써 의로워질 필요가 없었다. 하지만 그가 하는 일 없이 지내지 않도록, 하느님은 그에게 낙원에서 나무를 심고 경작하고 이를 간수하는 근로를 명하셨다. 이것은 전적으로 자유로운 행동이었다. 그것은 오직 하느님이 기뻐하시는(성의를 이루는) 일 외에 그 어떤 목적을 위해서 이루어진 것이 아니었고, 애초부터 의에 도달하기 위한 것—아담은 미리 지니고 있었고 우리 또한 나면서부터 지니고 있었던 의—도 결코 아니었다. 신앙이 있는 사람의 행동도 마찬가지이다. 이러한 사람은 그 신앙에 의해서 다시 낙원에 들어가고 새로 창조되었기 때문에, 의로워지기 위한 그 어떤 행위도 필요하지 않다. 다만 하는 일이 없이 게으름을 피우지 않고 몸을 긴장시켜 유지하기 위해서, 오직 하느님만이 기뻐하시는 이러한 자유로운 행동을 하도록 정해져 있는 것이다.

성직에 있는 주교도 마찬가지이다. 그가 교회를 성별(聖別)하고 견진례(堅振禮)[17]를 집행하고, 그 밖의 자기 직무에 속하는 행사에 종사하는 것은 그를 한 사람의 주교가 되게 하기 위한 것이 아니다. 오히려 그가 미리 주교에 서품되지 않았다면 이러한 행동은 아무런 쓸모가 없는 어릿광대의 연극에 지나지 않을 것이다. 마찬가지로 신앙에 의해서 성별된 그리스도인이 선행을 할 때에도, 이로써 더 좋게, 더 많게 성별되어서—이것은 신앙의 증가라는 의미밖에 없다—그리스도인이 될 수 있다는 것이 아니다. 아니, 그가 미리 신앙을 가져서 그리스도인이 되어 있지 않았다면, 그의 모든 행동은 아무런 뜻이 없을 뿐만 아니라 오히려 매우 어리석고 저주받을 죄에 그치고 말았을 것이다.

제23 그러므로 다음 두 가지 명제는 진실이다. 즉, 선하고 의로운 행위가 결코 선하고 의로운 사람을 만드는 것은 아니며 반대로 선하고 의로운 사람이 선하고 의로운 행동을 행하는 것이다. 그리고 나쁜 행위가 결코 나쁜 사람을 만드는 것이 아니라 나쁜 사람이 나쁜 행위를 낳는 것이다. 즉, 어떠한 경우에도 인격이 모든 선한 행위에 앞서서 선하고 의로워야 하며, 이에 따라 선한 행위가 의롭고 좋은 인격에서 생기는 것이다.

그리스도가 '좋은 나무가 나쁜 열매를 맺을 수 없고 나쁜 나무가 좋은 열매를 맺을 수 없다'고 말씀하신 것은(《마태오의 복음서》 7 : 18) 바로 이것이다. 원래 과실이 나무를 맺는 것이 아니라는 것은 당연하지만, 나무도 과실 위에 생기는 것이 아니라 반대로 나무가 과실을 맺고, 그리고 과실이 나무에 열리는 것이다. 나무가 과실보다 먼저 있어야 하므로 과실은 나무를 좋게도 나쁘게도 하지 않는다. 반대로 나무가 과실을 좋게도 하고 나쁘게도 한다. 이와 같이 사람은 선하거나 나쁜 행위를 하기 전에 그 인격이 먼저 의롭거나 나쁘지 않으면 안 된다. 또한, 그의 행위가 그를 좋게 하거나 나쁘게 하거나 하는 것이 아니라, 그가 좋거나 나쁜 행위를 하는 것이다. 모든 수공업에서도 이와 같은 일을 볼 수 있다. 좋거나 나쁜 집이 좋거나 나쁜 목수를 만드는 것이 아니라, 좋거나 나쁜 목수가 좋거나 나쁜 집을 짓는다. 작품이 그 작품을 만드는 장인(匠人)을 낳는 것이 아니라 장인에 따라 그 작품이 결정된다. 인간의 행위도 마찬가지이다. 사람이 신앙에 서느냐 불신앙에 서느냐에 따라 그 행위도 좋아지거나 나빠지거나 하는 것이므로, 반대로 그 행위가 어떠냐에 따라서 그 사람이 의롭거나 불신앙이 되는 것이 아니다. 행위가 신앙적으로 만들지 않듯이 또 의롭게 만드는 일도 없는 것이다.

이에 반해 신앙은 사람을 의롭게 함과 동시에 또 선한 행위를 낳게 한다. 행위가 사람을 의롭게 하는 것이 아니므로, 행위를 하기 전에 먼저 사람이 의로워야 한다. 그러므로 오직 신앙만이 그리스도와 그 말씀에 의한 순수한 은혜로 사람을 의롭게 하고 축복하는 데 충분하다는 것은 매우 명백해진다. 이리하여 그리스도인이 축복을 받기 위해서는 그 어떤 행위나 계명도 필요치 않다. 그는 오히려 모든 계명으로부터 자유로우며, 따라서 그가 행하는 모든 일을 전혀 보답을 바라지 않고 순수하고 자유로운 마음으로 행해야 하며, 결코 자기 이익이나 축복을 바라지 않는다. 그는 그 신앙과 하느님의 은혜로 이미 충만하고 축복받았기 때문에, 그가 하는 행위는 오직 하느님을 기쁘게 하기 위한 것일 뿐이다.

제24 한편, 신앙이 없는 사람에게는 그 어떤 선한 행위도 의와 축복에 이바지하지 않는다. 한편으로는 아무리 나쁜 행위도 그를 나쁘게 하고 저주받을 사람으로 만드는 것이 아니라, 오히려 인격과 나무를 나쁘게 하는 불신앙이 나쁘고 저주스러운 행위를 가져오는 것이다. 그러므로 사람이 의롭거나 나빠지는 것은 구약의 현인[18]이 '인간의 오만은 주님을 저버리는 데서 시작되니 인간의 마음이 그를 지으신 분에게서 멀어진 것이다'고 말한 것처럼 행위가 아니라 신앙에 기인하는 것이다. 마찬가지로 그리스도 행위에 의존해서는 안 된다고 가르치시며 '좋은 열매를 얻으려거든 좋은 나무를 길러라. 나무가 나쁘면 열매도 나쁘다. 열매를 보아 나무를 알 수 있다'고 말씀하셨는데, 《마태오의 복음서》 12 : 33) 이는 좋은 과실을 얻고자 하는 사람은 우선 나무에서 시작하여 나무를 좋게 하여야 한다는 뜻이다. 이와 같이 선한 행동을 하고자 하는 사람은 행위에서 시작하지 말고, 행위를 하게 하는 인격에서 출발해야 한다. 신앙 말고는 그 누구도 인격을 좋게 할 수 없으며, 불신앙 말고는 그 누구도 이를 나쁘게 할 수 없다. 그리스도가 〈마태오의 복음서〉 제7장에 '그러므로 너희는 그 행위를 보아 그들이 어떤 사람인지 알게 된다'라고 말씀하신 바와 같이, (7 : 20) 행위가 어떤 사람을 사람들 앞에서 의롭게도 하고 나쁘게도 한다. 즉 누가 의롭고, 누가 나쁜지가 외면적으로 나타나는 것은 분명히 진실이지만, 그것은 모두 겉치레이고 외관(外觀)이다. 이 외관 때문에 많은 사람들이 잘못을 저지른다. 이들은 어떻게 선행을 하여 의롭게 여겨지는가를 쓰거나 가르치면서도 신앙에 대해서는 조금도 생각하지 않으려고 한다. 그 길을 걸으면서도 장님을 인도하는 장님에 머물러 있다. 그들은 손수 애를 쓰며 많은 행위를 하지만 결코 참다운 의에는 이르지 못한다. 그들에게 성 바울은 〈디모테오에게 보낸 둘째 편지〉 제3장에서 '겉으로는 종교 생활을 하는 듯이 보이겠지만 종교의 힘을 부인할 것이다. 이런 자들을 멀리하라'고 경고하고 있다. (3 : 5 이하)

따라서 이와 같이 장님과 함께 잘못된 길에 들기를 바라지 않는 사람은 행위와 계명, 행위의 가르침을 넘어서 그 이상으로 눈을 돌려야 하며, 무엇보다도 먼저 인격을 보고 어떻게 해서 그것이 의로워지는가를 깨달아야 한다. 그러나 그것은 계명과 행위에 의한 것이 아니라, 하느님의 말씀, 즉 하느님의 은혜의 약속과 신앙에 의해서 의로워지고 축복받는 것이다. 그것은 하느님이 우리를, 우리의 행위가 아니라 그의 은혜로운 말씀에 의해서 대가 없이, 또 순수한 연민에서 축복하시고 하느님의 영예를 간직하게 하시기 때문이다.

제25 이상 말한 것에서 분명히 알 수 있는 것은, 선행(善行)이란 어떤 경우에 버리고 어떤 경우에 버려서는 안 되는가 하는 것과 그리고 선행을 말하는 모든 가르침을 어떻게 이해해야 하느냐 하는 것이다. 만약에 행위로 말미암아 의로워지고 축복받고자 하는 잘못된 부대조항(附帶條項),*19 즉 죄 많은 의도가 숨겨져 있다면 그것만으로 행위는 선해지지 않고 오히려 저주를 받는다. 이와 같은 행위는 자유로울 수가 없고 또 신앙에 의해서만 의로워지고 축복받을 수 있는 하느님의 은혜를 가볍게 보는 것이라고 말할 수 있다. 의로워지는 일은 행위가 할 수 있는 일이 아닌데도, 감히 그것을 하려고 하여 은혜의 작용과 영예를 빼앗으려 하기 때문이다. 그러므로 우리는 그 자체 때문은 아니더라도, 그 행위가 사실 좋지 않은데 겉모습만을 선하게 보이게 하려는 나쁜 부대물과 잘못된 죄 많은 의도 때문에, 선행을 폐기할 수밖에 없다. 그것은 마치 양가죽을 쓴 광포한 이리처럼 나도 남도 속인다.

그러나 행위에 담겨진 이 나쁜 부대조항과 죄 많은 의도를, 신앙이 없는 경우에 극복하기란 어렵다. 그것은 이와 같은 '행위의 성자'[20] 안에 신앙이 와서 그것을 절멸시킬 때까지 남아 있을 것이 틀림없다. 자연의 본성이 스스로 이를 구축할 수는 없고, 아니, 인식조차 하지 못하고 오히려 귀중하고 축복을 가져오는 것처럼 믿게 하기 때문에 많은 사람들이 현혹된다.

뼈저린 후회나 참회, 고해, 속죄에 대해서 쓰거나 설교하는 것은 좋은 일이지만, 거기서 더 나아가 신앙에까지 이르지 않으면, 그것은 분명 사탄의 현혹에 지나지 않는다. 하느님의 말씀은 단지 그 일면뿐 아니라, 양면을 함께 말해야 한다. 죄인으로 하여금 두려워지게 하고, 그 죄를 폭로해서 뼈저리게 느끼고 회심(回心)하도록 하려면 계명을 설교해야 한다. 그러나 거기서 그쳐서는 안 된다. 한편으로는 은혜의 부르심을 설교해서 신앙을 가르쳐야 한다. 그것 없이는 계명도 뼈저린 후회도 그 밖에 무엇을 더해도 공허한 것이다. 회개와 은총을 설교하는 설교자는 물론 있겠지만 하느님의 계명과 부르심을 증명하기 위해서 깊은 후회와 은총이 어디서 또 어떻게 해서 오는가는 가르치려고 하지 않는다. 요컨대 회개는 계명에서 생기고 신앙은 하느님의 부르심에서 생기는데, 이에 따라 인간은 하느님의 계명에 대한 경외심으로 겸손해지고 자기인식으로 인도되어, 하느님의 말씀으로 얻은 신앙을 통해서 의로워지고 높아지는 것이다.

제26 이상으로 일반적인 행위에 대한, 또 그리스도인의 신체가 수련해야 할 행위에 대한 설명을 끝내고, 다음에는 타인에게 해야 할 행동에 대해서 살펴보기로 한다. 이 지상에서 인간은 단순히 자기 혼자만 살아가는 것이 아니라 다른 사람들 안에서 생활하고 있다. 그래서 사람들은 다른 사람들에게 행동하며 살아갈 수밖에 없다. 그들과 이야기하고 관계 맺을 때 이루어지는 행동이 모두 의와 축복에 이르기 위해 필요한 것은 아니지만, 이를 피할 수는 없다. 모든 행위에 있어서 그의 의도는 자유이지만 그것으로 타인을 섬기고 유익하도록 해야 한다. 그때 그는 그들에게 필요한 것 이외는 아무것도 염두에 둘 필요가 없다. 이것이 곧 참된 그리스도교적 생활로서, 성 바울도 갈라디아인[*21]에게 가르친 것처럼, 여기서는 신앙이 기쁨과 사랑을 가지고 행동으로 옮아간다. 그는 또 필립비인에게도 그들이 그리스도에 대한 신앙으로 모든 은혜와 축복을 얻은 것을 칭찬하면서, '너희는 그리스도를 믿음으로써 힘을 얻느냐? 그리스도의 사랑에서 위안을 받느냐? 성령의 감화로 서로 사귀는 일이 있느냐? 서로 애정을 나누며 동정하고 있느냐? 그렇다면 같은 생각을 가지고 같은 사랑을 나누며 마음을 합쳐서 하나가 되라. 그렇게 해서 나의 기쁨을 완전하게 하라. 무슨 일에나 이기적인 야심이나 허영을 버리고 다만 겸손한 마음으로 서로 남을 자기보다 낮게 여겨라. 저마다 제 실속만 차리지 말고 남의 이익도 돌보라'고 가르치고 있다. (《필립비인들에게 보낸 편지》 2 : 1 이하)

보라, 여기서 바울은 그리스도교적인 생활을 말하면서, 모든 행위가 이웃에 유익해야 하는 까닭을 분명히 하고, 각기 자기 자신이 신앙으로 충만하여 그밖에 모든 행위와 생활을 여분으로 삼고 전적으로 자유로운 사랑으로 나의 이웃을 섬기기 위해 이를 행해야 한다고 했다. 그는 그리스도를 본보기로 들며 말한다. '너희는 그리스도 예수께서 지니셨던 마음을 너희의 마음으로 간직해야 한다. 그리스도 예수는 하느님과 본질이 같은 분이셨지만 굳이 하느님과 동등한 존재가 되려 하지 않으시고 오히려 당신의 것을 다 내어놓고 종의 신분을 취하셔서 우리와 똑같은 인간이 되셨다. 이렇게 인간의 모습으로 나타나 당신 자신을 낮추셔서 죽기까지, 아니, 십자가에 달려서 죽기까지 순종하셨다.'(〈필립비인들에게 보낸 편지〉 2 : 5 이하)

제27 이와 같이 그리스도인은 그 머리인 그리스도와 마찬가지로, 넘쳐서 싫증이 나도록 그 신앙으로 만족을 얻고, 이를 더욱더 증가시켜야 한다. 신앙이 그의 생명이자 의이며 축복이고, 위에서 말한 것처럼 이로써 그리스도와 하느님이 가지신 모든 것이 그에게 주어지기 때문이다. 바울도 〈갈라디아인들에게 보낸 편지〉 제2장에서 '지금 내가 살고 있는 것은 나를 사랑하시고 또 나를 위해서 당신의 몸을 내어 주신 하느님의 아들을 믿는 믿음으로 사는 것이다'라고 적고 있다. (2 : 20) 이와 같이 그리스도인은 이제 전적으로 자유이지만, 기꺼이 이웃을 돕기 위해 스스로 하인이 되어, 마치 하느님이 그리스도를 통해서 우리와 관계를 가지신 것처럼 이웃과 관계를 가져야 한다. 더욱이 이 모든 것을 대가 없이, 하느님의 기쁨 외에는 아무것도 구하지 않고 다만 다음과 같이 생각한다. '정말로 나의 하느님은, 행한 것도 없고 아무런 가치도 없고 저주받아야 할 인간인 나에게까지도 순수한 연민으로 그리스도를 통해서 모든 의와 축복으로 가득 찬 부(富)를 주셨다. 따라서 나는 앞으로 신앙하는 일 이외에 이제 아무것도 필요 없는 사람이 되었다. 이토록 넘치는 보배를 나에게 주신 아버지께, 나 또한 자유롭고, 기쁨에 넘치면서, 대가를 바라지 않으며, 하느님이 기뻐하시는 일을 행하고 싶다. 그리스도께서 나를 위해 하신 것처럼 나 또한 내 이웃을 위해 한 사람의 그리스도가 되리라. [22] 그리고 이웃에 필요하고, 유익하고, 축복이 되는 일만 하리라. 나는 신앙으로 모든 것을 그리스도에게서 충분히 받았으니까'라고.

보라, 이리하여 신앙에서 하느님을 향한 사랑과 기쁨이 넘쳐나고, 또 사랑으로써 대가 없이 이웃에 봉사하는 자유롭고 자발적이며 기쁨에 넘치는 생활이 시작되는 것이다. 우리의 이웃이 가난에 빠져 우리가 가지고 있는 것을 필요로 하듯이, 우리도 하느님 앞에서 궁핍을 호소하며 하느님의 은혜를 필요로 하고 있다. 하느님이 그리스도를 통해서 대가 없이 우리를 돕는 것처럼, 우리도 몸과 행동으로 이웃에게 도움을 주는 외에 아무것도 할 일이 없는 것이다. 이리하여 우리는 그리스도인의 생활이 얼마나 거룩하고 존귀한 삶인가를 이해하게 된다. 그런데 유감스럽게도 지금 온 세계에서 이것이 등한시되고 있다. 아니, 알리지도 않고 설교되지도 않고 있다.

제28 〈루가의 복음서〉 제2장에는 다음과 같은 기사가 적혀 있다. 이[*23]에 따르면, 동정녀 마리아는 6주 후에 교회에 나가 모든 다른 부녀들과 마찬가지로 율법대로 자신을 정결하게 했다고 되어 있다. 물론 그녀는 다른 부녀자들처럼 더러워지지도 않았고 또 그와 같은 정결예식을 받을 필요도 없었다. 하지만 마리아는 다른 부녀자들을 얕잡아 보지 않고, 보통 사람과 마찬가지로 자유로운 사랑으로 이를 행했다. 또 성 바울[*24]이 성 디모테오에게 할례를 받게 한 것도 마찬가지이다. 그에게 할례가 필요했던 것이 아니라, 신앙이 약한 유대인들이 그릇된 견해를 가질 이유를 피하기 위해서였다. 그런데 다른 한편으로 바울은 디도[*25]가 할례받는 것을 허락하지 않았는데, 이는 사람들이 디도도 축복을 받기 위해 할례가 필요하다고 고집했기 때문이다. 그리스도도 마찬가지이다. 〈마태오의 복음서〉 제17장에서, 제자들이 공납금(貢納金)을 청구하자, 그는 베드로와 이야기를 나누며 왕의 아들들은 납세의 의무가 면제되어 있을 것이라고 하셨다. 베드로가 그렇다고 대답했음에도, 그는 베드로에게 바닷가로 가라고 하면서 말씀하셨다. '그러나 우리가 그들의 비위를 건드릴 것은 없으니 이렇게 하여라. 바다에 가서 낚시를 던져 맨 먼저 낚인 고기를 잡아 입을 열어 보아라. 그 속에 한 스타테르(삽 드라크마짜리 로마 화폐인데, 유대 돈으로 한 세겔)짜리 은전이 들어 있을 터이니 그것을 꺼내서 내 몫과 네 몫으로 갖다 내어라.'(17 : 24 이하) 이것은 지금 여기에서 말하고 있는 가르침에 대한 적절한 예증(例證)이다. 그리스도는 자신과 제자들을 가리켜, 아무 것도 필요로 하지 않는 자유로운 왕의 아들이라고 하면서도 자진해서 공납금을 주셨다. 이 행위가 그리스도에게 그의 의나 축복을 위해 필요도 소용도 없는 것처럼, 그와 그를 따르는 그리스도인의 모든 다른 행위도 그들의 축복에는 소용이 없으며, 오히려 다른 모든 사람들의 의사에 따라 그 이익을 위해 하는 자유로운 봉사와 다름없다.

모든 성직자나 수도원이나 성회(聖會) 등이 행하는 행위도 이와 마찬가지이다. 각자가 오직 타인의 뜻에 의해서 그 몸을 억제하고 타인에게 모범을 보여, 그들도 마찬가지로 그의 몸을 강제할 필요에 따라 이를 보고 행하게 하기 위해 그 계급과 교단과의 행동을 해야 한다. 오직 그것을 위해야 하며, 이로써 의로워지고 축복받기를 요구하지 않도록 항상 주의해야 한다. 이는 오직 신앙만이 할 수 있는 일이다. 성 바울도 〈로마인들에게 보낸 편지〉 제13장 및 〈디도에게 보낸 편지〉 제3장에서, 이 세상의 권력에 복종하되 그로써 의로워지기 때문이 아니며, 다른 사람들과 유권자에게 자유롭게 봉사할 때에 사랑과 자유를 가지고 행하도록 항상 마음먹어야 한다고 명하고 있다. (〈로마인들에게 보낸 편지〉 13 : 1 이하, 〈디도에게 보낸 편지〉 3 : 1 이하) 이 점을 잘 이해하는 사람이라면, 교황·주교·수도원·성회·왕후 및 군주들의 수많은 규정이나 법률에도 손쉽게 적응할 수 있을 것이다. 그런데 어떤 우매한 성직자들은 마치 이것이 축복을 받기 위해 필요한 것처럼 잘못 가르치며, 매우 부당하게도 그것이 교회의 계명이라고 말하고 있다. 이에 대해서 자유로운 그리스도인은 이렇게 말한다. '나는 단식하고, 기도하고, 명령받은 일을 모두 다 행한다. 하지만 그것은 내가 필요해서도 아니며 또는 이로써 의로워지거나 축복을 받기 위함도 아니다. 오히려 나는 마치 그리스도가 자기 자신은 나보다도 훨씬 필요하지 않았음에도 훨씬 큰일을 나를 위해 행하신 것처럼, 나 또한 교황·주교·교단·수도원단의 형제들과 군주들을 위하여 모범과 봉사를 바치고 또 바치게 하시는 것이다. 그리하여 비록 폭군들이 부당하게 이러한 요구를 한다고 해도 그것이 하느님을 거역하는 것이 아닌 한 나에게 아무런 손실이라고 생각하지 않는다'라고.

제29 이상의 논술로써, 모든 사람들이 모든 행위와 계명에 대해서 정확한 판단을 할 수 있고, 또 성직자 중 누가 어리석고 누가 올바른 이해를 가지고 있는가를 식별할 수 있을 것이다. 하느님을 배반하고 거역하라고 강요받지 않는 한, 타인에게 봉사하고 그 의지를 행하도록 내가 행동하지 않는다면 그것은 결코 훌륭한 그리스도교적인 행위라고 할 수가 없다. 그렇다면 성회·교회·수도원·성단(聖壇)·미사·기부 등도 꼭 그리스도교적이라고 할 수 없고 또 단식이나 어떤 성자에게 특별히 바쳐진 기도도 그렇지 않은가 하는 의문이 생기게 된다. 이 모든 일을 행함으로써 모두가 오직 자기 것만을 구하여, 자기의 죄를 속죄하고 축복받는다고 잘못 생각하고 있지 않을까 나는 두려워하기 때문이다. 이 모든 것은 오직 신앙 및 그리스도교적 자유를 이해하지 못한 데에서 유래하고 있다. 그리하여 어떤 맹목적인 성직자들은 사람들을 이끌어 이러한 일들을 찬양하고 사면장을 가지고 장식하지만 결코 신앙을 가르치려고는 하지 않는다. 하지만 나는 권고한다. 만약에 무엇인가를 기부하고 헌납하고 기원하고 단식하고 싶다면, 당신은 자신에게 좋은 일을 한다는 뜻을 품지 말고 타인들이 이를 기쁨으로 삼을 수 있도록 아낌없이 베풀어 주어 그들을 이롭게 하도록 이를 행하여야 한다. 그러면 당신은 진정한 그리스도인이다. 당신은 신앙으로 이미 충분하므로 하느님으로부터 모든 것이 주어져 있는데, 지나친 재보나 선행이 당신의 몸을 지배하고 돌보는 데에 도대체 무슨 소용이 있다는 것인가.

보라, 이와 같이 해서 하느님의 재보는 한 사람에게서 다른 사람으로 흘러가 공유되어서, 서로가 이웃을 마치 자기 자신처럼 받아들여야 한다. 재보가 그리스도에게서 우리 안에 부어짐으로써, 그리스도는 그의 생명 속에 우리를 받아들이신다. 그러므로 이것은 또 우리가 그것을 필요로 하는 사람에게 부어야 한다. 마치 그리스도가 우리 모두를 위해 하신 것처럼, 나는 나의 이웃을 위해 나의 신앙과 의까지도 하느님 앞에 바쳐서 그 죄를 덮어주고, 나 스스로 그것을 짊어지고 나 자신의 것이었던 것처럼 행하는 일만을 해야 한다. 보라, 이것이 사랑의 본성이며 참 모습이다. 그러나 사랑이 진실한 것은 신앙이 진실할 때이다. 따라서 성스러운 사도는 〈고린토인들에게 보낸 첫째 편지〉 제13장에 '사랑은 무례하지 않는다. 사랑은 사욕을 품지 않는다'라는 것을 (13 : 5) 사랑의 본질로서 가르치고 있다.

제30 이상에서 다음과 같은 결론이 나온다. 그리스도교적인 인간은 자기 자신을 위해서가 아니라 그리스도와 그의 이웃을 위해서, 즉 그리스도를 위해서는 신앙을 통해서, 이웃을 위해서는 사랑을 통해서 생활한다. 그는 신앙으로 말미암아 나를 넘어 높이 하느님께로 올라가고, 사랑으로 말미암아 하느님에게서 다시 내게로 내려와, 항상 하느님과 하느님의 사랑 안에 머문다. 그리스도가 〈요한의 복음서〉 제1장에서 '하늘이 열려 있는 것과 하느님의 천사들이 하늘과 사람의 아들 사이를 오르내리는 것을 보게 될 것이다'라고 말씀하신 것이 바로 그것이다. (1 : 51)

보라, 이것은 마음을 모든 죄와 율법과 계명으로부터 자유롭게 하는 참되고 영적인 그리스도교적 자유이며, 마치 하늘이 땅을 넘어 높이 있는 것처럼 모든 다른 자유보다도 더 좋은 자유이다. 하느님이시여, 우리로 하여금 이 자유를 올바르게 이해하고 유지하도록 하여 주시옵소서. 아멘.

〈주〉

*1 이 책의 헌본사(獻本辭)를 바친 뮬포르트라고 하는 사람은 루터의 복음주의 운동에 적지 않은 호의와 동정을 보냈던 츠비카우 시(市)의 시장인데, 실은 Hermann Mülphordt로서, 여기에 히에로니무스 뮬포르트라고 적힌 것은 루터의 착각에 의한 것 같다. 그는 이 인물을 몰랐으나 같은 시의 에그란 목사로부터 전해 듣고 이 책을 바치고 경의를 나타낸 것이다.

*2 에그란의 본명은 Johann Silvius aus Eger이다. 루터와 마찬가지로 교황으로부터 파문되어 10월경 비텐베르크로 와서 루터와 만났다. 그때 뮬포르트에 관한 이야기도 있었던 것으로 여겨진다.

*3 〈루가의 복음서〉 2장 34절에 바탕을 둔 말로, 루터는 여기에 'dem widdersprochen werden musz'라고 적고 있다. 새로운 '구어 신약성서'에는 '이 아이는 이스라엘의 많은 사람을 패하거나 흥하게 하여 비방을 받는 표적으로서 정해졌다'고 되어 있다 (공동번역 개정판에서는 '이 아기는 수많은 이스라엘 백성을 넘어뜨리기도 하고 일으키기도 할 분이어서 많은 사람들의 반대를 받는 표적이 되었다'라고 되어 있다).

*4 원어가 'eyn Christen mensch'라고 되어 있어서 특히 본문처럼 번역했는데 그 다음부터는 '그리스도인'이라고 하였다.

*5 원문에서는 'eyn frum frey Christen mensch, 여기에서 fromm, frömmig'는 이른바 교회적 경건이 아니라 그 고유의 뜻에 따라 '뛰어나게 의로운'이란 뜻이다.

*6 본문에 제17장이라고 되어 있으나 이것은 제14장의 잘못.

*7 본문에 제118편으로 되어 있으나 현행 성서에서는 제119편 이하이다.

*8 본문에 제104편이라고 되어 있는 것은 제106편의 잘못. 현행 성서에서는 제107편 20절.

*9 '하느님의 말씀과 같게 되어(dem gottlichen wort gleych wirt)'는 신비주의적인 어법으로, 그리스도와 마찬가지로 하느님의 아들이 되는 것을 말한다. '그리스도와 영혼의 일치', 따라서 '결혼'의 가르침은 여기에서 설교된다. 루터에 이 사상을 매개한 것은 아마도 독일 신비가, 특히 타울러와 '독일 신학'이라고 불린 무명의 서적이었다.

*10 구약성서 〈출애굽기〉 13장 2절과 〈민수기〉 8장 17절에 초생아에 관한 이스라엘 사람의 오랜 관습이 기록되어 있다. 여기에 들고 있는 두 특권의 원어는 'hirschafft und priesterschafft odder künigreych und priesterthum'이라고 되어 있다.

*11 이솝 우화 속에 나오는 유명한 이야기.

*12 원문에서는 '봉사자·하인·집사'는 라틴 어 그대로 'ministri, servi, oeconomi'라고 쓰고 다시 독일어 번역 'diener, knecht, schaffner'라고 부기하고 있다.

*13 '사용하고 또 맛본다'고 번역한 것은 'brauchen und nieszen', 즉 gebrauchen und geniesen이라고 하며 독일 신비주의자가 애용한 용어이다. 이 용어는 다시 아우구스티누스의 uti et furi로 거슬러 올라간다. 아우구스티누스의 경우, uti는 어떤 다른 목적을 위해 수단이 되는 것이고, frui는 그 자체가 목적인 것으로, 피조물과 창조자의 구별을 이것으로 나타내고 있었다. 루터의 경우에 이 정도의 대립적인 구별은 인정되지 않았던 것 같다.

*14 이 '감미롭게 되고'(süsz werden)라는 말도 신비주의적 용어로 내적 일치의 뜻을 나타낸다. 루터의 경우 사랑은 그 결과로서 생기는 것이다.

*15 제12절 참조.

*16 루터는 여기에서 원어 'primitas spiritus'를 들고 있다.

*17 'fermelt'(=firme(l)n)은 라틴어 firmare에서 나온 독일어로, 가톨릭 교회에서의 Firmelung 또는 Firmung(견진의 비적)을 말한다. 프로테스탄트 교회에서는 Konfirmation(견신례)라고 한다.

*18 '구약의 현인'이란 구약 외경 중의 '시라크의 아들 예수의 지혜의 서'(Die Weisheit des Jesusdes Sohnes Sirachs. 서방교회에서는 'Ecclesiastes'(전도의 서)와 구별해서 'Ecclesiaticus'라고 부른다)를 말한다. 가톨릭 교회는 이것을 성서 안에 인정하고, 루터도 구약 외경에서 채록해서 번역하였다. 여기에 인용된 구절은 그 책의 10장 14절. (집회서 10 : 12)

*19 여기에 '부대 조항'이라고 번역한 원어는 'Anhang'인데, 이 말은 오토 크레멘의 교정판에 의한 주석에 의하면 Klausel이라는 뜻이라고 설명되어 있다. Klausel이란 중세 법률 용어로는 clausula로, 법률에 첨부된 부대적 조항을 말한다.

*20 행위로써 성자가 되려고 하거나 또 행위를 성자가 되는 조건이라 여기며 노력하는 사람을 말한다.

*21 〈갈라디아인들에게 보낸 편지〉 5 : 6.

*22 원문에는 'gegen meynem nehsten auch werden ein Christen'이라고 되어 있는데, 본서 라틴어판에서는 '말하자면 그리스도로서 나를 주리라(Dabo itaque me quendam Christum proximo meo)'라고 되어 있다. 거기에서 독일 문장도 그 뜻으로 해석해서 '한 사람의 그리스도가 되자'로 읽으려고 하는 해석이 있어서 그것을 참조해서 본문과 같이 번역하였다. 어느 것이나 '참다운 그리스도인'이라고 하는 뜻임은 분명하다.

*23 〈루가의 복음서〉 2 : 22 이하.

*24 〈사도행전〉 16 : 3 참조.

*25 〈갈라디아인들에게 보낸 편지〉 2 : 3 참조.

Day by Day We Magnify Thee
루터 : 생명의 말씀

머리말

일찍이 할레스비는 아래와 같이 말하고 있다.
"지금 여기에 또 한 권의 《생명의 말씀》을 내보내는 것은 이밖에 좋은 책이 없다거나 불완전하다는 것은 아니다. 그렇지는 않고 나의 가정예배의 경험으로 볼 때, 이런 종류의 책은 때때로 바꿀 필요가 있기 때문이다. 몇 해 또는 매일 똑같은 책을 사용했다면 한 동안 쉬게 하면 좋을 것이다. 그렇게 하면 다시 한 번 사용하기 시작했을 때 신선함을 느끼게 될 것이 틀림없다."

Day By Day We Magnify Thee(Margarete Steiner and Percy Scott, 1950)를 1967년에 번역, 출간하고 제7판까지 증쇄했는데 품절이 된 지 20년이 경과했다. 이번에 생명의 말씀사의 호의로 새로 번역한 것을 기반으로 재판할 수 있게 된 것을 감사하고 있다.

이번의 재판에 즈음해서 원저에 있었던 바이마르판(W.A.), 에랑겐판(E.A.) 에르바인즈역 《로마인들에게 보낸 편지 강해》, 유스투스 요나역 《노예 의지론》, 메니우스역 《갈리디아서 강해》의 출처를 썼다. 더욱 상세하게 검토할 예정이었는데 병 때문에 충분한 검토를 하지 못했던 것을 유감으로 생각하고 있다.

원저는 교회력에 따라서 애드벤트에서 시작해서 주마다 구분이 되고 있는데 우리의 사정에 맞추어서 달마다 하루 한 장씩 떼는 것으로 했다. 강림·수난·부활·펜테코스테(성령강림)는 책의 마지막에 정리되어 있으므로 교회력에 따라서 사용하는 사람은 대신 읽어주기 바란다.

이 책의 표지에는 바흐가 애용하는 카로프 주해의 루터역 성서에서 디자인을 레이아웃하였다. 루터는 1534년 신구약성서의 번역을 완성시켜 널리 사용하게 되었는데 카로프는 여기에 주해를 붙여 출판했다. 이른바 카로프의 루터역 성서로 불리는 것이다. 1934년에 우연히 바흐가 애용하고 있었던 카로프의 루터역 성서가 발견되고, 바흐가 매일 애독해 얼마나 음악의 영감을 받고 있었는지의 여부가, 자신이 직접 기입한 밑줄이라든가 기입으로 명확해졌다. 현재 이 성서는 북미 세인트루이스 시에 있는 콘코디아신학교에 소장되어 있다.

January
1월

1월 1일
신뢰는 오직 주님에게만

나의 하느님, 내가 숨을 바위,
나의 방패, 승리를 안겨 주는 뿔,
나의 산채, 나의 피난처,
포악한 자들의 손에서 이 몸 건져 주셨으니,

〈사무엘하〉 22 : 3

　나는 천지의 창조주, 아버지이신 하느님을 믿습니다. 나는 이 세상 어느 누구에게도 의지하지 않습니다. 나 자신에게도 의지하지 않습니다. 힘, 기교, 재산, 깊은 믿음, 그 밖의 일체 나의 것에는 의지하지 않습니다. 또 하늘에 있고 땅에 있는 어떤 피조물에도 의지하지 않습니다. 오직 모든 피조물을 통치하시는 천지의 조물주, 유일하고 진실한, 볼 수도 이해할 수도 없는 주님만을 신뢰합니다. 이제 악마와 그 한 패의 어떤 사악에도 놀라지 않습니다. 나의 하느님은 이런 모든 것보다 뛰어나시기 때문입니다. 설사 모든 사람에게 버림을 받고 쫓겨났다고 해도 하느님에 대한 신앙은 조금도 약해지지 않습니다. 내가 가난하고, 무지하고, 배운 게 없고, 경멸당하고, 또 무일푼이라고 해도 그래도 여전히 믿습니다. 나는 죄인이지만 그래도 더욱더 하느님을 믿습니다. 나의 신앙은 모든 존재와 비존재를 초월해 죄도 덕도 그 밖의 모든 것을 초월해 나아가야만 하기 때문입니다. 그것은 첫째의 계명이 권하고 있는 것처럼 언제나 하느님 안에 순수하고 소박하게 머물기 위해서입니다.

또 나는 하느님에게 징표나 증거를 요구하지 않습니다. 주님을 시험하는 것을 원하지 않기 때문입니다. 진정한 신앙, 신뢰 속에서, 하느님의 마음 안에 모든 것을 맡기는 것입니다.

주님이 전능하시다면 주님이 나에게 아무것도 주실 수도, 하실 수도 없기 때문에 내가 궁핍해지는 일이 있을 수 있겠습니까? 주님이 천지의 창조주, 만물의 주인이시라면 그 누가 나에게서 빼앗거나 나에게 상처를 입히거나 할 수 있겠습니까? 온갖 것을 따르게 하시고 지배하시는 분이 나에게 선한 것을 주시려고 한다면 어찌 만물이 나에게 봉사하고 선해지지 않는 일이 있을 수 있겠습니까?

사도신경 요해

1월 2일
우리는 주님의 것

　우리는 살아도 주님을 위해서 살고 죽더라도 주님을 위해서 죽습니다. 그러므로 우리는 살아도 주님의 것이고 죽어도 주님의 것입니다.

〈로마인들에게 보낸 편지〉 14 : 8

　확실히 우리는 주의 것입니다. 아버지이신 하느님이 천지의 모든 것에 권위를 부여하고, 모든 것을 그의 손에 맡긴 그리스도를 우리가 하느님으로 삼는 것은 최대의 기쁨이고 위안입니다. 그렇다면 누가 감히 우리에게 상처를 입힐 수가 있고 또 그렇게 하려고 하겠습니까? 악마는 분노로 미쳐 날뛸지도 모릅니다. 그러나 우리를 주님의 손에서 떼놓을 수는 없습니다. 예수 그리스도를 주님으로 믿고 그 보호 속에 살고 있는 우리는 그리스도에 의해, 그리스도 안에서 악마와 죄와 죽음을 지배하는 자의 한 사람이 되고 있는 것은 아닐까요? 그리스도가 우리를 위해 사람이 되어 주셨기 때문입니다(그것은 주님이 우리를 위해 이 지배권을 얻을 수 있기 때문입니다).
　우리를 위해 그리스도는 성부에게 소망하고 그리고 우리를 사랑하고 계셨기 때문에 우리를 위해 악마에게 저주를 받고 자신을 희생으로 바치셨습니다. 주님의 거룩한 피에 의해서 우리의 죄를 씻어 주셨습니다. 그리고 우리에게 상속이 된 구원의 보증으로 우리들 마음에 성령을 보내 주셨습니다. 그리고 우리를 하느님 앞에 왕으로 삼고 제사(祭司)로 해 주셨습니다.

  한 마디로 말해서 그리스도는 우리를 하느님의 아들, 하느님의 적자(嫡子)로서 자신과 함께 하느님의 나라를 계승하는 자로 해 주셨습니다. 이것이야말로 진실한 약속입니다. 주여, 부디 우리의 신앙을 굳게 하여 당신의 말씀을 의심하지 않도록 해 주십시오.

〈로마인들에게 보낸 편지〉 14장 8절의 주해

1월 3일
주님은 나의 힘

야훼는 나의 힘,
나의 노래,
나의 구원이시다.

〈시편〉 118 : 14

  우리가 의지해야 할 곳은 오직 주님뿐입니다. 주님은 우리의 힘이고 우리들 안에 모든 것을 이루어 주십니다. 그러므로 주님을 찬미하고, 주님에게 감사하고, 그것으로 인해서 주님만이 나의 노래가 되도록 합시다. 그때 주님 안에서 참된 행복을 얻는 것입니다. 이 주님은 진정한 하느님, 성부에게서 영원히 태어나 때가 이르자 마리아에게서 태어난 예수 그리스도입니다. 이 예수 그리스도의 이름으로 주님은 우리의 힘, 권위, 노래, 구세주로서 찬송되는 것입니다.
  그러나 우리들 자신이 약해지고 많은 고통으로 십자가에 못 박히실 때까지 그리스도는 우리의 힘이 될 수가 없습니다. 그렇게 되었을 때만 주님은 나의 찬미, 노래, 시가 되십니다. 그 때에만 승리와 영원한 생명에 이르는 구원이 찾아옵니다.

〈시편〉 118편 14절의 주해

1월 4일
신뢰

너희 하느님은 나 야훼다. 바로 내가 너희를 이집트 땅 종살이
하던 집에서 이끌어 낸 하느님이다.

〈출애굽기〉 20 : 2

즉 너는 나 말고 다른 어느 것도 너의 하느님이 되어서는 안 됩니
다. 이 말씀은 어떤 의미이고 어떻게 이해하면 좋겠습니까? 하느님
으로 모신다는 것은 어떤 것이겠습니까? 하느님이란 무엇이겠습니
까? 그 대답은 이렇습니다. 하느님이란 우리가 그곳에 있는 온갖
좋은 것을 갈구하고 고뇌할 때에 그곳에 피난처를 찾는 분입니다.
그러므로 하느님으로 떠받드는 것은 하느님만을 신뢰하고 진심으로
하느님을 믿는 것입니다.
   그러므로 하느님을 예배하느냐 우상을 예배하느냐를 결정하는 그
밑바탕에 있는 것은 당신의 신앙이거나 신뢰입니다. 만일 당신의 신
뢰와 신앙이 올바르다면 당신의 하느님도 올바르고 만일 당신의 신
앙이 잘못되어 있어 거짓이라면 진정한 하느님은 계시지 않습니다.
신앙과 하느님, 이 둘은 불가분이고 당신의 마음과 신뢰가 있는 곳
에 당신의 하느님도 계시다고 말할 수 있습니다.
   이 계명이 요구하고 있는 것은 우리가 참다운 신앙과 신뢰로 유일

하고도 참다운 하느님에게로 마음을 돌려 한결같이 매달리는 것입니다. 하느님은 이렇게 말씀하십니다. 나만이 그대의 하느님이다. 그 이외의 것을 찾아서는 안 된다. 무언가 필요하면 나에게 갈구하고 나에게 물어라. 만일 슬픔, 고뇌에 차 있다면 나에게 확실하게 매달려라. 그대의 주인 나는 그대의 마음이 딴 곳으로 향해 있지 않다면 온갖 고뇌로부터 그대를 도와 풍요롭게 해 줄 것이다.

대교리 문답서

1월 5일
하느님을 따르는 백성

그러나 여러분은 선택된 민족이고 왕의 사제들이며 거룩한 겨레이고 하느님의 소유가 된 백성입니다. 그러므로 여러분은 어두운 데서 여러분을 불러내어 그 놀라운 빛 가운데로 인도해 주신 하느님의 놀라운 능력을 널리 찬양해야 합니다.

〈베드로의 첫째 편지〉 2 : 9

그리스도인에게는 이와 같은 말씀의 약속이 성취됩니다. 즉 신앙에 의해서 온갖 것보다도 높여지고 영적으로 만물의 지배자가 되는 것입니다. 아무것도 구원을 방해할 수 없고, 만물은 그리스도를 믿는 자에게 복종하고 그를 구원으로 이끄는 데 도움이 됩니다. 그러나 그것은 우리가 이 세상의 관습에 따라서 만물의 소유자가 되고, 그것들을 사용할 수 있게 된다는 것은 아닙니다. 왜냐하면 육체에 따르면 우리는 모두 죽을 수밖에 없고, 그 누구도 죽음에서 벗어날 수 없기 때문입니다. 그리스도나 성도의 경우와 마찬가지로 우리도 많은 고뇌에 맞닥뜨리는 것입니다. 따라서 우리의 지배는 영적 지배이고 그것은 지상에서 고뇌 속에 있을 때에도 우리를 지배하고 있는 것입니다. 이것은 내가 온갖 것의, 영혼을 맑게 하고 끌어올리기 위해 사용할 수가 있다는 뜻입니다. 비록 그것이 고통이나 죽음일지라도 나의 구원을 위해 이익이 됩니다. 이것은 실로 놀랄만한 진리이고, 그것이 깨끗한 것이건 나쁜 것이건 나의 이익이 안 되는 것은 아무것도 없는 것입니다. 다만 내가 신앙을 가지고 다른 아무것에도 의존하지 않고, 신앙만으로 충분하다면 모든 것은 이익이 되는 것입니다. 이와 같이 대단한 자유와 힘을 그리스도를 믿는 자는 지니고 있습니다.

그리고 우리는 왕보다도 훌륭한 사제(司祭)가 됩니다. 사제는 우리를 주님 앞에 서게 하고 다른 사람들을 위해 기도하는 데 걸맞게 할 수 있기 때문입니다. 사제만이 하느님 앞에 설 수가 있는 것입니다. 이렇게 생각할 때 그리스도를 믿는 자들에게 주어지는 영예와 영광은 너무나도 대단해 헤아릴 수 없을 정도입니다.

그리스도인의 자유

1월 6일
그 영광을 보았다

  이를 보고 그들은 대단히 기뻐하면서 그 집에 들어가 어머니 마리아와 함께 있는 아기를 보고 엎드려 경배하였다. 그리고 보물상자를 열어 황금과 유향과 몰약을 예물로 드렸다.
               〈마태오의 복음서〉 2 : 10, 11

 이 이야기에서 두 가지를 배우고 싶습니다.
 첫째로 박사들이 새롭게 태어난 주 그리스도를 찾으러 나섰을 때 그리스도는 예루살렘에 계시지 않았다는 것입니다. 그래서 그들이 적어도 주님을 찾으려면 예언자 미카의 말을 듣지 않으면 안 되었습니다. 그래서 말씀을 들은 그들은 베들레헴으로 떠났습니다. 그때 하느님이 그들에게 준 위안은 예루살렘을 떠나자마자 별이 돌아와 그들의 길을 베들레헴까지 똑바로 환하게 비추어 아기가 있는 집 문 앞까지 인도한 것입니다. 확실히 이와 같은 위안은 그들에게 필요했습니다. 왜냐하면 그곳에서 발견한 것은 가난과 초라함뿐이었기 때문입니다. 그곳은 마리아와 요셉의 집이 아니었습니다. 갓난아기는 구유 속에 뉘어져 있었습니다. 마실 물조차 충분하지 않습니다. 어찌 이것이 왕의 거처일 수 있겠습니까?
 그러나 박사들은 잘못 인도되지 않았습니다. 가난함과 초라함을 무릎쓰고 그들은 갓난아기 앞에 엎드려 배례를 했습니다. 그리고 보물상자를 열어 선물을 바쳤습니다.

  둘째로 이 이야기에서 배워야만 하는 것은 우리의 주 예수 그리스도에게 어떤 태도를 취하면 좋을까 하는 것입니다. 우리는 여기에서 온갖 장애가 되는 것을 떨쳐 버리고, 이들 박사와 함께 전세계에 주 그리스도를 증명하고 진심으로 주님을 소망하고, 우리의 구세주로서 주님을 찬미할 것을 배우게 됩니다. 이 현현절 축일에 박사들과 마찬가지로 우리도 그리스도 앞에 보물상자를 열어 선물을 바칠 수가 있습니다. 그러려면 어떻게 하면 좋을까요? 다음의 말에 귀를 기울이기 바랍니다. 그러면 임금은 "분명히 말한다. 너희가 여기 있는 형제 중에 가장 보잘것없는 사람 하나에게 해 준 것이 바로 나에게 해 준 것이다" 하고 말할 것이다. (〈마태오의 복음서〉 25 : 40)

현현절 축일의 설교

1월 7일
헤로데 왕국과 하느님 왕국

이 말을 듣고 헤로데 왕이 당황한 것은 물론, 예루살렘이 온통 술렁거렸다.

〈마태오의 복음서〉 2 : 3

겉으로 보기에 헤로데는 참으로 운이 좋은 연전연승의 강한 왕이었습니다. 검을 쥐고 싸울 때 모든 일이 잘 되어 갔습니다. 또 현명한데다가 기략이 풍부한 왕이었고, 권력도 있었으며, 외국무역으로 번영했습니다. 그러나 집에서는 연약하고 불행한 사람이었습니다. 이와 같이 헤로데는 표면상으로는 운이 좋았으나 내면은 비참한 왕이었습니다. 한편 우리의 진정한 왕이신 그리스도는 표면상으로는 완전히 가난하고 비참하여 멸시되어 버려졌지만, 내면은 전적으로 기쁨과 위안과 용기로 가득 차 있었습니다.

그래서 우리는 이 세속적이고 표면으로만 행운인 헤로데가 우리에게서 진정으로 자애로운 왕 그리스도를 빼앗아 가지 않도록 노력해야만 합니다. 그리스도는 가난하고 비참한 갓난아기로 구유에 누워계시지만 우리는 이분에게로 가야만 합니다.

그러므로 만일 참다운 행복을 바라고 순결하고 행복한 양심을 갖길 원한다면 헤로데 왕의 생활방식을 버리고 또 다른 왕 그리스도에게로 가야만 합니다. 그것은 우리가 술수를 써서 의로움을 요구하거나 소망을 일 속에 두거나 하는 오만을 버리고 아무런 겉치레도 없는 자애로운 그리스도의 모습만을 마음속에 장식하는 것을 의미합니다. 세 박사도 인간의 온갖 술수를 버리고 남의 도움을 믿지 않고 (오직 〈미가〉 5장 2절에서 예언자 미가를 통해 이야기된 하느님의 말을 믿고) 베들레헴까지 왔을 때에 바로 별을 본 것입니다.

1521년 설교에서

1월 8일
두 가지 인지 방법

말씀이 사람이 되셔서 우리와 함께 계셨는데 우리는 그분의 영광을 보았다. 그것은 외아들이 아버지에게서 받은 영광이었다. 그분에게는 은총과 진리가 충만하였다.

〈요한의 복음서〉 1 : 14

보는 것, 듣는 것에는 두 가지 방법이 있습니다. 하나는 육체의 귀와 눈에만 따르는 방법으로 영혼은 관계가 없습니다. 이것은 유대인이 그리스도를 오감만으로 보고 듣고 나사렛에서 나온 마리아의 아들로 인정한 것과 같은 것입니다. 타고 난 물질적, 육체적인 인지 방법입니다. 그러나 이와 같은 방법으로는 비록 눈앞에 그리스도를 보고 끊임없이 그리스도의 말을 듣고 있다고 해도 그리스도를 알 수는 없습니다(그리스도인들조차 알 수 없습니다). 또 하나의 방법은 영적 인지 방법으로 그리스도인만이 알고 있는 것입니다. 이것은 마음속에 뿌리내린 신앙에서 생기는 그것으로 인해서 우리가 그리스도인이라면 똑같이 서로 알고 서로 인정하는 것입니다.

만일 그리스도를 알고 그리스도가 누구인지를 이해하고 싶다면 이 후자의 인지 방법으로 그리스도를 보아야만 합니다. 천부적인 눈과 귀로 보고 듣는 것이 아니고, 말씀이 계시하고 묘사하고 있는 그리스도를 받아들이는 것입니다. 동정녀 마리아에게서 태어나 당신 대신에 죽고 부활하여 만물의 지배자가 되신 그리스도를 받아들이는 것입니다. 거기에서는 천부적인 눈으로 그리스도의 몸을 볼 뿐만 아니라 그리스도의 죽음과 부활의 힘, 그리고 권위까지도 봅니다. 이제 유대인이 그렇게 생각하고 있던 나사렛의 요셉과 마리아의 아들이라고 불리지 않고, 우리의 유일한 참된 구세주, 만물의 주로 불리는 것입니다.

그리스도는 생애를 고통 속에 살게 되고 이 사실을 성취하고 더 나아가 죽음에서 부활하여 새로운 모습으로 바뀌셨습니다. 그것으로 인해서 천지에 있는 만물은 그리스도에게 복종하게 되고, 주님은 주님을 믿는 모든 사람의 힘 있는 왕이 되어 그들에게 반대하는 모든 것을 타파하십니다.

이 영적 그리스도 인지 방법과 이 세속적 인지 방법은 전혀 다릅니다. 바야흐로 우리의 눈은 신앙에 의해서 하나가 되고, 우리의 이해는 새로워지고 있습니다.

〈요한의 복음서〉 14장의 강해

1월 9일
그리스도를 통해서만이 하느님을

예수께서는 이렇게 대답하셨다. "필립보야, 들어라. 내가 이토록 오랫동안 너희와 같이 지냈는데도 너는 나를 모른다는 말이냐? 나를 보았으면 곧 아버지를 본 것이다. 그런데도 아버지를 뵙게 해 달라니 무슨 말이냐?"

〈요한의 복음서〉 14 : 9

우선 당신은 그리스도에게 묻고, 그리스도와 함께 머무르고, 그리스도에게 매달려야 합니다. 당신의 생각이나 이성 또는 누군가 타인이 당신을 다른 곳으로 데려가려고 한다면, 눈을 감고 이렇게 말해야 합니다. 나는 나의 주 그리스도 이외에 어떠한 주도 알기를 원하지 않고 또 알 필요도 없다고. 그리스도가 아버지이신 하느님으로부터 파견된 분이시라면 그 뜻에 따라서 우리를 위해 해 주시고 말해 주시는 위대한 것을 지니고 계신 것은 확실합니다. 그러므로 우리는 주님을 지극히 높은 분으로 여기고 귀를 기울여야 합니다.

그러면 어떤 말을 듣게 됩니까? 그것은 그리스도가 세상을 구하기 위해 오시고, 아버지이신 하느님에게 우리를 화해시키기 위해 오셨다는 바로 그 좋은 방문입니다.

그렇다면 그리스도가 하신 일은 무엇입니까? 그것은 선교와 수난과 그 궁극인 십자가 위의 죽음입니다. 보십시오. 여기에 아버지이신 하느님의 뜻과 조화가 나타나 있고, 완전히 주를 인정하고 알게 되는 것입니다. 그 이외의 방법으로는 아무리 높은 생각을 해도 인간의 지혜와 생각에 의해서는 이 진리에 도달할 수도, 볼 수도 없는 것입니다.

만일 그리스도에 의해서 나타나 있는 명확한 지식을 버리고, 스스로 하느님의 큰 능력을 확인하려고 한다면, 당신은 좌절하고 두려워하고 그리고 쓰러집니다. 왜냐하면 그때 하느님의 은총으로부터 벗어나고 인간에게는 너무나도 높고 압도적인 하느님의 큰 능력을 감히 그대로 보려고 했기 때문입니다. 그리스도로부터 벗어나면 천부적인 것으로는 하느님의 은총에 도달하는 것도, 그것들을 인정할 수도 없습니다. 단지 하느님의 분노와 죄의 심판을 받을 뿐입니다.

〈요한의 복음서〉 16~20장의 설교

1월 10일
복음은 그리스도에게서만

너희는 걱정하지 마라. 하느님을 믿고 또 나를 믿어라.

〈요한의 복음서〉 14 : 1

　어디에서나 주님의 말씀은 나를 위로하기 위해 이야기되고 있습니다. 주님의 생각, 말씀, 하시는 일은 모두 따뜻함과 위로로 가득 차 있습니다.
　그러므로 만일 답답하고, 나른하고, 떨리는 마음을 지니고 있는 사람이 있으면 그것이 그리스도로부터 온 것이 아님은 진실이고 의심할 여지가 없습니다. 주님은 결코 사람의 마음을 두렵게 하거나 슬프게 하거나 답답하게 하거나 하는 분이 아니기 때문입니다. 내 마음에서 온갖 두려움과 슬픔을 제거하고 그 대신에 기뻐하는 마음과 양심, 또 기쁨으로 가득 찬 생각을 주시기 위해 세상에 오시고, 조화를 이루시고, 승천하셨기 때문입니다. 그러나 다음과 같은 의문을 갖게 될지도 모릅니다. 그리스도는 종종 복음 가운데서 우리를 위협하고 공포를 안게 하고 있지 않은가. 이를테면 자주 "회개하라"고 말하고 있고〈루가의 복음서〉13장에서는 "아니다. 잘 들어라. 너희도 회개하지 않으면 모두 그렇게 망할 것이다"(5절)라고 말씀하시지 않았는가. 그리스도가 하신 이 말씀의 진의는 슬픔을 지닌 답답하고 무거운 양심은 그리스도를 찾는 것 이외에 다른 아무것도 마음에 담아서는 안 된다는 것입니다. 그리고 그리스도를 향해서 "당신의 마음을 전해 주십시오. 이것은 그리스도 자신의 말씀입니다. 누가 이에 무관심할 수 있겠습니까"라고 외치는 것입니다.

그래서 올바른 이해와 분별이 이루어진다면 그리스도가 악의 위협으로 절망에 빠져 있는 사람들을 위로해 주신다는 것도 진리이고, 동시에 그리스도는 악마에게 부추김을 받아 자기신뢰와 오만에 빠져 있는 사람을 위협하시는 일도 진리라는 것을 알 수 있을 것입니다. 이 양자는 언제나 충돌하는 것입니다. 악마가 저지른 잘못을 그리스도는 바르게 다시 세워 주십니다. 악마가 세운 것을 그리스도는 멸망시킵니다.

〈요한의 복음서〉 14장의 강해

1월 11일
길은 하나

예수께서는 나는 길이요 진리요 생명이다. 나를 거치지 않고서는 아무도 아버지께 갈 수 없다.

〈요한의 복음서〉 14 : 6

이 세상에 종말이 오고 다른 생명으로 옮겨 갈 때, 당신이 소망하는 것을 추구하고 또 이루기 바랍니다. 즉 이 유일한 길을 택할 것인가, 영원히 망할 것인가 입니다. 그리스도는 말씀하셨습니다. 나는 그대가 내 아버지에게로 가기 위한 유일한 길이고 그 밖에 길은 없다. "나는 진리이고 생명이다. 나만이 그렇다." 그러므로 우리는 이분에게 확실하게 매달리고 우리가 고백하는 신앙 가운데 확실하게 머물고 괴로울 때나 죽을 때나 언제나 그렇게 하는 것입니다. 그리고 다음과 같이 말합니다.

나는 그리스도 이외에 구원이라든가 상담 상대, 도움이라든가 위로, 길이라든가 진로를 발견할 수 없다. 나의 주 그리스도는 나를 위해 고통을 받고 죽어서 부활해 승천하셨다. 이분에게만 나는 매달린다. 비록 저승과 죽음과 악마만이 나를 사방으로 에워싸도 끊임없이 주님에게 매달리리라. 이쪽이 철제나 석조보다 더 견고함을 지닌 올바른 길이고 교량이기 때문이다. 비록 천지가 무너져도 이 진리에 잘못은 없고 나를 기만하는 일은 없다.

〈요한의 복음서〉 14장의 강해

1월 12일
성전(聖殿)의 예수

그러자 예수는 "왜, 나를 찾으셨습니까? 내가 내 아버지의 집에 있어야 할 줄을 모르셨습니까?" 하고 대답하였다.

〈루가의 복음서〉 2 : 49

여기에서 예수가 나는 내 아버지 집에 있고 내 아버지 일을 하고 있다는 것은 무슨 의미겠습니까? 모든 피조물은 예수의 아버지 것이 아닙니까? 확실히 그렇습니다. 그러나 하느님은 그런 것들을 인간에게 이익이 되도록 우리에게 주셨습니다. 그것은 우리가 이 지상의 생활에서 그것들을 다스리기 위해서입니다. 그런데 하느님은 단 하나의 것을 자신 곁에 머물게 했습니다. 그것은 주님의 거룩한 말씀입니다. 그리고 성전은 주님의 성소 또는 거룩한 거처로 불리었습니다. 거기에서 말이 열리고, 자신을 나타내도록 하셨기 때문입니다.

주님은 말씀의 선교로부터 떠나서는 우리의 친구, 지인, 그 밖에 어떤 것 가운데서도 발견되길 바라지 않습니다. 이 세상의 것이 되는 것을 바라지 않기 때문입니다.

그리스도가 아버지의 집 이외의 곳에서는 발견되지 않는다는 것을 알고 있습니까? 당신이건 누구건 인간 안에서는 발견되지 않습니다. 또 인간이 지닌 것 가운데서도 발견되지 않습니다. 이것이 그리스도의 어머니와 요셉이 비탄에 빠진 이유입니다. 예수를 아무리 찾아도 힘만 들고 슬픔뿐이며, 여기저기 허무하게 찾아다니고 지혜나 사고나 희망은 아무런 도움도 되지 않아 모든 것이 절망이라고 생각했습니다. 그들이 올바른 방법으로 예수를 찾지 않았기 때문입니다. 피와 살이 원하는 대로 찾았습니다. 여기에서는 모든 것이 포기되어야만 합니다. 친구도 지인도 예루살렘의 모든 도시도, 온갖 숙련도 인간의 지혜도 인간에 속한 모든 것은 허무한 것입니다. 아버지의 집에서야말로 그리스도를 발견할 수 있고, 발견한 그때 마음은 다시 기쁨으로 충만해집니다. 마음의 위안을 얻는 길은 달리 없습니다.

현현절 제1주일의 설교

1월 13일
부모를 따른 예수

예수는 부모를 따라 나자렛으로 돌아와 부모에게 순종하며 살았다. 그 어머니는 이 모든 일을 마음속에 간직하였다.

〈루가의 복음서〉 2 : 51

이 말에 의해서 복음 기자 누가는 주 예수의 젊은 날의 세월을 모두 말해 주고 있습니다.

부모에게 봉사했다는 것은 어떤 의미겠습니까? 그것은 제4계명에 관계가 있는 일을 하셨다는 것입니다. 예수는 물을 긷거나, 빵이나 고기를 나르거나, 집을 지키거나, 그 밖에 여러 가지 보통 아이들과 똑같이 시키는 일을 한 것으로, 부모가 가정에서 필요로 하는 모든 일을 거든 것입니다.

마음이 착한 예수는 이런 모든 일을 하셨습니다. 그렇기 때문에 하느님을 사랑하는 착한 아이들은 이렇게 말합니다. 아아, 나는 어린 예수님을 본받아 예수님이 하신 일에 따르기에는 아직 거리가 멀다. 예수님은 대팻밥을 줍고, 부모가 시키는 일을 하고, 집 안에서 해야 할 일을 다 하셨다. 만일 우리가 예수님을 본받아 아무리 하찮은 일이라도 부모가 시키는 일을 기꺼이 한다면 얼마나 착한 아이가 될까 하고.

그리스도는 만물의 주인이신데도 우리의 모범으로서 몸을 낮추어 부모를 따르셨습니다. 그러므로 우리도 커다란 아픔을 뛰어넘어 이 이야기를 배우고 순종할 때에, 축복받은 자로서 감사하는 것입니다. 그리스도 자신이 이런 의무를 싫증이 나는, 귀찮은 것으로 생각하시지 않았기 때문입니다.

1534년 설교에서

1월 14일
제4의 계명

자녀 된 사람들은 무슨 일에나 부모에게 순종하십시오. 이것이 주님을 기쁘게 해 드리는 일입니다.
〈골로사인들에게 보내는 편지〉 3 : 20

하느님은 부모에게 자신이 정하신 모든 지위와 부르심보다 더한 영예를 주셨습니다. 그러므로 부모를 사랑할 뿐만 아니라 존경하도록 명하십니다. 그런데 형제자매, 이웃에게는 사랑하는 것만을 명하고 계십니다. 그러므로 부모하고는 격이 다르고, 지상의 다른 모든 사람보다 나은 지위가 부여되어 하느님에 이은 지위에 놓여 있는 것입니다.

존경은 사랑 이상의 것입니다. 왜냐하면 그 가운데에는 왕 앞에 설 때와 마찬가지로 사랑뿐만 아니라 순종, 겸손, 경외(敬畏)가 포함되기 때문입니다. 더구나 이 요구는 단지 존경과 순종으로 부모를 대하라는 것만이 아니고, 하느님에 이은 최고자로서도 높이 평가하고 존경하고, 일상의 기거 동작에 그것을 실천하는 것을 의미합니다. 만일 진심으로 존경한다면, 동시에 최고로 중요한 사람으로 생각해야 합니다. 설사 부모가 아무리 낮은 신분이고, 가난하고 약하고 별나다고 해도, 하느님에 의해서 부모로 정해진 것이고, 하느님을 대표하는 사람으로서 존경해야 한다는 것이 청년의 마음에 새겨져야 합니다. 설사 부모가 결점을 지니고 그 방법이 어리석다고 해도 그 영예는 빼앗길 수 없습니다. 왜냐하면 그 주안점은 인물이 어떻다는 것이 아니고, 그렇게 정한 하느님의 뜻이 중심에 있기 때문입니다.

하느님 앞에 우리는 모두 평등하지만, 인간의 세계에는 제각기 구별과 차이가 있습니다. 그러므로 당신의 아버지인 나는 당신의 주님이고, 당신이 나를 따라야 한다는 것은 하느님이 정하신 것입니다.

제4계명의 주해

1월 15일
어린아이를 받아들이는 자

"또 누구든지 나를 받아들이듯이 이런 어린이 하나를 받아들이는 사람은 곧 나를 받아들이는 사람이다" 하고 대답하셨다. 그러나 나를 믿는 이 보잘것없는 사람들 가운데 누구 하나라도 죄짓게 하는 사람은 그 목에 연자맷돌을 달고 깊은 바다에 던져져 죽는 편이 오히려 나을 것이다.

〈마태오의 복음서〉 18 : 5, 6

설사 달리 아무런 좋은 재주가 없어도, 부모는 아이에 의해서 영원한 축복을 얻을 수가 있습니다. 만일 아이를 하느님에 대한 참다운 봉사로 키울 수 있다면 부모의 손은 좋은 일로 넘치게 됩니다. 굶주림, 목마름, 알몸으로 있는 사람, 감옥에 있는 사람, 병자, 나그네란 여기에서 당신 자신의 아이의 영혼 이외에 무엇이겠습니까. (〈마태오의 복음서〉 25 : 35~36) 오직 그들을 위해서 하느님은 당신의 집을 병원으로 삼고, 당신을 한 집안의 주인으로 정하신 것입니다. 그것은 당신이 좋은 말과 행동으로 아이들을 돌보고, 먹여 주고, 목마름을 가시게 하고, 그것을 통해서 그들이 하느님에게 의지하고, 하느님을 믿고, 하느님을 두려워하고, 하느님 안에 소망을 두는 것을 배우기 때문입니다. 또 하느님의 이름을 찬양하고, 맹세하거나 저주하거나 하지 않고, 근면하고, 하느님을 경배하고, 하느님의 말씀을 듣는 것을 배우기 때문입니다. 또 이 세상의 왕을 경멸하고, 불행이 닥쳐도 온화한 가운데 참고 견뎌 내고, 죽음을 두려워하지 않고, 이 세상을 사랑하지 않는 것을 배워가기 때문입니다. 이와 같이 부모가 있는 곳은 얼마나 축복받은 가정이고 결혼생활이겠습니까? 이것이야말로 참다운 교회, 숨은 수도원, 그리고 천국의 모습을 비춘 것이 아니겠습니까?

그 반대로 부모가 이런 일을 가르치는 일을 태만하게 한 경우, 가정의 아이들을 통해서 저승에 어울리게 하는 것처럼 쉬운 일은 없습니다. 만일 단식이나 기도나 성지순례나 선행의 실천에 의해서 죽음의 늪으로 나아간다고 한다면, 어디에 구원이 있겠습니까? 심판의 날에 주님이 묻게 되는 것은 이런 행위가 아니고, 그들에게 부여하고 맡겨진 아이들을 어떻게 했느냐 하는 것입니다.

선행에 대해서

1월 16일
주님은 어린이를 축복하신다

그리고 어린이들을 안으시고 머리 위에 손을 얹어 축복해 주셨다.

〈마르코의 복음서〉 10 : 16

그리스도는 왜 힘 있는 자, 왕 또는 훌륭한 성인을 끌어안지 않는 것일까요? 그렇게 하시지 않고 아직 아무것도 모르는 아이들을 끌어안는 것입니다. 이렇게 해서 하느님의 나라가 아이들의 것임을 명확히 하셨습니다. 주 그리스도는 아이들의 왕이시고 주인이시고 아이들 사이에서 발견되길 바라고 있는 것입니다. 그리스도는 이렇게 말씀하시는 것 같습니다. "만일 누가 가장 훌륭한지를 알고 싶다면 나는 말하리라. 나를 따르는 그 사람이 훌륭한 사람이다. 나는 모든 것 중의 모든 것이기 때문이다. 누구라도 나를 받아들이는 자는 천지의 조물주, 아버지이신 하느님을 받아들이는 것이고 동시에 천지까지도 받아들인 것이다. 그 사람은 온갖 천상의 선물과 영광을 주시는 하느님을 받아들인 것이다."

이렇게 해서 우리가 우선 어린 그리스도를 받아들일 때 그것으로 인해서 아버지이신 하느님을 받아들이게 됩니다. 왜냐하면 그리스도도 다음과 같이 말씀하고 계시기 때문입니다. 너희는 반드시 육체의 눈으로 나를 보지 않는다. 그러므로 너희 앞에 내 대신 되는 것을 두겠다. 누구나 이런 아이 한 사람을 내 이름으로 받아들이는 자는 나를 받아들이는 것이다. 그리고 나를 받아들이는 자는 나를 보내신 분을 받아들이는 것이다.

그러므로 그리스도를 발견하기 위해 멀리 가거나 이곳저곳 찾아 헤매거나 하늘에 오를 필요가 없는 것입니다. 지금 이곳에 주 그리스도의 거울이자 주거인 많은 그리스도인과 그 아이들이 있습니다. 그들을 볼 때 그리스도를 보고 있는 것입니다. 그들에게 물을 때 그리스도에게 묻고 있는 것입니다. 그들에게 물 한 컵을 줄 때 그리스도에게 드리고 있는 것입니다. 그들에게 먹을 것을 줄 때 그리스도에게 드리고 있는 것입니다. 그들에게 옷을 입힐 때 그리스도에게 입혀 드리고 있는 것입니다.

〈마태오의 복음서〉 18~24장의 주해

1월 17일
복종의 한계

예수께서 어머니를 보시고 "어머니, 그것이 저에게 무슨 상관이 있다고 그러십니까? 아직 제 때가 오지 않았습니다" 하고 말씀하셨다.

〈요한의 복음서〉 2 : 4

이 말을 들으면 예수는 엄하고 지나치게 냉담하신 것처럼 보입니다. 그러나 사실 부드럽습니다.

여기에서 주의해야 하는 것은 하느님에 관련이 있는 경우에는 아버지도 어머니도 없다는 것을, 예수가 자신의 어머니에게 엄하게 알리고 계시다는 것입니다. 지상에는 부모보다도 높은 권위는 없는데, 그러나 하느님의 조화가 시작되는 곳에서는 그것도 배제되어야만 하는 것입니다. 하느님에 관한 문제에서는 부모도 감독도 타인도 다 버리고, 오직 하느님의 말씀만이 우리를 가르쳐 인도하도록 해야 합니다.

그래서 만일 하느님에 의해서 명확하게 가르쳐지지 않은 것을 하느님을 위해서 하고, 하느님에게 봉사하도록 부모가 당신에게 명하고, 가르치고 또는 바란다면 다음과 같이 대답해야 합니다.

"당신은 나와 무슨 관계가 있습니까"

왜냐하면 아버지나 어머니나 자신의 사고나 자신의 신심이 깊은 생각에 따르는 것이 아니고, 하느님의 계명에 따라서 아이들을 가르치고 이끌도록 하느님에 의해서 정해진 그와 같은 의무를 지고 있기 때문입니다.

현현절 제2주일의 설교

1월 18일
어린아이처럼 되어야

나는 분명히 말한다. 너희가 생각을 바꾸어 어린이와 같이 되지 않으면 결코 하늘 나라에 들어가지 못할 것이다.

〈마태오의 복음서〉 18 : 3

사랑하는 주님이시여, 당신께서는 너무나도 우리를 엄하게 다루십니다. 주여, 좀 더 신중하게 다루어 주실 수 없겠습니까? 왜 철부지 어린아이들을 이토록 높이 평가하십니까? 어리석은 아이들을 현명한 사람보다도 더 높이 존중해야 한다는 것을 어디서 가르치시고 타이르셨습니까? 바울로가 그토록 찬탄해 마지않는 "하느님의 의로움"이라고 외친 당신의 정의를 어떻게 주장할 수 있겠습니까?

현명한 자를 버리고 어리석은 자를 취하는 것이 정의일까요? 그것에 대한 대답은 이렇습니다.

당신은 하느님의 말씀을 믿고 자신을 버려 말씀에 얽매이는 사람이 되어야 합니다. 우리의 주이신 하느님은 우리 인간보다도 순수한 생각을 가지고 계십니다. 그러므로 주님은 우리의 하찮은 마음을 제거해야 합니다. 우리를 저 어린아이나 어리석은 자들처럼 하기 전에 방해가 되는 굵은 가지, 잔 가지를 쳐야만 하는 것입니다. 생각해 보기 바랍니다. 어린아이들이 천국과 죽음에 아무런 의심도 없이 직면했을 때에 얼마나 맑고 천진한 마음을 안고 있는지 모릅니다. 그들은 이미 천국에 있는 자 같습니다. 이렇게 크게 정해져 있는 어린 아이들은 특별히 대단한 길을 지니고 있는 것입니다.

    사랑하는 주님이시여. 당신은 어린이들의 천진난만한 생활을 얼마나 기뻐하시는지요. 확실히 그들의 모든 죄는 곧 용서됩니다.

잡록(雜錄)

1월 19일
새로운 정화

유대인들에게는 정결 예식을 행하는 관습이 있었는데 거기에는 그 예식에 쓰이는 두세 동이들이 돌항아리 여섯 개가 놓여 있었다.

〈요한의 복음서〉 2 : 6

유대인이 의식적(儀式的)인 정화(淨化)를 하기 위한 6개의 돌항아리는 구약성서의 관례에 따른 것이고, 율법과 계명에 의해서 외면적으로만 유대인을 정화했습니다. 그래서 복음기자 요한은 항아리가 유대인의 정화관례에 따라서 놓여 있었다고 말하고 있습니다. 이 말로 요한은 다음과 같이 말하고 싶었을 것입니다. 이것은 신앙이 없는 행위에 의한 정화를 의미하고 있어 마음은 정화가 되지 않고 오히려 더욱 더럽히는 것입니다.

한편 물이 술로 바뀌었다는 것은 율법의 이해가 완화되었다는 것을 의미합니다. 즉 복음이 오기 전에는 율법은 행위를 요구하는 것으로 이해되고, 우리는 행위에 의해서 율법을 성취할 수 있는 것으로 생각하고 있었던 것입니다. 이렇게 이해한다면 당연히 돌항아리보다도 단단하고 고집스러운 오만한 위선자를 낳게 됩니다. 또 불안한 양심을 낳게 됩니다. 그러나 복음은 우리가 할 수 있는 것 이상의 것을 요구하는 율법의 형태를 바꾸고 맙니다. 율법을 성취하려면 우리와 다른 인간임이 필요했던 것입니다.

그런데 이제 율법은 그리스도를 찾고 그리스도를 가리키고, 그리스도 쪽으로 쫓아 보내게 됩니다. 그것으로 인해서 우리가 그리스도의 은총을 통해 우선 신앙에 의해서 그리스도나 다른 그리스도인으로 개조되고 거기에서 진정한 선행을 하는 것입니다. 이와 같이 은총의 복음은 찾아와서 물을 포도주로 바꿉니다. 그리고 이때 율법은 귀중한 것이 되고 감미롭게 됩니다. 율법은 갑자기 깊고 높고 맑고 매우 선한 것이 되어, 영원히 찬양되고 사랑을 받게 됩니다. 왜냐하면 이와 같은 훌륭한 것을 요구하고 있기 때문입니다. 이렇게 해서 전에는 곤란하고 전혀 불가능했던 것이 이제는 쉽고 편한 것이 됩니다.

현현절 제2주일의 설교

1월 20일
하느님의 자애와 인간에 대한 사랑의 복음

그러나 우리 구세주 하느님께서는 당신의 인자와 사랑을 나타내셔서……

〈디도에게 보낸 편지〉 3 : 4

이와 같이 하느님은 우리에 대한 자애와 사랑의 복음 속에 자신을 드러내셨습니다. 그것은 어떤 사람도 기꺼이 받아들이고, 누구도 경멸하지 않고, 우리의 온갖 악을 용서하시고 결코 엄하게 몰아세우는 일이 없는 것입니다. 복음은 참된 은총을 알리고, 그 은총으로 인해서 우리를 구원하시고 사랑의 길로 에워싸 주십니다. 여기에서는 누구도 자신의 가치나 활동에 의해서 다루어지는 일이 없습니다. 지금은 은총을 내리시는 때이므로 모든 사람은 완전한 신뢰로 하느님에게 가까이 다가갈 수 있는 것입니다.

복음 가운데 하느님은 그 자애로움을 계시해 주셨는데, 그것은 사람들을 돕고 가까이 다가가는 것을 허용하실 뿐만 아니라 더욱 확실한 버팀목이 되어 그들과 함께 하기를 바라고 끊임없이 은총과 우정을 계속 보내 주십니다. 확실히 이 말씀은 우리들 주님의 사랑과 위안으로 가득 찬 것이고 약속입니다. 하느님은 어디까지나 우리에게 은총의 손을 내밀고 우리를 버리는 일 없이 가까이하길 원하는 모든 사람을 자애로운 방법으로 받아 주십니다. 이 이상 하느님이 해 주실 수 있는 일이 있겠습니까?

    여기에서 복음이 왜 그리스도에게 있는 하느님의 위로와 사랑의 메시지로 불리고 있는지 생각해 보기 바랍니다. 사악한 죄로 가득 찬 양심에 이 이상 따뜻한 말을 전할 수 있겠습니까?

1522년 설교에서

1월 21일
율법과 복음

> 사람은 율법을 지키는 것과는 관계없이 믿음을 통해서 하느님과 올바른 관계를 맺는다고 우리는 확신합니다.
>
> 〈로마인들에게 보낸 편지〉 3 : 28

 여기에서 성서는 둘로 갈라져 있음을 알 수 있습니다. 즉 하나는 하느님의 율법과 계명이고, 다른 하나는 말씀과 약속입니다.
 계명은 우리에게 많은 선행을 가르치고 보여 주십니다. 그러나 그런 것들은 명을 받고 있는데도 아직 이루어지지 않고 있습니다. 계명은 곧잘 우리에게 지시를 하는데 우리를 돕지는 않습니다. 무엇을 해야 할 것인지 알려 주는데 그것을 할 힘을 주지는 않습니다. 율법은 사람에게 선을 행할 힘이 없음을 인식시키고, 자기 자신에게 절망하는 것을 배우게 하기 위해 주어진 것입니다.
 이런 이유로 계명은 옛 계약으로 불리고 구약에 속해 있습니다. 이를테면 '너희는 나쁜 욕망을 가져서는 안 된다'는 계명에 의해서 우리는 모두 죄인이라는 것이 표시됩니다. 왜냐하면 누구도 나쁜 욕망을 갖지 않는다는 것은 불가능하기 때문입니다. 그렇게 하려고 노력은 합니다. 그리고 자기 자신에 절망하는 것을 배웁니다. 나쁜 욕망에서 벗어나기 위해 다른 곳에 도움을 청하게 되고, 오직 한 사람의 도움으로 스스로 할 수 없었던 계명을 성취하는 것을 배우는 것입니다.

한편 이런 과정을 통해서 계명으로 인해 자신의 무력함을 알게 되었을 때, 또 어떻게 그것을 지키면 좋을지 생각하고 있을 때, 그 사람은 완전히 겸손해지고, 자신이 보기에 안 되겠다고 단정하고, 자기 자신 안에 구원이 될 만한 것을 무언가 하나 발견하게 됩니다. 그때 또 하나의 말씀, 하느님의 '약속'이 전해집니다.

"만일 그대가 모든 계명을 지키길 바라고, 계명이 권하고, 요구하고 있는 죄와 정욕으로부터 자유로워지고 싶다면 보라. 내가 그대를 위해 온갖 은총과 의와 자유와 평화를 약속한 그리스도를 믿어야 한다. 만일 믿는다면 얻을 것이다. 믿지 않는다면 얻지 못할 것이다. 또 누구도 믿지 않는 자는 아무것도 얻을 수 없다."

그리스도인의 자유

1월 22일
율법의 올바른 용법

우리가 아는 대로 율법은 정당하게 다루어지기만 한다면 좋은 것입니다.

〈디모테오에게 보낸 첫째 편지〉 1 : 8

율법의 사용법을 올바르게 이해하기 위해서는 사람을 두 가지 면으로 나누어 양자를 명확하게 구분해야 합니다. 바울로가 나눈 것처럼 옛 사람과 새 사람으로 나누는 것입니다.

새로운 사람은 율법에 의해서 번거롭지 않도록 해 두어야 합니다. 한편 옛 사람은 끊임없이 율법에 의해서 박차를 가해 결코 안심하게 해서는 안 됩니다. 이렇게 하면 율법을 올바르게 사용할 수 있게 됩니다. 새로운 사람을 행위로 도울 수는 없습니다. 이 사람은 더 높은 것, 즉 그리스도를 필요로 합니다.

그리스도는 율법도 행위도 아니고 순수한 하느님의 은총과 자애로부터 나온 선물입니다. 신앙에 의해 그리스도가 당신의 마음속에 깃들일 때 하느님은 당신을 성도로 삼습니다. 그러나 수도원에 들어간다거나, 특별한 직업을 갖는 등, 무언가 자기 자신의 행위에 의해서 주님에게 받아들여지길 소망하는 것은 율법을 올바르게 사용하는 것에 실패하여 그리스도를 부정하는 것입니다. 그리스도는 당신

의 행위 없이 도와 주길 바라고
 계십니다. 만일 자신의 행위로 스스로를 도우려고 바란다면, 당신은 율법을 완전히 그리고 철저하게 수행해야만 하게 됩니다. 이 경우 그리스도만이 깃들어 지배되어야 할 당신의 마음에서 그리스도를 몰아내고 그 대신에 율법과 당신 자신의 행위를 두게 됩니다.
 그래서 새로운 사람은 마음에 그리스도와 온갖 천상의 은총을 얻고 천지에 있는 필요한 모든 것이 주어져 부족함이 없습니다.

〈디모테오에게 보낸 첫째 편지〉 1장 8~11절의 설교

1월 23일
그렇다와 아니다

여러분은 율법의 지배를 받는 것이 아니라 은총의 지배를 받고 있으므로 죄가 여러분을 지배할 수 없을 것입니다.

〈로마인들에게 보낸 편지〉 6 : 14

이것이야말로 우리가 배워야만 할 중심적인 진리입니다. 이 말씀은 우리에게 권위를 부여합니다. 비록 우리의 육체에 정욕을 느끼고, 또 죄에 빠지는 일이 있어도 '그래도 여전히 율법으로부터 벗어나는 것이 나의 소망이고, 이제 율법과 죄 밑에서가 아니라 신앙을 가진 의인'이라고 확언하는 것입니다. 이렇게 말할 수 없다면 절망하여 멸망하지 않으면 안 됩니다. 율법은 언제나 '당신은 죄인이다'라고 말합니다. 그 말에 대해서 '그렇다'고 수긍하면 망합니다. 만일 '아니다'라고 말한다면 율법을 거부하고 '아니다'를 지속하기 위해서야만 할 견고한 근거를 가져야 합니다.

그런데 죄 가운데 태어났다고 하는 것은 성서에 의해서 확증이 되어 진리입니다. 그런데도 어떻게 '아니다'라고 말할 수 있겠습니까? 어디에 그 근거를 찾는다는 것입니까? 그것은 결코 우리 안에 있는 것이 아닙니다. 그리스도 안에 있는 것입니다.

그리스도로부터 확증을 받고 그것을 율법 앞에 던지고 말합니다.

"보아라, 그리스도는 온갖 율법에 대해서 '아니다'라고 말하실 수가 있다. 그리고 그와 같은 권위를 가지고 계신다. 왜냐하면 죄로부터 완전히 자유롭고 순결한 분이시기 때문이다. 그리고 그리스도는 자신의 '아니다'를 나에게 주셨다. 그러므로 나는 죄인이고 율법 앞에 설 수가 없고, 내 안에 순결함 같은 것은 아무것도 갖지 않고 하느님의 분노를 초래할 뿐, 자기 자신을 볼 때에는 '그렇다'라고 말하지 않을 수 없지만 그래도 아직은 그리스도의 의로움이 나의 의로움이기 때문에 죄에서 자유롭다고 말할 수가 있다."

이와 같이 항상 말할 수 있는 것이 우리의 목표입니다. 그리스도 자신이 말씀하신 것이지만, 모든 일이 신앙에 의해서 작용할 때 우리는 깨끗한 신앙인이 되어 있는 것입니다.

1525년 설교에서

1월 24일
죄를 짊어진 어린 양

마침 예수께서 걸어가시는 것을 보고 "하느님의 어린 양이 저기 가신다" 하고 말하였다.

〈요한의 복음서〉 1 : 36

우리의 죄가 어디에 놓여 있는 지를 아는 것은 우리의 가장 큰 문제입니다. 율법은 양심에 죄를 씌우지만 하느님은 그것을 어린 양의 어깨에 씌워 주시기 때문입니다. 죄가 나와 이 세상에 놓인다면 망하는 수밖에 없습니다. 죄는 그토록 강력한 것입니다. 그러나 하느님은 이렇게 말씀하십니다.

"나는 너희가 죄를 짊어진다는 것이 얼마나 가혹한지를 알고 있다. 그러므로 보라, 나는 그것을 내 어린 양에게 지우게 하고 너희에게서 걷어 낼 것이다."

이 약속을 믿읍시다. 믿으면 죄로부터 자유로워집니다. 죄의 둥지는 두 곳뿐입니다. 즉 당신에게로 와서 당신의 어깨를 무겁게 짓누르거나, 하느님의 어린 양, 그리스도 위에 오르거나 둘 중의 하나입니다. 만일 당신의 등에 올라탄다면 당신은 망합니다.

그러나 그리스도 위에 오른다면 당신은 자유로워지고 축복을 받습니다. 그래서 이 양자택일의 길을 당신이 소망하는 대로 골라서 택하십시오. 한쪽은, 율법에 따르면 당연히 죄가 당신과 함께 머무는 것입니다. 그러나 은총에 따르면 어린 양 그리스도 위에 던져집니다. 주님이 율법에 의해서 우리를 심판하신다면 영원한 멸망 이외에는 없기 때문입니다.

이것이야말로 실로 강한 말씀이고 명료한 빛을 발하는 말씀입니다.

〈요한의 복음서〉 1장의 강해

1월 25일
잃어버린 자를 찾아서

그리스도 예수께서 죄인들을 구원하시려고 이 세상에 오셨다는 말은 틀림없는 것이고 누구나 받아들일 만한 사실입니다. 나는 죄인들 중에서 가장 큰 죄인입니다.

〈디모테오에게 보낸 첫째 편지〉 1 : 15

그리스도는 "나의 사명은 사람들을 구하는 것이다"라고 말씀하십니다. 진정한 주인으로서 자신의 일에 대해서 자신 있게 말하실 수가 있습니다. 자신의 일에 대해서 상세하게 알고 있는 사람에게는 그 일에 대해서 말할 권리가 있고 그것으로 인해서 모든 사람은 그가 숙련된 작업장의 주인임을 인정합니다. 그리스도도 실은 자신의 일에 이와 같은 주인인 것입니다. 그러므로 자신의 일, 사명에 대해서 확신을 가지고 말하는 것입니다.

"나는 잃어버린 모든 사람을 돕기 위해 왔다. 이것이 내가 해야 할 일이고, 사명이다. 나는 새로운 율법을 이 세상에 지게 하기 위해 파견된 것은 아니다."

이 세상에는 사람들이 지킬 수 있는 이상의 율법이 있습니다. 국가, 부모, 학교의 선생, 간수, 모든 사람은 법률에 의해서 다스립니다. 그러나 주 그리스도는 이렇게 말씀하십니다.

"나는 심판, 불만을 말하고 사람을 죄로 다스리기 위해 온 것이 아니다. 세상은 악마와 저승의 힘 아래 있기 때문에 너무나도 가혹하게 죄로 다스려지고 있다. 그러므로 나는 율법에 의해서 사람을 지배하지 않는다. 나의 강림과 죽음에 의해서 잃어버린 모든 사람을 구원하고, 율법과 심판과 무거운 짐에 짓눌리고 있는 사람을 해방해 자유롭게 하기 위해 온 것이다."

이것이야말로 주 예수가 자신의 사랑의 모습을 묘사해 말한 위안의 말씀이고, 요한이 3장에서 말하고 있는 말과도 일치하는 것입니다.

"하느님은 그 외아들을 이 세상에 보내셨다. 그것은 세상을 심판하기 위해서가 아니고, 그를 통해서 구원을 받게 하려는 것이다."

"나는 이미 심판을 받고 심판하는 사람과 심판으로 가득 차 있는 세상에 왔다. 이러한 심판을 제거하자. 이렇게 함으로써 죄로 정해진 사람이 구원되기 위함이다."

우리가 절망의 늪에서 듣기를 간절히 소망하고 있는 것은 실로 이 말씀입니다.

〈요한의 복음서〉 3장의 주해

1월 26일
백인대장의 신앙

이 말을 들으시고 예수께서 감탄하시며 따라오는 사람들에게 이렇게 말씀하셨다. "정말 어떤 이스라엘 사람에게서도 이런 믿음을 본 일이 없다."

〈마태오의 복음서〉 8 : 10

이 사건 가운데서 명확히 두 종류의 기적이 일어났습니다. 아니 오히려 이중으로 나타난 하나의 기적이라고 해야 할지도 모릅니다. 하나는 주님이 이루신 기적이고, 다른 하나는 백인대장(백부장)의 것입니다. 성서는 예수께서 백인대장이 이렇게 강한 신앙을 지니고 있는 것에 대단히 감탄했다고 전하고 있습니다. 그리고 그리스도가 기적으로 간주한 것은 우리도 기적으로 보아야 합니다.

그리스도가 눈이 보이지 않는 사람의 눈을 보이게 하고, 귀가 들리지 않는 사람을 들리게 하고, 차라트에 걸린 사람을 깨끗이 낫게 한 것을 보고 사람들은 대단한 기적이라고 생각했습니다. 그리고 확실히 그런 것들은 대단한 기적입니다. 그러나 그리스도께서는 혼 속에 생기는 기적을 육체에 생기는 기적보다도 높이 평가하십니다. 혼은 육체보다도 귀중한 것이므로, 여기에서 그리스도께서 감탄하신 기적은 확실히 육체에 일어난 다른 어느 기적보다도 위대한 것입니다.

여기에서 일어난 것처럼 두 종류의 기적은 오늘날까지 계속 일어나고 또 심판날이 올 때까지 계속 일어날 것입니다. 그리스도는 매일 기적을 일으키시고 언제까지나 그렇게 하십니다. 그리고 육체의 기적은 그리스도가 지상에 계실 때도 많지 않았던 것처럼 오늘날에도 적은 것입니다. 이러한 기적은 그리스도 교회가 기초를 닦기 위해서만 일으킨 것입니다. 그러나 그리스도가 기적이라고 대단히 감탄하셨던 증거는 오늘날에도 일어나고 또 언제까지나 계속 일어날 것입니다. 그것은 카페나움에서 이 로마의 백인대장이 가졌던 신앙입니다.

사람이 이와 같이 대단하고 강한 신앙을 가질 수 있는 것은 확실히 기적이고 더구나 위대한 기적입니다. 그리스도는 이 백인대장의 신앙을 모든 기적에 앞서는 기적처럼 찬양하셨습니다.

1535년 설교에서

1월 27일
주님이 창조하신 것

나도 하느님의 콧김으로 생겨난 몸, 전능하신 분의 입김을 받아 숨쉬게 된 몸이오.

〈욥기〉 33 : 4

하느님이 나를 만드셨다는 것은 나의 강한 신앙입니다. 즉 하느님은 나의 몸·생명·혼·사지·오감·이성·이해, 그리고 음식물·음료·옷·아내·아이·하인·집·가정을 주고 끊임없이 버팀목이 되어 주십니다. 그리고 모든 피조물을 우리 일상생활에 도움이 되도록 해 주십니다. 하늘에 있는 태양·달·별·밤·낮·불·물·지구, 지구가 만들어 내는 이를테면 새·물고기·가축·곡물·각종의 식물 등 모든 것입니다. 그리고 다른 세속적인 혜택도 있습니다. 좋은 지배자, 평화, 안전이 그것입니다. 이렇게 볼 때 생명이건, 이상 말한 것이건, 그 밖에 아무리 작고 무가치하게 보이는 것도, 스스로 그것을 보유한다거나 유지할 수 있는 사람은 이 세상에 하나도 없는 것입니다. 왜냐하면 이런 모든 것은 '조물주'라는 한 마디 속에 집약되기 때문입니다.

그런데도 이 진리를 믿는 사람이 너무나도 적은 사실에 대해서 만일 여기에서 그 이유를 말한다고 한다면 많은 지면을 할애해야 합니다. 우리 모두는 이 진리를 지나쳐 버립니다. 우리는 이 진리에 대해서 듣고 또 되풀이합니다. 그러나 이 말의 진의를 이해하지 않습니다. 또 그것에 대해서 두루 생각하지도 않습니다.

하지만 진정으로 이 진리를 믿는다면 이 진리와 일치한 삶을 살게 됩니다. 이곳저곳을 자랑스러운 듯이 오만하게 돌아다니면서 우리 자신이 생명이나 부나 힘, 영예를 지니고 있는 것 같은 태도를 취하는 일을 하지 않게 됩니다. 그렇지 않다면 사악한 세상이 그런 것처럼 끊임없이 이런 것들을 두려워하고 그것에 봉사해야 합니다. 그러므로 이 진리를 진심으로 믿는다면 그것은 우리 모두를 겸손하게 하고 놀라게 합니다. 왜냐하면 우리는 매일 눈·귀·손·몸·혼·돈·재산, 그 밖에 지니고 있는 모든 것에 의해서 죄를 범하고 있기 때문입니다.

대교리 문답서

1월 28일
우리를 보살피시는 그리스도

그 때에 사람들이 귀먹은 반벙어리를 예수께 데리고 와서 그에게 손을 얹어 주시기를 청하였다. 하늘을 우러러 한숨을 내쉰 다음 "에파타" 하고 말씀하셨다. '열려라'라는 뜻이었다.

〈마르코의 복음서〉 7 : 32, 34

그리스도는 이 불쌍한 사람의 혀와 귀에 관심을 보이고 계셨던 것은 아닙니다. 이것은 모든 사람의 혀와 귀에 대한 보편적인 탄식입니다. 즉 아담으로부터 인류 마지막 사람에 이르기까지 모든 사람, 모든 마음과 몸과 혼에 대해서 깊은 탄식을 한 것입니다. 이 불쌍한 사람이 아직도 범하고 있을 많은 죄에 대해서 특별히 탄식을 하고 계신 것은 아닙니다. 여기에서 주 예수는 전 인류의 살과 피를 보고 계신 것입니다.

에덴동산에서 악마가 인류를 얼마나 무서운 위기에 빠뜨려 죽음과 저승의 불길 속에 내던졌는지를 보고 있는 것입니다.

이것이야말로 그리스도가 보고 계신 정경입니다. 그리고 주위를 둘러보아 에덴동산의 한 사람의 타락을 통해서 악마가 오늘에 이르기까지 저지른 커다란 악을 보고 있었던 것입니다. 단지 두 귀만을 보신 것은 아니고, 아담으로부터 그리스도의 시대까지 태어난 전 인류, 또 앞으로도 태어날 전 인류를 보셨습니다.

그러므로 이 성서의 기록은 우리가 자기 자신을 소중하게 여기는 것처럼 나를, 당신을, 또 우리들 모두의 일을 염려해 주시는 오직 한 분으로서 그리스도를 묘사하고 있습니다. 그리고 그리스도가 우리가 놓여 있는 것과 똑같은 죄와 치욕 속에서 멸망을 가져오는 온갖 무서운 악마에 대해서 얼마나 탄식을 하시는지 보여 주는 것입니다.

1534년 설교에서

1월 29일
혀와 귀

예수께서는 그 사람을 군중 사이에서 따로 불러내어 손가락을 그의 귓속에 넣으셨다가 침을 발라 그의 혀에 대시고.

〈마르코의 복음서〉 7 : 33

여기에서 그리스도는 두 기관, 귀와 혀를 가리키셨습니다. 왜냐하면 그리스도의 나라는 말씀 위에 세워져 있고, 더구나 말씀은 이 두 기관, 귀와 혀가 없으면 인지할 수도 이해할 수도 없기 때문입니다. 하느님의 나라는 신앙에 의해서만 사람의 마음을 지배합니다. 그것은 귀가 말씀을 이해하고 마음이 믿기 때문입니다. 그러므로 혀와 귀가 제거되면 그리스도의 나라와 이 세상과의 사이에 구별은 없어집니다.

외면적인 생활에서 그리스도인은 무 신앙인 사람들과 같은 생활을 하고 있습니다. 다른 사람들과 마찬가지로 집을 짓고, 땅을 일구고, 호미질을 합니다. 무언가 특별한 일에 대해서 있는 것은 아닙니다. 먹는 것, 마시는 것, 잠자는 일, 공부하는 일, 그 밖에 무엇이든 모두 같습니다.

단지 이 두 기관만이 그리스도인과 신자가 아닌 사람을 구별합니다. 즉 그리스도인의 화법, 청취법은 달라서 그 혀는 주님의 은총을 찬양하고, 그리스도를 널리 알려 그리스도만이 사람을 행복하게 할 수 있다고 선전합니다. 이 세상은 그와 같은 기관을 갖지 않고 있습니다. 언제나 악의와 악덕에 대해서 말하고, 자기 자신의 자랑스러운 모습을 선전하고 찬양합니다.

1534년 설교에서

1월 30일
주님과 자연의 감정

키럇아르바라고도 하는 헤르본 땅에서 죽었다. 아브라함은 빈소에 들어가 가슴을 치며 슬피 울었다.

〈창세기〉 23 : 2

아브라함이 안으로 들어가 사라를 위해 슬퍼하고 울었다고 쓰여 있는 것은, 우리들이 사랑하는 사람이 죽었을 때 슬퍼하고, 울고, 탄식하는 것이 나쁜 것이 아님을 말해 주고 있다. 우리 모두는 죽어야만 하는데 살아 있는 한 서로 돕고 이마에 땀을 흘리면서 거둔 빵을 함께 먹으면서 서로의 삶을 기뻐하는 사랑에 의해서 살고 있습니다. 그러므로 살아 있는 동안 서로의 배려, 이웃의 어려움이나 타인의 슬픔에 동정하는 것입니다.

복음이 자연의 정을 파괴한다는 것은 하느님의 뜻이 아닙니다. 오히려 하느님은 자연의 정을 키워 올바른 길로 이끄십니다. 아버지가 자식을 사랑하고, 아내가 남편을 사랑해 모두가 행복할 때 기뻐하는 것은 자연의 정입니다. 그리스도를 믿는 자는 누군가 다른 사람이 불행할 때에 자신만 신앙인으로서 주님 앞에 서는 것에 만족해하지 않습니다. 오히려 우리들 자신의 고민인 것처럼 관심을 보이고 사랑으로 행동합니다.

만일 이와 같은 태도를 취하라고 우리에게 권하기 위한 것이 아니었다면, 위대한 선조 아브라함이 사라를 위해 울었다는 기록을 남기도록 하느님은 정하지 않았을 것입니다.

이렇게 해서 주님은 자연의 정을 우리가 갖도록 정하셨습니다. 그러나 또 신앙에 의해서 이와 같은 감정도 극복해 절망하거나, 주님으로부터 멀리 벗어나고 말거나 하지 않도록 하는 것도 하느님의 뜻입니다.

창세기 23장의 강해

1월 31일
죽음이란 무엇인가

우리가 그리스도와 함께 죽었으니 또한 그리스도와 함께 살리라고 믿습니다.

〈로마인들에게 보낸 편지〉 6 : 8

바울로는 그리스도의 죽음과 완전히 결부된 지상의 그리스도인의 생활을 이와 같이 이해하고 있습니다. 이제 그리스도인은 죽어서 관 속에 뉘어져 있는 것으로 묘사되어 있습니다. 즉 그들은 죄에 대해서 죽은 것이고 영원히 아무런 관계도 갖지 않습니다. 그들은 이제 이 세상의 죄의 관례에 따라서 나아가지 않을 것이므로 죄는 그들에 대해서 죽은 것이고 그들은 죄에 대해서 죽은 것입니다.

확실히 이제 그들은 두 번 죽은 것입니다. 두 번의 죽음을 한 것입니다. 한 번은 영적인 죽음이고, 은총과 위안으로 충만한 축복된 죽음입니다(물론 살과 피에 있어서는 아프고 쓰라린 것인데). 영적 죽음이란 천상의, 확실하고 완전한 죽음으로 이끌기 때문에 그것은 평화롭고 그리운 죽음입니다. 또 한 번은 육체적 죽음이고 죽음이라기보다는 오히려 육체에 지워진 평화롭고 조용한 잠에 지나지 않습니다. 왜냐하면 지상에 있는 동안, 육체는 영혼과 생명에 저항하는 것을 중단하지 않았기 때문입니다.

육체가 지상에 살아 있는 동안, 언제나 죄가 뒤따르고 질질 끌려가고 있습니다. 그러므로 궁극적으로 하느님은 육체를 죽여야만 합니다. 그것은 육체도 또 죄에 대해서 죽기 때문입니다. 그리고 이것 또한 단순한 평화로운 죽음에 지나지 않고 잠드는 것 이외에 아무것도 아닙니다.

왜냐하면 육체도 죽음 속에 머물지 않기 때문입니다(혼과 영혼은 이제 죽음 속에 없습니다). 육체는 심판날에 정화되어 더러움이 씻겨진 채 나타나 영혼으로 돌아갑니다. 그리고 죄와 정욕이 없는 맑고 깨끗한 몸이 됩니다.

〈로마인들에게 보낸 편지〉 6장 3~11절의 설교

February
2월

2월 1일
자신의 지체를 의로움의 종으로

여러분의 이해력이 미치지 못할까 하여 이렇게 인간사에 비추어 말하는 것입니다. 여러분이 전에는 온몸을 더러운 일과 불법의 종으로 내맡기어 불법을 일삼았지만, 이제는 온몸을 정의의 종으로 바쳐 거룩한 사람이 되도록 힘써야 할 것입니다.

〈로마인들에게 보낸 편지〉 6 : 19

당신들은 이제 죄나 불법의 종이 아니므로 신체와 지체(肢體), 즉 육체적 생활과 성질로 이에 봉사해서도 안 되고, 이에 따라서도 안 된다는 것은 이성에 의해서도 알 수 있습니다. 그리고 당신들 자신을 하느님과 그 의에 따르기 위해 바친 것이므로, 몸과 마음을 다해 주님에게 봉사하는 것이 의무라고 가르칩니다. 이것은 전에는 악을 행하여 주님의 뜻과 자기 양심에 반해 생활을 하고 있었던 사람도, 이제는 할 수 있는 한 단순하고도 명백하게 신심이 깊게 생활하고 양심으로 주님에게 봉사함을 의미합니다. 바울로도 〈에페소인에게 보낸 편지〉 4장 28절에 "도적질을 하고 있는 자는 이제 도적질을 해서는 안 된다"고 말하고 있습니다.

전반에 바울은 당신들의 눈·귀·입·손·발·온몸, 모든 지체가 더러움에 봉사하고 있었다고 말합니다. 마찬가지로 당신들의 지체를 불법과 온갖 악의 삶, 움직임에 이용해 왔습니다. 온갖 책략과 기만에 의해서 불법에 불법을 가중시키고 있었던 것입니다. 그러므로 지금 이런 일들을 뒤돌아보고 당신들의 판단과 이해에 따라서 생각해 보기 바랍니다.

전에는 당신들이 음란하고 외설스러운 것을 보거나 듣거나 이야기하길 좋아해 그런 것들을 추구하고, 지체를 더러운 것의 종으로서 바치고 있었는데, 이제 그런 것들을 보고 듣거나 하면 그 귀와 눈은 상처를 입게 됩니다. 온몸은 더러운 것에서 벗어나고 말과 행위는 순결해집니다. 그것으로 인해서 하는 일도 이루어지는 일도, 전신 모든 지체는 의로운 일에 봉사하는 것입니다.

이 때문에 당신의 지체와 몸은 맑아져 하느님의 것이 되고 주님을 위해서만 사용하게 됩니다. 이와 같은 봉사가 이어지면 이어질수록 기쁨은 더해 신심이 깊은 온갖 일, 존중해야 할 일, 영예로운 일, 덕으로 일컬어지는 일, 모든 것에서 하느님의 영광을 나타내기 위해 봉사하는 자가 되는 것입니다.

〈로마인들에게 보낸 편지〉 6장 19절~23절의 설교

2월 2일
폭풍우와 신앙

예수께서 그들에게 "그렇게도 믿음이 없느냐? 왜 그렇게 겁이 많으냐?" 하시며 일어나서 바람과 바다를 꾸짖으시자 사방이 아주 고요해졌다.

〈마태오의 복음서〉 8 : 26

이 말씀은 신뢰의 모델과 절망의 모델을 보여 주고 있습니다. 여기에서 제자들의 마음에 어떤 감정이 있었는지를 알기 위해 그 체험에 대해서 두루 생각해 보기로 합시다.

우선 그들이 그리스도와 함께 배에 탔을 때 모든 것은 온화하고 특별히 바뀐 것을 느끼지 않았습니다. 그때 누군가가 '당신의 신뢰는 확실합니까'라고 물으면 '그렇다'고 대답했을 것입니다. 그러나 그들은 사실 수면의 잔잔함과 폭풍이 없는 것에 신뢰하고 있는 것이고, 그 신앙은 보이고 있는 것에 기초를 두고 있었던 것을 깨닫지 않고 있었던 것입니다. 그런데 폭풍이 불고 파도에 배가 씻기자 신앙은 무너졌습니다. 그들이 의지하고 있었던 평화와 고요함이 사라졌기 때문입니다. 이렇게 해서 그들의 신앙은 주위의 평화와 고요함과 함께 사라지고 절망만이 영혼을 뒤덮었습니다.

그리고 절망은 어떻게 영향을 끼쳤을까요? 그것은 오감으로 느끼는 것 이외의 것을 인정하지 않도록 했습니다. 생명도 안전도 느끼게 하지 않고 오직 배 위에서 부서지는 파도와 위험과 죽음을 가져오게 하는 바다만을 보도록 한 것입니다. 이렇게 해서 제자들은 위험만을 의식해 그것을 바라보고 다른 것을 생각하지 않았기 때문에 마음은 고뇌와 두려움에 떠는 것이 고작이었습니다. 폭풍을 느끼고 보면 볼수록 고뇌와 죽음의 강박에 휩싸이는 것이었습니다.

    그러나 만일 그들의 마음에 진정한 신앙이 있었다면 폭풍우와 파도와 물은 순식간에 마음에서 사라지고 눈앞에는 폭풍 대신에 말씀으로 약속이 된 하느님의 은총과 힘이 나타났을 것임이 틀림없습니다.

1525년 설교에서

2월 3일
오늘에 이르기까지 일하시는 하느님

그러나 예수께서는 그들에게 "내 아버지께서 언제나 일하고 계시니 나도 일하는 것이다" 하고 말씀하셨다.

〈요한의 복음서〉 5 : 17

아버지이신 하느님은 말씀에 의해서 온갖 피조물의 창조를 시작하고 또 완성하셨습니다. 그리고 말씀에 의해서 그것들을 언제까지나 유지하십니다. 그만 두자고 생각할 때까지 창조의 일은 유지됩니다. 태양, 달, 우주는 이제까지 수천년 동안 완전한 형태로 운행해 왔는데 창조주인 하느님이 날마다 유지해 주시지 않으면 얼마나 그것을 지속할 수 있겠습니까?

태양은 과연 일정한 시각, 장소에 나타나고 그리고 질 수가 있겠습니까? 하느님이 거기에서 손을 떼신다면 집도 모든 것도 순식간에 무너져 폐허가 됩니다. 사람과 천사의 지혜와 잠시도 이어지지 않습니다.

주님이 끊임없이 움직여 주시지 않으면 태양도 하늘에 오래 머물지 않아 빛을 잃게 됩니다. 아이는 태어나지 않습니다. 씨앗도 풀도 자라지 않습니다.

영원히 일하시는 창조주와 함께 일해 주시는 성자와 성령이 손을 떼시면 모든 것은 순식간에 멸망하고 맙니다. 그러므로 우리는 사도신조에서 다음과 같이 고백하고 있습니다.

"나는 천지의 조물주, 전능하신 아버지이신 주님을 믿습니다."

만일 주님이 우리를 만드신 뒤, 유지하고 버팀목이 되어 주시지 않았다면 태어난 요람 속에서 순식간에 죽었을 것입니다.

〈요한의 복음서〉 1장의 강해

2월 4일
그리스도에 의해서 창조주를 알다

그분은 만물보다 앞서 계시고 만물은 그분으로 말미암아 존속합니다.

〈골로새서〉 1 : 17

주님이 만물을 무에서 창조하셨다는 진리는 그리스도의 수육(受肉, 성육신)의 진리보다도 믿기가 곤란합니다.

그리스도는 수육을 통해서 우리를 사자(使者)들이 기뻐한 창조주에 대한 지식으로 이끌어 주십니다. 이 지식은 주님의 모습인 그리스도 자신의 인격에 따르지 않으면 결코 얻을 수가 없습니다. 그리스도만이 우리를 죄에서 구출하고, 죽음에 대한 승리를 얻게 하고, 그리고 주님의 나라로 들여보내 주시는 것입니다.

죄는 인간의 성질을 전혀 보이지 않게 하고 이제는 창조주를 알 수 없게 만들었습니다. 물론 우주의 질서를 보았을 때와 같은 때, 주님의 일단에 접해 감동할 때는 있는 데 사람은 자기 자신의 죄조차 모르고, 자신의 보이지 않는 눈을 도리어 최고의 지혜로 생각할 정도입니다.

만일 아담이 죄만 범하지 않았더라면 인류는 온갖 피조물 가운데 하느님을 인정하고, 하느님을 사랑하고, 찬미해 그것으로 인해서 길가의 작은 꽃을 보아도 하느님의 힘과 은총과 지혜에 대해서 두루 생각해 그것을 알게 되었을 것이 틀림없습니다.

　이 불모의 땅에서 어떤 화가도 화학자도 만들어 낼 수 없는 아름다운 빛깔이나 향기로운 꽃을 이토록 많은 종류에 걸쳐서 하느님이 어떻게 창조했는지를 누가 추측할 수 있겠습니까? 그러나 실제로 하느님은 이 땅에서 녹·황·적·청·자, 그 밖에 온갖 빛깔을 만들어 내십니다.

　아담의 타락만 없었다면 이러한 모든 것은 아담과 그 가족의 마음은 하느님을 찬양하고 노래하고 찬미해 틀림없이 감사로 피조물을 즐기는 일에 돌리고 있었을 것입니다.

탁상어록

2월 5일
만물을 유지하는 성자

그 아들은 하느님의 영광을 드러내는 찬란한 빛이요, 하느님의 본질을 그대로 간직하신 분이시며, 그의 능력의 말씀으로 만물을 보존하시는 분이십니다. 그분은 인간의 죄를 깨끗하게 씻어 주셨고 지극히 높은 곳에 계신 전능하신 분의 오른편에 앉아 계십니다.

〈히브리인들에게 보낸 편지〉 1 : 3

여기에서 기자는 아들이 만물을 유지하고 있다고 말하고 있습니다. 만일 아들이 만물을 유지하고 계시다면 자신을 유지하는 일은 없고 만물 위에 계시는 분이고 하느님 이외에 아무도 아닙니다. 유지한다는 것은 아들이 만물을 기르고 버팀목으로 계시다는 의미입니다. 만물은 아들에 의해서 만들어졌을 뿐만 아니라 아들에게 있어 존재를 계속해 아들에 의해서 지탱이 되고 있는 것입니다. 이에 대해서 바울로도 다음과 같이 말하고 있습니다.
"만물이 그분을 통해서 그리고 그분을 위해서 창조되었습니다."(〈골로새서〉 1 : 16~17 참조)
한편 '하느님은 유지하고 계시다'라고 말할 때, 얼마나 부드럽고 멋진 말이 사용되고 있습니까? 내모는 것도 아니고, 사냥을 하는 것도 아니고, 소리 높여 외치는 것도 아닙니다. 부드럽게 유지해 주시고 만물이 주님의 은총을 기뻐하는 대로 내맡기는 것입니다. 이에 대해서 〈지혜의 서〉 8장 1절에는 다음과 같이 씌어 있습니다.

 "하느님의 지혜는 완전한 힘으로 세계의 끝에서 끝까지 고르게 미쳐 만물의 질서를 세우고 계시다."

 이 말의 의미는 그리스도가 그 힘 있는 말씀, 즉 그 힘에 의해서 만물을 유지하고 계시다는 것입니다. 그리스도의 그 힘의 조화로 만물은 유지되고 있는 것이고, 만물의 존재와 힘은 그 자체에서 나오고 있는 것이 아니고, 하느님의 살아 있는 창조력에 따르고 있는 것입니다. 여기에서 특히 힘과 말씀을 떼놓지 않도록 해야 합니다. 왜냐하면 힘과 말씀은 하나이고, 그것은 단 하나의 활동적인 힘 있는 말씀을 의미하고 있기 때문입니다. 그러므로 힘은 만물 가운데 작용하는 말씀의 본질이 되고 성질인 것입니다.

1522년 설교에서

2월 6일
놀랄 만한 하느님이 하신 일

이렇게 하느님을 찬양하여라. 당신은 두려우신 분, 하신 일 놀랐습니다. 당신의 힘, 그 하신 일을 보고 원수들이 무릎 꿇습니다.

〈시편〉 66 : 3

가정주부가 아래와 같은 일을 진지하게 생각한다면 틀림없이 크게 놀라게 될 것입니다. 오늘 15개의 달걀을 암탉이나 집오리 밑에 둡니다. 4, 5주 지나면 바구니 가득 넘치는 병아리가 됩니다. 그리고 먹고, 마시고 자라서 보통의 어미닭이 됩니다. 도대체 그들은 어디에서 왔을까요? 때가 되면 알 속의 병아리나 새끼오리는 부리로 껍데기를 쪼아 깨고 밖으로 기어 나옵니다. 암탉도 어미 집오리도 달걀 위에 앉아 따뜻하게 해 준 것에 지나지 않습니다. 이러한 알 속에 작용해 닭과 집오리로 바꾼 것은 하느님의 전능하신 힘입니다.

물 속에 있는 물고기도 땅에서 자라는 모든 식물도 마찬가지입니다. 도대체 그들은 어디에서 왔을까요?

그 첫째는 물 속에 떠다니는 균사(菌絲)이고 거기에서 전능하신 하느님의 말씀과 힘에 의해서 잉어·무지개송어·꼬치고기, 그 밖에 여러 종류의 물고기가 생긴 것이고, 그 물고기로 물 속이 가득 차게 된 것입니다. 떡갈나무·너도밤나무·전나무도 땅에서 자라 몇십 센티의 굵기, 몇 미터나 되는 큰 거목으로 성장합니다. 그 발단은 무엇이겠습니까? 물과 흙입니다. 뿌리는 흙에서 수액과 수분을 흡수해 전력으로 밀어올리고 그것으로 인해서 줄기는 크게 강하게 높게 자랍니다.

이 원인은 무엇이겠습니까? 그것은 영원히 전능하신 창조주가 하신 말씀과 하느님의 전능입니다.

"물은 생명을 지닌 기는 것과 하늘을 나는 새를 많이 생기게 하라. 땅은 생물을 종류에 따라서 생기게 하라. 가축과 기는 것과 땅의 짐승을 종류에 따라 생기게 하라."

모든 것을 낳게 하는 것은 하느님의 전능과 말씀입니다.

1544년 설교에서

2월 7일
피조물 안의 십자가

우리는 모든 피조물이 오늘날까지 다 함께 신음하며 진통을 겪고 있다는 것을 알고 있습니다.

〈로마인들에게 보낸 편지〉 8 : 22

반짝이는 태양도 가장 아름다운 피조물도 성도들에게는 조금밖에 도움이 되지 않고 있습니다. 태양이 한 성도를 비추려고 하면 동시에 몇 천 몇 만의 불한당들을 비춰야 합니다. 그들의 불신심(不信心)이나 여러 가지 악행에도 불구하고 빛을 주지 않으면 안 되고 이렇게 해서 태양의 최선, 최량의 봉사가 가장 무가치하고, 사악하고, 게으른 무뢰한들에게 주어야만 합니다.
태양은 하느님의 은총 속에 만들어진 것이고 신심이 깊은 사람들에게 더욱더 봉사하고 싶을 것입니다. 그러나 이 고귀한 피조물이 본의 아니게 악의 세상에 봉사하고 그것을 참아야만 하는 것입니다. 그러나 머지않아 그 봉사에도 종말이 오길 바라면서 이와 같이 정해진 주님의 뜻에 따라서 그것을 계속하고 있는 것이고, 그것은 이 봉사를 통해서(그리스도가 〈마태오의 복음서〉 5 : 45에서 말씀하신 것처럼) "악한 사람에게나 선한 사람에게나 똑같이 햇빛을 주시고" 자비로운 하느님임을 보여 주기 위함입니다. 그러므로 고귀한 태양은 오만한 사람들에게 봉사하고 헛되게 좋은 봉사를 계속하고 있는 것입니다. 그러나 때가 오면 하느님은 고귀한 태양을 비롯해서 다른 피조물을 남용한 사람들을 찾아내어 피조물에 많은 보상을 줄 것입니다.

 이렇게 해서 바울은 피조물 전체 속에서 거룩한 십자가를 보여 주었습니다. 하늘도 땅도 온갖 피조물이 우리와 함께 귀중하고 그리운 십자가를 지고 있는 것입니다. 그러므로 우리가 악의 세상의 일상 가운데서 쓰러진 때에도 슬프게 탄식하는 것이 아니고, 몸이 속죄되는 날과 우리에게 나타나게 될 영광을 참을성 있게 기다려야 합니다. 산고 속에 있는 여인처럼 피조물 전체가 신음 속에 기다리고 한숨 속에 하느님의 아들이 나타날 날을 기다리고 있음을 생각할 때 우리는 더욱더 그렇게 해야 합니다. 그때 피조물 전체도 속죄되는 것입니다.

1535년 설교에서

2월 8일
하느님의 창조 조화

 야훼는 옳고 바른 일을 사랑하시며, 한결같은 그의 사랑은 온 땅에 충만하다.

〈시편〉 33 : 5

 일상적으로 우리 주위에서 작용하고 계시는 하느님의 놀랄 만한 조화가 가볍게 평가되고 있는 것은, 그것이 중요하지 않기 때문이 아니라 너무나도 계속 쉼 없이 일어나고 있기 때문입니다. 하느님이 이 세상을 지배하고 피조물 전체를 유지하고 계시다는 기적에 인류는 익숙해졌습니다. 일상으로 모든 일이 정해진 곳을 나아가고 있으므로, 그다지 눈에 띄지 않고 이에 대해서 깊이 두루 생각해 하느님의 놀랄 만한 조화로 생각할 만한 가치가 있다고 아무도 생각하지 않습니다. 그런데 사실 이 기적은 그리스도가 다섯 개의 빵으로 5천 명을 먹게 하고, 물을 술로 바꾸게 한 기적보다도 훨씬 큰 기적인 것입니다.
 나의 부친은 자주 부모 즉 나의 조부모로부터 들은 이야기를 해 주셨습니다. 그것은 1년에 지구의 밭에서 거두어들이는 곡물 다발을 모두 한곳에 모은다면 그 총량에 대한 것보다도 더 많은 인간이 지상에서 먹고 있다는 것입니다. 하지만 헤아려 보기 바랍니다. 그렇게 하면 1년에 거두어들인 곡물보다도 더 많은 빵을 먹을 수 있다는 것을 알 수 있을 것입니다. 이런 모든 빵은 어디에서 오는 것입니까? 이것이야말로 하느님의 놀랄 만한 조화임을 인정하지 않을 수 없습니다.

 하느님이 밭의 곡물, 헛간의 곡물, 자루의 가루, 식탁의 빵을 축복하시고 늘리고 계신 것이 아닐까요? 그러나 이것에 대해서 생각하고 그것이 하느님의 훌륭한 조화임을 발견하는 사람은 극히 소수에 지나지 않는 것입니다.

1544년 설교에서

2월 9일
역사의 현실

밀이 자라서 이삭이 팼을 때 가라지도 드러났다.

〈마태오의 복음서〉 13 : 26

　사람의 힘으로는 이러한 가라지(강아지풀)를 제거할 수도 바꿀 수도 없습니다. 가라지들은 종종 우리들보다 현명하기 때문입니다. 곧 친구를 만들고 자기 주위에 군집을 만들어, 그들 쪽에서 말하자면 보리 가운데 자신들을 심어 준 악마, 이 세상의 당신을 아군으로 삼고 있습니다.
　게다가 그들은 어떻게 하면 자신의 주장을 과시해 대단한 지혜와 깊은 신심을 가지고 있는 척할 수 있는지를 잘 알고 있습니다. 그리고 군집 속에서 크게 존경을 얻게 됩니다. 그것은 마치 보리 속에 크고 아름다운 엉겅퀴가 갈색 줄기를 지니고 보리보다도 높게 자라서 더 보기 좋게 보이는 것과 같습니다. 엉겅퀴는 훌륭한 녹색 잎을 지니고 아름답고 큰 갈색 줄기를 지니고 있습니다. 그리고 분방하게 생장해 꽃을 피웁니다. 붉게 강하고 아름다운 것입니다.
　그런데 한편 중요한 보리는 그와 같이 아름답고 놀랄 만한 자태를 지니지 않습니다. 여린 황색을 띠고 있을 뿐입니다. 그러므로 아무것도 모르는 사람이 보면, 엉겅퀴 쪽이 유용한 좋은 식물이고 꽃이라고 말할 수도 있을 것입니다.

그런데 우리는 이런 사악한 자들을 깨끗이 없애 버릴 수가 없습니다. 왜냐하면 방황하고 있던 몇몇 사람이 돌아올 때가 종종 있기 때문입니다. 그러므로 만일 우리가 가라지를 모두 뽑아 버린다고 해도, 아직 돌아올 가능성이 있는 자도 망해 버릴 위험 없이 빼버리는 것은 불가능합니다. 그러므로 우리는 가라지가 있는 것을 참아야만 합니다.

그러나 결코 그들이 우리를 지배하는 것을 허용해서는 안 됩니다. 그것은 마치 우리가 완전히 죄를 피할 수는 없어도 죄가 우리의 주인이 되는 것은 허용하지 않는 것과 같습니다. 그러므로 우리는 하느님의 계명을 실천하고 주기도로 도움을 구해야만 합니다.

1546년 설교에서

2월 10일
보리 속에 가라지를

사람들이 잠을 자고 있는 동안에 원수가 와서 밀밭에 가라지를 뿌리고 갔다.

〈마태오의 복음서〉 13 : 25

　이 비유의 의미는 그리스도인, 특히 설교자는 자신의 교회에 성도들만이 있게끔 하지 못했다는 이유로 낙담하거나, 기운을 잃거나 해서는 안 된다는 것입니다. 악마는 결코 멀리 있지 않습니다. 그는 어느 샌가 씨를 뿌리고 갑니다. 그래서 싹이 나면 바로 그 사실이 드러납니다.
　바울의 경우도, 요한의 경우도, 다른 성도들의 경우에도 이 문제가 생겼습니다. 복음 속에 신심이 깊은 성도와 충실한 일꾼이 주어지길 바라고 있는 곳에 가장 사악한 무뢰한과 가장 격렬한 적이 나타난 바 있습니다. 현재의 우리들에게도 이와 똑같은 일이 발생하고 있습니다. 신심이 깊고 올바르다고 생각하고 있는 사람들이 최대의 위해를 가해 가장 큰 장애를 가져오게 합니다. 그것은 우리가 잠들어 방심을 하고 있기 때문입니다.
　거기에서 그리스도가 이와 같은 일이 발생한다고 경고를 해 주시고 있는 것이 그나마 유일한 위안입니다. 이 때문에 요한도 그의 편지 가운데서 쓰고 있는 것과 같은 어려움에 직면하면서도 위안을 얻을 수가 있었습니다.

"그들은 우리에게서 떨어져 나갔고 그것으로 그들이 우리의 사람이 아니라는 것이 분명히 드러났습니다."(〈요한의 첫째 편지〉 2 : 19)

최선이어야 할 것이 최악의 것으로 바뀐다는 것이 이 세상의 관례입니다. 천사가 악마가 되었습니다. 사도 가운데 한 사람이 그리스도를 배신했습니다. 그리스도인이 이단자가 됩니다. 하느님의 백성 가운데서 그리스도를 십자가에 못을 박는 악인이 나왔습니다.

오늘날에도 이와 똑같은 일이 벌어지고 있습니다. 그러므로 우리의 선교처럼 보리 속에 가라지가 자라고 있는 것을 보아도, 놀라거나 낙담하거나 하지 말고 오히려 확신을 가지고 나아가 아무도 방황하지 않도록 우리의 형제들에게 권해야 합니다.

1544년 설교에서

2월 11일
두 나라

사악한 자는 하느님의 나라를 차지하지 못하리라는 것을 모르십니까? 잘못 생각하면 안 됩니다. 음란한 자나 우상을 숭배하는 자나 간음하는 자나 여색을 탐하는 자나 남색하는 자나.

〈고린토인들에게 보낸 첫째 편지〉 6 : 9

우리는 두 나라가 있음을 알아야 합니다. 하나는 악마의 나라입니다. 주님은 이를 복음서 가운데서 "이 세상을 지배하는 자"라고 말씀하십니다. (《요한의 복음서》 16 : 11) 이것은 죄와 불순종의 나라로 불립니다. 성도들에게 있어서 이 나라는 악의 감옥입니다.

우리는 하느님의 나라가 올 때까지 모두 이 나라에 속해 있습니다. 그러나 하느님의 나라가 와도 반드시 똑같은 상태는 아닙니다. 성도들은 날마다 자신의 죄와 싸우고 육체의 정욕, 세상의 현혹, 악마의 유혹에 대해서 격렬하게 저항합니다. 우리가 아무리 신심이 깊어도 나쁜 욕망은 언제나 우리를 지배하길 바라고 있기 때문입니다. 이렇게 해서 하느님의 나라는 끊임없이 악마의 나라와 싸웁니다. 성도들은 하느님의 나라가 발전하기 위해 그들 가운데서 악마의 나라에 대해서 싸우기 때문에 구원이 되고 지탱이 되고 있는 것입니다.

또 하나의 나라는 하느님의 나라입니다. 정의와 진리의 왕국입니다. 그리스도는 다음과 같이 말씀하셨습니다.

"너희는 먼저 하느님의 나라와 하느님께서 의롭게 여기시는 것을 구하여라."(〈마태오의 복음서〉 6 : 33)

하느님께서 의롭게 여기시는 것이란 도대체 무엇을 말하는 것입니까? 그것은 우리들 가운데에는 이제 죄가 없고 모든 지체와 힘이 주님에게 복종해 주님의 행위를 위해 사용될 때입니다. 그때 바울과 함께 "이제는 내가 사는 것이 아니라 그리스도가 내 안에서 사는 것입니다"(〈갈라디아인들에게 보낸 편지〉 2 : 20)라고 말할 수 있는 것입니다. 이것은 죄가 우리를 지배하지 않고 예수 그리스도만이 은총으로 지배하고 계실 때에 발생합니다. 그러므로 하느님의 나라는 평화·질서·겸손·순결·사랑·온갖 덕 이외에 아무것도 아닙니다. 그곳에는 분노·증오·불쾌함·불결 따위는 없습니다.

지금 개개인이 자신의 성향을 음미하려고 합니다. 그렇게 하면 어느 나라에 속해 있는지 알 수 있을 것입니다.

신도를 위한 주기도 강해

2월 12일
하느님의 때

그러자 그들은 예수를 잡고 싶었으나, 그에게 손을 대는 사람은 하나도 없었다. 예수의 때가 아직 이르지 않았던 것이다.

〈요한의 복음서〉 7 : 30

그리스도에 손을 대는 자는 한 사람도 없었습니다. 누가 그리스도를 지키고 있었나요? 누가 앞을 가로막고 있었습니까? 아무도 없었습니다. 성서는 "예수의 때가 아직 오지 않았기 때문이다"라고 말하고 있습니다. 들어 보십시오. '때'밖에 없는 것입니다. 이것은 실로 빈약한 보호입니다. 그리스도를 지키기 위해 수천의 군마와 수만의 보병이 곁에 있었다는 말은 없습니다. 단지 '때'가 그리스도에게 주어진 유일한 무기이고, 그리스도와 십자가를 가로막고 있었던 모든 것입니다. 그리고 그 때가 아직 오지 않았기 때문에 그것이 올 때까지는 적이 계획한 온갖 공격도 헛된 것이었습니다. 그것이 하느님이 손 안에 있는 모든 생각과 행동을 실로 정확하게 측정해 정해지고 있으므로 하느님에 의해서 정해진 때가 오기까지는 아무 일도 일어나지 않기 때문입니다.

이렇게 해서 하느님은 세상의 모든 것을 위해 '때'를 정하셨습니다. 전세계는 그 때의 적이고 격렬하게 공격합니다. 악마는 작고 빈약한 모래시계에 화살을 쏘아 댑니다. 그러나 그 공격은 실패합니다. 왜냐하면 모든 것은 그 '때'에 달려 있기 때문입니다. 그 '때'가 와서 모래가 다 나와 버릴 때까지는 악마도 세상도 아무것도 할 수 없습니다.

 요약하면 하느님에 의해서 명령이 되고 정해진 것이 아니라면, 사람이 무슨 일을 결심해도 그것은 되지 않거나 실패합니다. 비록 일으켰다고 해도 10배가 넘는 위해를 가합니다. 모든 것은 단 한순간에 달려 있습니다. 우리의 계획이 사물을 이루는 것이 아니라 하느님이 그 '때'를 정해야 합니다.

〈요한의 복음서〉 6~8장의 강해

2월 13일
하느님의 뜻이 이루어지도록

아버지의 나라가 오게 하시며 아버지의 뜻이 하늘에서와 같이 땅에서도 이루어지게 하소서.

〈마태오의 복음서〉 6 : 10

"확실히 하느님은 우리에게 자유의지를 주셨다"고 사람들은 말합니다. 이에 대해서 나는 다음과 같이 대답하겠습니다. "그렇습니다. 하느님은 우리에게 '자유의지'를 주셨습니다. 그러면 왜 당신들은 자유의지를 자유롭게 놔두지 않고 당신들의 '자기의지'로 하는 것입니까?" 만일 당신이 자신이 하고 싶은대로 한다면 그것은 자유의지가 아닙니다. 그것은 자기의지입니다. 그러나 하느님은 당신들이건, 누구건 자기의지를 부여하지 않았습니다. 그것은 악마와 아담에게서 온 것입니다. 그들은 하느님으로 부여된 자유의지를 자기의지로 바꿔 버렸습니다. 왜냐하면 자유의지는 자기 자신의 일을 바라지 않기 때문입니다. 자유의지는 하느님의 뜻만을 생각해 아무것에도 얽매이지 않고, 아무것에도 의존하지 않고, 집착하지 않아 자유롭습니다.

그런데 이 기도에서 하느님은 우리가 자기 자신에게 반대해 기도하도록 명하고 계십니다. 그것으로 최대의 적은 우리들 자신이라고 가르치시는 것입니다. 우리의 의지는 우리들 가운데 있는 최대의 힘이고 그것에 대항해 기도해야 합니다.

아버지시여. 내가 자신의 의지를 갖는 것을 허용하지 말아 주십시오. 나의 의지에 반대해 이를 타파해 주십시오. 무엇이건 주님의 뜻대로만 되고 나의 의지는 되지 않도록. 하늘에서도 그런 것처럼 그곳에는 자기의지가 없도록, 이 지상에도 주님의 뜻이 이루어지도록, 이와 같은 기도가 이루어질 때 그것은 유리의 육성(肉性)을 상하게 합니다. 왜냐하면 자기의지는 세상에 최고 최대의 악이고 자기의지만큼 우리가 사랑하는 것은 없기 때문입니다.

신도를 위한 주기도의 강해

2월 14일
갓난아기의 힘

어린이, 젖먹이들이 노래합니다. 이로써 원수들과 반역자들을 꺾으시고 당신께 맞서는 자들을 무색케 하셨습니다.

〈시편〉 8 : 2

왜 그리스도는 이와 같은 나라를 만드셨습니까? 왜 적에 저항해 적을 격파하기 위해 천상의 사람이나 영, 가브리엘, 미카엘 등의 천사를 보내지 않으십니까? 적과 원한을 풀 자는 강한 힘을 지닌 영혼입니다. 이 세상의 하느님이시고 임금이시고 강하고 영원한 왕국을 지배하고 있습니다. 그곳에는 많은 영혼이 봉사하고 있고 제각기 지상의 전 인류보다도 강한 것입니다.

그 대답은 이렇습니다. 우리의 주님은 가브리엘이나 미카엘을 이를 위해 사용하지 않습니다. 오히려 갓난아기와 젖먹이의 입에 힘을 두십니다. 적의 악은 크고 분노는 심해 이 사악한 거짓 분노의 영혼을 낮게 보고 무시하는 것은 조물주의 뜻에 맞는 일이기 때문입니다. 그러므로 이와 같은 힘을 보여주기 위해 자신을 낮추어 사람이 되어서 모든 사람에게 자신을 따르게 하셨습니다. 〈시편〉 22편에도 이와 같이 씌어 있습니다.

"나는 사람도 아닌 구더기, 세상에 천더기, 사람들의 조롱거리."

(6절)

그리스도는 〈마태오의 복음서〉 8장에서 자신에 대해서 말하고 있는데 찢어지게 가난했습니다. 약한 몸과 초라한 모습으로 그리스도는 적을 공격하셨습니다. 그리고 십자가에 못 박혀 죽었습니다. 더구나 이 십자가와 죽음에 의해서 적과 원한을 푸는 자들에게 승리를 거둔 것입니다.

이와 같이 우리의 하느님은 천사들의 힘을 제쳐두고 지상에서 가장 배우지 못하고 어리석고 나약한 사람들을 택해 악마와 세상의 지혜와 힘으로 대항하게 합니다. 이것이 하느님의 일입니다. 그것은 하느님이 죽은 자를 살리고 무에서 유를 불러내는 방법이기 때문입니다. 약함을 통해서 하느님의 재능과 힘을 보여 주는 것이 하느님의 본질입니다. 이렇게 해서 우리의 하느님은 나라를 건설하십니다. 약한 가운데서 건설되고 약함에서 강함이 나오게 됩니다.

1537년 설교에서

2월 15일
폭풍을 잦아들게 할 때

예수께서 그들에게 "그렇게도 믿음이 없느냐? 왜 그렇게 겁이 많으냐?" 하시며 일어나서 바람과 바다를 꾸짖으시자 사방이 아주 고요해졌다.

〈마태오의 복음서〉 8 : 26

여기에 나타나고 있는 그리스도를 우리의 구세주로 알고 믿어야만 합니다. 이분은 뜻이라면 악마의 미쳐 날뛰는 바람을 제어하고, 무섭게 밀려드는 파도를 잦아들게 해 그 힘을 멈추게 할 수 있는 분이십니다.

여기에 빈약한 교회에 대한 사악한 비웃음의 적에 대해서도 위안과 위로를 발견할 수가 있습니다. 이 작은 배에 대해서 폭풍이 몰아쳐도 이길 수 없기 때문입니다. 그 승리의 원인은 그리스도이고 우리의 주님이십니다. 이분은 5천 년 이상이나 바람과 파도를 진정시켜온 분이시고, 오늘날에도 폭풍에게 명령해 진정시킬 수 있는 분이십니다. 5천 년에 걸쳐서 적은 실패해 왔고, 장래에 있어서도 마지막 때까지 그들의 교활한 음모는 계속 실패해 성공하지 못할 것입니다. 배 안에 누워 잠들어 있는 이분은 때가 오면 우리의 기도에 호응해 일어나서 바람과 파도에 명령할 수 있는 분임을 보여 주십니다. 그때 배를 가라앉히려고 공격하고 바람을 일으키는 모든 것은 실패로 끝납니다.

1546년 설교에서

2월 16일
그리스도의 영광

베드로의 이 말이 채 끝나기도 전에, 빛나는 구름이 그들을 덮더니 구름 속에서 "이는 내가 사랑하는 아들, 내 마음에 드는 아들이니 너희는 그의 말을 들어라" 하는 소리가 들려 왔다.

〈마태오의 복음서〉 17 : 5

이 말씀에 주의를 잘 기울여 하느님으로부터 그리스도를 떼어 놓으려는 말씀을 무시하는 사상을 경계해야 합니다. 하느님은 하늘에 올라 천사들과 함께 계시는 하느님을 보라고 명하시지 않았습니다. 단지 "이는 내 사랑하는 아들, 그의 말을 들으라"고 말씀하시는 것입니다. 이 아들 안에서 나는 너희들에게까지 내려가 나를 보고, 듣고, 접할 수 있게 하겠다. 나를 찾고 죄에서 벗어나길 소망하는 자는 여기에서만 나를 볼 수가 있다고 말씀하시는 것입니다.
거기에서 이 말씀을 통해 우리는 즉시 이해하고 이렇게 말해야 합니다. 여기에서 하느님 자신이 말씀하고 계시다. 나는 그에게만 따르겠다. 다른 어떤 것에서도 하느님에 대해서 듣지 않고 배울 것이 없다. (바울로도 말하고 있는 것처럼) 이분 안에서만 하느님의 온갖 덕은 충만하고, 이분을 떠나서는 하느님을 발견할 수도 없고 만날 수도 없기 때문입니다. 오직 이분의 말씀을 듣고 이분의 조화(造化)를 볼 때에만 하느님의 진정한 말씀과 조화를 보고 듣는 것입니다.

〈요한의 복음서〉 14장의 강해

2월 17일
아버지이신 하느님의 증인

"썩어 없어질 양식을 얻으려고 힘쓰지 말고 영원히 살게 하며 없어지지 않을 양식을 얻도록 힘써라. 이 양식은 사람의 아들이 너희에게 주려는 것이다. 하느님 아버지께서 사람의 아들에게 그 권능을 주셨기 때문이다" 하고 말씀하셨다.

〈요한의 복음서〉 6 : 27

이 말씀은 강조되어 있습니다. 마치 이렇게 말하고 있는 것 같습니다. 사람의 아들 부친은 나쁜 사람도 부정한 사람도 아니다, 그가 누구인가를 알려주겠다. 하느님 자신이다. 하느님으로 불리는 아버지시다. 이 아버지가 아들을 점찍어 온갖 것을 그에게 따르게 하고, 그것으로 우리가 그의 살을 먹고 피를 마시게 해 기르기 위해서이다. 만일 그렇지 않으면 우리 모두는 망해야 한다. 아버지이신 하느님은 그리스도에게 증인(證印)을 찍으시고, 아들 그리스도만을 우리 앞에 두시고 그에게만 그 마음과 은총을 맡기고 계시다.

하느님은 이와 같이 그리스도에게 증인을 찍으셨습니다. 그것은 하나밖에 없는 증인입니다. 하느님은 그리스도에게만 성령을 주셨습니다.

그것은 전 인류가 그리스도에게만 돌아가 모든 성서가 그리스도를 가리키고, 그리스도만이 표어가 되며 증인이 되기 때문입니다. 그것은 그리스도가 하느님의 모습이고, 우리를 구원해 주시는 유일한 분으로서 최초로 태어나 부여되고 파견된 분이기 때문입니다. 하느님 자신이 하늘에서 "이는 나의 사랑하는 아들이니 그의 말을 들으라"고 말씀하신 대로입니다. 아버지이신 하느님이 그리스도에게 증인을 찍으셨습니다. 그러므로 우리는 그리스도만을 받아들여 그리스도에게서만 들으면 됩니다.

〈요한의 복음서〉 6~8장의 설교

2월 18일
그리스도가 입증하는 것

친히 보고 들으신 것을 증언하신다. 그러나 아무도 그분의 증언을 받아 들이지 않는다.

〈요한의 복음서〉 3 : 32

그리스도가 해야 할 일은 무엇이었을까요? 그것은 입증을 하는 일이었습니다. 그리스도가 그와 같이 어려운 가운데서 단지 입증을 한 바탕 위에 확실하게 나라를 세우시려고 한다면, 선교를 하고 말씀하시는 일 이외에 하실 일이 무엇이 있겠습니까? 그리스도가 병사가 아니고 (손바닥만 한) 토지도 부하도 가질 수 없다면 도대체 무엇을 하실 수 있겠습니까? 오직 선교뿐입니다.

구세주가 카이사르처럼 오실 수 없는 것이 하느님의 뜻이라고 한다면 도대체 그 이유는 무엇입니까? 사람들에게 영예를 부여하고 그리스도가 그들과 똑같이 권위로 치장되어 왔다는 말을 듣지 않기 위해서입니다. 그리스도는 아무런 치장도 없이 오직 전해집니다. 그것은 더 말할 나위 없는 지혜이고, 힘이고, 지혜와 지식의 보고이고, 주를 믿는 사람은 누구나 영원히 사는 것입니다. 그러나 누가 그것을 보았습니까? 당신들은 보지 않아도 좋은 것입니다. 주님의 지배와 선교는 증명입니다. 그것은 율법서나 세상 어딘가에서 들은 적도 본 적도, 읽은 적도 없는 것에 대한 증명의 선교입니다. 증명한다는 것은 듣는 자가 본 적도 없는 것을 말하는 것입니다. 재판관은 자신이 본 것에 대해서 재판하는 것이 아니고 증인으로부터 듣고 재판을 하는 것입니다.

그리스도는 사람이 보지 않은 것에 대해서 선교하고 증명하십니다. 그렇게 해서 모든 사람의 아득히 먼 곳에 계시는 하늘의 아버지에 대한 증인이 되고 있습니다. 그리스도는 오직 전하실 뿐이고, 그 선교의 내용은 아버지에 대해서입니다. 아버지가 어떤 성질을 지니고 계신지, 어떻게 사람을 축복하고, 죄와 죽음과 악마의 힘에서 구원하려는 것인지를 말하는 것입니다.

이것이 그리스도의 증명입니다. 그리스도는 자신을 낮추어 사람이 되어서 죽고, 죽음에서 부활해 말씀하십니다.

"너희에게 증명은 이것이다."

거기에서 당신들이 이런 증명을 믿는다면 하느님의 증명을 믿는 것입니다.

〈요한의 복음서〉 3장의 강해

2월 19일
그리스도와 운명을 함께 하라

나는 그 복음을 부끄럽게 여기지 않습니다. 복음은 먼저 유대인들에게, 그리고 이방인들에게까지 믿는 사람이면 누구에게나 구원을 가져다 주시는 하느님의 능력입니다.

〈로마인들에게 보낸 편지〉 1 : 16

그리스도는 돈도 재산도 이 세상의 나라도 소유하지 않고 있습니다. 이런 모든 것은 이 세상의 왕후에게 주어졌기 때문입니다. 단 하나의 행위를 자신이 보유하고 계십니다. 그것은 인간의 행위도 천사의 행위도 아닙니다. 즉 그리스도는 죄와 죽음과 악마와 저승에 이긴 승리자이고, 죽음의 와중에서도 말씀을 통해서 그리스도를 믿는 모든 사람을 구원하고 버팀목이 되어 주실 수 있다는 것입니다.
아멘, 그렇습니다. 우리는 주 그리스도, 하느님의 아들에게 운명을 걸었습니다. 그리고 그리스도는 결코 우릴 버리실 수 없습니다. 우리의 생애도 영혼도 그리스도에 묶여 있습니다. 그리스도가 계신 곳에 우리도 있습니다. 그리스도를 떠나서는 세상과 싸울 아무런 무기도 갖지 못합니다.
그러므로 만일 그리스도가 살아 계신다면 선교, 가르침, 저술에 의해서 우리가 주님을 위해 봉사하고 모든 것을 참고 견디고 있음을 알고 계십니다. 만일 그와 운명을 함께 한다면 우리를 반드시 도와 주신다는 것을 세상도 우리도 알고 있습니다. 그런데도 모든 것은 한 번 파괴되어야만 합니다. 무엇이건 그대로 남을 수는 없는 것입니다.

탁상어록

2월 20일
최대의 영광은 그리스도

하느님께서는 만물을 그리스도의 발 아래 굴복시키셨으며 그분을 교회의 머리로 삼으셔서 모든 것을 지배하게 하셨습니다.

〈에페소인들에게 보낸 편지〉1 : 22

우리의 최대의 영예·영광·찬미는 하느님의 아들 그리스도가 있다는 것입니다. 그리스도는 우리의 살을 살로 삼고 더구나 죄 없이 태어나 아버지이신 하느님의 오른쪽에 앉아 천상·지상·지하의 온갖 피조물의 주인이십니다. 그러나 누구도 그리스도를 주님으로 모시려는 자는 악마를 적으로 삼고 상대해야 합니다.

한편 전세계는 하느님과 어떤 관계를 지니고 있을까요? 또 10 이상이나 되는 세계가 있다고 한다면 어떻게 하겠습니까? 〈시편〉 2편 (6절)에 있는 것처럼 하느님은 그리스도를 내세우셨습니다. 설사 사람들이 그리스도를 받아들이는 것을 거부한다고 해도, 하느님은 확실하게 그리스도를 자리에 앉히고 있으므로 결코 쓰러지거나 자리에서 떨어지거나 하지 않습니다. 그와 같은 일을 세상이 꾸미려고 한다면, 도리어 온갖 것이 붕괴합니다. 하늘에서 울려 퍼지는 영광의 소리와 함께 하느님이 "이 말을 들으라"고 명하셨기 때문입니다.

탁상어록

2월 21일
십자가의 영광

 이 말씀을 마치시고 예수께서는 하늘을 우러러보시며 이렇게 말씀하셨다. "아버지, 때가 왔습니다. 아들의 영광을 드러내 주시어 아들이 아버지의 영광을 드러내게 하여 주십시오."

〈요한의 복음서〉 17 : 1

 이런 말씀에 의해서 그리스도는 앞으로 자신이 어떻게 되고, 또 어떤 슬픔이 이와 같은 기도로 이끌었는지를 보여 주고 계십니다. '내가 가장 비참하게 죽어야 할 때가 왔습니다. 나의 맑은 빛은 모두 사라지고 나의 명예와 이름은 삼켜지게 되고 말 것입니다'라고 말씀하시는 것입니다.
 그런데 이때까지 그리스도는 크게 활동을 하고, 대단한 선교를 하고, 큰 능력을 증명하셨습니다. 그것으로 인해서 전세계가 한없이 그리스도를 찬양하고, 찬미하고, 영예를 돌리기 위해서입니다. 그런데 이제 고뇌할 때가 왔습니다. 그리스도는 치욕으로 뒤덮여 두 살인범 사이에 있는 나무에 매달려야 합니다. 그리고 유사 이래의 극악 범죄인처럼 죽는 것입니다. 어떤 살인범도 이처럼 치욕을 당한 적이 없기 때문입니다.
 이것은 진실하고 훌륭하신 분을 암흑으로 내던지는 것입니다. 그리고 지금 때가 이르렀다고 말하셨을 때 이것이야말로 그리스도의 마음속에 있었던 것입니다. 그리스도는 이미 십자가에 매달려 있는 것처럼 열심히 기도하고 이제 나는 치욕과 죽음으로 뒤덮여 어둠 속에 누워 있다고 말씀하시는 것만 같습니다. 그러나 지금이야말로 당신이 나를 낳고, 끌어올리고, 영예 속에 넣어 주실 때입니다. '나의 빛은 사라지고, 세상이 나를 발 아래 짓밟고 있기 때문입니다'라고 말씀하시는 것만 같습니다.

그리고 어떻게 이 영광은 오는 것일까요? 그것은 주님이 예수를 죽음에서 부활시켜 악마를 발 아래 내던지고 주님을 온갖 피조물의 왕으로 삼아 주님이 되게 한 것에 따른 것입니다.

〈요한의 복음서〉 16~20장의 설교

2월 22일
그리스도와 생각이 같게 된다

여러분은 그리스도 예수께서 지니셨던 마음을 여러분의 마음으로 간직하십시오.

〈필립비인들에게 보낸 편지〉 2 : 5

형제들이여, 당신들도 예수 그리스도가 안고 있는 것과 똑같은 생각을 당신들 사이에서도 서로 살려야 합니다. 그리스도는 하느님의 모습으로 나타나셨는데 아버지와 똑같이 있기 위해 자신을 높이지 않으시고 자진해서 자신을 낮추어 종의 모습, 형태를 취해 모든 점에서 사람이 되시고 사람의 형태를 취하셨습니다. 그리고 아버지의 뜻에 따라 죽음에 이른 것입니다.

그러므로 그리스도의 형제들이여, 이 거룩한 말씀이 얼마나 깊고 인상적인 말씀인가를 곱씹어 보기 바랍니다. 그리고 우리도 똑같이 되는 것입니다. 여기에서 그리스도가 되신 것은 악인이 아니고 하느님을 닮은 사람입니다. 즉 힘과 영예와 지혜와 맑음과 순결을 지녀 결코 악을 행하지 않는 덕으로 충만한 사람입니다. 그런데도 그리스도는 하느님의 모습을 버리고 우리와 똑같이 되기를 소망하셨습니다. 하느님의 모습을 취하려고 소망한 새벽의 명성이나 이웃을 깔보고 거의 인정할 수 없는 것처럼 거만한 사람들과는 전혀 정반대입니다. 그리스도는 그들을 따르려고는 하지 않습니다. 반대로 하느님의 모습을 버리고 사람의 모습을 취해 죄는 범할 수도 없었는데 죄의 육신처럼 되셨습니다. 이렇게 해서 우리 모두의 고뇌를 짊어지신 그리스도는 사람들 앞에서 어리석은 자가 되고, 모욕을 당하고, 비웃음을 받은 것입니다.

이분 안에 우리의 가난함과 사악의 모든 것을 발견할 수 있습니다. 더구나 그리스도는 우리가 자유롭게 주님에게 따를 수 있도록 이 일을 이루어주셨습니다.

1518년 설교에서

2월 23일
부름 받은 자, 선택된 자

이와 같이 꼴찌가 첫째가 되고 첫째가 꼴찌가 될 것이다.
〈마태오의 복음서〉 20 : 16

 이 성구(聖句)는 하느님 앞에 자기가 가장 위대하다고 생각하는 사람들에 대해서 말하고 있으므로, 고위고관인 사람을 향해서 말하고 있는 것이고, 가장 훌륭한 사람을 공격하고 최고의 성자를 위협하는 것입니다. 그리스도가 제자에게 말한 것도 이와 같은 이유에서입니다. 그것은 세상에서 경멸되고, 약하고 가난하게 보이는 사람이 마음속에서는 자기 자신에 만족하고, 자기야말로 주님 앞에서 제일이라고 생각하는 일이 종종 있기 때문입니다. 이와 같은 경우에도 그는 뒤가 됩니다. 다른 한편 두려움과 절망하는 마음으로 자신의 돈이나 명예를 가볍게 여기는 사람이 있습니다. 그리고 주님 앞에 가장 작은 자로 생각하고 있습니다. 이와 같은 경우 그는 첫째가 됩니다.
 최고의 성도로 일컬어지는 사람들이 이와 같은 두려움에 주눅이 든 일은 잘 알려져 있는 것입니다. 또 영적으로 높은 지위에 올라 있는 사람이 많이 타락한 것도 잘 알려진 사실입니다. 사울이 어떻게 타락했는지를 잘 생각해보기 바랍니다. 또 하느님은 어떻게 다윗을 타락할 대로 버려 두셨을까요?

 사실 이것이야말로 복음의 본질 가운데 하나입니다. 어떤 사람이건 이제 자신이 가장 낮아지게 될 우려는 없다고 단언할 정도로 높이 오른 사람도 없고 또 오를 수도 없습니다. 또 반대로 가장 높아질 가망이 없어질 정도로 낮게 떨어진 사람도 없고, 또 거기까지 낮게 떨어질 수도 없습니다.

 왜냐하면 그곳에서 모든 인간의 공적은 무가치하고 하느님의 자비만이 찬양되고 "꼴찌가 첫째가 되고 첫째가 꼴찌가 될 것이다"라고 명확하게 선고되어 있기 때문입니다.

 '첫째가 꼴찌가 된다'는 것은 하느님이 당신들의 모든 자랑을 빼앗는다는 의미이고 '꼴찌가 첫째가 된다'는 것은 하느님이 당신들의 모든 절망을 제거해 주신다는 의미입니다.

1525년 설교에서

2월 24일
주어진 신앙의 양

나는 하느님의 은총을 받은 사람으로서 여러분 한 사람 한 사람에게 말합니다. 여러분은 자신을 과대평가하지 말고 하느님께서 각자에게 나누어주신 믿음의 정도에 따라 분수에 맞는 생각을 하십시오.

〈로마인들에게 보낸 편지〉 12 : 3

하느님은 위대한 성도에 의해서는 하지 않는 일을, 작은 성도를 이용해 하실 때가 종종 있습니다. 그리스도는 12세 때, 어머니 마리아에게서 모습을 감추어 찾게 하셨습니다. 또 부활제의 아침 어머니와 제자들 앞에 나타나기 전에 막달라 마리아에게 모습을 드러내셨습니다. 또 자신의 어머니보다도 사마리아의 여인이나 간음의 장에서 붙잡힌 여인에게 더 부드럽게 말을 거셨습니다. 베드로는 타락해 그리스도를 배신했는데, 십자가상의 도적은 충분한 신앙을 가지고 있었습니다.
이와 같은 불가사의한 일을 통해서 그리스도는 성도들에게 주는 은총의 양을 우리가 알 수 없도록 하고 계셨음을 알 수가 있습니다. 우리는 인물에 따라서 그것을 판단할 수가 없습니다. 주님은 아낌없이 선물을 주시는데, 그것은 주님의 뜻대로이고 우리 인간의 사고와는 다릅니다.

주님은 자신에 대해서조차 나를 믿는 자는 내가 한 행위보다도 큰 일을 할 것이라고 말씀하셨습니다. 이런 모든 것은 우리가 누구나 자신을 다른 사람보다 높이거나, 어느 성도를 다른 성도보다 높이 평가하는 일 없이 주어진 선물은 제각기 달라도, 주님의 은총 속에서 모든 사람을 똑같이 존경하기 때문입니다. 주님은 스테파노에 의해서, 베드로에 의해서 어머니 마리아에 의해서는 이루지 못한 일을 하셨습니다. 이렇게 해서 주님만이 인물에 상관없이 주님의 뜻대로 모든 일을 하는 것입니다.

하느님은 위대한 성도에게 작은 신앙을, 작은 성도에게 위대한 신앙을 줄 수가 있습니다. 누구나 타인을 언제나 자기보다 높게 보도록 하기 때문입니다.

1525년 설교에서

2월 25일
그리스도의 선택

너희가 나를 택한 것이 아니라 내가 너희를 택하여 내세운 것이다. 그러니 너희는 세상에 나가 언제까지나 썩지 않을 열매를 맺어라. 그러면 아버지께서는 너희가 내 이름으로 구하는 것을 다 들어 주실 것이다.

〈요한의 복음서〉 15 : 16

이 말씀은 거짓 성도들의 온갖 오만한 생각을 즉시 단절해 죄로 정합니다. 그들은 무언가 가치 있는 일을 해서 가능하면 하느님과 화해하고 하느님과 친구가 될 정도의 일을 하고 싶다는 소망을 가지고 있습니다. 이것은 공을 선행시키고 하느님의 은총을 뒤에서 따라오게 하는 자신의 선택이고, 자신이 선두에 서는 것을 바라는 것입니다. 이 경우, 그리스도가 우리를 선택하는 것이 아니고, 우리가 그리스도를 찾아 그리스도를 친구로 삼고, 그것으로 인해서 그리스도가 우리들로부터 좋은 것을 많이 얻었다고 말해 우리에게 영광을 돌리게 하려는 데 있습니다. 이것이야말로 자신의 가치 있는 행위에 의해서 하느님의 은총에 걸맞은 자가 되려는 속세의 방법입니다.

그러나 복음은 "너희가 나를 택하는 것이 아니다"라고 말합니다. 그것은 그대들이 나의 친구인 것은 그대들의 행위에 의한 것이 아니고, 나의 행위에 의한 것이라는 의미입니다.

만일 당신의 행위에 의한 것이라면 나는 그대들의 공을 존경해야 합니다. 그러나 실은 나의 공적이나 나 자신에 의한 것입니다. 그것은 내가 있는 곳에 그대들을 끌어들여 내가 지니고 있는 모든 것을 그대들에게 주기 때문입니다. 그것으로 인해서 그대들의 영광은 그대들 자신에 의한 것이라도 세상의 움직임이나 공적에 따른 것이 아니고 오직 나의 은총과 사랑에 의한 것이 되기 때문입니다.

나는 이제까지 그대들에 의해서 발견된 적이 없었습니다. 오히려 그대들이 주님을 모르고 멀리 떨어져 있어, 미망과 죄 가운데 사로잡혀 있었을 때 내가 그대들을 찾고 나에게로 끌어들인 것입니다. 그러나 이제는 그대들이 기도하거나 무언가를 하기 전에 나는 찾아와 어둠 속에서 그대들을 불러냈습니다. 이렇게 해서 오직 은총에 의해서 모든 것을 받았다는 것을 알기에 이른 것입니다.

〈요한의 복음서〉 15장의 강해

2월 26일
하느님의 손 안에

나는 아버지께서 세상 사람들 가운데서 뽑아 내게 맡겨 주신 이 사람들에게 아버지를 분명히 알려 주었습니다. 이 사람들은 본래 아버지의 사람들이었지만 내게 맡겨 주셨습니다. 이 사람들은 과연 아버지의 말씀을 잘 지키었습니다.

〈요한의 복음서〉 17 : 6

지상의 인간으로 하느님에 대해서 생각할 때 두려움에 떨고 도망가고 싶다는 생각을 갖지 않는 사람은 없습니다. 하느님의 이야기를 듣자마자 침묵하고 압도되고 맙니다. 여기에서 말하고 있는 것은 범죄인에 대해서가 아니고 죄를 느끼고 양심에 가책이 되고 있는 사람들을 말하는 것입니다(우리가 선교하는 것은 이런 사람들에 대해서뿐입니다). 양심은 깨어나고, 하느님이 죄인에 대해서 노하시고, 죄가 되어 주님의 진노에서 벗어날 길이 없다는 것을 느끼고 알고 있습니다. 그러므로 그들의 양심은 겁에 질리고, 떨리고, 흔들리고, 움츠러들고, 파랗게 질리고, 천둥과 번개 앞에 서 있는 것처럼 오싹해집니다. 그래서 그리스도는 이와 같은 두려움을 힘차게 다루어 따뜻한 위로의 말을 마음에 넣어 줄 필요가 있었습니다. 그것으로 답답하게 고뇌하는 두려움이 제거되기 때문입니다.

또 그리스도는 사람이 생각지도 못했던 자애로운 하느님의 모습을 보여 주셨습니다. 우리는 영혼의 유일한 위로, 또 구원으로써 이런 말씀을 진심으로 받아들여 마음속에 새겨야 할 것입니다. 만일 주 그리스도에게 확실하게 매달리고 있다면 당신들은 확실히 주님이 세상의 시초부터 선택해 주신 한 사람입니다. 만일 그렇지 않았다면 당신들이 그리스도에게로 와 이와 같은 계시를 듣고 받아들이는 일은 없었을 것입니다.

그러므로 복음을 모른 채 그리스도에게 들으려고 하지 않는 사람이 고뇌한다면 고뇌하는 대로 놔두기 바랍니다. 그러나 당신은 주님의 계시를 받았다는 것과 주님의 사랑하는 아들로서 받은 것 이상으로 이 세상에 훌륭한 것은 없다는 것을 알아야 합니다. 그리고 그것은 말씀이 당신을 기쁘게 하고 은총 속에 당신의 마음이 그리스도에게로 향해진 것에 따른 것이었습니다. 이렇게 해서 그리스도가 자신을 드러내 주셨으므로 주님의 뜻과 당신의 구원에 관한 모든 것을 알 수가 있는 것입니다.

〈요한의 복음서〉 16~20장의 설교

2월 27일
신앙을 굳게 유지하라

믿음과 맑은 양심을 가지고 싸워야 합니다. 어떤 사람들은 양심을 저버렸기 때문에 그들의 믿음은 파선을 당했습니다.
〈디모테오에게 보낸 첫째 편지〉 1 : 19

이 세상의 성도들이 아직 지니고 있는 여러 가지 죄를 생각할 때 그 원인이 가려진 선택이라든가 섭리라든가, 이른바 예정설에서 찾아야 할 일은 아닙니다. 그와 같은 사고는 의문 이외에 아무것도 불러일으키지 않기 때문입니다. 그것은 확실한 것일까요, 그렇지 않으면 절망일까요? 만일 선택되어 있다면 아무리 타락해도 위해는 미치지 않습니다. 언제나 은총 가운데 있어 망할 리가 없는 것입니다. 그 반대로 선택되지 않은 경우, 아무것도 구원이 되지 않습니다. 이와 같은 사상은 실로 무서운 것이고, 마음에 이와 같은 사고를 갖는 것은 죄 이외에 아무것도 아닙니다.

복음은 명확한 하느님의 말씀을 우리에게 직접 지시하시고, 그 말씀 안에 하느님은 그 뜻을 계시하시고, 말씀을 통해서 움직이시고 그 자신을 드러내고 계십니다. 주님의 말씀이 죄를 벌하고, 여러 가지 죄를 밝히고, 우리의 구세주 예수 그리스도를 가리키고 있음은 명백합니다. 우리는 이 명백한 하느님의 말씀에 비추어 자신이 주님의 은총 안에 있는지를 판단해야 합니다.

거기에서 우리가 의로 여기는 신앙이 있는 곳에는 깨끗한 양심이 있어야 합니다. 하느님을 신뢰하는 신앙과 나쁜 생각, 즉 나쁜 양심이 함께 하는 일은 전혀 불가능합니다. 하느님에 대한 신앙과 기도는 미묘한 것이어서 신앙이 깊은 그리스도인이 종종 체험하듯이 양심에 조금이라도 거리낌이 있으면 신앙과 기도를 몰아내고 맙니다.

반대로 신앙과 깨끗한 양심이 있는 곳에는 성령이 확실히 깃들고 있습니다. 그러나 그와 같은 확신도 우리가 좋은 양심을 가지고 있기 때문이라든가, 가치가 있기 때문이라는 것은 아니고 단지 그리스도이므로 주어지는 것입니다. 그러므로 우리는 그리스도의 약속이 있으므로 그리스도의 보속에 의해서 은총 속에 있음을 확신하고 진심으로 기도를 바칠 수가 있습니다.

요한도 다음과 같이 말하고 있습니다.

"사랑하는 여러분, 우리가 양심의 가책을 받지 않을 때에는 하느님 앞에 떳떳합니다. 그리고 우리가 무엇을 구하든지 하느님께로부터 다 받을 수 있습니다."(〈요한의 첫째 편지〉 3 : 21~22)

**매란히튼과 푸게하겐과의 협력에 의한
신앙자의 죄에 관한 문제**

2월 28일
망가진 후회하는 마음

겁에 질린 자들을 격려하여라. "용기를 내어라. 무서워하지 마라. 너희의 하느님께서 원수 갚으러 오신다. 하느님께서 오시어 보복하시고 너희를 구원하신다."

〈이사야〉 35 : 4

만일 자신이 선택된 자의 한 사람인지 아닌지 그 여부를 걱정하고 선택의 문제로 고민하는 사람이 있다면 자신이 걱정하고 있는 것을 감사하고 기뻐해야 합니다. 더구나 '하느님이 받게 되시는 산 제물은 망가진 영혼' 즉 절망한 영혼으로 약속되고 있는 것을 확신을 가지고 알 수가 있기 때문입니다.

"하느님, 내 제물은 찢어진 마음뿐, 찢어지고 터진 마음을 당신께서 얕보지 아니하시니." (〈시편〉 51 : 17)

자신이 망가지고 있는 것을 그는 알고 있습니다. 그러므로 약속을 해 주신 하느님의 진실성에 전심전력을 다해 하느님의 분노에 대한 지식에서 벗어납니다. 그리고 선택을 받아 구원됩니다.

〈로마인들에게 보낸 편지〉 강해

2월 29일
자유의지와 하느님의 구원

믿음이 없이는 하느님을 기쁘게 해 드릴 수 없습니다. 하느님께로 가까이 가는 사람은 하느님이 계시다는 것과 하느님께서 당신을 찾는 사람들에게 상을 주신다는 것을 믿어야 합니다.

〈히브리인들에게 보낸 편지〉 11 : 6

비록 그것이 가능하다고 해도 나는 구원을 획득하기 위해 내 수중에 무엇이 남겨진다거나, 자유의지가 부여되길 원하지 않습니다. 그 이유는 단지 내가 악마의 간계나 맹공격에 어떻게 대처하면 좋을지 모르는 것뿐만 아니라 설사 위험도 유혹도 악마도 없다고 해도 내가 할 일은 하늘을 쏘는 사람처럼 불확실한 것이기 때문입니다. 만일 마지막 날까지 살아서 움직인다고 해도 하느님이 만족하실 수 있는 활동을 하기 위해서는 얼마나 해야 할지 나의 양심은 결코 확실할 수 없기 때문입니다. 자신의 행동에 의해서 구원을 받으려고 노력한 사람들의 체험 이야기, 또 나 자신도 많은 고생을 겪으면서 알게 된 것처럼, 지상의 일은 어떤 일이건 하느님이 흐뭇하게 여기실지 또는 더 무언가를 바라시는 것이 아닐까 하고 언제나 양심에 약간의 의문을 남기기 때문입니다.

그러나 하느님은 나의 구원을 나의 자유의지로부터 분리해 자신의 뜻 안에 두시고, 나의 생애나 행동에 의한 것이 아니고, 하느님의 은총과 자애로움으로 버팀목이 되어 주실 것을 약속하셨습니다. 그러므로 나는 주님이 진실한 분이시고, 나에게 거짓을 말하는 일은 없다고 확신하고 있습니다. 더욱이 주님은 한없이 강력한 분이시므로, 어떤 악마도 적도 주님에게 저항해 주님으로부터 나를 떼놓을 수는 없습니다.

이렇게 해서 우리는 자신의 행동에 따른 것이 아니고, 약속해 주신 주님의 은혜인 동정과 자애로움에 의해서 하느님의 마음에 들고 있음을 확신합니다. 그리고 만일 넘어지거나 해야 할 일이 부족하다고 해도 주님은 아버지의 사랑에 의해서 우리를 용서하시고 더욱 격려해 주십니다. 이것이야말로 주님 안에 있는 모든 그리스도인의 영광입니다.

유스투스 요나역·노예적 의지

March
3월

3월 1일
생명의 말씀

그러나 씨가 좋은 땅에 떨어졌다는 것은, 바르고 착한 마음으로 말씀을 듣고 간직하여 꾸준히 열매를 맺는 사람들을 두고 하는 말이다.

〈루가의 복음서〉 8 : 15

주님은 '바르고 착한 마음'이라고 말씀하십니다. 장미도 엉겅퀴도 없는 광활하고 평탄한 토지처럼, 이 세상의 음식에 대한 걱정과 탐욕에서 해방된 마음은 순결하고 넓게 열려져 있고 말씀이 끼어들 여지가 있습니다.

그러므로 진실한 그리스도인이 대단히 적다고 해서 놀랄 것은 조금도 없는 것입니다. 왜냐하면 반드시 모든 씨앗이 좋은 땅에 떨어지는 것은 아니기 때문입니다. 단지 네 번째 그룹의 씨앗이라서 그리스도인임을 자랑하고, 복음의 가르침을 찬양하고 있다고 해서 모두가 진실하다고는 말할 수 없습니다. 그리스도 자신이 이렇게 외치고 계십니다. "들을 귀가 있는 자는 들어라" 그것은 "얼마나 진실한 그리스도인이 적은가"라고 말씀하시는 것 같습니다. 확실히 그리스도인이라 불리고 복음을 듣는 모든 사람을 신용할 수는 없는 것입니다. 그 이상의 것이 필요합니다.

거기에서 많은 사람들이 경멸하고 있다고 해서 고민할 필요가 왜 있다는 것입니까? 초대받은 자는 많은데 선택이 되는 자는 적은 것이 정해져 있지 않습니까? 인내로 열매를 맺는 좋은 땅을 위해 얼마간의 씨앗은 길가에 떨어지고, 얼마간은 바위 위에, 얼마간은 장미 속에 떨어지지 않을 수 없었습니다. 그러나 하느님의 말씀은 결코 헛된 것이 아니어서 주님이 이곳에 뿌린 씨앗의 얼마간은 좋은 땅에 떨어졌다는 것과 같이 반드시 좋은 땅을 발견합니다. 복음이 있는 곳에는 그리스도인이 있는 법입니다.

"내 입에서 나가는 말도 그 받은 사명을 이루어 나의 뜻을 성취하고는 그냥 나에게로 돌아오지는 않는다."(《이사야》 55 : 11)

1525년 설교에서

3월 2일
말씀을 듣자

하느님의 뜻을 실천하려는 사람이면 이것이 하느님으로부터 나온 가르침인지 또는 내 생각에서 나온 가르침인지를 알 것이다.

〈요한의 복음서〉 7 : 17

 인간 예수가 말씀하신 것을 듣고, 이 말씀에 귀를 기울이는 것이 주님의 뜻입니다. 말씀에 대해서는 현명하려고 하지 않고, 그것을 정복해 그것에 대해서 논의하려고 해서는 안 되고, 단순히 들어야만 하는 것입니다. 그때 성령이 내려와 당신의 마음을 움직여 말씀을 믿고, 진정으로 "이는 하느님의 말씀이고 진정한 진리이다"라고 외치게 해 인생을 그것에 걸도록 해 주십니다. 반대로 만일 자기 자신이 들을 수 있길 바라고, 자기 자신의 이성에 의해서만 말씀을 지우려하고, 또 만일 말씀을 자기의 사상에 따르게 하고, 그 안에 거짓 가르침을 섞어 어떻게 말씀을 이해하고, 측정하고, 왜곡할까 들쑤시고, 휘젓고, 그것으로 자신의 마음에 들게 말씀이 울리도록 하려고 한다면, 또다시 무언가 의심하고 있는 것처럼 말씀을 고찰하고, 자신의 생각에 따라서 말씀을 판단하려고 한다면, 그와 같은 태도는 말씀을 듣고 제자가 되는 것이 아니고 그 주인이 되는 것입니다.
 이러한 경우에는 말씀을 이해해 "이것이야말로 하느님의 말씀이다"라고 결코 고백할 수 있게 되지는 않습니다. 그러므로 당신의 이성을 틀어막고, 당신의 지혜를 발 아래 짓밟아 구원의 문제로 생각하거나 느끼거나 손으로 더듬어 찾거나 하는 데 이런 것들을 사용하지 않고, 오직 하느님의 말씀에만 귀를 기울여 그곳에 멈추어야 합니다.

듣고 또 들어라, 이것이 명령입니다. 이것이야말로 우리 주님의 뜻을 충실히 행하는 것입니다. 주님은 누구건 아들에게 듣는 자는 성령을 받고 빛이 비춰져 그것이 하느님의 말씀임을 올바르게 이해할 수 있게 된다고 약속하셨습니다. 하느님은 그 사람을 하느님의 뜻에 맞는 사람으로 바꾸어 만드십니다. 이것이야말로 주님의 조화입니다.

〈요한의 복음서〉 6~8장의 설교

3월 3일
숨겨진 보배

그 때에 예수께서 이렇게 기도하셨다. "하늘과 땅의 주인이신 아버지, 안다는 사람들과 똑똑하다는 사람들에게는 이 모든 것을 감추시고 오히려 철부지 어린아이들에게 나타내 보이시니 감사합니다."

〈마태오의 복음서〉 11 : 25

신앙심이 두터운 모든 그리스도인에게 진심으로 권하고 싶은 것은 부디 성서 속에 씌어져 있는 단순한 이야기에 좌절하지 말라, 의심하지 말라는 것입니다. 아무리 그런 이야기가 빈약해 보여도 그것은 하느님의 크신 능력, 지혜에서 나온 말씀, 역사, 결정인 것입니다. 그리스도께서 말씀하시는 것처럼 이 책은 현명한 지혜가 있는 모든 사람들을 어리석게 하고 단순한 사람들에 의해서만 이해되는 책이기 때문입니다.

그러므로 당신의 사고와 생각을 버리고, 결코 끊이지도 않고 다 파헤칠 수도 없는 무진장의 보물광산을 만난 것처럼 이 책을 최상, 최선의 보물로 존경해야 합니다. 그 때 당신은 성서 속에 하느님이 보여 주시고 계시는 하느님의 지혜를 발견할 것입니다. 그것은 너무나도 단순하고 현명한 사람들의 자랑을 깨서 무로 돌아가게 하는 것입니다.

  이 책 속에 그리스도가 배내옷을 입으시고, 말구유에 누워서 양치기가 사자를 그곳으로 인도했다고 씌어 있습니다. 이 배내옷은 초라하고 빈약합니다. 그러나 그 안에 싼 보물은 대단한 것입니다. 그것이 그리스도이기 때문입니다.

탁상어록

3월 4일
악마는 하느님의 말씀을 혐오한다

씨가 길바닥에 떨어졌다는 것은 말씀을 듣기는 하였지만, 악마가 와서 그 말씀을 마음에서 빼앗아 가기 때문에 믿지도 못하고 구원도 받지 못하는 사람들을 두고 하는 말이다.

〈루가의 복음서〉 8 : 12

이것이야말로 악마의 새까만 모습, 아니 오히려 바탕 그대로 흰 모습입니다. 왜냐하면 악마는 빛으로 반짝이는 모습이고, 우리를 더럽혀진 죄가 아닌 무신앙으로 유도하기 때문입니다. 사람은 주님의 말씀을 지니고 신앙으로 그것에 매달려야 합니다. 말씀에서 벗어난 채로 맡겨버릴 때 잃어버린 존재가 되고 아무런 도움도 얻을 수 없습니다.

그러므로 악마가 어떻게 움직이는지 주의를 기울여야 합니다. 악마는 신앙만을 공격합니다. 이방인, 무신앙자, 그리스도인이 아닌 자들을 악마는 공격하지 않습니다. 그런 사람들은 비늘이 물고기에 붙어 있는 것처럼 악마에 밀착해 있습니다. 악마는 하느님의 말씀과 신앙과 성령을 지니고 있는 사람들을 보아도 그 사람들을 얻을 수가 없습니다. 설사 그들이 쓰러진다고 해도 그들에게 승리할 수 없다는 것을 잘 알고 있습니다. 설사 커다란 죄를 범해도 그것으로 인해서 잃을 것이 없다는 것을 잘 알고 있습니다. 왜냐하면 그 사람들은 언제라도 재기할 수 있기 때문입니다. 그렇기 때문에 악마는 다른 방법을 사용해 최선의 것을 제거해야 한다는 것을 깨닫고 있습니다.

만일 영혼을 공격해 말씀에 대한 의문을 갖게 할 수 있게 하면 싸움에 이긴 것입니다. 왜냐하면 선악을 구별해 주시는 하느님의 말씀에 의해서 살고 있을 때에만 우리가 몇 번 넘어져도 주님은 모든 것을 최선으로 이끌어 주시기 때문입니다. 악마는 이를 알고 있기 때문에 최초로 이 점에 은밀히 파고듭니다. 한 번 신앙이 깨지면 누구도 자력으로 악마에게 저항할 수가 없습니다. 거기에서 필연적으로 온갖 종류의 악마에게 빠지게 됩니다.

〈창세기〉 3장의 강해

3월 5일
하느님의 침묵은 분노

내가 이 땅에 기근을 내릴 날이 멀지 않았다. —주 야훼의 말씀이시다. 양식이 없어 배고픈 것이 아니요, 물이 없어 목마른 것이 아니라, 야훼의 말씀을 들을 수 없어 굶주린 것이다. 이 바다에서 저 바다로 헤매고 북녘에서 동녘으로 돌아다니며 야훼의 말씀을 찾아도 들을 수 없는 세상이다.

〈아모스〉 8 : 11, 12

하느님의 분노는 하느님 자신이 침묵하고 계실 때만큼 큰 때는 없습니다. 이제 우리에게 말을 걸지 않으시고, 우리가 자기 생각대로 하는 것에 맡기시고 자기 소망대로 하는 것에 맡기는 것입니다.
 아아, 나의 주님이시여. 침묵하시기보다는 오히려 큰 병이거나 역병으로 우리를 벌해 주십시오. 이에 대해서 주님은 말씀하십니다. "나는 내 손을 내밀고 외쳤다. '이곳에 와서 들어라.' 그러나 그대들은 '싫습니다'라고 대답을 했다. 나는 내 하인들, 예언자 이사야, 예레미아, 그 밖의 사람들을 그들에게 보내 '그들에게 들으라'라고 말했다. 그대들은 '그들을 쳐죽이겠다'고 대답했다. '여기에 그대들을 위한 내 아들이 있다.' '좋다, 그를 십자가에 매달자.'"
 우리가 오늘날에도 똑같이 행동하고 있음을 쉽게 알 수 있습니다.

우리는 하느님의 말씀에 싫증이 나 지쳐 있습니다. 우리를 혼내 주고, 순결하고, 하느님의 말씀을 선교하고, 거짓 가르침을 주의 깊게 감시하고, 충실하게 경고해주는 신심이 두터운 진실한 교사들로부터 듣기를 원하지 않습니다. 그러므로 하느님이 우리를 벌하십니다.

   아아, 주님이시여. 우리를 언제나 반짝이는 태양에 의해서 지켜 주시고 당신의 말씀에서 벗어나 거짓 가르침에 넘어가는 일이 없도록 해 주십시오.

탁상어록

3월 6일
하느님의 말씀은 무시되고 있다

그러나 나를 배척하고 내 말을 받아들이지 않는 사람을 단죄하는 것이 따로 있다. 내가 한 바로 그 말이 세상 마지막 날에 그를 단죄할 것이다.

〈요한의 복음서〉 12 : 48

사랑하는 주님은 우리가 얼마나 비참하고 빈약한 자들인지를 잘 알고 계십니다. 우리가 거룩한 복음의 보물을 갖기까지는 하나의 과오가 또 하나 위로 굴러갑니다.
더구나 우리에게 복음을 주시면 더 무서운 불행이 생깁니다. 즉 모든 사람은 복음을 경멸하고 자신의 행복을 위해 이를 받아들이는 사람이 거의 없다는 것입니다. 그렇기 때문에 우리는 완전히 비참하고 빈약한 것입니다. 만일 하느님이 말씀을 거두시면 우리는 그것 없이 살 수가 없고, 영혼에 해를 입지 않고 사는 것은 불가능합니다.
그 반대로 하느님이 말씀을 해 주셔도 아무도 그것을 원하지 않는 것입니다. 그렇기 때문에 주님이 빨리 마지막 날을 오게 해 온갖 것을 다 멸망시키는 것이 좋은 것입니다. 왜냐하면 은혜를 모르는 세상은 은혜에 의해서도, 형벌에 의해서도 구제할 수 없기 때문입니다.

그러므로 주님은 다시 우리에게 권해 또 다른 한 날을 지시하고 말씀하십니다.

"너희가 오늘 하느님의 음성을 듣거든 완악한 마음을 품지 마라."
(〈히브리인들에게 보낸 편지〉 4 : 7)

사실 매일이 '오늘'입니다. 하느님은 이 기회를 놓치지 않도록 우리를 불러 권하고 계십니다.

거기에서 우리는 하느님이 이렇게까지 우리에게 가까이 와 주시고 가정에, 식탁에, 함께 자리해 주시고 부를 때에는 모든 것에 도움의 손길을 내밀어 원하는 모든 것을 주시는 은총에 대해서 깊이 감사해야 합니다. 주님이 우리와 함께해 주시는 것이므로 이 사랑하는 손님을 존경하고 영예를 돌려야 합니다.

〈에페소인들에게 보낸 편지〉 5장 15~21절의 설교

3월 7일
은혜의 말씀

그러나 모세는 한사코 말렸다. "왜들 이러느냐? 야훼의 명령을 무시하고 무슨 일이 되겠느냐?"

〈민수기〉 14 : 41

독일에서 오늘날만큼 하느님의 말씀을 많이 듣게 된 것은 이제까지 없었다고 생각합니다. 역사상으로 그와 같은 발자취는 볼 수 없었습니다. 그러나 우리가 감사도 존경도 하지 않고 지낸다면 나쁜 전염병에 시달리고 더 깊은 암흑을 체험하게 될 것입니다.

친애하는 독일의 형제자매여, 시장의 문이 열려 있는 동안 물건을 사십시오. 햇볕이 내리쪼이고 날씨가 좋을 때에 모이십시오. 하느님의 은총의 말씀이 있을 때에 그것을 사용하십시오. 하느님의 은총의 말씀은 내리퍼붓는 소나기와 같은 것이어서 전에 있었던 곳에 결코 돌아가지 않기 때문입니다.

일찍이 말씀은 유대인을 찾은 적이 있었습니다. 그러나 떠나고 말았습니다. 지금 유대인은 아무것도 가지고 있지 않습니다. 바울로는 그리스에 있었습니다. 그러나 그곳에서도 또 떠났습니다. 이제 그곳에는 투르크인이 있습니다. 로마와 이탈리아의 나라들에도 말씀은 찾아갔습니다. 그러나 떠났습니다. 지금 그들은 교황을 가지고 있습니다.

 여기에서 독일의 형제자매 여러분, 말씀을 영원히 지닐 수 있다고 생각해서는 안 됩니다. 은혜를 모르고 경멸이 있는 곳에 말씀은 머물지 않기 때문입니다. 그러므로 모든 사람은 가능한 한 확실하게 잡고 계속 유지합시다. 나태한 손은 재앙의 해를 맞이해야 합니다.

전 독일 도시평의원에 신학교를 설립·유지하도록 권고

3월 8일
십자가를 들고 따르라

예수께서 열두 제자를 가까이 부르시고 이렇게 말씀하셨다. "우리는 지금 예루살렘으로 올라가고 있다. 거기에서 사람의 아들에 대하여 예언자들이 기록한 모든 일이 이루어질 것이다."

〈루가의 복음서〉 18 : 31

그리스도의 고난을 올바르게 아는 방법은 수난의 사실을 인정하고 이해할 뿐만 아니라 어떤 심정으로 고난을 견디셨는지를 아는 것입니다. 그 마음을 보지 않고 그리스도의 고난을 보는 사람은 기쁨보다도 공포로 가득 차게 됩니다. 그러나 그 마음을 바로 본다면 그리스도에게 있는 진정한 위로와 신뢰와 기쁨이 주어집니다.

주님이 십자가에 못박히기 위해 예루살렘으로 올라간다고 말씀하셨을 때 이 말씀 가운데 고난에 대한 주님의 마음이 계시되어 있습니다. 그리스도는 바로 이렇게 말씀하시는 것 같습니다. 내 마음을 보라. 내가 아버지의 뜻에 따라서 기꺼이 고난을 견디려는 태도를 보라. 너희들이 나의 고난을 보았을 때 단지 내가 두려움에 떨고 그것에 견디고 있는 것처럼 생각하는 일이 없기 위해서이다. 또 내가 무리하게 그것을 짊어져 사람들에게 버림을 받고 유대인이 그렇게 할 힘이 있었다고 생각하는 일이 없기 위해서이다.

그러나 제자들은 이 말씀의 의미를 이해하지 못한 채 말씀은 그들에게 숨겨져 있었습니다. 이것은 복음이 우리에게 사람의 아들이 왜 십자가에 못박혀야만 하는 지를 설명해도 이성과 살과 피는 이해할 수도 파악할 수도 없음을 보여 주고 있습니다. 더구나 그것이 주님의 뜻이고 기꺼이 고난을 당하신 것을 인정할 수가 없는 것입니다. 성서를 성취하기 위해, 즉 우리들에게 이익이 되기 위해 사람의 아들이 기꺼이 십자가에 못박히셨다는 것은 확실히 놀랄 만한 위대한 일입니다. 그것은 지금도 아직, 그리고 언제까지나 불가사의한 일입니다.

1525년 설교에서

3월 9일
마음속에 십자가를 짊어져라

여러분은 그리스도의 고난에 참여하는 것이니 오히려 기뻐하십시오. 여러분은 그리스도께서 영광스럽게 나타나실 때에 기뻐서 뛰며 즐거워하게 될 것입니다.

〈베드로의 첫째 편지〉 4 : 13

질병, 가난, 고통 등을 십자가라고 말할 수는 없습니다. 그 명칭에 걸맞지 않은 것입니다. 그러나 만일 신앙을 위해 박해를 받거나 하는 일이 있으면 그것은 십자가라고 부르기에 적합할 것입니다. 어떻게 그것을 발견하겠습니까? 수도원 안이 아니고 복음과 복음의 올바른 이해 가운데 발견합니다. 당신 자신을 아는 것 또는 십자가를 아는 것, 십자가를 인정하는 것입니다. 어디에서 그것을 발견할 수 있을까요? 당신의 마음속입니다. 그곳에서 발견되지 않으면 표면상 십자가를 짊어지고 있어도 아무런 도움도 되지 않습니다.

"누구든지 나를 따라오고 싶다면 자신의 십자가를 짊어지고 나를 따르라."

이 말씀에 대해서 "나의 주님이시여, 제가 그 값을 할 만해졌으면 하고 소망하겠습니다"라고 말할 수 있는 데까지 도달해야 합니다. 성도들과 마찬가지로 십자가를 기뻐해야 합니다.

십자가의 영예는 내적인 마음속이 아니면 안 됩니다. 즉 고난을 겪어야만 하는 것을 하느님에게 감사하는 것이고, 그 감사는 십자가나 죽음에 대한 기쁨의 의지에서 넘쳐나는 것입니다.
　모든 사람이 죽음을 두려워하고 있는데, 죽음에 대한 기쁨의 의지가 주어진다는 것은 얼마나 대단한 일입니까? 이와 같은 상태야말로 정화된 십자가입니다.

1527년 설교에서

3월 10일
고난은 반드시 온다

그리고 누구든지 자기 십자가를 지고 나를 따라오지 않으면 내 제자가 될 수 없다.

〈루가의 복음서〉 14 : 27

우리는 자신의 고난이고 십자가를 공훈으로 간주하거나 구원을 얻기 위한 수단으로 생각하거나 해서는 안 되는데 그러나 그리스도를 닮기 위해 그 고난을 따라야만 합니다. 복음서 가운데 많은 곳에서 보여 주고 있는 것처럼 하느님은 우리가 십자가에 못박힌 그리스도를 믿을 뿐만 아니라 그리스도와 함께 고뇌하고 함께 십자가에 못박히도록 정하셨습니다.

그러므로 그리스도인은 제각기 거룩한 십자가의 일부를 짊어져야 합니다. 그것은 절대적입니다. 바울로는 "나는 그리스도의 몸인 교회를 위하여 그리스도의 남은 고난을 내 몸으로 채우고 있습니다"(《골로사이인들에게 보낸 편지》 1 : 24)라고 말하고 있습니다. 마치 이렇게 말하고 있는 것 같습니다. '주님의 몸으로 이어지는 그리스도인의 수는 완전히 채워져 있지 않았습니다'라고. 그래서 우리는 또 그 뒤를 이어 그리스도의 고난에 조금이라도 부족함이 없도록 모든 것이 성취되고 모아져 하나가 되도록 해야 합니다. 그러므로 그리스도인인 사람은 모두 자신의 십자가가 오는 것으로 생각해야 합니다.
  거기에서 명예, 재산, 신체, 생명 등을 위험에 노출시킨다면 확실히 크게 상처를 입게 될 십자가임에 틀림이 없습니다. 이와 같은 고난은 확실히 손해를 입힙니다. 만일 그렇지 않다면 고난이 아닙니다.
  그러나 이 진리를 알고 있다면 그것은 훨씬 가볍고 쉬워집니다. 그리고 다음과 같이 말해 위안을 얻을 수가 있습니다. 만일 내가 그리스도인이라면 그것에 걸맞은 복장을 해야 합니다. '사랑하는 예수 그리스도의 법정에 나가기 위해 주님이 명하시는 복장은 오직 하나, 고난이라는 복장이다'라고.

수난과 십자가에 대한 설교

3월 11일
십자가는 이익이 된다

야훼여, 당신의 교훈을 받아 당신의 법을 배우는 사람은 복됩니다.

〈시편〉 94 : 12

우리가 고뇌하는 것은 필요한 것입니다. 그것은 하느님이 그것을 통해서 악마에 대한 영예와 큰 능력과 힘을 보여 주기 위해 필요한 것만이 아닙니다. 고난과 고뇌가 없으면 우리가 지니고 있는 위대하고 훌륭한 보배가 도리어 평온 속에 우리를 잠들게 해 코를 골게 하고 말 것이기 때문입니다. 유감스럽게도 많은 사람들이 거룩한 복음을 활용해 복음에 의한 온갖 의무에서 해방되어 더 이상 할 일도, 주는 것도, 고뇌할 필요도 없는 것 같은 태도로 있습니다. 이것은 죄이고 부끄러운 일입니다.

하느님이 이와 같은 태도를 바로잡는 방법은 오직 하나 십자가를 통해서입니다. 이 훈련을 통해서 우리의 신앙은 깊어지고 강해집니다. 그리고 영혼 안으로 더 한층 깊게 구세주를 끌어들입니다. 식품과 음료가 없으면 성장할 수 없는 것 이상으로 고난과 시련이 없으면 강하게 성장할 수가 없습니다.

그러므로 십자가를 모면하기보다는 십자가를 받게 되는 쪽이 이익이 되기 때문에 누구나 이에 직면해서 주저하거나 두려워하거나 해서는 안 됩니다. 그런 가운데 위안을 얻고 대단한 약속이 주어지고 있는 것입니다. 우리가 기꺼이 고난을 견뎌 십자가를 질 때에만 복음은 우리를 통해서 전진합니다.

수난과 십자가에 대한 설교

3월 12일
십자가에 구원이 있다

그래도 나는 당신 곁을 떠나지 않아 당신께서 나의 오른손을 잡아 주셨사오니.

〈시편〉 73 : 23

만일 하느님의 말씀 때문에 격렬한 움직임, 슬픔, 박해가 찾아온다면 성스러운 십자가 안에 발생하는 모든 일, 모든 생각은 하느님의 도움으로 우리를 위로하고, 용기와 신뢰로 가득 차 용기를 내도록 격려합니다. 그리고 주님의 자애로움 속에 신뢰하고 걸음을 맡기도록 이끌어 주십니다.

우선 우리의 생애는 "아버지께서 내게 맡겨 주신 것은 무엇보다도 소중하다. 아무도 그것을 아버지의 손에서 빼앗아갈 수 없다"(《요한의 복음서》 10 : 29)고 명확하게 말씀하신 주님의 손 안에 있습니다. 인생을 자기 손 안에 머물게 해 두는 것은 어리석은 일입니다. 왜냐하면 우리는 미련한 방법으로 그것을 잃고 말기 때문입니다. 한편 "야훼여 노여우시더라도 나의 죄를 묻지 말아 주소서. 아무리 화가 나시더라도 나를 벌하지 말아 주소서"(〈시편〉 6 : 1)라고 하신 말씀은 진실이고 거짓이 아닙니다. 주님을 신뢰해 망신을 당한 사람이 있습니까? 하느님을 신뢰하는 모든 사람은 구원이 됩니다.

"야훼여, 당신을 찾는 자를 아니버리시기에, 당신 이름 받드는 자 그 품에 안기옵니다."(《시편》 9 : 10)

이와 같이 하느님이 그 외아들을 우리들의 구원을 위해 보내신 것은 진실입니다. 그리고 하느님이 아들을 우리에게 보내셨다면 어찌 작은 일로 내버려두실 수 있겠습니까?

주님은 악마보다도 훨씬 강한 힘이 있는 분이십니다. "사랑하는 자녀인 여러분은 하느님께로부터 왔고 거짓 예언자들을 이겨냈습니다. 여러분 안에 계시는 그분은 세상에 와 있는 그 적대자보다 더 위대해집니다"라고 요한도 말하고 있습니다. (《요한의 첫째 편지》 4 : 4) 우리가 쓰러지면 이 세상의 왕이신 그리스도도 함께 고통을 당하십니다. 설사 주님의 행함이 쓰러져도 세상의 권력자와 서기보다는 그리스도와 함께 쓰러지길 바라는 것입니다.

위안의 말씀

3월 13일
성도의 고난은 귀중하다

그리스도 예수를 믿고 경건하게 살기를 원하는 사람은 누구나 박해를 받게 될 것입니다.

〈디모테오에게 보낸 둘째 편지〉 3 : 12

　누구나 스스로 십자가와 고난을 택해 자신에게 짊어지게 해야 할 일은 아닙니다. 단 십자가가 왔으면 말없이 그것을 받고 견뎌 내야 합니다. 또 고난을 자신의 공적으로 생각해서는 안 됩니다. 고난이 하느님의 뜻에 부응하는 것이고, 그것으로 인해서 그리스도를 따르게 된다는 것을 알면 그것으로 충분합니다.
　거기에서 십자가나 고난을 자랑스러운 듯이 가르치고 찬양하는 사람은 그리스도와 그 십자가에 대해서 거의 모르고 있다고 말할 수가 있습니다. 그들은 자신의 고난이 공적이 있는 것으로 주장하기 때문입니다. 이것은 완전히 잘못된 사고입니다. 또 누구도 고난을 부자연스럽게 강제적으로 짊어져서는 안 됩니다. 그러면 공적이란 생각 없이 고난을 겪지 않겠다고 하면 어떻게 되겠습니까? 그것은 고난을 포기하고 동시에 그리스도를 부정하는 것이 됩니다. 만일 고난을 겪지 않으면, 그리스도의 종이 될 수 없다는 것을 명백하게 기억해야 합니다. 그러므로 당신은 고난을 겪거나, 그리스도를 부정하거나 어느 쪽이든 좋아하는 쪽을 택할 수 있는 것입니다.

  마지막으로 그리스도인의 고난은 다른 모든 사람들의 고난보다도 귀중하고 대단한 것입니다. 그리스도는 스스로 고난 속에 몸을 던지시고 그것으로 인해서 그리스도인의 고난을 정화해 주셨기 때문입니다. 그래서 오늘날 그리스도의 고난으로 모든 성도의 고난은 귀중한 것이 되었습니다. 그리스도의 고난으로 기름 부어져 있기 때문입니다. 그렇기 때문에 우리는 온갖 고난을 깨끗한 것으로 받아들여야 합니다. 확실히 그것은 깨끗한 것입니다.

수난과 십자가에 대한 설교

3월 14일
십자가 안에 평화가 있다

나는 너희에게 평화를 주고 간다. 내 평화를 너희에게 주는 것이다. 내가 주는 평화는 세상이 주는 평화와는 다르다. 걱정하거나 두려워하지 마라.

〈요한의 복음서〉 14 : 27

이 성구에서 알게 되는 것은, 성령은 고뇌와 고통 속에 침잠해 있는 사람들에게만 주어진다는 것입니다. 주님이 하시는 말씀의 의미는, 내가 주는 평화는 세상이 주는 것과 같은 것으로 생각해서는 안 된다는 것입니다.

고통이 사람에게서 분리될 때 세상은 이를 '평화'라고 부릅니다. 이를테면 가난한 경우 가난하기 때문에 고통이 심하다고 생각하고, '만일 가난이 사라지면 평화와 부 속에 살 수 있을 텐데' 하고 어떻게든 가난에서 벗어날 궁리를 합니다. 또 위독한 상태에 빠졌을 경우, 죽음으로부터 벗어날 수만 있다면 생명과 평화를 유지할 수 있다고 생각합니다. 그러나 이것은 그리스도가 주는 평화가 아닙니다. 오히려 주님은 악이 사람을 계속 압박해 괴롭히게 놓아둘뿐 제거해 주지 않습니다. 그런데 다른 생각을 하고 계십니다. 즉 그 사람 자신을 바꾸는 것이고, 사람에게서 악을 분리하는 것이 아니고, 악에서 사람들을 분리하는 것입니다.

 이와 같이 당신들은 고통 속에 놓여 있는데, 주님은 그 안에서 당신들의 방향을 바꾸어 용기를 주고 장미원 안에 앉아 있는 것 같은 착각을 하게 합니다. 이렇게 해서 죽음의 와중에도 생명이 있고, 역경의 와중에도 평화와 기쁨이 있습니다. 이것이야말로 바울로가 〈필립비인들에게 보낸 편지〉 4장 7장에서 말하고 있는 것처럼 더 없는 평안입니다.

1523년 설교에서

3월 15일
시련과 유혹

우리의 사제는 연약한 우리의 사정을 몰라 주시는 분이 아니라 우리와 마찬가지로 모든 일에 유혹을 받으신 분입니다. 그러나 죄는 짓지 않으셨습니다.

〈히브리인들에게 보낸 편지〉 4 : 15

악마가 우리를 시험할 때 나의 마음은 위로가 되고 신앙은 강해집니다. 그것은 내가 나를 위해 악마를 물리쳐 주신 주님을 알고 있기 때문이고, 또 주님이 나의 구원, 위안으로 와 주신다는 것을 알고 있기 때문입니다. 이렇게 해서 신앙은 악마에게 승리를 거둡니다.

그러므로 하느님은 우선 신앙에 대해서 가르치고, 나의 구원을 위해 그리스도가 악마를 물리치셨다는 것을 알려 주십니다. 악마가 나에 대해서 아무런 힘도 쓰지 못하고, 신앙에 의해서 정복되고 있음을 알 때 시련받을 준비는 갖추어진 것입니다. 그리고 이 일을 통해서 나의 신앙이 강해지고 이웃은 내가 시련을 이겨낸 것을 보고, 본보기가 되어 위안을 받게 됩니다.

신앙이 시작될 때 시련도 시작된다는 것에 주목하기 바랍니다. 성령은 당신들을 결코 평온무사한 가운데 놓아 두지 않고 바로 시련 속으로 내던져집니다. 왜 그럴까요? 당신의 신앙이 견고해지기 위해서입니다. 그렇게라도 하지 않으면 악마는 우리를 쌀겨처럼 날려 버릴 것입니다. 그러나 하느님이 오셔서 우리를 중요하게 다루자, 악마에게도 전 인류에게도 하느님의 힘이 작용하고 있음을 알게 되었습니다. 이렇게 해서 하느님은 우리의 나약함 가운데 영광과 큰 능력을 드러내십니다.

하느님은 황야에 우리를 내던져 온갖 피조물에 버림받고 아무런 구원도 발견할 수 없을 때까지 버려두십니다. 결국에는 하느님 자신조차도 완전히 버려진 것이 아닌가 생각할 정도입니다. 그것은 결코 온화하고 평탄한 길은 아닙니다. 우리의 마음은 무력해져야 하는 것입니다.

1523년 설교에서

3월 16일
시련에 둘러싸여서

주님은 저를 채찍으로 치셨으나 이제 저는 제 눈으로 아들 토비아를 봅니다.

〈토비트〉 11 : 15 (경외전)

하느님 자신이 우리를 시련 가운데 부르시고, 신체와 재산과 명예를 손상해 불의에 견디지 않으면 안 되도록 정하신 것이므로, 시련에 맞닥뜨려도 기꺼이 이를 받아들여 현명하게 대처해야 합니다. 그리고 '그렇다, 이것이 인생이다. 그러면 어떻게 해야 할 것인가'라고 생각하는 것입니다. 그것은 시련이고 시련으로서 머물러 시련 이외에 아무것도 아닙니다. 그러므로 주님이시여 당신께서 저를 도와 제가 움직여져 쓰러지는 일이 없도록 해 주십시오.

누구나 시련에서 거두어지게 되는 일은 없습니다. 그러나 우리는 기도 가운데 하느님의 도움을 갈구하고 인도를 청해 자신을 지킬 수가 있습니다.

그런데 이 장로들의 책을 읽으면 어느 한 젊은이가 이와 같은 사상으로부터 벗어나려고 했다는 것입니다. 그런데 장로가 말했습니다.

"사랑하는 젊은이여, 그대는 머리 위의 새가 하늘을 나는 것을 방해할 수는 없다. 그러나 머리에 둥지를 만드는 것을 막을 수는 있다."

(아우구스티누스도 말하고 있는 것처럼) 마찬가지로 우리도 시련이나 좌절에서 벗어날 수는 없는데, 기도와 하느님의 도움으로 패배하는 것을 막을 수는 있습니다.

왜 하느님은 죄의 시련에 사람을 맞닥뜨리게 하는 것일까요? 그것은 하느님과 자기 자신을 더 잘 알리기 위해서입니다. 자기 자신을 안다는 것은, 자신이 죄 이외에 아무것도 하지 않고 악만을 행한다는 것을 아는 것입니다. 하느님을 안다는 것은 하느님의 은총이 온갖 피조물보다 강하다는 것을 아는 것입니다. 이렇게 해서 사람은 자신을 경멸해, 하느님의 은총을 찬양하고, 찬미하는 것을 배웁니다.

신도를 위한 주기도의 강해

3월 17일
하느님의 말씀과 기도야말로 우리의 무기

그러자 예수께서는 "사탄아, 물러가라! 성서에 '주님이신 너희 하느님을 경배하고 그분만을 섬겨라' 하시지 않았느냐?" 하고 대답하셨다.

〈마태오의 복음서〉 4 : 10

하느님의 말씀과 기도는 악마를 두려워하게 하고 쓰러뜨리는 두 개의 무기입니다. 하느님의 말씀을 끊임없이 듣고, 말씀 가운데 자신을 가르치고, 말씀에 의해서 위안을 받고, 격려되고 있는 것이 하나의 무기라면 시련과 싸움이 닥쳤을 때에 같은 말씀을 마음에 담아 주님에게 구원을 청하는 것은 또 하나의 무기입니다.

이렇게 해서 두 무기 가운데 어느 한쪽을 늘 지니고 있게 되어 하느님과 영혼 사이에 영원한 대화가 이어집니다. 하느님이 우리에게 말을 거시고 우리가 조용히 듣고 있거나, 우리가 구함을 알려 하느님에게 말할 때 하느님이 들어 주시기 때문입니다.

아무튼 악마는 이를 견디지 못해 이에 대해서 저항을 계속할 수가 없습니다. 그러므로 그리스도인은 이 두 가지 무기를 지니고 있어야 합니다. 그것으로 인해서 마음은 언제나 하느님에게로 향해지고 말씀을 지키고 끊임없는 탄식과 함께 '우리의 아버지시여'하면서 기도를 계속하는 것입니다. 이와 같은 인내는 악마와 세상에 의해 끊임없이 공격을 당하는 유혹과 시련을 통해서 배우는 것이고, 그 때문에 그리스도인은 끊임없이 고개를 들어 한 순간도 잠들지 않고 쉼 없는 적의 공격을 감시하게 되는 것입니다.

1539년 설교에서

3월 18일
엄청난 시련

죽음의 끄나풀이 나를 두르고 저승의 사슬이 나를 묶어 불안과 슬픔이 나를 덮쳐 누를 때, 나는 야훼 이름 부르며 부르짖었다. "야훼여, 구하옵나니 이 목숨 살려 주소서."

〈시편〉 116 : 3, 4

하느님이 우리에게 진실한 신앙을 주시고 그것에 따라서 주님이 그리스도에 의해 우리에게 자애로움을 의심하지 않고 굳은 신뢰로 걸을 때 우리는 낙원에 있습니다.

이에 반해서 우리가 무언가 나쁜 짓을 하기 전에 사태가 바뀌어 하느님이 우리의 마음을 무력하게 될 대로 맡겨 버릴 때가 있습니다. 그래서 우리들 마음에서 구세주를 배제하는 것이 주님의 뜻이 아닌가 생각할 정도입니다. 그때 그리스도의 모습은 가려져 아무런 위안도 받을 수가 없습니다. 악마는 주님에 대한 가장 무서운 생각을 우리들 마음속에 심어 줍니다. 거기에서 양심은 이미 주님으로부터 버려지고 우리들의 죄에 10배나 되는 하느님의 분노만이 이쪽으로 향해져 있는 것처럼 절망해 불안해집니다. 무언가 구체적인 죄가 없는 때에도 악마는 죄가 없는 것에서 죄를 만들어 내는 힘을 지니고 있습니다. 그리고 우리들의 마음을 위협해 불안하게 하고 다음과 같은 문제로 괴롭힙니다. '하느님이 당신을 사랑해 그리스도를 내려 보내셨는지 그것을 도대체 누가 안단 말인가'라고 말하는 것입니다.

　이것이야말로 가장 엄청난 시련이고 고통입니다. 하느님은 가장 위대한 성도조차도 종종 공격을 하고 시험하십니다. 그래서 은총이 사라지고 만 것이 아닌가 생각할 정도입니다. 더 이상 우리의 주님임을 바랄 수 없고, 사람이 어디를 향해도 분노와 공포 이외에 아무것도 발견할 수 없다고 느끼고 마는 것입니다.

　그러나 이와 같은 엄청난 시련은 반드시 모든 사람이 받는 것은 아닙니다. 또 체험하지 않으면 그것이 어떤 것인지 알 수 없습니다. 최강의 영혼의 소유자만이 이와 같은 공격에 견딜 수가 있습니다.

1525년 설교에서

3월 19일
승리는 그리스도에게

그러나 우리 주 예수 그리스도를 통하여 우리에게 승리를 주신 하느님께 감사합시다.

〈고린토인들에게 보낸 첫째 편지〉 15 : 57

여기에 그리스도인이 어떻게 복음의 메시지를 파악하고 또 사용해야 할 것인가에 대한 가르침이 있습니다. 싸움이 시작되어 율법이 공격을 하고, 호소하고, 양심도 이와 같은 악을 범한 너는 죄인이다, 그 행위는 죽을 죄에 해당한다는 등 나무랄 때, 확신을 가지고 아래와 같이 대답할 수가 있습니다.

"확실히 나는 죄인이고 충분히 죽을 만하다. 당신의 고소는 올바르다. 그러나 그렇기 때문에 나를 죄로 다스려 망하게 하지는 못한다. 그것은 당신을 방해하는 분이 계시기 때문이다."

이분은 나의 주 그리스도라 불리고, 죄가 없는데도 당신이 기소해 죽인 분이시다. 그러나 당신은 이 그리스도에 의해서 분쇄되고 다 타버려 나를 비롯해서 모든 그리스도인에 대한 특권을 모두 잃은 것을 모르는가. 그리스도는 자신을 위해서가 아니라 나를 위해 죄와 죽음을 짊어지신 것이다. 그러므로 나는 당신에게 나에 대한 어떤 권리도 인정하지 않는다. 오히려 내가 당신을 기소할 권리를 지니고 있다. 왜냐하면 내가 무고한데도 공격하기 때문이다. 당신은 이미 그리스도에 의해 정복되고 죄로 정해진 것이므로 나를 평화 속에 두어야만 했다. 나는 이제 사람의 아들일 뿐만 아니라 주님의 아들로 되어 있기 때문이고, 주님의 피와 승리 가운데 세례를 받고 있기 때문이고, 주님의 풍요로운 은총 모두를 받고 있기 때문이다.

이렇게 해서 모든 그리스도인은 그리스도의 승리로 무장하고 그것을 무기로 해서 악마를 몰아내야 합니다.

1532년 설교에서

3월 20일
예수를 우러르다

그리고 우리의 믿음의 근원이시며 완성자이신 예수만을 바라봅시다. 그분은 장차 누릴 기쁨을 생각하며 부끄러움도 상관하지 않고, 십자가의 고통을 견디어 내시고, 지금은 하느님의 옥좌 오른편에 앉아 계십니다.

〈히브리인들에게 보낸 편지〉 12 : 2

온갖 시련 가운데서 우리는 언제나 확실하게 그리스도 곁에 있어야 합니다. 왜냐하면 시련에 의해 아무리 상처를 입어도 그리스도는 변함없이 전진해 용기로 충만하시기 때문입니다. 그러므로 우리도 주님의 용기와 영혼을 물려받아 약한 가운데서도 강해지고, 고뇌의 날에도 승리할 수 있도록 기도해야 합니다.

이 경우 그리스도는 모범으로 오시는 것은 아닙니다. 우리들 안에 주님의 모든 용기를 쏟아 우리도 견딜 수 있게 해 주는 것입니다. 그러므로 아무리 공격을 받고, 무엇이 오건 우리의 주님 그리스도는 그것을 인정하고 승리를 거두는 것이 사람들에게도 보이는 것입니다. 그러므로 우리는 어떤 역경 속에서도 강해지고, 죽음에 승리하는 힘을 주시도록 주님께 간절히 소망해야 합니다.

이와 마찬가지로 그리스도에 대한 가르침을 바울로는 그 서간 가운데서 보여 주고 있습니다. 그리스도는 우선 우리가 따라야 할 모범이고, 더욱이 주님 자신이 지니고 계시는 영혼과 힘을 우리에게 주시는 분이시라는 것입니다.

마찬가지로 만일 역경을 이겨내 그리스도에게 가까이 다가가서 고뇌, 그리스도에게서 주어진 인내에 의해 그것을 극복한 사람이 아니면, 그리스도 수난의 의미를 알고 그것을 올바르게 경험할 수는 없습니다. 이 정신에 의해서만 그리스도 신앙의 중심으로 오거나 그리스도를 어떻게 이용해야 할 지를 배우는 것입니다.

1522년 설교에서

3월 21일
숨겨진 은총

그러자 그 여자는 "주님, 그렇긴 합니다마는 강아지도 주인의 식탁에서 떨어지는 부스러기는 주워 먹지 않습니까?" 하고 말하였다. 그제야 예수께서는 "여인아! 참으로 네 믿음이 장하다. 네 소원대로 이루어질 것이다" 하고 말씀하셨다. 바로 그 순간에 그 여자의 딸이 나았다.

〈마태오의 복음서〉 15 : 27, 28

  이 여인의 신앙은 실로 훌륭하지 않습니까? 그녀는 그리스도 자신의 말씀에 의해서 그리스도를 사로잡은 것입니다. 주님은 그녀를 개로 비유했습니다. 그런데 그녀는 그것을 그대로 인정하고 개라면 어디까지 도울 수 있느냐고 주님이 말씀하신 그 한계까지 소망하는 것으로 만족한 것입니다. 어떤 개라도 식탁 아래 빵 부스러기는 먹을 수가 있습니다. 그것은 당연한 권리입니다. 그러므로 주님은 그녀의 말에 유의해 소원대로 해 주셨습니다. 거기에서 그녀는 이제 개가 아닌 이스라엘의 자식이 된 것입니다.
  이 이야기가 성서에 기술되어 있는 것은 하느님이 은총을 얼마나 깊이 숨기고 있는지를 명확히 해 우리를 위로하기 위해서입니다. 그리고 주님에 대한 우리의 감정이나 생각에 따라서가 아니고, 말씀에 의해서 주님을 판단하기 위해서입니다. 여기에서 그리스도의 모습은 냉정하게 보이는데, 그녀에 대한 '부정'이란 언어에 의해서 결코 최종적인 심판을 내리신 것은 아닙니다. 주님의 대답이 '부정(否定)'으로 들려도 그것은 결코 '부정'이 아닌 부정이라는 것입니다.

  우리의 마음이 '부정' 이외에 아무것도 듣지 못해도 그것은 '부정' 그 자체는 아닌 것입니다. 그러므로 당신의 마음에서 일체의 의문, 불안한 생각을 배제하고 확실하게 말씀을 신뢰하고 '부정'의 위건 아래건 깊이 숨겨져 있는 '진실'을 파악해야 합니다. 그녀가 그리스도의 정의를 굳게 믿고 실행한 것처럼 그것에 매달려야 합니다. 그 때 당신은 말씀에 의해서 주님을 사로잡아 승리를 얻을 수 있습니다.

1525년 설교에서

3월 22일
죽음에 이르기까지 순종

나를 보내신 분의 뜻을 이루고 그분의 일을 완성하는 것이 내 양식이다.

〈요한의 복음서〉 4 : 34

그리스도를 보내신 하느님의 뜻은 그리스도 자신의 순종 이외에 아무것도 아닙니다. 바울로도 "그는 우리를 위해 순종하셨다"라고 말하고 있습니다. 이 하느님의 뜻에 의해서 우리는 모두 정화됩니다.

"한 사람의 불순종으로 많은 사람이 죄인이 된 것과는 달리, 한 사람의 순종으로 많은 사람이 하느님과 올바른 관계를 가지게 될 것입니다."(〈로마인들에게 보낸 편지〉 5 : 19)

"당신 자신을 낮추셔서 죽기까지, 아니 십자가에 달려서 죽기까지 순종하셨습니다."(〈필립비인들에게 보낸 편지〉 2 : 8)

이와 같이 주님이 하신 일은 우리에게 그 가치나 공적이 있기 때문이 아닙니다(누구도 그리스도에게서 그와 같은 봉사를 받을 가치는 없는 것입니다). 단지 아버지에게 순종했기 때문에 주님은 이런 일을 이루셨습니다. 이렇게 해서 바울로는 한 마디로 천국의 문을 열어 제치고 우리의 아버지이신 주님의 사랑과 이루 말할 수 없는 깊은 은총을 보여 주었습니다. 그것으로 우리는 세상이 시초부터 우리를 위한 그리스도의 희생이 얼마나 주님을 기쁘게 했는지 느끼게 되었습니다.

　이 진리를 보고 이 기쁨에 마음이 풀어지지 않는 자가 있겠습니까? 사랑하고, 찬미하고, 감사하지 않는 자가 있겠습니까? 사랑받는 자로서 하느님 가까이에 있고, 아들의 순종 가운데 풍요롭게 표시하고 쏟은 아버지의 뜻을 인정한다면 다른 모든 것은 하찮은 것입니다.

1525년 설교에서

3월 23일
오직 하느님의 뜻을

예수께서 다시 가셔서 "아버지, 이것이 제가 마시지 않고는 치워질 수 없는 잔이라면 아버지의 뜻대로 하소서" 하고 기도하셨다.

〈마태오의 복음서〉 26 : 42

거룩한 하느님의 뜻이 모두 이루어지고, 자신의 생각을 결코 추구하지 않는 이 사람은 도대체 누구이겠습니까? 그러므로 여기에서 이 기도가 얼마나 중요하고 필요한지를 배우고, 얼마나 열성적으로 이 기도를 바쳐야만 하는 지를 배우기 바랍니다. 또 우리의 생각을 죽이고 하느님의 뜻만이 이루어지는 것이 얼마나 큰 일인지를 배우기 바랍니다.

여러분은 자신이 죄인이고 하느님의 뜻을 이루는 데 무력함을 고백해야 합니다. 그런 다음 부족한 점을 용서하시고 소망한 것을 행할 수 있도록 도와 달라고 주님의 은총과 지원을 기원해야 합니다. 하느님의 뜻이 되기 위해서는 우리의 생각을 죽여야 합니다. 양자는 양립할 수 없는 것이기 때문입니다.

우리의 주 그리스도가 겟세마네의 동산에서 하느님께 소망했을 때에 '저의 생각대로가 아니고, 주님의 뜻이 이루어지도록' 기도하신 것에 주목하기 바랍니다. 언제나 선 그 자체이셨고 최선이었던 그리스도의 생각조차, 아버지의 뜻이 이루어지기 위해서는 자신의 뜻을 접지 않을 수 없었다면 하찮은 버러지 같은 것에 지나지 않은 우리가, 어떻게 자신의 생각으로 영광을 돌릴 수 있겠습니까? 우리의 생각은 언제나 악에 물들어 방해를 받기에 충분한 가치가 있습니다.

신도를 위한 주님의 기도강해

3월 24일
올바른 기도

무엇이든지 우리가 하느님의 뜻을 따라 청하면 하느님께서 우리의 청을 들어 주시리라는 것을 우리는 확신합니다.

〈요한의 첫째 편지〉 5 : 14

그런데 이 경우 주님을 기도로 이끈 고뇌는 이 세속적인 육체적 고뇌였습니다. 우리도 몸에 관한 문제에서는 우리의 생각을 주님에게 맡겨야 합니다. 바울로도 말하고 있는 것처럼 우리는 어떻게 기도해야 좋을지 모르기 때문입니다. 하느님이 우리를 십자가 아래 두고 고뇌에 둘러싸이게 하는 것이 가장 필요한 경우가 종종 있습니다. 하느님만이 최선이고 가장 필요한 것을 알고 계시기 때문에, 주님의 뜻을 우리들 생각 앞에 두고 우리의 순종을 인내 속에 입증해야 합니다.

그러나 이 세속의 이익이 아니고 영원한 이익에 연관이 있는 경우, 즉 하느님이 말씀에 의해 우리를 지키시고, 맑게 하시고, 우리의 죄를 용서하시고, 성령과 영원한 생명을 주시는 것에 대해서는 하느님의 뜻이 확실하고 명확합니다. 주님은 모든 사람이 구원되길 바라고 계십니다. 모든 사람이 죄를 인정하고 그리스도에 의해서 죄가 용서받는 것을 믿기를 원하고 계십니다. 그러므로 이와 같은 경우에 '제 생각이 아니고 주님의 뜻이 이루어지도록' 기도할 필요는 없습니다. 하느님은 이를 기뻐하시지 않습니다. 왜냐하면 지금 여기에 이와 같은 것에 대한 주님의 뜻을 계시하는 말씀이 앞에 놓여 있기 때문입니다.

1545년 설교에서

3월 25일
진정한 순종

하느님께서 여러분에게 온갖 좋은 것을 마련해 주셔서 당신의 뜻을 이루게 해 주시고 우리가 예수 그리스도께 힘입어 당신께서 기뻐하실 일을 할 수 있게 해 주시기를 빕니다. 예수 그리스도께서 영광을 영원무궁토록 받으시기를 빕니다. 아멘.
〈히브리인들에게 보낸 편지〉 13 : 21

 만일 당신이 전세계를 하느님에게로 개심(改心)시키고, 죽은 자를 되살아나게 하고, 자신과 다른 모든 사람을 천국으로 이끌어 큰 기적을 일으키길 소망해도 우선 하느님의 뜻을 앞세워 하느님의 영광만을 위해 자신의 생각을 복종시키는 것이 아니라면 아무 일도 계획을 해서는 안 됩니다.
 "사랑하는 하느님이시여, 이들 계획은 저에게 잘 보입니다. 이것이 주님의 뜻에 맞는 것이라면 성취할 수 있도록. 주님의 뜻이 맞지 않는다면 안 되는대로 해 두십시오."
 실제로 이와 같이 정말로 좋은 생각이라도 하느님은 종종 성도들의 계획을 깨십니다. 그것은 이와 같은 훌륭한 생각을 통해서 거짓의 사악한 생각이 끼어들지 않도록 하기 위해서이고, 또 우리의 생각이 아무리 좋아도 아직 주님의 뜻과는 비교가 안 되는 빈약한 것임을 배우기 위해서입니다.

  이와 같이 우리의 좋은 생각은 더욱더 좋은 것으로 하기 위해 방해를 받습니다. 하느님은 더 좋은 것으로 하기 위해서만 좋은 생각을 방해하시기 때문입니다. 좋은 생각이 하느님의 뜻에 복종하고 (하느님의 뜻에 의해 방해를 받고) 마지막으로 완전히 자유롭게 되고, 포기되고, 하느님의 뜻만을 기다리게 되었을 때 더욱 좋은 생각이 됩니다. 이것이야말로 진정한 순종으로 불리는 것입니다.

신도를 위한 주기도의 강해

3월 26일
그리스도의 순종

예수께서는 하느님의 아들이었지만 고난을 겪음으로써 복종하는 것을 배우셨습니다. 그리고 완전하게 되신 후에 당신에게 복종하는 모든 사람을 위해서 영원한 구원의 근원이 되셨으며.

〈히브리인들에게 보낸 편지〉 5 : 8, 9

그리스도는 우리를 한 없이 사랑하시고 거룩한 사랑으로 하늘에서 내려오셨습니다. 주님이 죄인을 사랑하시는 것은 아버지의 뜻인데, 그것과 마찬가지로 우리가 사람의 아들 그리스도를 보고 사랑하는 것도 아버지의 뜻입니다. 하지만 그리스도의 사랑의 행위는 아버지이신 하느님의 명령에 따라서 이루어진 것이고, 아버지이신 하느님의 뜻에 따라 이루어진 것임을 기억해야 합니다. 만일 그렇지 않으면 그리스도에 대해서 생각하는 것은 무서운 일이 됩니다. 아버지는 힘이고, 그리스도는 지혜이고 성령은 사랑이기 때문입니다. 우리는 이런 것에 결코 도달할 수 없고, 그 전에 절망해야 합니다.

그러나 그리스도는 아버지에 대한 순종에서 죄인을 사랑하기 위해 하늘에서 내려오셨습니다. 이를 생각할 때 대담하게 다가갈 용기가 생기고 그리스도에 대한 확신이 부여됩니다. 그리스도가 우리가 읽는 금의 서책이고, 진정한 헌장임을 인정해 아버지의 뜻에 순종했던 그리스도를 보는 것을 배우기 때문입니다.

이렇게 해서 우리의 양심은 비참하지 않게 됩니다. 그리스도 안에서 되살아나 강해지기 때문입니다.

이것이야말로 깊은 신앙의 영혼에 있어서 그리운 것이고 아들 예수 그리스도를 통해서 아버지이신 주님에게 온갖 영광과 찬미를 돌리게 합니다. 주님은 아들 예수 그리스도에 의해 우리에게 희망을 걸어 기르고 키워서 최선의 것을 가려내게 됩니다. 그리고 우리의 마음은 바뀌어 그리스도를 따르게 됩니다.

그리스도는 죄인을 사랑하십니다. 아버지가 그렇게 하도록 지시했기 때문입니다.

수난절의 설교

3월 27일
성서는 이루어진다

내가 아버지께 청하기만 하면 당장에 열두 군단도 넘는 천사를 보내 주실 수 있다는 것을 모르느냐? 그러나 그렇게 한다면 이런 일이 반드시 일어나리라고 한 성서의 말씀이 어떻게 이루어지겠느냐?

〈마태오의 복음서〉 26 : 53, 54

유대군대에 대항해 그리스도를 지키기 위해서는 천사 한 사람으로 충분했습니다. 더구나 그리스도는 12군단, 즉 7만 명 이상의 천사도 가지려고 한다면 가능하다고 말씀하신 것입니다. 그리스도를 지키기 위해서는 전세계에 대해서조차 천사 한 사람으로 충분했을 것입니다.

그러나 그리스도는 말씀하십니다.

"검을 거두어라. ……이렇게 되지 않으면 안 된다고 씌어 있는 성서가 어떻게 실현될 수 있을까."

내가 고통을 당하지 않으면 성서는 성취할 수 없다고 말씀하시는 것 같습니다. 성서는 성취해야 합니다. 그러므로 이런 모든 일은 일어나지 않을 수 없었습니다. 이 때문에 그리스도는 고통을 당한 것입니다. 그리스도는 강제적으로 고통을 당한 것이 아닙니다. 또 하느님의 명예와 영광을 드러내기 위해 그 이외의 방법이 있었던 것도 아닙니다. 오직 하느님이 예언자들을 통해서 해 오신 말씀을 진실로 지킨 것입니다. 바로 하느님의 뜻에 따라 행동하는 것이었습니다. 그 이외에 행동을 하려면 할 수 있었는데 그것은 주님의 뜻이 아니었습니다.

1534년 설교에서

3월 28일
남겨진 본보기

여러분은 바로 그렇게 살아가라고 부르심을 받은 사람들입니다. 그리스도께서도 여러분을 위해서 고난을 받으심으로써 당신의 발자취를 따르라고 본보기를 남겨 주셨습니다.

〈베드로의 첫째 편지〉 2 : 21

여러분의 마음이 형벌에 대한 두려움에서가 아니고 사랑에서 죄에 반대하게 되고 그리스도에게 있는 확신이 강해질 때 그리스도의 고통은 당신의 전 생애에 본보기가 됩니다. 그리고 고통에 대한 견해가 달라지게 됩니다.

비록 질병이나 고통이 엄습해도 그리스도의 가시관과 못에 비하면 그것은 아무것도 아닙니다. 만일 당신이 무언가 하기 싫은 일을 시키거나, 그만두고 싶지 않은 일을 그만두지 않을 수 없게 되거나 하면 그리스도가 붙잡혀서 묶이고 여기저기로 끌려다닌 모습을 떠올리기 바랍니다. 만일 오만한 마음이 생겼다면 도적과 함께 비웃음을 당하고 모욕을 당한 주님의 모습을 보기 바랍니다. 정욕과 부정이 몸 안에 끓어오르면 그리스도의 순결한 몸이 묶이고, 찔리고 채찍질을 당한 비참함을 생각해야 합니다. 증오나 질투심이 생기거나 복수를 요구하거나 할 때에는 그리스도가 헤아릴 수 없는 눈물과 탄식으로 얼마나 당신과 주님의 모든 적을 위해 기도해 주셨는지 생각해야 합니다. 그리스도는 복수하려고 생각하면, 충분한 이유가 있었는데도 그것을 하지 않으셨습니다. 그리고 육체적, 영적인 것을 불문하고 무언가의 고뇌가 당신을 슬프게 한다면 다음과 같이 말해 마음을 단단히 해야 합니다.

"나의 주님이 겟세마네 동산에서 공포와 고뇌로 피눈물을 흘리셨는데 내가 사소한 재난을 어찌 견디지 못할까."

"주인이 죽음의 고통 속에서 싸우고 있는데 게으르고 빈약한 종이 이불 속에서 편안히 있어도 좋은가."

그리스도의 거룩한 수난에 대한 명상

3월 29일
사람의 아들이 온 것은 봉사하기 위해

    한편 예수께서는 아버지께서 모든 것을 당신의 손에 맡겨 주신 것과 당신이 하느님께로부터 왔다가 다시 하느님께 돌아가게 되었다는 것을 아시고 식탁에서 일어나 겉옷을 벗고 수건을 허리에 두르신 뒤 대야에 물을 떠서 제자들의 발을 차례로 씻고 허리에 두르셨던 수건으로 닦아 주셨다.
〈요한의 복음서〉 13 : 3~5

    예수께서 일어나 제자들의 발을 씻기 시작하기 전에 주님의 마음에 어떤 생각이 있었는지를 보여 주려고 요한은 실로 위대한 말을 기록하고 있습니다. 여기에서 주님은 고통에 대해서 생각한 것도 아니고, 발을 씻은 직후에 계속해서 슬픔에 마음을 아프게 하고 계신 것도 아닙니다. 영원히 아버지와 함께 공유된 영광에 대해서 생각하고 있었던 것입니다. 이 세상의 생애를 마치고 그곳으로 돌아가 영원히 머물게 되는 것입니다.
    이와 같은 높은 생각에 이르렀을 때 주님은 당연히 세속에서 벗어나 인간의 일 따위는 생각하지 않았다고 해도 이상할 것은 없습니다. 그러나 이렇게 영원한 영광에 대해서 두루 생각하고 있을 때, 주님은 일어나 웃옷을 벗으시고 수건을 허리에 두른 다음 물을 대야에 부은 것입니다.

주님의 생각과 행동이 얼마나 조화를 이루고 있는지 생각하기 바랍니다. 주님은 이렇게 생각하셨습니다. 나는 만물의 하느님이고 주인이다. 악마도 가장 나쁜 짓을 하루 남짓밖에 못할 것이다. 그리고 악마와 나의 모든 적은 내 발 아래 짓밟히고 나를 믿는 자들은 평화 속에 머물 것이다.

이렇게 생각하면서 그와 동시에 이루어지는 주님의 행위는 어떻게 이루어졌습니까? 주님은 노예와 종이 하는 일을 행하셨습니다. 제자들의 발을 씻은 것입니다.

이렇게 해서 주님은 우리에게 본보기를 남기셨습니다. 주님이 자신의 영광을 곁에 두시고 그것을 잊고 자신의 긍지, 힘, 영광을 위해 남용하지 않고 종들의 이익을 위해 사용하셨다면 당연히 우리도 똑같이 해야 합니다. 우리는 주어진 선물을 결코 자랑하지 않고, 오만한 수단으로서 남용하는 일 없이 오히려 힘이 허용하는 한 이웃을 위해 이를 써야 합니다.

세족 목요일의 설교

3월 30일
주님은 우리의 종

> 사실은 사람의 아들도 섬김을 받으러 온 것이 아니라 섬기러 왔고 많은 사람을 위하여 목숨을 바쳐 몸값을 치르러 온 것이다.
>
> 〈마태오의 복음서〉 20 : 28

이 예수의 모습을 보고 사랑합시다. 하느님의 아들이 아무리 빈약하고 비참하고 비웃음을 받은 사람일지라도, 모든 사람의 죄를 짊어지시고 종으로서 오신 것만큼 놀랄 만한 봉사의 모습은 없습니다. 만일 위대한 왕의 아들이 거지의 굴로 들어가 간병을 하거나 더러운 것을 씻어 주거나 하는, 보통 사람이나 할 일을 한다면 그것은 얼마나 놀랄 만한 일이겠습니까? 전세계도 놀라운 나머지 입과 귀와 눈과 코를 크게 벌린 채 이에 대해서 충분히 생각도 말도 하지 못할 것입니다. 그런 일이 있으면 그것은 참으로 대단히 겸손한 행위입니다.

그러므로 이에 대해서 언제나 노래하고 이야기하고 선전을 하고, 이 자애로운 선물에 대해서 하느님을 찬미하고 사랑할 충분한 이유가 있습니다. 이 진리의 의미는 무엇이겠습니까? 그것은 하느님의 아들이 나의 종이 되고, 몸을 낮추어 나의 고뇌와 죄를 짊어지시기에 이르렀다는 것입니다. 주님은 전세계의 죄와 죽음을 자신이 짊어지시고 이렇게 말씀하십니다.

"너희는 이제 죄인이 아니다. 나 자신이 너희를 대신한 것이다. 너희는 죄를 범하지 않았다. 나인 것이다. 전세계는 죄 가운데 있다. 그러나 너희는 죄 가운데 없다. 그리고 내가 죄 가운데 있다. 너희의 모든 죄는 내 위에 있고 너희 위에는 없다."

누구도 이 진리를 이해할 수는 없습니다. 우리는 다가올 세상에서 하느님의 사랑을 이해하고 영원한 행복 가운데 그것을 바라볼 것입니다.

〈요한의 복음서〉 1장의 강해

3월 31일
진정한 하느님, 진정한 사람이신 구세주

> 그리스도 예수는 하느님과 본질이 같은 분이셨지만 굳이 하느님과 동등한 존재가 되려 하지 않으시고, 오히려 당신의 것을 다 내어놓고 종의 신분을 취하여 우리와 똑같은 인간이 되셨습니다.
>
> 〈필립비인들에게 보낸 편지〉 2 : 6, 7

  우리는 우선 이 세상의 하느님과 악마와, 죄와 죽음으로부터 우리를 구할 수 있는 구세주를 필요로 합니다. 즉 영원한 하느님이시고 믿는 자는 모두 이분에 의해서 의롭게 되고 축복이 되는 구세주입니다. 만일 이분이 모세나 엘리아나 이사야나 세례 요한보다도 훌륭하고 위대하지 않다면 우리의 대속주(代贖主)가 아닙니다.
  이분이 우리 죄를 대신하여 받기 위해 하느님의 아들인데도 피를 흘리셨기 때문에, 내가 이 사실을 믿고 악마가 죄를 이유로 위협하고 괴롭혀도 악마의 코 밑에서 이 사실에 계속 매달려 있으면 악마는 곧 패배해 길을 비켜 주어 우리를 평안 속에 두지 않을 수 없게 됩니다.
  우리는 다음으로 살과 피를 함께하는 우리들의 형제로서의 구세주를 필요로 합니다. 이분은 죄 이외에는 모든 점에서 우리와 똑같이 되셨습니다. 이에 대해서는 우리가 어린아이처럼 이야기하고 노래하도록 가르쳐지고 있는 것입니다. 그것에 따라서 나는 기쁨으로 이렇게 말합니다. 나는 주님의 한 사람인 예수 그리스도를 믿습니다. 그는 아버지 오른쪽에 앉아 나를 위해 주선해 주시고 동시에 나의 피와 살을 나눈 형제가 되어 주셨습니다. 우리들 인류를 위해, 우리들의 구원을 위해 이분은 하늘에서 내려와 사람이 되어 죄 때문에 죽으신 것입니다.

〈요한의 복음서〉 1장의 강해

April
4월

4월 1일
죄의 구속

그리스도께서는 하느님 우리 아버지의 뜻을 따라 우리를 이 악한 세대에서 건져 내시려고, 우리 죄를 짊어지시고 당신 자신을 제물로 바치셨습니다.

〈갈라디아인들에게 보낸 편지〉 1 : 4

형제들이여. "자신을 버리셨다"는 말씀을 마음에 담아 열심히 두루 생각하기 바랍니다. 그때 '죄'라는 말씀에 하느님의 영원한 분노와 악마의 저승의 힘이 포함되어 있는 것을 깨닫게 될 것입니다. 악마는 지상에 헤아릴 수 없는 고뇌와 저주를 보내고 우리들 생활에 잠시도 안전한 때가 없도록 하므로 언제나 여러 가지 고뇌에 대해서 준비를 해야만 합니다. 그리고 그런 것들은 모두 죄에서 오는 것입니다. 사실 이것은 아무것도 보이지 않고 거만한 이성이 몽상하고 있는 것과 같은 작은 문제는 아닌 것입니다.

그러므로 이 거룩한 말씀은 모든 사람은 죄의 구속하에 있다고 마지막으로 강조하고 있습니다. 또 "죄의 종으로 팔린 몸입니다"(《로마인들에게 보낸 편지》 7 : 14)라고도 말하고 있습니다. 죄는 전세계의 전 인류에 대한 강력하고 냉혹한 주인이고 폭군이므로 웬만큼 현명하고, 훌륭하고, 교양이 있고, 힘이 센 사람이라도 이것에 저항할 수가 없습니다. 설사 천하의 사람이 전력을 다해 함께 저항해도 쓰러뜨릴 수가 없고 도리어 복종해 먹히고 말 것입니다. 다만 예수 그리스도만이 이 불굴의 잔혹한 적을 쓰러뜨릴 수 있는 영웅입니다. 그 일을 위해 주님은 커다란 희생을 해 주셨습니다. 생명을 버리지 않을 수 없었던 것입니다.

〈갈라디아인들에게 보낸 편지〉 강해

4월 2일
우리 대신에 속죄하신 주님

아버지께서는 우리를 흑암의 권세에서 건져 내시어 당신의 사랑하시는 아들의 나라로 옮겨 주셨습니다. 우리는 그 아들로 말미암아 죄를 용서받고 속박에서 풀려났습니다.

〈골로사이인들에게 보낸 편지〉 1 : 13, 14

죄는 영원히 변함없이 심판을 받고 있습니다(하느님은 죄를 결코 용서하는 일이 없고 또 용서할 수가 없기 때문입니다. 하느님의 분노는 영원히 변함없이 죄로 향해져 있습니다). 그러므로 분노를 배제하고, 대가를 지불하고, 죄가 씻겨져 완전히 지워지기 위해 특별히 귀중한 대가가 지불되지 않고 속죄는 있을 수 없는 것입니다. 더구나 어떤 피조물도 이를 할 수가 없고, 도움도 없습니다. 다만 주님 자신의 아들이 구세주로 강림하시어 사람이 되어서 자신 위에 영원한 분노를 짊어지시고 희생의 산 제물로서 생명과 피를 바치는 것이 유일한 길입니다.

우리에 대한 한없는 자애와 사랑 속에 주님은 이를 성취해 주셨습니다. 자신을 버리시고 영원한 분노와 죽음을 짊어진 것입니다. 이 귀중한 희생은 자신이 사랑하는 아들의 행위이므로 하느님에게 있어서는 한없이 값비싼 대가였습니다. 아들은 하느님의 크신 능력과 영광 속에 하느님과 함께 계신 분인데, 이 아들에 의해서 화해로 죄를 용서하시고 아들을 믿는 모든 사람을 은총 속에 받아들이는 것입니다.

　이것에 의해서만 우리는 귀중한 대속행위의 결실이 부여되어 기뻐할 수가 있습니다. 그것은 말할 수도 헤아릴 수도 없는 사랑으로 우리를 위해 획득하시고 부여한 것입니다. 거기에서 우리들 쪽에서 자랑할 것은 아무것도 없고, 잃어버리고 죄로 정해진 우리들 죄인을 위해 이처럼 값비싼 대가를 치러 주신 주님에게 오직 감사하고 찬미할 뿐입니다.

〈골로사이인들에게 보낸 편지〉 1장 3~14절의 강해

4월 3일
십자가의 주님을 우러르다

모세는 구리로 뱀을 만들어 기둥에 달아 놓았다. 뱀에게 물렸어도 그 구리 뱀을 쳐다본 사람은 죽지 않았다.

〈민수기〉 21 : 9

이 사건과 마찬가지로 당신들도 그리스도의 죽음만을 생각해야 합니다. 그렇게 하면 살 것입니다. 죄인이나 자기 양심 속에 있는 죄 또는 죄에 머물러 망하기로 정해져 있는 사람들 속에 있는 죄를 보아서는 안 됩니다. 그렇게 하면 당신들도 죄에 끌려가게 되고 말 것입니다. 당신들은 은총 가운데 이외에는 죄를 보거나 생각해서는 안 됩니다. 당신의 전력을 다해 마음속에 이 형태를 묘사해 내고 눈앞에 내걸기 바랍니다.

은총의 형태는 십자가상의 그리스도와 주님이 사랑하시는 모든 성도들 이외에 아무것도 아닙니다. 그러면 어떻게 이를 이해해야만 할까요? 그것은 그리스도가 십자가상에서 당신의 죄를 지워 버리시고 당신을 위해 그것을 짊어지시고 죽으신 것입니다. 이것이야말로 은총과 자비입니다. 이를 확실히 믿고 눈앞에 묘사해 의심을 해서는 안 됩니다. 이것이 은총의 형태를 바라보아 당신 자신 안에 형성하는 것입니다.

이것이야말로 놀라운 사실이 아닙니까? 죄는 이제 죄가 아닌 것입니다. 이제 그리스도 안에 묶이고 없어지게 되는 것입니다. 그리스도는 은총과 생명의 형태이고, 죽음에 대해서 그리스도가 우리의 축복이고, 더없는 행복입니다.

죽음의 준비에 대한 설교

4월 4일
주님을 따르라

종은 그 주인보다 더 나을 수가 없다고 한 내 말을 기억하여라. 그들이 나를 박해했으면 너희도 박해할 것이고, 내 말을 지켰으면 너희의 말도 지킬 것이다.

〈요한의 복음서〉 15 : 20

이러한 말씀은 그리스도의 모든 종 마음속에 각인되어야 합니다. 그리고 그들을 움직여 그들에 대해서 주님이 정하신 것을 기꺼이 하거나 고통에 견디거나 할 수 있도록 강해지게 하는 것입니다. 주 그리스도는 실로 큰 일을 하셨으므로 다음과 같이 생각해야 합니다.

우리 주여, 당신께서는 아무런 강요도 없었는데 나에게 봉사해 주셨으므로 이번에는 내가 당신께 봉사하지 않을 수 없습니다. 그리스도는 순결하고 죄가 없었는데 자신을 낮추어 나를 위해 피 흘리시고 나의 죄를 씻어 주기 위해 죽으셨습니다. 그렇다면 내가 주님을 기쁘게 해 드리기 위해 조금도 고통을 겪지 않을 수 있겠습니까? 이와 같이 생각해 마음이 움직여지지 않는 사람이 있다면 그것은 돌의 마음이라는 것입니다. 주인이 앞장서서 나아갈 때 종은 확실히 따릅니다.

그러므로 바울로는 "이 일을 위해 당신께서는 부르심을 받은 것이다"라고 말하고 있습니다. '이를 위해'서란 무엇을 가리키고 있습니까? 그것은 그리스도와 마찬가지로 부정을 견뎌 내는 것입니다. 바울로는 이렇게 말하고 있는 것 같습니다. 당신이 그리스도를 따르려고 한다면 부정한 일을 당했을 때 불평불만을 말해서는 안 됩니다. 오히려 인내와 관용으로 고통을 받아들여야 합니다. '그리스도는 죄가 없었는데 온갖 일에 잘 견뎌 내셨기 때문이다'라고.

사람들이 당신들에게 상처를 입힐 때 당신들은 투덜대거나 화를 내거나 하지 말고 오히려 그리스도와 비슷한 일을 당한 것을 감사하고 하느님을 찬양해야 합니다.

〈베드로의 첫째 편지〉 강해

4월 5일
그리스도의 희생

그런데 그리스도께서는 우리 죄 많은 인간을 위해서 죽으셨습니다. 이리하여 하느님께서는 우리들에게 당신의 사랑을 확실히 보여 주셨습니다.

〈로마인들에게 보낸 편지〉 5 : 8

그리스도는 십자가상에 자신을 바쳐 죄인이 되시고 저주가 되셨습니다. 그러나 그분만이 축복된 씨앗이었습니다. 이 주님에 의해서 전세계는 축복을 받고 죄와 죽음으로 죄를 갚습니다. 주님이 두 죄인 사이의 십자가에 못박히고 그들과 똑같이 헤아려져 부끄러운 죽음을 당하게 된 것은, 온 인류의 이익을 위해서이고 영원한 저주로부터 벗어나기 위함이었습니다.

이렇게 해서 주님은 지상 최대의 죄인이 되고, 비길 데 없는 죄인이 되셨습니다. 그것은 전세계의 죄를 짊어진 유일한 의로움이고, 성스러운 분이기 때문입니다. 그리스도 이외에는 주님 앞에 누구도 의롭게 되거나 성스럽게 될 수가 없기 때문입니다.

그리고 자신의 죄와 전세계의 죄가 우리가 사랑하는 주님 위에 놓여 있는 것을 믿는 사람은 누구나 그리스도를 자신의 것으로 합니다. 주님은 죄 때문에 세례를 받고 십자가에 못 박혀 귀중한 피를 흘리셨습니다. 그것은 죄를 유일하게 떠맡으신 주님이 죄로부터 우리를 정화해 그것으로 인해서 우리가 죄의 사함과 영원한 생명을 받도록 하기 위한 것입니다. 또 그리스도의 세례와 십자가와 피가 우리의 것이 되기 위해서입니다.

1540년 설교에서

4월 6일
겟세마네의 고난

예수께서는 인간으로 이 세상에 계실 때에 당신을 죽음에서 구해 주실 수 있는 분에게 큰소리와 눈물로 기도하고 간구하셨고, 하느님께서는 당신을 경외하는 마음을 보시고 그 간구를 들어 주셨습니다.

〈히브리인들에게 보낸 편지〉 5 : 7

자비로우신 아버지시여. 우리 주 그리스도는 왜 부들부들 떠셨습니까? 하느님의 아들이 왜 떠시는 겁니까? 주님의 고뇌는 무엇 때문입니까? 주님은 잔을 거두어 달라고 기도하셨습니다. 그것은 무슨 잔입니까? 그것은 십자가상의 무서운 죽음입니다. 그러나 왜 죽어야만 합니까? 주님은 죄도 없고 맑고 올바른 분이셨습니다. 그런데도 하느님이 전세계의 죄를 짊어지게 했기 때문입니다. 그것이 주님에게 닥쳐 위협을 한 것입니다.

만일 하느님이 나의 죄를 주님에게 지우게 하셨다면 내가 죄로부터 해방되어 죄가 씻겨지고 있다는 것은 진실이 아니겠습니까(요한은 주님을 '세상의 죄를 씻겨 주시는 어린 양'으로 부르고 있습니다). 그렇다면 나는 왜 나와 주 예수 그리스도를 호소할 필요가 있습니까? 나는 죄인입니다. 슬프게도 그것은 진리입니다. 죄는 나를 위협합니다. 나는 슬프게도 깊이 이 일을 생각하고 내 마음은 언제나 기력을 잃고 맙니다. 나는 하느님과 그 엄격한 심판 앞에 몸을 떱니다. 그런데도 나는 무엇 때문에 자신을 나무라고 주 예수 그리스도를 나무라야 하는 것입니까?

그 올리브 산에서 주님은 부들부들 떠시고 너무나도 무서워 피땀을 흘리셨습니다. 그리고 주님을 그곳으로 이끈 것은 용서할 수 없는 나의 죄인 것입니다. 주님은 나의 죄를 짊어지신 것이고, 그것은 실로 무거운 짐이었습니다. 그러나 이 주님의 희생 때문에 나는 죄를 언제나 겟세마네에 두고 그것으로 인해서 하느님과 그 심판 앞에 설 때에는 내 안에 하느님이 죄를 발견하게 되는 일은 없다는 확신을 가지고 희망을 가질 수가 있습니다.

올리브 산이야말로 당신에게 위로가 되지 않겠습니까?

1545년 설교에서

4월 7일
그는 우리의 병을 짊어지시고

그런데 실상 그는 우리가 앓을 병을 앓아 주었으며, 우리가 받을 고통을 겪어 주었구나. 우리는 그가 천벌을 받은 줄로만 알았고 하느님께 매를 맞아 학대받는 줄로만 여겼다.

〈이사야〉 53 : 4

사실 이는 명백하고 힘찬 말씀입니다. 이 왕의 고뇌는 우리의 슬픔이고 한 숨이었습니다. 주님은 영원히 우리의 것이었을 무거운 짐을 짊어지셨습니다. 우리가 채찍질당하고 굶주림과 목마름을 경험해 영원히 죽어야만 했는데, 이런 모든 것은 주님 위에 놓였습니다. 주님의 고난은 나를 위해, 여러분을 위해, 우리들 모두를 위해서입니다. 우리에게 이익이 되어 주기 위해 고난을 달게 받은 것입니다. 그러나 우리는 주님이 하느님에 의해서 고난을 당한 것이라고 생각했습니다.

그것은 사실입니다. 모세도 "나무에 매달린 자는 저주를 받는다"고 말하고 있습니다. 그러므로 주님은 죄가 정해져 저주받은 자로서 모욕을 당한 것입니다. 주님은 자신조차 구원할 수 없다, 그런데 어떻게 타인을 도울 수가 있는가? 이와 같은 생각은 올바른 것이 아니었습니다. 주님은 우리의 슬픔을 떠맡고 있는 것입니다. 표면적으로 보기만 할 때 주님은 저주되고 있는 것처럼 보입니다. 그러나 영혼에 따르면 나의 슬픔, 당신들의 슬픔, 우리 모두의 슬픔을 짊어지시고 있는 것입니다.

"그를 찌른 것은 우리의 반역죄요, 그를 으스러뜨린 것은 우리의 악행이었다. 그 몸에 채찍을 맞음으로 우리를 성하게 해 주었고 그 몸에 상처를 입음으로 우리의 병을 고쳐 주었구나."(《이사야》 53 : 5)

주님은 징계를 받고 우리에게는 평안이 주어졌습니다.

나도 당신도 온 인류는 하느님의 분노를 샀습니다. 그런데 주님은 우리가 죄에서 벗어나 평화 속에 쉴 수 있도록 속죄의 행위를 성취해 주셨습니다. 주님은 고통을 당하지 않으면 안 되었습니다. 그리고 우리는 자유롭게 되는 것입니다.

우리는 이 큰 사랑과 자애로움을 잊을 정도로 염치를 모르는 사람이 되어서는 안 됩니다.

1531년 설교에서

4월 8일
주님은 하느님에게 버려졌다

나는 사람도 아닌 구더기, 세상에서 천더기, 사람들의 조롱거리.

〈시편〉 22 : 6

바울로도 이 진리에 대해서 말하고 있습니다. (《필립비인들에게 보낸 편지》 2장) 그리스도는 하느님의 모습으로 계셨는데 자신을 헛되게 했다고 말하고 있습니다. 그것은 주님이 하느님의 힘을 사용하지 않으시고, 전능의 힘에도 눈을 돌리지 않으시고, 고통을 당하시는 동안 곁에 두셨다는 것입니다.

이 겸손으로 몸을 낮추시고 아무 힘도 없이 계시는 동안 악마는 전력을 다해 주님을 유혹했습니다. 유일한 사람, 사람의 아들은 이 공격 앞에서 세상의 죄를 짊어지고 계십니다. 더구나 주님은 하느님이 위로와 힘에 의해서 지지되고 있지 않았기 때문에 악마는 무고한 어린 양에게 달려들어 다 먹어치우려고 했습니다. 그러므로 죄가 없는 유일한 분이 가련하고 비참한 죄인처럼 떨고 죄가 없는 순수한 마음에 죄에 대한 하느님의 분노와 심판의 격함을 느끼게 된 것입니다. 그리고 우리를 대신해 영원한 죽음과 심판을 받으셨습니다. 한마디로 말해서 죄로 정해진 죄인이 영원히 받을 모든 형벌과 대가를 받아야만 했던 것입니다.

  그것으로 우리를 위해 천국의 축복과 영원한 생명과 구원을 획득해 주셨습니다. 이사야는 53장에 "그는 자기 고난의 끝을 보고 자기의 예지로 흡족해하리라"고 말하고 있습니다. 주님의 몸과 생명은 심하게 고난을 당했습니다. 그러나 그것은 우리에게 한없는 행복을 주기 위해 자신의 큰 기쁨으로 받아주신 것입니다. 그것은 주님이 적에게 이겨 승리를 얻고 그 지식으로 많은 사람을 의롭게 해 주셨기 때문입니다.

1537년 설교에서

4월 9일
죄 없는 자의 고난

그를 찌른 것은 우리의 반역죄요, 그를 으스러뜨린 것은 우리의 악행이었다. 그 몸에 채찍을 맞음으로 우리를 성하게 해 주었고 그 몸에 상처를 입음으로 우리의 병을 고쳐 주었구나.

〈이사야〉 53 : 5

  이 진리를 받아들여 거기에서 위로를 얻기 바랍니다, 이것이 당신들의 이익이 되기 때문에 하셨다는 것을 믿어야 합니다. 이 말씀 가운데 한 번도 아니고 두 번도 아니고 몇 번이나 주님이 고통을 당하신 일, 더구나 죄 없이 고통당하신 일을 듣기 때문입니다.
  그러면 하느님은 왜 이를 허용하셨을까요? 왜 이를 설정해 일으키도록 하셨을까요? 그것은 당신들이 위로를 받기 때문입니다. 주님은 자신을 위해 고통을 당하시지 않으셨습니다. 주님은 당신들을 위해 또 전세계를 위해 고통을 당하신 것입니다. 그렇기 때문에 이 진리 안에는 모순이 가득 차 있는 것입니다.
  주님은 하느님의 아들이시고 완전히 깨끗한 죄가 없는 분이셨습니다. 그러므로 죽음과 저주는 아무런 관계도 있을 수 없었습니다. 이에 반해서 우리는 하느님의 저주와 분노 아래 있는 죄인입니다. 그러므로 우리는 죽음과 죄의 심판을 받아야 합니다. 그러나 하느님은 이를 역전당했습니다. 죄 없고 은총 이외에 아무것도 없는 분이 저주가 되고 징계를 받지 않을 수 없었습니다. 그리고 이 주님을 통해서 우리는 은총의 상태로 들어가 하느님의 아들이 됩니다. 그러므로 우리는 이 위로에 꼭 매달리고 특히 그리스도가 무고하다는 증명을 존중해야 합니다.

 그리스도가 죄 없이 고통을 당한 것은 우리의 죄와 과오 때문이었기에 그렇습니다. 그리고 우리는 주님의 무고함을 통해서 온갖 죄와 악에 대해서 위로를 얻을 수가 있습니다. 이 무고함은 우리의 주님, 자비로우신 속죄주가 우리를 위해 고난을 당하시고, 우리의 부채를 갚아 주신 것의 확실한 증명이기 때문이고, 우리는 그 주님의 고난의 결실을 얻어 기뻐할 수 있게 되는 것입니다.

1545년 설교에서

4월 10일
자신을 희생으로 바치셨다

그분이 몸을 여러 번 바쳐야 한다면 그분은 천지 창조 이후 여러 번 고난을 받으셨어야 했을 것입니다. 그러나 지금 그분은 이 역사의 절정에 나타나셔서 단 한 번 당신 자신을 희생 제물로 드리심으로써 죄를 없이 하셨습니다.

〈히브리인들에게 보낸 편지〉 9 : 26

이 말씀을 알고 이를 신뢰할 때 마음은 기쁨에 설레게 됩니다. 그리고 죄는 그리스도에게 놓였으므로 나는 죄를 모른다고 확신을 가지고 명백하게 말할 수가 있습니다. 죄는 주님과 우리들 위에 동시에 걸릴 수 없기 때문입니다. 그러므로 누구도 자신의 의로움으로 죄를 씻었다고 말할 수는 없습니다. 죄를 씻고 지우는 일은 그리스도만이 할 수 있는 일입니다. 그리고 그리스도가 성취해 주신 것은 나의 행위로도 당신의 행위로도, 누구의 행위로도 얻을 수 없습니다. 또 그리스도가 우리의 죄 때문에 바치신 몸과 피의 경우도 같습니다. 그렇지 않고 주님 자신이 진정한 하느님으로서 전세계의 죄를 짊어진 것입니다.

주님은 그 세례와 십자가에 의해서 죄를 멸하고 그 힘을 빼버리셨습니다. 그리고 당신들을 위해 자신의 몸을 바치고, 당신들이 범한 죄의 용서를 위해 피 흘리신 것을 널리 전하게 하셨습니다. 만일 이를 믿는다면 당신의 죄는 용서를 받고, 당신은 맑고 올바르게 되고, 성령을 받아 앞으로 죄를 이길 수 있게 됩니다. 또 나약함 때문에 죄 짓는 일이 있었다고 해도 신앙 속에 머물고 있는 한 그것이 당신의 것으로서 헤아려지게 되는 일은 없습니다.

이것이 죄를 용서하는 의미입니다.

부활일 후 금요일의 설교

4월 11일
주님의 죽음에 의한 해방

그리스도께서 우리를 해방시켜 주셔서 우리는 자유의 몸이 되었습니다. 그러니 마음을 굳게 먹고 다시는 종의 멍에를 메지 마십시오.

〈갈라디아인들에게 보낸 편지〉 5 : 1

그리스도는 우리를 인간의 의무에서 해방한 것이 아니고 영원한 분노에서 해방시켜 주신 것입니다. 그것은 어디냐 하면 양심에서입니다. 그것이 우리에게 있어서 최대의 자유이고 그 이상의 것을 기대할 수는 없습니다. 그리스도가 우리를 영적으로 자유롭게 해 주셨기 때문입니다. 즉 우리의 양심이 자유롭게 되어 기뻐하고 하느님의 분노를 이제는 두려워할 것이 없다는 의미로 해방해 주신 것입니다. 이것이야말로 진정한 자유이고, 누구도 그 가치의 높이를 충분히 측량할 수가 없습니다.

하느님이 이제는 분노하지 않으시고 또 앞으로도 분노하시는 일은 없습니다. 그리스도 때문에 지금도 앞으로도 언제나 은총과 자비로 가득 찬 아버지가 되어 주셨다고 확신하는 것의 대단함을 누가 충분히 나타낼 수가 있겠습니까? 하느님의 위광이 우리에게 자애롭다는 것만큼 모든 이해를 초월한 놀랄 만한 자유는 없습니다.

그리고 이것에서 다른 자유도 낳게 됩니다. 즉 그리스도를 통해서 율법과 죄와 죽음과 저승과 악마의 힘으로부터 자유롭게 되는 것입니다. 그리스도가 우리를 자유롭게 해 주시어 하느님의 분노는 이제 우리를 위협하지 않고 그 때문에 율법과 죄도 우리를 죄로 다스리는 일이 없기 때문입니다.

요엘 강해

4월 12일
영원한 대사제

또 성서의 다른 곳을 보면, "너는 멜기세덱의 사제 직분을 잇는 영원한 사제이다" 하신 말씀도 있습니다.

〈히브리인들에게 보낸 편지〉 5 : 6

사제(司祭)란 강하고 더구나 사랑해야 할 말입니다. 지상에 이 이상 그립고 사랑해야 할 말은 없습니다. 그리스도를 주님으로 부르거나 다른 명칭으로 부르기보다는 '사제'로 부르는 편이 훨씬 아름다운 것입니다.

사제직은 영적인 권위이고 사제만이 할 수가 있고, 자신의 죄인 것처럼 민초의 모든 죄의 책임을 질 수 있는 권위입니다. 민초를 위해 하느님에게 중개를 하고 하느님으로부터 말씀을 받아 민초를 위로하고 도울 수가 있습니다. 이것은 '아버지'나 '어머니'보다도 더욱 위로와 부드러움으로 가득 찬 것입니다. 이 '사제'라는 명칭은 우리에게 온갖 것을 가져오기 때문입니다. 사제임으로써 주님은 하느님을 우리의 아버지로 하고 자신을 우리의 주님으로 하시기 때문입니다.

내가 주님의 사제직을 믿을 때, 주님이 하시는 일이라는 것이 하늘에 앉아 아버지 앞에 끊임없이 중재를 하시고 언제나 우리들 대신 말씀해 주시는 것에 다름 아님을 알 수 있습니다. 이 사실이야말로 인간에게 주어지는 최고의 위안이고, 우리들 마음에 호소하는 이 이상 훌륭한 설교는 없는 것입니다.
　주님은 자신을 한 번만 바치셨습니다. 그것에 따라서 사제인 동시에 희생의 제물이 되셨습니다. 그리고 제단은 십자가입니다. 주님이 자신을 죽여 사랑의 불 속에 다 타게 되는 것 이상으로 하느님에게 바치게 되는 귀중한 제물은 없습니다. 이것이야말로 진정한 희생의 제물인 것입니다.

〈창세기〉 14장의 강해

4월 13일
주님의 살과 피는 희생의 제물

하물며 성령을 통하여 당신 자신을 하느님께 흠없는 제물로 바치신 그리스도의 피는, 우리의 양심을 깨끗하게 하는 데나 죽음의 행실을 버리게 하고 살아계신 하느님을 섬기게 하는 데 얼마나 큰 힘이 되겠습니까?

〈히브리인들에게 보낸 편지〉 9 : 14

두 사제직이 있습니다. 하나는 오래된 사제직입니다. 이것은 몸의 장식, 집, 희생의 제물, 용서 등 몸에 속하는 모든 것을 포함한 육체적 사제직입니다. 이에 대해서 새로운 사제직은 영혼의 장식, 영혼의 집, 영혼의 희생제물, 그 밖에 일체 이에 속하는 것을 포함한 영혼의 사제직입니다. 그리스도가 사제역할을 하시고, 자신을 십자가상에 바쳤을 때 이 세상의 보석이나 금은으로 몸을 장식하지 않으시고, 하느님의 사랑과 지혜와 인내와 순종과 그 밖에 여러 가지 덕으로 장식하셨기 때문입니다. 그런 것들은 하느님만이 보시고 영혼이 비쳐 반짝이는 것입니다. 이는 영적인 장식이기 때문입니다.

그러므로 그리스도의 피와 살은 보통의 육체적인 것들과 똑같이 눈으로 볼 수는 있는데, 그것이 희생 제물로서 바쳐진 것은 똑같이 볼 수 없었습니다. 그것은 아론이 희생을 바쳤을 때와는 상황이 달라져 있었습니다. 아론 때에는 송아지·숫양·새·빵 등의 재료가 있었을 뿐만 아니라 희생 제물을 바치고 있는 것이 민초의 눈에도 명확했습니다. 이에 반해서 그리스도는 자신의 마음 가운데서 하느님 앞에 자신을 바친 것이고, 누구도 그것을 볼 수 없고 깨닫지도 못했습니다. 그러므로 주님의 육체적인 살과 피는 영적인 제물인 것입니다.

마찬가지로 그리스도의 교회·막사·집도 영적입니다. 그런 것들은 하늘에 있습니다. 하느님 앞에 있는 것입니다. 그리스도가 십자가에 매달린 것은 궁 안이 아니라 하느님 앞이기 때문입니다. 그리고 그리스도는 오늘도 아직 그 하느님 앞에 계십니다.

또 십자가는 영적인 의미에서 진정한 제단입니다. 누구나 십자가의 나무는 볼 수 있어도 그것이 그리스도의 제단임을 모르는 것입니다. 그러므로 주님의 기도, 흘리신 피, 향, 모든 것은 영적입니다.

1525년 설교에서

4월 14일
우리의 죄 때문에

우리 모두 양처럼 길을 잃고 헤매며 제멋대로들 놀아났지만, 야훼께서 우리 모두의 죄악을 그에게 지우셨구나.

〈이사야〉 53 : 6

이 대사제는 사제이면서 동시에 희생의 제물이기도 합니다. 그것은 자신의 몸과 생명을 십자가상에 바치셨기 때문입니다. 주님이 머리에 가시관이 강제로 씌워지고, 의복이 벗겨지고, 살이 드러나고, 피로 물들어 십자가에 매달려 계신 것은 아무리 보아도 사제답지 않습니다. 그러나 주님은 자신을 바친 진정한 사제이십니다. 그 크나큰 사랑에 의해서 전세계의 대속(代贖)을 위해 자신의 몸을, 불을 통해서 다 태우신 것입니다.

옛 사제직은 호화로운 장식을 몸에 달고 있었습니다. 그러나 이 대사제에게는 아무런 장식도 없습니다. 그 제단은 십자가이고 저주의 나무입니다. 그것은 부끄럽고, 무섭고, 이상한 제단입니다. 그렇기 때문에 그리스도는 이 세상 사람들에게 비참하게 조소를 당한 대사제로 보인 것입니다.

주님은 이와 같이 사람을 좌절하게 하는 불명예스러운 제단을 가지고 사람들을 전율하게 하는 제물이셨습니다.

이렇게 해서 우리의 대사제 예수 그리스도는 유대인뿐만 아니라 병사들도 더 없이 부끄럽게 취급된 제단과 제물을 지닌 분이십니다. 그런데도 주님은 우리 모두의 죄를 자신의 어깨에 짊어지셨습니다. 그곳에 우리는 눕습니다. 당신도 나도, 최초의 아담에서부터 세상 끝에 이르기까지 모든 사람이 그렇습니다.

성 금요일의 설교

4월 15일
저주의 나무에 매달린 자

"나무에 달린 자는 누구나 저주받을 자다"라고 성서에 기록되어 있듯이, 그리스도께서는 우리를 위하여 십자가에 달려 저주받은 자가 되셔서 우리를 율법의 저주에서 구원해 내셨습니다.

〈갈라디아인들에게 보낸 편지〉 3 : 13

도대체 누가 십자가에 좌절하겠습니까? 도대체 누가 이와 같은 죽음을 부끄럽게 생각하겠습니까? 도대체 누가 아들을 내려보내신 하느님에게 감사하지 않겠습니까? 하느님의 아들은 저주의 나무에 매달려 우리의 죄 때문에 우리가 받아야 할 저주를 스스로 짊어진 것입니다. 하느님을 증오하고 하느님에 의해서 부끄러움과 고뇌와 슬픔에 빠지도록 방치된 사람이 있는데 주님은 바로 그와 같이 저주받은 사람이 되어 나무에 매달리셨습니다. (바울로가 말하고 있는 것처럼) 이런 모든 것은 나를 위해, 또 당신들을 위해 일어난 것이고 그것으로 인해서 우리가 구원에 이른 것입니다.

눈에 보이는 것에 따르지 않고 하느님이 말씀하시는 바에 따라서 올바르게 이 진리를 판별하기 바랍니다. 밖에서 보면 우리 주 그리스도의 죽음은 부끄러워해야 할 일이고, 하느님 자신이 말씀하시는 것처럼 저주의 죽음입니다. 주님이 죽으신 나무는 저주를 받기로 운명에 정해져 있습니다.

　무엇 때문일까요? 우리 모두의 죄가 그곳에 걸려 있기 때문입니다. 나무는 저주를 받고 있습니다. 그곳에 매달린 사람도 저주를 받고 있습니다. 주님이 그곳에 매달리기에 이른 원인도 저주를 받은 것입니다. 죄에는 저주가 따르기 때문이고, 주님 위에 죄가 쌓이면 쌓일수록 저주도 커지기 때문입니다. 그러나 이것이야말로 우리들의 구원을 위한 죽음입니다. 이 죽음이 우리에게서 저주를 제거하고 우리를 위해 주님의 축복을 얻어 주셨기 때문입니다.

1545년 설교에서

4월 16일
나는 아버지에게로 간다

나는 지금 나를 보내신 분에게 돌아간다.

〈요한의 복음서〉 16 : 5

 "나는 아버지에게로 간다"는 말씀은 우리 대신 속죄함과 구원행위의 모든 것을 포함하고 있습니다. 하느님의 아들은 이를 위해 하늘로부터 보내진 것이고, 주님은 우리를 위해 이 일을 하시고 또 세상 끝까지 계속해 주십니다. 그것은 바로 주님의 고통스러운 죽음과 부활, 그리고 교회 안의 하느님의 나라입니다. 아버지에게로 간다는 말씀은 우리의 죗값을 지불하기 위해 그 피와 죽음을 통해서 자신을 희생 제물로 바치는 것에 다름 아니기 때문입니다.
 그 뒤, 주님은 부활에 의해서 죄와 죽음과 저승에 승리하고 그것들을 자신의 권위하에 두셨습니다. 그리고 살아 있는 구세주로서 아버지 오른쪽에 앉으시어 천상에 있는 것, 지상에 있는 것, 모든 것을 보이지 않는 가운데 지배하고 계십니다. 거기에서 교회를 모으고 발전시켜, 믿는 자를 위해 영원한 중재자, 대사제로서 아버지 앞에 서서 주선해 주십니다. 신앙을 가진 자는 이 세상에서 아직도 나약함과 죄로 둘러싸여 있기 때문입니다. 그리고 주님은 죄와 죽음과 악마를 정복하기 위해 성령의 힘을 보내 주십니다.

이와 같이 그리스도가 아버지께로 가시는 것은 하느님 앞에 신앙자가 의롭게 되기 위해서입니다. 주님은 우리를 위해 고난을 당하시고 부활해 아버지와 우리들 사이를 화해시켜 주셨습니다. 그것으로 인해서 우리는 주님 안에서 죄의 용서와 은총을 얻을 수가 있는 것입니다.

그곳에서는 우리들의 행위라든가 공적 같은 것은 아무것도 없고 오직 모든 것은 우리를 위해 주님이 아버지께로 가 주신 것에 따른 것입니다. (우리는 가치가 있는 일을 아무것도 하지 않고 또 할 수 없기 때문에) 타인의 의로움이 우리에게 주어지고 우리의 것이 되었습니다. 그것이 우리의 의로움이 되고, 그것으로 인해서 우리는 하느님을 기쁘게 하는 자가 되고, 하느님의 대를 잇게 되어 하느님이 사랑하시는 아들이 되는 것입니다.

〈요한의 복음서〉 16장 5~15절의 설교

4월 17일
주님은 하느님의 분노로부터 지켜 주신다

그리스도는 단 한 번 지성소에 들어가셔서 염소나 송아지의 피가 아닌 당신 자신의 피로써 우리에게 영원히 속죄받을 길을 마련해 주셨습니다.

〈히브리인들에게 보낸 편지〉 9 : 12

주님은 그 나라와 통치를 통해서 우리를 온갖 악에서 지켜 주십니다. 그런 한편으로 그 사제직을 통해서 우리를 온갖 죄와 하느님의 분노로부터 지켜 주십니다. 주님께서는 하느님을 우리와 화해시키기 위해 자신을 바치시고 우리를 대신하셨습니다. 그 일로 인해서 우리는 주님을 통해 하느님을 신뢰할 수가 있습니다. 또 우리의 양심도 이제는 하느님의 분노를 두려워하거나 주님의 심판의 두려움 속에 설 필요가 없어집니다. 이에 대해서 바울로도 다음과 같이 말하고 있습니다.

"이렇게 우리는 믿음으로 말미암아 하느님과 올바른 관계를 가졌으므로 우리 주 예수 그리스도를 통해서 하느님과 평화를 누리게 되었습니다. 우리는 그리스도를 믿음으로써 지금의 이 은총을 누리게 되었고 또 하느님의 영광에 참여할 희망을 안고 기뻐하고 있습니다."(《로마인들에게 보낸 편지》 5 : 1~2)

우리가 하느님에 대해서 확신을 가지고 양심에 평화를 지녀, 그 일로 인해서 하느님이 이제 우리에게 분노를 하게 되는 일이 없고, 우리 자신도 자신을 나무라는 일이 없어졌습니다. 주님이 그렇게 해 주신 것이고 그것은 피조물이 가져오는 온갖 위험을 제거해 주시는 것보다도 훨씬 대단한 일입니다. 죄과는 고통보다도 더하고 죄는 죽음보다 더하기 때문입니다. 죽음을 가져오는 것은 죄이고, 만일 죄가 없다면 죽음도 없을 것이고, 죽음이 우리를 위협하는 일도 없기 때문입니다.

죄와 나쁜 양심과 하느님의 무서운 분노와 심판을 극복해 주시는 이 대사제를 가질 수 있다면 얼마나 마음 든든한 성이겠습니까? 굳은 신앙으로 "당신은 영원한 대사제입니다"라고 고백할 수 있을 만큼 강한 무기는 없습니다.

1522년 설교에서

4월 18일
영원히 가치가 있는 희생

다른 대사제들은 날마다 먼저 자기들의 죄를 용서받으려고 희생 제물을 드리고 그 다음으로 백성들을 위해서 그렇게 합니다. 그러나 그분은 날마다 그럴 필요는 없습니다. 그분은 당신 자신을 속죄 제물로 바치심으로써 이 일을 한 번에 다 이루신 것입니다.

〈히브리인들에게 보낸 편지〉 7 : 27

한 번 바치신 그리스도의 희생은 영원히 유효합니다. 우리는 이를 믿기 때문에 축복을 받습니다. 만일 이 희생을 모른 체하는 사람이 있으면 그것은 하느님을 모독하는 것입니다. 그리스도 자신이 희생 제물이고 우리를 영원히 죄에서 정화하기 위해 자신을 죽음으로 바친 것입니다. 그러므로 주님의 고통이 끝나고 바친 제물이 완성되는 곳에 주님의 영광이 시작됩니다.

십자가상에서 주님의 영광은, 주님의 좋은 평판과 능력과 함께 땅에 떨어졌습니다. 그리고 사람들은 일찍이 주님이 도와 주셨을 때 그것을 하느님의 능력으로 하셨는지, 아니면 악마의 힘으로 한 것인지 의심하기 시작했습니다. 이 순간 주님 자신의 양심도 어두워지고 죽음의 힘이 주님을 엄습했습니다.

그러므로 만일 그것이 희생 제물이라면 주님 자신의 피를 바쳐야

했습니다. 어린 양은 찔러죽여야 했습니다. 희생에는 피가 필요했습니다. 그러나 그리스도의 고통은 잠시의 일이었습니다. 마지막으로 그리스도는 사제의 말로 외치셨습니다.

'아버지시여. 그들은 나에게 반대해 이 일을 했는데 부디 그들을 용서해 주십시오.'

그런데 그 뒤에 그리스도께서 하신 일은 무엇이었겠습니까? 주님은 하느님의 심판 자리에 앉아계십니다. 전세계가 주님을 버리고 주님은 망했다고 그들이 생각하고 있을 때 주님의 영원한 통치는 시작된 것입니다.

주님은 우리들 대신에 아버지 앞에 서서, 우리가 죄로 다스려지게 될 때 우리를 위해 중재를 해 주십니다. 심판의 말이 우리를 엄습해 떠는 양심이 죄에 대한 하느님의 분노를 느낄 때 그리스도의 희생 외에 우리에게 구원은 없습니다. 반대로 이 희생에서 벗어나 딴 곳을 보는 자는 아무도 구원을 발견할 수 없는 것입니다.

〈히브리인들에게 보낸 편지〉 7장의 설교

4월 19일
재생

우리 주 예수 그리스도의 아버지 하느님을 찬양합시다. 하느님께서는 당신의 크신 자비로 우리를 다시 낳아 주시고 예수 그리스도를 죽은 자들 가운데서 다시 살리심으로써 우리에게 산 희망을 안겨 주셨습니다.

〈베드로의 첫째 편지〉1 : 3

재생은 어떻게 또 무엇에 의해서 일어나는 것입니까? 베드로는 '예수 그리스도가 죽은 사람 가운데서 부활하심으로써'라고 말하고 있습니다. 즉 하느님은 썩는 씨앗이 아니고, 썩지 않는 씨앗, 즉 진리의 말씀으로 우리를 새롭게 태어나게 한 것이라고 말하려는 것 같습니다. 이 진리의 말씀은 말씀을 믿는 모든 사람을 다시 살리고 새롭게 살려 구원하는 하느님의 힘이기 때문입니다.

그러면 이 말씀이란 어떤 말씀일까요? 그것은 우리에게 전해지는 예수 그리스도만의 말씀입니다. 그리스도는 여러분의 죄와 전세계의 죄 때문에 죽고 3일째에 되살아나 그 부활로 우리에게 의로움과 생명과 축복을 쟁취해 주셨다는 좋은 소식입니다. 이 메시지, 즉 그리스도가 우리를 위해 죽고 부활해 주셨다는 것을 믿는 사람에게는 모두 부활의 힘이 작용해 그것이 진실임을 증명해 왔습니다. 그 사람은 부활에 의해 재생합니다.

  하느님의 모습으로 새롭게 개조되어 성령을 받아, 하느님의 깊은 은총을 알고 자신의 행위에 의해서 구원을 얻을 수 있다고 믿고 있는 사람이나, 위선자들이 지닌 적이 없는 마음과 생각, 용기와 의지와 사상을 갖게 됩니다. 자신의 의로움이나 율법에 따르지 않고, 오직 그리스도의 고통과 부활에 의해서 의롭게 되고 축복받게 되는 것을 알고 있기 때문입니다.

  이것이야말로 정의로운 사도로부터의 메시지입니다.

〈베드로의 첫째 편지〉 제1강해

4월 20일
물과 성령에 의한 재생

"정말 잘 들어 두어라. 물과 성령으로 새로 나지 않으면 아무도 하느님 나라에 들어갈 수 없다."

〈요한의 복음서〉 3 : 5

우선 물과 성령에 의해서 새롭게 태어나지 않으면, 하느님의 나라에 들어갈 수 있다고 생각해서는 안 된다. 우리가 새롭게 태어나야 한다는 것은 실로 엄하신 말씀입니다. 이것은 의롭게 태어나기 위해 죄의 삶에서 벗어나야 한다는 것을 의미합니다. 그렇게 하지 않으면 결코 천국에 들어갈 수는 없는 것입니다. 이 신생, 즉 의로움에서만 선한 일은 계속 찾아옵니다.

이런 것에 대해서 주 예수 그리스도는 니코데모와 이야기를 하셨는데 이 율법학자는 이해할 수가 없었습니다. 사람이 성령에 의해서 새롭게 태어나고, 체험하는 것이 없으면 결코 이해할 수 없는 일인 것입니다.

〈요한의 복음서〉 3장의 강해

4월 21일
진리의 말씀에 의한 재생

하느님께서는 뜻을 정하시고 진리의 말씀으로 우리를 낳으셨습니다. 그래서 우리는 모든 피조물의 첫 열매가 된 것입니다.

〈야고보의 편지〉1 : 18

주님이 하늘에서 우리를 위해 해 주신 최초이고도 최대의 일은, 우리를 낳으셔서 주님의 후계로 삼으신 것이고, 그 일로 인해서 우리가 '하느님이 낳으신 아들'이 되고, 그렇게 불리게 된 것입니다. 어떻게 해서 또 어떤 수단에 의해서 그와 같은 일이 생긴 것일까요? 그것은 진리의 말씀에 따른 것입니다.

이렇게 해서 우리는 주님이 창조하신 첫 열매가 되었습니다. 그것은 새롭게 시작된 창조이고 하느님의 조화입니다. 그리고 주님은 새로운 창조를 세상과 인류로부터 구별하십니다.

하느님은 새로운 피조물을 자신을 위해 만드셨습니다. 그것은 주님에 의해서 만들어지고, 인간의 도움이나 행위 없이 만들어진 주님의 조화입니다. 그렇기 때문에 그리스도인은 하느님의 새로운 피조물로 불립니다. 그것은 다른 온갖 피조물과 그 기능 외에, 그리고 그것들 위에 하느님 자신에 의해서 만들어진 것이고 게다가 이 세상에서 그 창조는 시작에 불과합니다.

주님은 이것이 완성될 때까지 날마다 그 일을 계속하시어 결국에는 그것이 태양처럼 번쩍이는 순수하고 신앙심 많은 피조물이 되어 죄도 나약함도 없이 오직 하느님의 사랑으로 불타오르는 것이 됩니다.

1536년 설교에서

4월 22일
영원한 생명으로의 재생

그러므로 아들을 믿는 사람은 영원한 생명을 얻을 것이며, 아들을 믿지 않는 사람은 생명을 얻기는커녕 오히려 하느님의 영원한 분노를 사게 될 것이다.

〈요한의 복음서〉 3 : 36

이 말씀은 수만 년에 걸쳐서도 우리가 선교해야만 하는 것입니다. 몇 번이고 몇 번이고 이를 선전해야 합니다. 사실 우리가 이 말씀을 충분히 전하는 것은 불가능합니다. 그리스도는 믿는 사람에게 즉시 영원한 생명을 약속해 주시기 때문입니다. 주님이 믿는 자는 영원한 생명을 얻을 것이라고는 말씀하시지 않고 있습니다. 나를 믿는 너희는 이미 그곳에서 영원한 생명을 갖는다고 말씀하고 있는 것입니다. 주님은 무언가 미래의 선물에 대해서 말하고 있는 것이 아니고, 현재의 은총에 대해서 말씀하고 있는 것입니다. 즉 너희가 나를 믿는다면 이미 그곳에서 구원받고, 이미 영원한 생명의 선물을 받고 있다는 것입니다.

나는 영원한 생명을 선금으로 받고 있습니다. 만일 이 세상에서 받아두지 않으면 다가올 세상에서도 얻지 못할 것입니다. 이 지상에서, 이 죽어야만 하는 몸에 나는 영원한 생명을 얻어, 영원한 생명에 도달합니다.

　그러면 어떻게 그것을 얻을 수 있을까요? 하느님이 그 시초를 시작해 주셨고, 당신의 주인이 되어 당신에게 선교해 주십니다. 주님은 영원한 생명의 시초를 열어 주시어 입으로 말씀하시는 언어와 글자로 쓰이게 되는 말씀에 의해서 전해집니다. 그리고 말씀을 받아들여 믿는 마음을 갖게 해 주십니다.

　이것이 시초입니다. 그리고 듣고 믿은 그 똑같은 말씀이 당신을 예수 그리스도에게 인도합니다. 당신은 그 이상 나아갈 수는 없습니다. 만일 당신이 주님을 믿을 수가 있고, 주님에게만 매달릴 수 있으면 육체적, 영적 죽음에서 벗어나 이미 영원한 생명을 지니고 있는 것입니다.

〈요한의 복음서〉 6~8장의 설교

4월 23일
새로 태어남의 필요

여러분은 진리에 복종함으로써 마음이 깨끗해져서 꾸밈없이 형제를 사랑할 수 있게 되었으니 충심으로 열렬히 서로 사랑하십시오. 여러분은 새로 난 사람들입니다. 그것도 썩어 없어질 씨앗에서 난 것이 아니라 썩지 않을 씨앗 곧 영원히 살아계시는 하느님의 말씀을 통해서 났습니다.

〈베드로의 첫째 편지〉 1 : 22, 23

지금의 당신은 이전의 당신이 아닙니다. 새로운 사람입니다. 그것은 조화에 따른 것은 아니고, 새로 태어남으로써 된 것입니다. 당신이 새로운 사람을 만들 수는 없고, 성장하든가 새롭게 태어나야 하는 것입니다. 가구점이 나무를 만들 수 없고, 땅 속에서 자라야 하는 것과 같습니다.

베드로가 여기에서 말하려는 있는 것은, 당신들이 새롭게 만들어진 것이라면 다르게 되어 새로운 생애를 보내야 한다는 것입니다. 전에는 증오 속에 생활하는 것이 상례였는데, 지금은 모든 면에서 반대가 되어 사랑 속에 살아가는 것입니다.

그러면 어떻게 이런 일이 생길 수 있을까요? 그것은 하느님이, 말씀 즉 복음을 전하시어 씨앗을 사람의 마음속에 뿌린 것에 따른 것입니다. 말씀이 마음에 뿌리내린 곳에서는 어디에서나 성령이 새로운 사람을 만들고 있습니다. 그것은 전과 다른 새로운 사상과 말씀과 행위를 지닌 전혀 다른 사람입니다. 완전히 바뀌는 것입니다. 여러분이 전에는 벗어나려고 했던 것을 지금은 추구하고 전에는 추구하고 있었던 것에서 지금은 벗어나려고 합니다.

이렇게 해서 여러분은 하느님의 사랑에 불타오르게 되어 완전히 다시 태어나고 모든 것이 바뀐 딴 사람이 됩니다. 전에 여러분이 불결한 것에 열성이었던 것과 똑같은 열성이, 지금은 정화로 향하게 되고 모든 소망과 성향에 대해서도 똑같이 180도의 전환을 합니다.

1522년 설교에서

4월 24일
재생의 정화

우리를 구원하셨습니다. 우리가 무슨 올바른 일을 했다고 해서 구원해 주신 것이 아니라, 오직 그분이 자비하신 분이시기 때문에 성령으로 우리를 깨끗이 씻어서 다시 나게 하시고, 새롭게 해 주심으로써 우리를 구원하신 것입니다.

〈디도에게 보낸 편지〉 3 : 5

바울로는 씻음을 성령에 의해 새롭게 되는 재생이라고 말하고 있습니다. 그것으로 인해서 은총의 힘과 위대함이 완전히 나타나는 것입니다. 이것은 너무나도 위대하고 어떤 피조물도 할 수 없고 성령만이 가능한 일입니다.

아아, 바울로여. 당신은 얼마나 강하게 거만한 성도들의 큰 공적과 선행과 자유의지를 차버리고 있습니까? 하느님으로부터의 축복을 얼마나 높이 평가하고 더구나 우리들 곁에까지 가져와 우리들 안에까지 전해 주셨는지 모릅니다. 당신께서는 얼마나 순수하고 또한 명백하게 은총을 전해 주셨는지 모릅니다.

그러므로 여러분이 아무리 열심히 사람을 새롭게 하고 바꾸려고 애써도 그것은 불가능하고, 오직 성령의 재생 정화에 의해서만 이루어지는 것입니다.

하느님의 은총에 대해서 충분하게 완전히 가르치기 위해서는 어떤 인간의 행위로도 그것은 도움이 되지 않고, 근본부터 육성(肉性)이 바뀔 수 있는 것이 아니면 불가능하다는 것을 알려 줄 필요가 있습니다. 이를 믿는 사람은 은총의 성질과 임재(臨在)를 보여 주기 위해 많은 고뇌를 받아들이고 육(肉)에서 죽어야 합니다.

하느님의 은총은 위대하고 강하며, 힘이 있고 살아 있습니다. 사람 가운데 있는 모든 것을 주고, 이끌고, 밀어 주고, 끌어당기고, 바꾸고 움직입니다. 그것은 확실히 느끼고 체험할 수가 있습니다. 그것은 가려져 있는데 그 움직임은 눈으로 볼 수가 있습니다. 열매와 잎으로 나무의 종류와 성질을 알 수 있듯이 행동과 말이 은총이 있는 곳을 가리킵니다.

1522년 설교에서

4월 25일
승리의 생활

하느님의 자녀는 누구나 다 세상을 이겨냅니다. 그리고 세상을 이기는 승리의 길은 곧 우리의 믿음입니다.

〈요한의 첫째 편지〉 5 : 4

이 말씀에 의해서 요한은 그리스도인에게 권해 신자가 그 생활과 행위에서 신앙의 힘과 실천을 증명해야 한다는 것을 상기시키고 있습니다. 왜냐하면 이 서간은 주로 거짓 그리스도인을 벌하기 위해 쓰여 있기 때문입니다. 그들은 그리스도에 의해서만 구원이 되고, 자신들의 행위도 구원에 아무런 공적이 되지 않는다는 가르침을 들으려하고, 그것을 듣고 스스로도 그리스도인이라고 생각합니다. 그런데 그들은 신앙의 싸움에 가담해서 움직일 필요는 없다고 생각하고 있는 것입니다. 이 신앙을 통해서 세상과 악마에 이기는 새로운 사람이 태어난다는 것을 인정하지 않습니다.

이 말씀은 하느님에 의해서 태어나 있으면서 아직도 낡고 죽은 이 세상 안에 머물러 죄 가운데 살고, 전과 똑같이 악마를 기쁘게 하는 일은 없다고 말하고 있습니다. 반대로 악마와 그 모든 행위에 저항하는 것이라고 말하고 있습니다. 그러면서도 세상에 이기지 못하고 지고 있다면, 아무리 자신의 신앙과 그리스도를 찬양해도 여러분 자신의 행위가 여러분에게 반대증언을 해 하느님의 아들이 아님을 입증하고 있는 것입니다.

〈요한의 첫째 편지〉 5장 4~12절의 설교

4월 26일
착한 양치기

나는 착한 목자이다. 나는 내 양들을 알고 내 양들도 나를 안다.

〈요한의 복음서〉 10 : 14

이 말은 우리 주 예수 그리스도의 자애로운 모습을 그대로 드러내는 훌륭한 것이고, 주님이 어떤 분이시고, 어떤 일을 하시고, 사람들 앞에 어떻게 나타났는지를 가르쳐 줍니다.

만일 그리스도가 깨끗하신 분인지 여부를 묻는다면 나는 주저 없이 '그렇다'고 대답하고 나 자신을 내세우기 전에 주님을 방패처럼 내세울 것입니다. 나는 진심으로 주님을 신뢰합니다. 나는 주님에게 세례를 받고 복음 속에 서명과 증인을 받았기 때문입니다. 그 서명과 증인은 내가 주님이 사랑해 주시는 어린 양이며, 주님이 착한 양치기이고, 잃어버린 어린 양을 찾아 율법에 따르지 않은 방법으로 나를 다루어 주신다는 것입니다.

주님은 나에게 아무것도 요구하지 않습니다. 나를 쫓아내지 않습니다. 나를 위협하지 않습니다. 오직 그 따뜻한 은총으로 나보다도 낮은 곳까지 몸을 낮추시어 나를 편안하게 등에 짊어지신 채 갈 수 있도록 해 주십니다. 그렇다면 왜 백성이 시내 산에서 천둥 벼락과 지진을 두려워한 것처럼 두려워하지 않으면 안 되는 것입니까? 나는 자신이 지니고 있는 모든 것을 주신 분의 보호하에 있습니다. 내가 이분의 어린 양으로서 머물러 의심하지 않고 고의로 떠나지 않는 한, 주님은 나에게 버팀목이 되어 지켜 주십니다.

1532년 설교에서

4월 27일
수호신

그러다가 찾게 되면 기뻐서 양을 어깨에 메고
〈루가의 복음서〉 15 : 5

주 예수 그리스도가 잃어버린 양을 자기 어깨에 메고 무리 속으로 돌아오는 양치기에게 자신을 비유한 것만큼 전 복음서를 통해서 기품 있는 비유는 달리 발견할 수 없을 것입니다. 그리고 주님은 오늘에 이르기까지 짊어지고 계십니다.

그러므로 복음의 요점은 다음과 같습니다. 그리스도의 나라는 은총과 자비의 나라이고 그리스도가 우리를 맡아 주시는 것 이외에 아무것도 아닙니다. 그리스도는 우리의 슬픔과 나약함을 떠맡으십니다. 자신 위에 우리의 죄를 짊어지시고 우리가 쓰러져도 끈질기게 기다려주십니다. 우리는 언제나 주님의 어깨 위에서 쉬고 주님도 결코 우리를 짊어지시는 데 지치지 않습니다. 이것은 우리가 죄의 유혹을 받고 있을 때 최대의 위안입니다.

그러므로 하느님 나라의 설교자는 복음에 의해서 양심을 위로하고 따뜻하게 대해 말씀을 전해야 합니다. 약한 자를 이끌고, 병든 자를 낫게 하고, 제각기 필요에 따라서 어떻게 말씀을 살려 전할 것인가를 잘 알아야 합니다.

〈루가의 복음서〉 10장 23~27절의 설교

4월 28일
잃어버린 것을 찾아서

우리 모두 양처럼 길을 잃고 헤매며 제멋대로들 놀아났지만, 야훼께서 우리 모두의 죄악을 그에게 지우셨구나.

〈이사야〉 53 : 6

형제들이여. 우리가 자신을 기르고, 스스로 자신을 다스리고, 잘못으로부터 지키고, 자신의 공적으로 은총과 죄의 용서를 얻을 수가 있다면 성서는 모두 거짓을 말하고 있는 것이 됩니다. 우리 모두가 잃어버리고, 흩어지고, 상처를 입은 약한 무방비의 어린 양임을 입증하고 있기 때문입니다. 그때 우리는 우리를 찾아서 한 곳에 모아 이끌고, 상처를 감싸고, 돌보고, 악마에 대해서 힘을 주시는 양치기로서의 그리스도를 필요로 하지 않게 됩니다. 그렇다면 주님이 우리를 위해 목숨을 버리신 일은 헛된 일이 됩니다. 우리 자신의 힘과 뜨거운 믿음으로 이런 모든 것을 얻을 수 있다면 그리스도의 도움은 필요치 않기 때문입니다.

그러나 이 이사야서의 말은 정반대의 것을 말하고 있습니다. 즉 여러분은 잃어버린 양이고 스스로는 양치기가 있는 곳까지의 길을 발견할 수가 없다는 것입니다. 스스로 방황하고 말 때가 있습니다. 양치기 그리스도가 여러분을 찾아서 되돌려주지 않으시면 그대로

늑대의 먹이가 될 것입니다. 그러나 이제 주님이 오셔서 여러분을 찾으시고 발견해 무리에게로 되돌려 주십니다. 즉 말씀과 성례전에 의해 그리스도 교회로 되돌려 그 생명을 여러분을 위해 주시고 앞으로는 잘못된 길에서 방황하지 않도록 올바른 길로 인도해 주십니다.

그곳에서 여러분의 힘과 선행과 공적은 잃어버린 무방비의 상태에서 방황하고 있는 것 이외에 아무 의미도 없을 것입니다. 그곳에서는 그리스도만이 움직이고, 가치를 지니고, 그 힘을 드러냅니다. 주님이 여러분을 찾아서 지키고 인도하십니다. 주님은 그 죽음으로 여러분을 위해 생명을 얻어 주셨습니다.

〈시편〉 23편의 강해

4월 29일
유일한 양치기

목자가 아닌 삯꾼은 양들이 자기 것이 아니기 때문에 이리가 가까이 오는 것을 보면 양을 버리고 도망쳐 버린다. 그러면 이리는 양들을 물어가고 양 떼는 뿔뿔이 흩어져 버린다.
〈요한의 복음서〉 10 : 12

예수 그리스도는 이렇게 말씀하십니다.
슬프게도 양치기로 불리고, 영혼을 지배하고, 기르고 이끄는 일을 자신이 떠맡으려는 너무나도 많은 사람이 있다. 그러나 나만이 착한 양치기로 불리는 유일한 자이다. 다른 모든 것은 잔혹하고 매정하다. 약한 양들을 이리의 턱에 맡기기 때문이다. 그러나 그대들은 온화하고, 진실하고, 깨끗하고 친절하고, 자비심 많고, 위로하는 양치기로서 나를 알아야 한다. 이 양치기를 향해서 너희들의 마음은 기쁘고 신뢰로 넘친다. 나로 인해서 너희들은 모든 무거운 짐과 두려움과 슬픔과 위험에서 해방되고 있기 때문이다. 너희들이 잃는 것에는 견딜 수 없고 또 용서하지 않는다. 이것을 나는 양들을 위해 나의 생명을 버림으로써 증명한다.
그러므로 정신을 차려서 나에게 매달려 다른 사람에게 양심이 지배되어서는 안 된다. 오직 그대들에게 이와 같은 위로의 말을 하는 나의 말만 들어야 한다. 나는 모세나 다른 사람들처럼 너희들에게 강요해 너희들을 괴롭히고 무거운 짐을 지우게 하는 일은 결코 바라지 않는다. 오히려 자애로운 마음으로 그대들을 이끌고 지도해 지키고 돕기를 바라고 있다.

〈요한의 복음서〉 10장 12~16절의 강해

4월 30일
양치기의 걱정

여러분이 전에는 길 잃은 양처럼 헤매었지만 이제는 여러분의 목자이시며 보호자이신 그분에게로 돌아왔습니다.

〈베드로의 첫째 편지〉 2 : 25

만일 우리가 확신을 깊게 하고, 강화되고, 위로를 받고 싶다면 우리의 양치기 목소리를 구분해서 듣는 것을 배워야 합니다. 그리고 우리를 잘못된 길로 이끌고 여기저기로 내모는 다른 사람의 목소리에 귀를 기울여야 합니다. 어느 화가보다도 더 온화하고 힘차게 그리스도를 묘사할 수 있는 이 말씀에만 귀를 기울여 이해해야 합니다. 그때 확신을 가지고 다음과 같이 말할 수가 있습니다.

나의 주 예수 그리스도는 유일한 양치기이시다. 그리고 나로 말하면 슬프게도 길 잃은 양에 지나지 않는다. 나는 두려움에 떨며 원기를 잃고 있다. 더구나 맑고 자비심 많은 주님을 모시고 양심에 평안을 얻기를 원하고 있다. 그때 나는 주님이 내가 주님을 찾는 것과 마찬가지로 슬픔 속에 나를 찾고 계시다는 것을 들었다. 나의 영혼은 어떻게 하면 구원을 청해 주님에게로 갈 수 있을까 고뇌하고 걱정을 했다. 그리고 보라. 주님도 고뇌하시고 걱정하시면서 데려가려고 한결같이 바라고 계신 것이다.

이와 같이 우리들 주님의 모습을 묘사할 수가 있고, 우리에 대한 주님의 넘칠만한 열애와 관심과 뜻을 마음에 새길 수 있다면, 그때 우리는 주님을 두려워하는 것이 불가능해집니다. 오히려 기쁨 가운데 주님을 향해 달려가 주님 곁에 머물러 다른 사람의 말이나 다른 주인에게 결코 귀를 기울이지 않을 것입니다.

1532년 설교에서

May
5월

5월 1일
나의 양

    나는 착한 목자이다. 나는 내 양들을 알고 내 양들도 나를 안다. 이것은 마치 아버지께서 나를 아시고 내가 아버지를 아는 것과 같다. 나는 내 양들을 위하여 목숨을 바친다.

〈요한의 복음서〉 10 : 14, 15

    양들이 치욕과 고통과 죽음과 모욕과 비웃음 속에 매장되고, 게다가 자기 자신의 모습을 알 수 없는 상태에 있을 때, 그들을 알고 인정해 주는 것은 누구이겠습니까? 그것은 오직 그리스도뿐입니다. 주님은 세상의 온갖 것이 우리의 피와 살을 미망으로 이끄는 가운데서 자신의 어린 양들을 알고 언뜻 보기에 잊혀져 버린 것처럼 보여도 실은 결코 잊거나 버리거나 하지 않는다고 이 위안의 말씀을 해 주십니다.
    그리고 이 진실을 더 확실하게 우리들 마음에 알려 주기 위해 "아버지께서 나를 알고 계신 것처럼"이라고 말씀하셨습니다. 아버지이신 하느님이 그 사랑하는 외아들을 알게 되는 그 지식은 실로 심오한 것입니다. 그리스도가 허술한 마구간에 누워 자신의 민초에게 알려지지 않았을 뿐 아니라 모욕을 당하고 버려졌을 때에도 아버지께서는 이분을 알고 계셨습니다. 하느님과 전세계에 의해서 저주되고 인민을 선동해 하느님을 모독한 자로서 두 범죄인 사이에서 발가벗겨져 치욕과 불명예의 극치로서 공중에 매달려 큰 고통 속에서 "오, 하느님 왜 나를 버리셨습니까?"라고 외쳤을 때에도 아버지께서는 주님의 일을 알고 계셨습니다.

이 말씀에서도 주님은 "아버지는 날 알고 계시다"라고 말씀하십니다. 이것은(이와 같은 치욕과 고통과 모욕 속에서도) 양들을 구원하기 위해 혼을 쏟아붓고 희생이 되기 위해, 하느님께서 보내신 사랑하는 외아들로서 아버지께서 알고 계신다는 뜻입니다. 또 예수 측에서 말하자면 치욕과 십자가와 죽음을 통해서 아버지는 생명과 영원한 영광 속에 자기를 이끌어 주실 것을 알고 있다는 의미입니다.

〈요한의 복음서〉 10장 12~16절의 강해

5월 2일
나의 양을 돌보아라

예수께서 두 번째 "요한의 아들 시몬아, 네가 나를 정말 사랑하느냐?" 하고 물으셨다. "예, 주님. 아시는 바와 같이 저는 주님을 사랑합니다." 베드로가 이렇게 대답하자 예수께서는 "내 양들을 잘 돌보아라" 하고 이르셨다.

〈요한의 복음서〉 21 : 16

주님이시여. 우리는 이와 같은 큰 사랑을 이해할 수 없을 정도로 이해력이 없는 것입니까? 우리가 가난한 사람들에게 행한 온갖 행위를 마치 주님에게 한 것처럼 보아 주실 정도로 하느님이 자신을 낮추시어 내려오셨다는 사실을 누가 발견할 수 있었겠습니까?

세계 도처에 하느님은 계십니다. 어느 뒷골목에서도 그리스도를 만날 수가 있습니다. 집의 문 앞에서 주님을 발견합니다. 그러므로 하늘을 향해 입을 크게 벌리고 주님을 만날 수만 있다면 열심히 노력해서 최대의 봉사를 할 텐데 하면서 서 있지 말기 바랍니다. "하느님을 사랑하면서 자기 형제를 미워하는 사람은 거짓말쟁이입니다"라고 〈요한의 첫째 편지〉에서 말하고 있습니다. (4 : 20)

그러므로 보잘것없는 당신은 하느님에게 봉사하길 원하십니까? 그렇다면 집 안에서 하인들이나 아이들 가운데 주님을 발견하십시오. 그들에게 하느님을 두려워하고, 사랑하고, 주님에게만 신뢰하는 일을 가르치십시오. 가서 병들어 슬퍼하는 이웃을 위로하고, 당신의 소유물과 지혜와 행동으로 도와 주십시오.

"사실 나는 너의 도움과 가르침을 필요로 하고 있는 모든 형제 가운데에 있고 너의 가장 곁에 있다. 바로 그곳에 나는 있다. 그 사람에게 한 일이, 적건 많건, 그것은 나에게 해 준 것이다. 한 잔의 시원한 물도 결코 헛된 일이 아니다. 그 천 배의 보상을 받을 것이다. 하지만 그 보상은 네가 행한 행위 때문이 아니고 나의 약속 때문이다."

1526년 설교에서

5월 3일
성령에 의한 기쁨

이와 같이 지금은 너희도 근심에 싸여 있지만 내가 다시 너희와 만나게 될 때에는 너희의 마음은 기쁨에 넘칠 것이며 그 기쁨은 아무도 빼앗아 가지 못할 것이다.

〈요한의 복음서〉 16 : 22

우리에게 오직 하나 필요한 것은, 우리 주 예수 그리스도를 신뢰해 말씀을 믿는 것입니다. 즉 우리가 슬픔과 시련 속에 내던져져도 그것은 잠시 동안이고, 그것으로 인해서 고통 속에서도 위안을 발견할 수 있게 되기 때문입니다. 우선 아픔과 슬픔을 체험하지 않고 행복해지는 것은 불가능하기 때문입니다.

도대체 어떤 위로일까요? 주님은 제자들에게 어떤 기쁨이 기다리고 있는지 알려 주셨습니다. "나는 다시 한 번 너희를 만난다"고 말씀하셨습니다. 이 약속은 거룩한 부활날에 성취하고 제자들은 새롭게 영원한 생명에 드신 주님을 다시 본 것입니다.

마찬가지로 그리스도는 오늘날의 우리에게도 만나 주십니다. 거기에서 우리의 마음은 그리스도가 우리를 위해 죄와 죽음과 악마에게 이겨 주시고, 그것으로 인해서 우리도 주님 안에 영원히 살게 됨을 압니다. 이것이야말로 온갖 슬픔에 이기는 영원한 기쁨이고, 우리에게서 결코 빼앗을 수 없는 것입니다. 그러므로 우리는 십자가 밑에서 인내를 잃거나 실망하거나 해서는 안 됩니다. 그리스도는 이미 부활해 아버지 오른쪽에 앉으시고 악마와 온갖 비참함에서 우리를 지켜 주시고 영원히 우리를 축복해 주시기 때문입니다.

우리의 진실한 아버지이신 하느님이 그의 아들 우리 주 예수 그리스도에 의해 이 은총을 내려주시길. 아멘

〈요한의 복음서〉 16장 16~23절의 설교

5월 4일
기쁨의 비밀

정말 잘 들어 두어라. 너희는 울며 슬퍼하겠지만 세상은 기뻐할 것이다. 너희는 근심에 잠길지라도 그 근심은 기쁨으로 바뀔 것이다.

〈요한의 복음서〉 16 : 20

이 세상에는 많은 슬픔이 있는데 가장 큰 것은 마음이 그리스도를 잃고, 주님이 더 이상 보이지 않고, 주님에게서 아무런 위로도 희망도 받지 못하는 것입니다. 이와 같은 냉혹한 유혹을 받는 자는 극히 소수뿐입니다. 위로는 사라집니다. 기쁨도 끝납니다. 하늘도 해도 달도 천사도 피조물도 도움이 되지 않습니다. 하느님으로부터도 도움은 없습니다. 그리고 이 세상은 기뻐하는 것입니다.

그리스도가 이 세상에 준 것은 이와 같은 기쁨입니다. 다른 한편 그리스도인에게는 깊은 슬픔이 주어집니다. 그리스도는 이 세상을 공포의 장소, 악마의 자손으로 묘사하고 있습니다. 그리고 이 세상은 그리스도가 멸망하고 그리스도인이 모욕과 죄를 한 몸에 받아 사라지는 것을 볼 때 가장 큰 기쁨을 느낍니다.

그렇기 때문에 그리스도는 여기에서 다음과 같이 우리에게 말하는 것입니다.

너희들은 이 세상이 어떻게 기뻐하고 너희들이 어떻게 걱정을 하는지에 대해서 들어 왔다. 이런 말을 듣고 기억해 두는 것이 좋다. 그것은 슬픔이 닥쳤을 때에도 너희들이 인내로써 고통을 통해 진정한 위로를 받기 위해서이다. 나는 이렇게 해서 너희들을 시험해야 한다. 그리고 너희들이 구세주를 잃고, 너희들의 마음속에서 구세주가 죽어 버리는 것이 무엇을 의미하는 지를 맛보아야 한다. 그것으로 인해서 너희들이 이 비밀의 일단을 알게 되는 것이다. 다른 방법으로는 나를 아는 지식이 주어지지 않는다. 하느님의 아들이 그 아버지 곁으로 돌아가는 것, 즉 너희들을 위해 죽고 다시 부활해 너희들도 똑같이 하늘에 오르게 하는 이 위대한 조화를 올바르게 이해하는 것은 너무나도 곤란하다.

〈요한의 복음서〉 16장 16절 이하의 설교

5월 5일
기쁨의 비유

여자가 해산할 즈음에는 걱정이 태산 같다. 진통을 겪어야 할 때가 왔기 때문이다. 그러나 아이를 낳으면 사람 하나가 이 세상에 태어났다는 기쁨에 그 진통을 잊어버리게 된다.

〈요한의 복음서〉 16 : 21

우리는 주의 깊게 이 비유를 보아야 합니다. 그것은 이와 똑같은 것을 온갖 시련의 경우에 말할 수 있기 때문이고 특히 죽음의 고뇌일 때에 그렇기 때문입니다.
그러면 해산의 고통 속에 있는 여인에 대해서 그리스도는 어떻게 말씀하셨을까요? 그녀는 고통 속에 완전히 무력상태로 누워 있습니다. 아무도 도울 수 없습니다. 전세계도 이때부터 그녀를 구할 수는 없습니다. 오직 하느님의 지배하에 홀로 놓여 있습니다. 조산원도 그곳에 있는 사람들도 무언가의 위안을 줄 수는 있어도 산고로부터 구할 수는 없습니다. 그녀는 어떻게든 이 고통에서 벗어나 그것에 목숨을 걸어야 하는 것입니다. 갓난아기와 함께 죽든가 살든가 입니다. 그녀는 죽음의 공포에 완전히 사로잡히고 죽음의 고통의 와중에 있습니다.
우리의 양심이 가책이 되거나, 우리가 죽음의 고민 속에 놓이거나 할 때에도 똑같이 말할 수가 있습니다. 위로는 없습니다. 이성도 도움이 되지 않습니다. 어떤 피조물도 우리가 행한 행위도 아무런 도움이 되지 않습니다. 하느님과 모든 피조물이 자기를 버리고 대적하고 있는 듯한 생각조차 듭니다. 하지만 그때 조용히 하느님에게만 매달려야 합니다. 하느님이 우리를 구하는 것입니다. 천상에 있는 것, 지상에 있는 것은 구할 수가 없습니다. 더구나 하느님은 최선이라 생각될 때에 도움을 주십니다.

　이것은 마치 여자를 도와 고통을 잊을 정도의 기쁨을 주는 것과 같습니다. 전에는 죽음과 고뇌로 가득 차 있었는데, 지금은 기쁨과 생명으로 가득 차게 된 것입니다. 이와 똑같은 일이 우리들에게도 일어납니다. 우리가 시련에 둘러싸여 죽음과 싸우고 있을 때에 하느님만이 마음을 기쁨으로 가득 채울 수가 있습니다.

부활 후 제3주일의 설교

5월 6일
완전한 기쁨

내가 이 말을 한 것은 내 기쁨을 같이 나누어 너희 마음에 기쁨이 넘치게 하려는 것이다.

〈요한의 복음서〉 15 : 11

이를 위해 우리는 진심으로 말씀에 의지해야 합니다. 그리고 주님이 아버지와 교감하고 있는 우리와 함께 있어, 우리를 지켜 주시거나 그것으로 인해서 어떤 재난도 우리를 해치는 일 없고, 세상과 악마의 힘도 우리를 압박하거나 주님의 손에서 떼놓거나 하는 일이 없는 존귀한 약속 속에 힘을 발견해야 합니다. 이렇게 해서 우리는 언제나 기쁨과 위로를 발견하고, 하루하루 행복 속에 성장해 고통이나 고뇌가 우리를 괴롭히거나 절망에 빠뜨리거나 하는 일이 없게 되는 것입니다.

예수의 사랑 때문에 온갖 고뇌를 견뎌 내는 것은 기쁨입니다. 그리스도인은 지상에서 이 이외에 완전한 기쁨을 발견할 수는 없습니다. 설사 여러분이 전세계의 행복을 한 몸에 모아도 그것이 슬픔이나 재난으로부터 당신을 지켜 주지 않습니다. 이 세상의 기쁨은 옮겨 가는 한 때의 재화·명예·정욕 등에 기초를 두고 있는 것이고, 그것들이 존재하는 동안밖에 지속하지 않습니다. 더구나 약간 매서운 바람이 불고, 조금이라도 불쾌해지거나 하면 오그라들거나 없어지거나 하는 것입니다.

그러나 여기에서 그리스도께서 말씀하시는 기쁨은 끝없는 기쁨입니다(영원한 하느님에게 기초를 두고 있기 때문입니다). 외면적인 고뇌 속에 있어도 흔들리지 않고 성장합니다. 그러므로 우리는 기쁨에 넘치면서 이 세상의 행복을 하찮게 여기고 가볍게 버릴 수가 있습니다.

〈요한의 복음서〉 16~20장의 설교

5월 7일
성령의 열매는 기쁨

성령께서 맺어 주시는 열매는 사랑, 기쁨, 평화, 인내, 친절, 선행, 진실,
〈갈라디아인들에게 보낸 편지〉 5 : 22

이 말씀에서 하느님은 우리가 슬퍼하고 있는 것을 원하지 않고, 우리를 괴롭히는 슬픈 생각이나 말이나 교리를 증오하고 계신 것을 알 수 있습니다. 주님은 우리의 마음을 기쁨으로 채워 주십니다. 주님이 아들을 우리에게 보내 주신 것은 우리를 슬프게 하기 위해서가 아니고 기쁘게 하기 위해서이기 때문입니다. 그렇기 때문에 예언자들, 사도들, 그리고 주 그리스도 자신이 우리에게 언제나 기뻐하고 있으라, 건강하게 있으라고 권하시고 명령을 한 것입니다.
"수도 시온아, 한껏 기뻐하여라.
수도, 예루살렘아, 환성을 올려라."(〈즈가리야〉 9 : 9)
시편의 많은 곳에서도 "주님 안에서 기뻐하라"고 말하고 있습니다. 바울로는 필립비인들에게 보낸 편지에서 "주님과 함께 항상 기뻐하십시오, 거듭 말합니다. 기뻐하십시오"(4 : 4)라고 말하고 있습니다.
그리고 그리스도도 "그러나 악령들이 복종한다고 기뻐하기보다는

너희의 이름이 하늘에 기록된 것을 기뻐하여라"(〈루가의 복음서〉 10 : 20)고 말씀하셨습니다. 이 성령의 기쁨이 있는 곳에서는 그리스도 안에 있는 신앙에 의해 기쁨이 넘칩니다. 그리고 우리는 주님이 우리의 구세주이시고 대사제임을 확신합니다. 이 기쁨은 우리의 언어와 행위 가운데 나타납니다.

요나 주해

5월 8일
십자가 밑에 있는 기쁨

나는 그가 내 이름 때문에 얼마나 많은 고난을 받아야 할지 그에게 보여주겠다.

〈사도행전〉 9 : 16

만일 당신이 주 예수 그리스도와의 공동 상속인이길 바란다면, 주님과 함께 고통을 당하지 않고, 주님의 형제가 되지 않고, 주님과 닮게 되지 않는다면 주님은 결코 당신을 마지막 날에 주님의 형제, 또 공동상속인으로서 받아들이지 않을 것입니다. 주님은 이렇게 물으실 것입니다. 그대의 가시관, 그대의 십자가, 그대의 못, 그대의 채찍은 어디에 있는가.

세상의 시초부터 주님과 그 민초가 받아온 것과 마찬가지로 그대도 세상에서 저주받고 있느냐고. 만일 이 질문에 대답해 그 증거를 대지 못하면 주님은 당신을 주님의 형제로서 받아들일 수 없습니다. 당신은 주님과 함께 고통을 당하고 모든 점에서 하느님의 아들과 똑같이 되어야 하는 것입니다. 그렇지 않고서는 주님의 영광 안에 끌어올리게 되는 일은 없는 것입니다.

상처·못·가시관·채찍에 견뎌야 합니다. 모든 그리스도인이 그렇습니다. 더구나 그것은 단순히 그림으로 묘사한 것이 아니고 우리의 살과 피 속에 각인되는 것입니다.

　그래서 바울로는 모든 그리스도인이 우리 주 그리스도의 상흔을 잊지 말도록 권하고 있습니다. 주님은 최근 수년 간, 우리의 형제 대부분이 받은 것과 같은 인간적인 고통이 엄습해오는 일이 있어도 두려워하지 말라고 위로해 주십니다.

　더구나 우리의 적과 어둠의 힘의 때가 오면 사태는 더욱 악화할 것입니다. 그러나 온다면 오게 하면 되는 것입니다. 우리는 고통을 당하게 될 것입니다. 하지만 그렇지 않으면 영광에 도달할 수는 없습니다. 또 적은 우리를 죽여 버리고 말았을 때 도대체 거기에 무슨 이득이 있는지 알게 될 것입니다.

1535년 설교에서

5월 9일
기쁨이 넘치기 위해

지금까지 너희는 내 이름으로 아무것도 구해 본 적이 없다. 구하여라. 받을 것이다. 너희는 기쁨에 넘칠 것이다.

〈요한의 복음서〉 16 : 24

하느님을 완전히 우러르게 되는 것을 볼 때까지 기쁨이 완전해지는 일은 없습니다. 그러나 이와 같은 상태는 이 세상에서는 오지 않고 다가올 세상에서만 성취됩니다. 그곳에서 슬픔은 전혀 없고 완전한 기쁨만이 있습니다. 이 세상에서는 신앙 속에 그 일부나 한 방울을 지닐 뿐이고 그것은 다가올 기쁨의 시초이고 바로 시식(試食)과도 같은 것입니다.

그리스도가 속죄해 주신 것과 주님에 의해서 우리가 이미 하느님의 나라로 들어가 있는 것에 위로를 발견하고 있습니다. 그러나 우리는 나약하고 주님을 따라서 그 힘을 추구하는 일에 소원한 것입니다. 우리는 따르지 않고 신앙과 생활에 깨끗이 계속 머물 수가 없습니다. 우리가 몇 번이고 몇 번이고 쓰러져 슬픔과 무거운 양심에 지쳐 버리고, 그 때문에 우리의 기쁨은 순결할 수가 없으며, 또 기쁨이 너무나도 작아 거의 느낄 수 없기 때문입니다.

그러므로 이 말씀은 우리가 마지막으로 깨끗하고 완전한 기쁨을 얻기 위해 힘과 도움을 청해 기도하라는 말씀입니다. 당신은 이 기쁨을 자기 자신이나 이 세상 속에서 추구해서는 안 됩니다. 왜냐하면 그와 같은 기쁨은 불결하고 결국에는 죽음이 모든 것을 앗아가고 말기 때문입니다.

 그리스도는 기도 가운데 이를 청하라고 말씀하셨습니다. 나의 이름으로 청하라. 나는 그것을 위해 이 세상에 와, 너희를 불러 너희가 받도록 정했다. 그것으로 하느님의 이름과 하느님의 나라와 하느님의 말씀을 전세계에서 우러르고 끊임없이 움직이고 있는 세상과 살과 악마의 공격이 저지되어 멸망되기 위해서이다.

〈요한의 복음서〉 16장의 강해

5월 10일
주님을 기쁘게 하는 행위

그분이 오시면 죄와 정의와 심판에 관한 세상의 그릇된 생각을 꾸짖어 바로잡아 주실 것이다. 그분은 나를 믿지 않은 것이 바로 죄라고 지적하실 것이며.

〈요한의 복음서〉 16 : 8, 9

모든 사람은 자신의 행위 때문에 위험에 노출되고 있습니다. 그래서 만일 어느 사람이 망하면 그것은 자신의 죄 탓입니다. 그 사람이 아담의 자손이기 때문이라든가, 전에 무신앙이었기 때문이라는 것이 아니고, 우리의 죄와 심판을 망하게 하신 구세주 그리스도를 받아들이길 거부했기 때문에 멸망하게 되어 있는 것입니다. 내가 믿지 않기 때문에 죄와 심판이 내 위에 머뭅니다. 나를 구할 수 있는 유일한 주님에게 매달리지 않기 때문입니다.

실제로 이 존귀한 구세주에 의해서 이루어진 속죄를 받아들이지 않고, 나를 도우려고 찾으시는 주님을 믿지 않는다면 죄와 심판은 2배로 무겁고 엄격해집니다.

이렇게 해서 우리가 구원이 되느냐 망하느냐 하는 것은 우리가 그리스도를 믿고 있느냐의 여부에 달려 있습니다. 신앙은 모든 죄를 멸하는데 무신앙은 온갖 죄를 머물게 하고 말기 때문에 죄의 용서를 찾아낼 수가 없는 것입니다. 그러므로 신앙에서 벗어나면 모든 것이 죄이고 우리는 죄 안에 머물게 됩니다. 인간이 할 수 있는 최선의 생활, 가장 좋은 방법도 그것입니다. 그런 것 자체는 칭찬해야 할 일이고 하느님이 명하신 것이기도 한데, 무신앙에 의해서 썩은 것이 되고 하느님을 기쁘게 할 수 없게 되는 것입니다. 한편 신앙자의 온갖 행위는 신앙에 의해서 이루어지고 있으므로 주님을 기쁘게 합니다.

요약하면 그리스도를 떠나서는 모든 것이 죄로 정해지고 멸망에 이르게 됩니다. 반대로 그리스도와 함께 있을 때에는 모든 것이 이익이 되고 축복되고 있는 것입니다. 그러므로(아담으로부터 낳은 살과 피 속에 아직도 머물고 있는) 죄조차도 우리에게 위해와 죄의 심판을 가져올 수는 없습니다.

〈요한의 복음서〉 16장의 강해

5월 11일
그리스도의 의(義)

그분이 오시면 죄와 정의와 심판에 관한 세상의 그릇된 생각을 꾸짖어 바로잡아 주실 것이다. 내가 아버지께 돌아가고 너희가 나를 보지 못하게 된다는 것이 하느님의 정의를 나타내시는 것이라고 가르치실 것이고.

〈요한의 복음서〉 16 : 8, 10

그리스도가 하느님 앞에 서서 의로움으로 인정되고 죄의 용서와 영원한 생명을 받기 위한 의로움은 그리스도가 아버지 밑으로 가신 의로움 이외에는 없습니다. 즉 주님 자신이 우리의 죄를 짊어지시고, 우리를 위해 십자가상에서 죽음의 고통을 받으시어 매장되고 저승으로 간 것입니다. 그러나 주님은 죄와 죽음과 저승에 놓이는 일 없이 부활과 승천으로 이런 것들에 승리하고, 지금은 아버지 오른쪽에 모든 피조물의 전능하신 주님으로서 앉아 계십니다.

이 의로움은 이 세상과 이성에 숨겨져 있을 뿐만 아니라 성도들의 눈에도 숨겨져 있습니다. 그것은 우리들 안에 있는 사상이라든가 언어라든가 행위가 아니고, 우리의 밖과 위에 있는 의로움이기 때문입니다. 그리스도가 아버지에게로 가는 것이고 우리의 눈이나 감각의 영역 밖에 있기 때문에 우리는 볼 수도 느낄 수도 없습니다.

이 의로움에 대해서 선교된 말씀을 믿음으로써만 인정할 수가 있는 것입니다. 즉 주님 자신이 우리의 의로움이고, 우리는 자신에게 영광을 돌리지 않고 오직 주 그리스도에게만 영광을 돌려야 한다는 진리입니다.

〈요한의 복음서〉 16장의 강해

5월 12일
그리스도의 심판

그분이 오시면 죄와 정의와 심판에 관한 세상의 그릇된 생각을 꾸짖어 바로잡아 주실 것이다. 이 세상의 권력자가 이미 심판을 받았다는 사실로써 정말 심판을 받을 자가 누구인지를 보여 주실 것이다.

〈요한의 복음서〉 16 : 8, 11

심판은 아버지 오른쪽에 앉아 계신 우리 주 예수 그리스도의 힘과 권위에서 비롯되고, 이 세상의 임금과 그 부하들은 이미 죄가 있어 그리스도에 대해서 아무런 힘도 갖지 않는다는 심판이 공적으로 선언되어 있습니다. 악마는 그리스도를 주님으로 우러르고 그 발 아래 영원히 짓밟혀 머리가 깨져서 고통을 당해야 합니다.

이 세상은 고통을 눈으로 볼 수가 없기 때문에, 악마와 그 수하들에게 이미 내려지고 있는 심판을 가볍게 여기고 비웃어 평소의 길로 나아갑니다. 하지만 그 가운데를 그리스도는 나아가고 계십니다. 모욕을 견디면서도 악마의 분노와 울분을 타파하고 적을 쓰러뜨려 모든 것을 발 아래 짓밟아 버리는 주님임을 악마와 이 세상에 대해서 명확하게 보여 주십니다.

그리스도를 믿는 자만이 이 진리를 믿고 주님의 말씀이 진실임을 확신합니다. 그리고 주님의 힘과 주님의 나라를 신뢰하고 왕이신 주님에 의해 위로를 받습니다.

반대로 이 세상 사람들은 자신들이 그 주인인 악마에게 요구한 것 이외에는 아무런 보상도 받지 못합니다. 그리스도인에 대해서 분노했기 때문에 깊은 어둠의 늪으로 내던져져 영원한 어둠 속으로 빠져드는 것입니다.

〈요한의 복음서〉 16장 5~15절의 강해

5월 13일
새로운 노래

새 노래로 야훼를 찬양하여라. 놀라운 기적들을 이루셨다. 그의 오른손과 거룩하신 팔로 승리하셨다.

〈시편〉 98 : 1

이것은 새로운 나라, 새로운 피조물, 새로운 사람에 대한 새로운 노래입니다. 그것은 율법과 행위에서 만들어지는 것이 아니고, 하느님과 성령으로부터 만들어지는 것입니다. 하느님과 성령은 우리 주 예수 그리스도 안에서 기적을 행하는데, 하느님과 성령 그 자신이 기적 그 자체인 것입니다.

여기에서 성령은 우리 모두에게 노래할 것을 명하고 계시므로, 우리 모두를 위해 이루어지고 또 전해져 온 기적을 믿도록 명하고 계신 것도 사실입니다. 그러므로 '하느님이 그 권위와 아드님에 의해서 나를 위해 이와 같은 승리와 기적을 이루어 주신 것을 어떻게 확신할 수가 있을까'라고 말해 의심해 신앙을 갖지 않는다면 죄로 정해지게 됩니다. (성령은 말씀하십니다) "들어라, 너희를 위해, 너희를 위해, 너희를 위해 이를 행하셨다. 너희가, 너희가, 너희가 노래하고, 감사하고, 기뻐하지 않으면 안 된다. 이것이 나의 기쁨이고 소망하는 것이다."

구약성서의 말씀

5월 14일
교회의 노래

이것은 다윗이 남긴 마지막 말이다. 야곱의 하느님께서 기름 부어 세우신 자요, 이스라엘의 수호자가 귀여워하시는 자, 이새의 아들 다윗의 말이다. 가장 높으신 분이 세우신 영웅의 말이다. 야훼께서 나에게 영감을 주시어 말씀하셨다. 당신의 말씀을 내 혀에 담아 주셨다.

〈사무엘하〉 23 : 1~2

신앙은 휴식이나 게으름을 모릅니다. 나아가고, 이야기하고, 선교하고, 진정한 기쁨을 위해 상냥하게 아름다운 찬미를 하기 시작합니다. 기쁨 속에서 하느님을 찬양하고, 감사하고, 사람을 가르쳐 움직이도록 하기 위해 기쁨에 넘치는 노래를 부릅니다. 더구나 언어구사와 멜로디면뿐이고 노래의 부드러움, 아름다움을 생각하는 것은 아닙니다. 어떻게 언어를 교묘하게 배열하면 좋을지, 어떻게 하면 멜로디를 아름답게 울리게 할까 하고, 아름다운 언어와 음정에 대해서 생각할 뿐만 아니라 찬미의 영적 의미와 아름다운 신학에 대해서도 고려하는 것입니다.

아무튼 음악은 하느님이 만들어 주신 훌륭한 선물로서 도움이 됩니다. 특히 모인 사람들이 찬미 속에 하나가 되어 마음과 생각이 뜨거워지고 있는 경우에는 그렇습니다. 여기에서 다윗은 자신의 노래를 이스라엘의 노래로 부르고 있습니다. 그것이 자신의 것으로 불리고, 자신만이 영예를 얻기를 바라지 않았습니다. 이스라엘이 그것을 자기의 노래로서 확증하고 판단하고 인정해야 합니다. 언어도 노래도 하느님의 회중 또는 민초에 의해서 받아들여지거나 물리쳐야 하기 때문입니다. 이렇게 해서 우리들 그리스도인은 가인에 대해서 이야기합니다.

  암브로시우스는 아름다운 찬미가를 많이 썼는데, 그것들은 '교회 찬미가'로 불리고 있습니다. 그것은 마치 교회신자가 스스로 쓰고 자신들의 찬미가인 것처럼 교회가 받아들여 사용했기 때문입니다. 그렇기 때문에 암브로시우스, 그레고리우스, 브리에덴티우스, 세도리우스가 부른다고 하지 않고 그리스도 교회가 부른다고 하는 것입니다. 암브로시우스 등의 노래는 그리스도 교회의 찬미가이고, 교회는 그들과 하나가 되어 노래하고 그들이 죽어도 교회는 남아 영원히 그들의 찬미가를 계속 부르는 것입니다,

다윗의 마지막 말에 대해서

5월 15일
시편

그리스도의 말씀이 풍부한 생명력으로 여러분 안에 살아 있기를 빕니다. 여러분은 모든 지혜를 다하여 서로 가르치고 충고하십시오. 그리고 성시와 찬송가와 영가를 부르며 감사에 넘치는 진정한 마음으로 하느님을 찬양하십시오.

〈골로사이인들에게 보낸 편지〉 3 : 16

시편은 성도들에게 공통인 일반적인 말씀을 보여 주고 있는 것만은 아닙니다. 그 안에는 하느님 자신과 그것에 뒤따르는 지고한 존재에 대해서 성도들이 열심히 이야기하고 있는 최고의 사상과 언어가 나타나 있습니다. 이것은 성도들이 찬미에 의해서 우리에게 남겨준 최대의 선물이고, 그것으로 인해 하느님과 사람에 대해서 그들이 말하고 그 마음이 느끼는 것을 확실히 알 수가 있습니다.

사람의 마음은 성난 바다를 항해하는 배와 같아서 세계 곳곳에서 불어오는 바람에 의해 흔들립니다. 그리고 이와 같은 폭풍은 열심히 기도할 것과 마음을 열어 마음속 깊이 있는 생각을 쏟아낼 것을 가르칩니다. 사람이 두려움과 슬픔에 휩싸여 있을 때, 기쁨에 휩싸인 사람과 전혀 다른 듯이 고뇌에 대해서 이야기합니다. 또 기쁨에 휩싸인 사람은 슬픔에 휩싸인 사람과 전혀 다른 듯이 행복에 대해서 이야기합니다. 만일 슬퍼하는 사람이 웃고, 기뻐하고 있는 사람이 운다면 사람들은 그것이 진심에서 나온 것이 아니라고 말합니다. 마음속까지 명확하지 않은 것입니다.

한편 시편의 대부분은 폭풍의 와중에 열심히 기도하는 기도로 성립해 있습니다. 또 시편 중에 나타나고 있는 찬미와 감사만큼 기쁨에 넘친 아름다운 말을 달리 발견할 수가 없습니다. 그곳에서는 기쁨에 넘친 아름다운 화원이나, 천국 그 자체를 들여다보듯이 성도들의 마음을 볼 수가 있습니다. 그곳에는 하느님과 그 은총에 대한 아름답게 축복된 다양한 생각에서 얼마나 아름답고 다정하고 멋진 꽃이 흐드러지게 피어 있는지 모릅니다.

또 회개의 시편에 있는 것과 같은 슬픔과 탄식의 언어를 달리 발견할 수 없을 것입니다. 그곳에서는 죽음 속에 놓여 있는 것 같은 성도들의 마음을 엿볼 수가 있습니다.

1532년 〈시편〉의 서문

5월 16일
음악

새로운 노래로 찬미하고, 흥겨운 가락에 맞춰 우렁차게 불러라.
〈시편〉 33 : 3

음악은 하느님으로부터 부여된 가장 아름답고 대단한 선물의 하나입니다. 사탄은 음악을 싫어합니다. 음악은 유혹과 나쁜 생각을 몰아내는 커다란 힘을 지니고 있기 때문입니다. 악마는 이 여성(음악)을 받아들이지 않습니다. 음악은 가장 훌륭한 예술 가운데 하나입니다. 언어를 살립니다. 사울왕의 예에서 볼 수 있듯이 슬픔의 영혼을 몰아냅니다.

음악은 슬픔에 잠겨 있는 사람에게 가장 좋은 향유(香油)입니다. 마음에 만족을 주고, 생기를 불어넣고, 마음을 되살아나게 하는 것입니다.

음악은 신학과 함께 하느님으로부터 부여된 영광의 선물입니다. 나는 이 세상의 그 무엇보다도 이 작은 선물과 다른 것을 교환하길 바라지 않습니다. 우리는 청년들에게 이 예술을 더 가르쳐야 합니다. 훌륭하고 현명한 사람들을 만들어 내기 때문입니다.

"새로운 노래를 주님을 향해 부르라, 전세계여. 하느님을 향해 부르라."

　주님은 우리의 마음과 생각을 그 사랑하시는 아들을 통해서 기쁨으로 채워 주셨습니다. 이 아들은 우리를 죄와 죽음과 악마로부터 구하기 위해 하느님이 보내신 분입니다.

　이 진리를 믿는 사람은 누구든지 이에 대해서 기쁨의 노래를 부르고 이야기하지 않을 수 없습니다. 거기에서 다른 사람들은 그것을 듣고 그 이유를 알 수가 있습니다. 반대로 만일 이에 대해서 노래하거나 이야기하거나 하지 않는다면 그것은 그 사람이 믿지 않고, 새로운 기쁨의 계약 속에 아직 접어들지 않고 있다는 표시이고 아직 낡고 흐린 계약 속에 있음을 말해 주고 있는 것입니다.

찬미가집의 서문

5월 17일
회중의 기도

그러므로 여러분은 서로 죄를 고백하고 서로 남을 위하여 기도하십시오. 그러면 모두 온전해질 것입니다. 올바른 사람의 간구는 큰 효과를 나타냅니다.

〈야고보의 편지〉 5 : 16

기도의 힘은 그것을 느끼고 체험으로 배운 자가 아니면 결코 알 수 없습니다. 그러나 사람이 깊은 고뇌 속에 있어도 곧 주님을 부를 수 있게 되면 그것은 확실히 놀랄 만한 일입니다. 이를 나는 알고 있습니다.

이제까지 내가 자신의 중대 문제에 대해서 기도했을 때 언제나 풍부하게 대답해 주시고, 내가 청했던 것보다 많은 것을 받았습니다. 때로는 주님이 오실 때가 늦을 때도 있었는데 반드시 와 주셨습니다.

진정한 그리스도인의 열성적인 기도는 얼마나 대단한지 모릅니다. 가련한 한 인간이 하늘에 계신 지극히 거룩하신 분과 대화하고, 그분을 두려워하지 않고, 우리의 주님이고 구세주이신 예수 그리스도에 의해서 자애로움으로 미소를 짓고 계시다는 것을 알고 있는 것이 얼마나 하느님을 기쁘게 하고 있는지 모릅니다. 마음과 양심은 뒤돌아서 도망을 갈 필요도 없습니다. 자신이 어울리지 않는다고 해서 의심하거나 두려워하거나 할 필요가 없습니다. 우리가 그리스도를 믿고 기도할 때 반드시 들어 주신다는 확신을 가지고 믿을 수 있는 것입니다.

　형제들이여, 그러므로 마음속으로 기도하십시오. 또 때때로 소리내어 기도하십시오. (하느님의 뜻에 따르는) 기도는 세계를 지탱하기 때문입니다. 기도가 없으면 세계는 전혀 다르게 됩니다. 가정에서는 그것으로 만족하고 있는 것은 아닌데 나는 그다지 용감하고 힘차지 않습니다. 그러나 형제들과 함께 교회 안에 있으면 기도가 절로 마음속에서 넘쳐나 힘을 갖게 되는 것입니다.

탁상어록

5월 18일
주님에게 부름을 받으라

과연 그렇다. 예루살렘에 사는 시온 백성들아, 너희가 다시는 울지 않아도 되리라. 너희가 소리내어 부르짖으면 주께서는 너희를 가엾게 보시어 듣자마자 곧 이루어 주시리라.

〈이사야〉 30 : 19

여러분은 기도를 배워야 합니다. 홀로 앉은 채로 있거나 누워서 고개를 젓거나 고개를 떨구고 여러 가지로 생각을 키우면서 어떻게 하면 벗어날 수 있을까 번뇌하고 자기 자신의 슬픔과 아픔의 상태만을 바라보아서는 안 됩니다.

일어나라, 게으른 자여. 그리고 무릎을 꿇고 눈과 손을 하늘을 향해 들고 시편이나 주기도문으로 눈물로써 하느님 앞에 당신의 고뇌를 주님을 향해 쏟아내라.

〈시편〉 142편,
"나의 애타는 마음을 고백합니다. 이 괴로움을 아뢰옵니다."(2절)
〈시편〉 141편,
"나의 기도 분향으로 받아 주시고 치켜 든 손 저녁의 제물로 받아주소서."(2절)
손을 들어 기도하고 고민을 털어놓는 것은 하느님이 가장 기뻐하시는 제물입니다. 고뇌를 모두 주님 앞에 쏟아내는 것은 하느님의 뜻이고 바라시는 것입니다. 고뇌를 언제나 짊어지고 언제까지나 벗어나지 못해 초조해하거나 시달리거나 해 끝내 하나의 고뇌에서 2배, 10배, 100배나 되는 고민거리를 만들어 내는 것은 결코 하느님의 뜻이 아닙니다. 주님은 여러분이 이와 같은 고뇌를 이겨내지 못하고 짊어지고 갈 수도 없게 되길 바라고 계십니다. 그것은 여러분이 주님 안에서 힘을 발견하는 것을 배워 여러분 안에 주님의 힘이 충만함으로써 주님이 찬양되기 위해서입니다.

이렇게 해서 그리스도를 믿는 자가 만들어지는 것은 정말로 대단한 일이 아닙니까?

〈시편〉 118편의 강해

5월 19일
예수의 이름으로 기도한다

그날이 오면 너희가 나에게 물을 것이 하나도 없을 것이다. 정말 잘 들어 두어라. 너희가 내 이름으로 아버지께 구하는 것이면 아버지께서 무엇이든지 주실 것이다.

〈요한의 복음서〉 16 : 23

기도를 할 때에는 무릎을 꿇든가, 서서 하십시오. 그리고(당신이 자신의 죄를 인정하고 용서해 주시길 소망할 때에는) 대담하게, 그리고 용기를 내서 하느님에게 말씀하십시오.
"하늘의 아버지시여. 제가 기도할 때 당신께서는 대답하십니다. 그 대답은 시인이고 아멘입니다. 그 밖의 대답은 없습니다. 만일 그렇지 않으면 나는 더 이상 기도하지 않고 또 이제까지의 기도가 진실한 것이었다고 인정하지 않습니다. 물론 저에게 그렇게 할 권리가 있다거나 저에게 그럴 만한 가치가 있다는 것은 아닌데, 반대로 저에게 그만한 가치가 없음을 잘 알고 있고 그렇게 고백을 합니다. 많은 큰 죄에 의해서 나는 저승의 불과 당신께서 영원히 분노하실 만한 자이기 때문입니다. 그러나 저는 약간의 순종을 표시했습니다. 그것은 당신의 아들이시고 우리 주 예수 그리스도의 이름으로 기도하라는 권유와 명령에 따른 것입니다. 이 헤아릴 수 없는 은총의 위로에 신뢰해 자신의 의로움에 따르지 않고 저는 당신 앞에 무릎을 꿇고 또는 서서 기도로써 간청합니다."

　우리는 기도 속에 하느님을 시험해서는 안 된다는 것도 배워 왔습니다. 즉 하느님을 향해 시(時), 양, 목표, 방법, 인물, 어떻게, 언제, 어떤 수단으로 대답해야 할 것인지를 요구해서는 안 된다는 것입니다. 오히려 겸손하게 모든 것을 주님에게 맡겨야 합니다.

　주님은 그 초월한 하느님의 지혜에 의해서 모든 것을 최선으로 이루어 주십니다. 그리고 우리는 기도가 설사 외견상으로는 그렇게 생각되지 않아도 가장 확실한 방법으로 확실하게 대답해 주신 것을 의심해서는 안 됩니다.

투르크인에게 반대하는 기도의 권유

5월 20일
아멘

그러므로 내 말을 잘 들어 두어라. 너희가 기도하며 구하는 것이 무엇이든 그것을 이미 받았다고 믿기만 하면 그대로 다 될 것이다.

〈마르코의 복음서〉 11 : 24

'아멘'이란 한 마디는 '확실하게'라든가 '진실로'라든가 하는 의미입니다. 이에 대해서 신중하게 생각하기 바랍니다. 그곳에는 우리가 어느 기도 가운데서나 지녀야 할 신앙이 표현되고 있습니다. 그러므로 지금 바로 기도하려는 사람은 그것이 잘 전달되고 있는지의 여부를 믿고 있는지, 의심하고 있는지, 자기 자신을 잘 음미해야 합니다. 거기에서 만일 자신이 의심하고 확신도 없이 무언가 도박을 하고 있는 것처럼 느꼈으면 그 기도는 헛수고입니다. 마음의 준비가 되어 있지 않기 때문입니다. 하느님은 그 마음에 확신을 심어 줄 수가 없습니다. 손을 내린 채로 있는 사람이 물건을 들어올릴 수 없는 것과 마찬가지입니다.

만일 어떤 사람이 무언가가 필요하다고 열심히 소망해 당신이 '확실히 그것을 주겠다'고 약속을 하고 있는데, 그 단계가 되어 그 사람이 '하지만 당신이 그것을 나에게 주다니 믿어지지가 않는다'고 말했다면 도대체 어떤 기분이 되겠습니까? 당신은 상대의 요구는 모욕이라고 생각하고 약속한 것을 거두어들일 것입니다. 그리고 그 사람에게 벌을 줄지도 모릅니다.

　이와 마찬가지로 우리가 갈구하는 것은, 하느님이 주신다고 약속하고 있는데도 우리가 의심을 가지고 그 약속을 믿지 않고, 기도의 행위 그 자체 가운데서 반대행위를 하고 진리의 하느님을 모욕한다면 과연 하느님은 어떻게 생각하실까요?

신도를 위한 주기도의 강해

5월 21일
아버지 오른쪽에 앉으신 주님

> 야훼께서 내 주께 선언하셨다. "내 오른편에 앉아 있어라. 내가 네 원수들을 네 발판으로 삼을 때."
>
> 〈시편〉 110 : 1

그리스도는 많은 적들이 발판이 될 때를 기다리면서 하느님 오른쪽에 앉아 계십니다. 그것은 주님에게 걸맞은 것입니다. 주님께서는 잠드시는 일이 없이 우리를 지켜 주십니다. 누군가에게 그 일을 대신하도록 부탁하는 일 따위는 없습니다. 자신이 하십니다. 사람이 주님께로 향할 때 언제나 도와 주십니다. 시련에 맞닥뜨린 사람이 그리스도를 향해 갈구할 때 도움을 받을 수가 있습니다.

종말의 날은 아직 오지 않았습니다. 살과 죄와 죽음은 아직 존재합니다. 그러나 종말의 날에 그리스도는 하느님의 나라를 아버지께 건네십니다. 지금 주께서는 우리들 안에서 지배하고 계십니다. 주님은 우리를 위로하고 정화하고 여러 가지로 주선해 주시고 계십니다. 그리고 종말의 날에 모든 그리스도인은 주님과 하나 되어 이 땅을 지배하고 아버지 오른쪽에 앉을 것입니다. 그때 마지막의 진정한 적은 멸망하게 됩니다.

그러나 지금 이 세상에서는 신앙이 불안정하고, 식량에 대한 불안이 있어 주님께서 언젠가는 분노를 나타내시지 않을까 마음이 어두워집니다.

그런 가운데서 우리의 위안은 무엇이겠습니까? 그것은 그리스도입니다. 우리의 대사제 그리스도는 우리를 위해 속죄하시고, 우리를 지켜 주시고, 우리의 적을 감시하시고, 그리스도의 신분을 받은 자임을 아버지께 상기시켜 주십니다. 우리가 이 진리를 깨달을 때 어떤 고뇌 속에서도 확신을 가지고 아버지께 다가갈 수가 있습니다. 우리의 눈이 구름을 뚫고 하늘을 바라보고 그리스도가 우리의 구세주임을 확신할 수 없게 될 때에 이 진리를 알 수 없게 됩니다.

〈히브리인들에게 보낸 편지〉 8장의 설교

5월 22일
생각보다 큰 하느님의 은총

성령께서도 연약한 우리를 도와 주십니다. 어떻게 기도해야 할지도 모르는 우리를 대신해서 말로 다 할 수 없을 만큼 깊이 탄식하시며 하느님께 간구해 주십니다.
〈로마인들에게 보낸 편지〉 8 : 26

우리가 기도하고 간구한 것과 정반대의 대답이 주어진다고 한다면 그것을 슬퍼하기보다는 오히려 좋은 표시로 믿는 것입니다. 그것은 기도를 소원대로 들어 주시는 것이 결코 좋은 표시가 아닌 것과 마찬가지입니다. 주님의 뜻과 지혜가 우리의 의지와 지혜를 훨씬 초월하고 있기 때문입니다.
우리가 하느님에게 무언가를 갈구해 기도하고 하느님이 이를 듣고 대답해주실 때 우리의 생각과 반대로 될 때가 있습니다. 기도를 함으로써 도리어 하느님을 노하게 하고 말아, 우리의 소원이 물리쳐지고 만 것이라고 생각할 때가 종종 있는 것입니다. 그러나 사실 하느님은 좋은 것을 내리실 때에 우리들 안에 있는 육신의 생각을 우선 버리게 해야 하는 것입니다. 그래서 그와 같이 되는 것입니다.
이렇게 해서 모든 소망이 사라질 것처럼 보이고 우리의 기도나 소망과는 반대로 사물이 진행한다고 느낄 때 말로 표현할 수 없는 절실한 탄식을 낳게 되는 것입니다. 그리고 그때 성령이 '나약한 우리를 도와 주시는' 것입니다. 성령의 도움이 없으면 하느님이 대답해 주시는 기도, 달성해 주시는 구원을 어떻게 하면 좋을지 우리는 모르기 때문입니다. 이때 영혼에 명령이 내려집니다. 용기를 내라, 정신 차려라, 마음을 굳게 하고 주님을 기다리라.

성령을 받은 사람은 누구건 도움을 받습니다. 하느님의 조화는 그것이 이루어지고 있는 동안은 가려져 있는데, 실은 우리의 생각과 이해에 반하고 있다는 것뿐이고 때가 오면 하느님의 대답은 반드시 명확해집니다.

〈로마인들에게 보낸 편지〉 강해

5월 23일
그리스도에 의한 기도

너희가 나를 떠나지 않고 또 내 말을 간직해 둔다면 무슨 소원 이든지 구하는 대로 다 이루어질 것이다.

〈요한의 복음서〉 15 : 7

그리스도로부터 벗어난 생활은 비참한 것입니다. 크게 활동을 해도 결실이 없습니다. 열심히 기도하고 갈구하고 두드려도 아무것도 얻지 못합니다. 발견되지 않습니다. 성취하지 못합니다. 올바른 문을 두드리고 있지 않기 때문입니다. 그 행위도 기도도 신앙 없이 다른 것과 똑같이 이루어지고 있기 때문입니다. 그 사람에게는 아무런 위안도 신뢰도 없습니다. 주님이 기뻐하신다거나 들어 주신다는 확신도 없습니다. 그렇기 때문에 그 사람은 기도도 하지 않는 것입니다.

내가 자주 말한 것인데 기도는 신앙만에 의한 행위이고 그리스도인만이 할 수 있는 것입니다. 그리스도인은 자신을 믿고 기도하는 것이 아니고, 세례를 받은 하느님 아들의 이름을 신뢰해 기도하는 것이며, 그와 같은 기도를 하느님이 기뻐하실 것을 확신하고 있습니다. 하느님은 그리스도의 이름으로 기도할 것을 명하고 또 그것에 대답할 것을 약속하고 계십니다. 이 진리를 모르는 사람은 자신의 이름으로 기도하기 시작해 자기 자신이 올바르게 가치 있는 것이 되어 공적을 얻을 때까지 자신을 준비하기 위해 장시간 기도합니다. 거기에서 그들을 향해 "당신의 기도를 들어 주셨는지 확신하고 있습니까?"라고 물으면 이렇게 대답할 것입니다. "나는 기도했습니다. 그러나 기도를 들어 주셨는지의 여부는 하느님만이 아십니다."

하지만 지금 자신이 무엇을 하고 있는지를 모르고 하느님이 어떻게 대답해 주실 줄도 모르는데 도대체 어떤 기도를 할 수 있다는 것입니까?

그리스도인은 기도부터 출발하는 것이 아니고 하느님의 명령과 약속에 대한 응답으로서 기도를 시작합니다. 기도를 그리스도의 이름으로 하느님에 대한 제물로 하는 것입니다. 그리고 자신이 기도한 것이 결코 거부되지 않을 것을 알고 어떤 고민이 있을 때라도 도움을 얻게 되는 것을 체험해 나갑니다.

〈요한의 복음서〉 15장의 강해

5월 24일
주님의 영광을 드러내신다

나는 아버지께서 나에게 맡겨 주신 일을 다 하여 세상에서 아버지의 영광을 드러냈습니다.

〈요한의 복음서〉 17 : 4

만일 그리스도의 영광이 드러나지 않았다면, 아버지의 영광도 우리에게 주어지는 일 없이 그리스도와 함께 사라지고 말았을 것입니다. 양자는 연결해 짜 맞춰지고 있습니다. 아버지와 주 그리스도의 영광은 구분할 수 없는 하나인 것이므로, 아들은 아버지께서 영광을 받고 아버지는 아들에 의해 아들에게 영광이 돌아가게 됩니다.

그리고 우리의 으뜸이신 그리스도가 기도해 주신 것처럼 주님에게 매달리는 우리도 우리들 안에서 주님에게 영광을 돌리도록 기도해야 합니다. (우리는 가르침과 생활에 의해서 주님을 찬양하고 주님의 영광을 드러내기 때문에) 주님을 위해 치욕과 죄의 선고와 저주와 죽음을 받아야 합니다.

이렇게 해서 우리는 고통을 받고 주님의 이름과 거룩한 말씀은 박해를 받고 저주되는 것입니다. 그러나 마지막으로 주님의 영광이 머물고 말씀이 유지되기 위해 주님은, 우리를 도와 세상의 잘못된 것을 드러내시고 박해자들을 죄로 다스려 치욕으로 충만하게 합니다.

그리고 우리 쪽은 최고의 영예와 영광 속으로 들어가게 되는 것입니다.

이렇게 해서 주님의 영예와 찬미는 생생하게 빛을 발하고 성령과 그리스도인의 입에 의해서 전세계로 퍼집니다. 이것이야말로 자기에게 하도록 하기 위해 아버지가 주신 것이라고 주님이 말씀하고 있는 것입니다. 즉 아버지의 영예를 드러내기 위해 모든 치욕과 비난과 고통과 죽음을 자신이 떠맡으신 것이고, 더구나 이런 모든 것들은 우리를 위한 것이고 그것으로 우리의 죄가 씻겨져 영원한 생명을 얻게 된 것입니다.

〈요한의 복음서〉 16~20장의 설교

5월 25일
그리스도는 아버지에게 우리는 그리스도에게

그날이 오면 너희는 내가 아버지 안에 있다는 것과 너희가 내 안에 있고 내가 너희 안에 있다는 것을 깨닫게 될 것이다.
〈요한의 복음서〉 14 : 20

그리스도가 아버지 안에 있다는 것은 무엇보다도 우선 중요한 진리입니다. 이분이 말씀하시고 행하신 일은 천상에서는 모든 사자들 앞에서 명확합니다. 그뿐만이 아니라 지상에서는 온갖 폭군들 앞에서 또 저승에서는 온갖 악마들 앞에서, 그리고 인간들의 온갖 나쁜 마음과 방자한 생각 앞에서 이야기되고 명확해져야 합니다.

만일 내가 그리스도의 말씀과 생각과 뜻이 아버지의 뜻임을 확신하고 있다면 온갖 분노와 악에 대해서 용감할 수가 있습니다. 그리스도 안에 나는 아버지의 마음과 뜻을 지니고 있기 때문입니다.

그리고 만일 이 진리를 인정한다면 여러분이 그리스도가 아버지 안에 있고 아버지가 그리스도에게 있음을 인정하고 분노와 죽음과 저승을 보지 않고 순수한 은총과 동정과 천국과 생명을 보게 됩니다.

지금 하나의 의미는 이렇습니다. 이 진리를 알고 체험하면 너희는 다음의 방법으로 내가 구세주임을 알게 된다. 즉 너희의 존재, 너희에게 없는 것, 너희가 죽음의 늪에서 죄로 다스리게 된 죄인이라는 것, 이와 같은 일은 모두 내가 떠맡았다. 그러나 내 안에 있는 것은 모두 순수한 정의와 생명과 축복이다. 지금 너희는 신앙에 의해서 내 안에 있게 되었다. 더구나 너희의 온갖 슬픔과 죄와 죽음을 수반하고 온 것이다. 거기에서 너희들 자신은 죄인이지만 나에게 있어서는 의로움으로 되어 있다. 너희 자신은 죽음을 안고 있는데 내 안에서 생명을 지니고 있다. 너희 자신 안에는 평화가 없는데 내 안에는 평화가 있다. 너희 자신은 죄로 정해져 있는데 내 안에서는 구원이 되고 축복을 받고 있다.

〈요한의 복음서〉 14장의 강해

5월 26일
그리스도께서 기도해 줄 수 있는 사람들

나는 이 사람들을 위하여 간구합니다. 세상을 위하여 간구하는 것이 아니라 아버지께서 내게 맡기신 이 사람들을 위하여 간구합니다. 이 사람들은 아버지의 사람들입니다.

〈요한의 복음서〉 17 : 9

여기에는 그리스도가 기도해 주신 사람들에 대해서 언급이 되어 있습니다. 즉 말씀을 믿고, 진심으로 주님을 사랑하고, 말씀에 매달리는 사람들에 대한 것입니다. 이런 사람들은 자신의 이 기도 안에 들어 있는 자이고, 머지않아 그리스도와 함께 살 것을 기대하고 있습니다.

그런 한편으로 "나는 이 세상을 위해 기도하지 않습니다"라고 주님이 말씀하시는 것은 얼마나 무서운 일입니까? 주님이 기도해 주시지 않는 사람들 틈에 끼지 않도록 주의해야 합니다. 그들의 최후는 멸망 이외에는 없습니다. 그리스도가 그들을 버리고 이제는 아무런 연결도 갖지 않으시기 때문입니다.

이와 같은 심판에 대해서 세상은 두려움으로 가득 차고 공포에 떠는 것이 사실입니다. 그러나 사실 그들은 비웃기만 할 뿐 완고하고 아무것도 보이지 않는 곳에 있으면서 어디까지나 안전하다고 단정하고 있습니다. 그것으로 심판의 말씀도 바람에 날려 보내고 어리석은 자의 말을 들은 것처럼 한쪽 귀로 들어온 순간 다른 한쪽의 귀로 흘려 버리고 마는 것입니다.

〈요한의 복음서〉 16~20장의 설교

5월 27일
십자가의 위로

　내가 아버지께 원하는 것은 그들을 이 세상에서 데려가시는 것이 아니라 악마에게서 지켜 주시는 일입니다. 이 사람들이 진리를 위하여 몸을 바치는 사람들이 되게 하여 주십시오. 아버지의 말씀이 곧 진리입니다.

〈요한의 복음서〉 17 : 15, 17

　그리스도의 나라는 세상의 모든 사람들보다도 무거운 고뇌와 슬픔을 악마와 세상에 의해서 짊어지게 되어 고통으로 등이 굽어져 있는 사람들로 이루어지고 있습니다. 그와 같은 외관의 모습을 볼 때 그 사람들이 하느님과 올바른 관계에 있다는 것을 느끼고, 보고 결론지을 수 있는 자가 있을지 의문입니다. 이 사실을 확신시키는 것은 성령이고 결코 이성이 아닙니다.
　성령은 진리의 어령(御靈)으로 불립니다. 외견이나 느낌에 반해서 마음에 강한 버팀목이 되어 주십니다. 이 어령이 없이는 누구도 믿을 수가 없었을 것이고, 또 오늘날에도 믿으려고 하지 않을 것입니다. 즉 자신의 민초에 의해서 도적처럼 십자가에 매달리시고, 수모를 당하신 예수 그리스도가 진정한 하느님이시고 영원히 아버지 오른쪽에 앉아 계시다는 것을 믿을 수 없는 것입니다.

또 (이 십자가에 매달린 그리스도를 믿는) 우리가 전세계에 의해서 악마의 친구, 하느님의 적으로서 죄를 선고받고, 저주받고, 죽음으로 정해져도 실은 하느님의 아들이시고 성도임을 어떻게 확신을 가지고 자신에게 들려 줄 수 있겠습니까? 우리들 자신도 그런 것을 느낄 수 없습니다. 우리가 아직도 몹시 나약하고 죄가 많기 때문에 전혀 다른 식으로 마음에 느끼기 때문입니다. 그러나 이 진리를 우리들 마음속에 확증해 주는 것은 성령입니다. 성령의 작용과 힘에 의해 우리는 말씀이 전하신대로 이 일이 진실임을 믿을 수가 있어 신앙 속에 살고 또 죽을 수가 있는 것입니다.

〈요한의 복음서〉 16장의 강해

5월 28일
나는 평안을 남기고 간다

나는 너희에게 평화를 주고 간다. 내 평화를 너희에게 주는 것이다. 내가 주는 평화는 세상이 주는 평화와는 다르다. 걱정하거나 두려워하지 마라.

〈요한의 복음서〉 14 : 27

주님이 제자들에게 도시나 성이나 금이나 은이 아니고 천상, 지상에서의 최대의 보배로서 자신의 평안을 남기고 가신다는 것입니다. 이것은 실로 대단한 마지막 말씀이십니다. 제자들은 두려워하거나 탄식하거나 할 필요가 없이 마음 안에 희망으로 가득 찬 평안을 가질 수가 있는 것입니다.

주님은 말씀하십니다. 나에게 의지하고 있는 한 진정한 평안과 기쁨이 있다. 나의 임재(臨在)와 메시지는 내가 진정으로 너희를 사랑하고, 너희에게 이익이 되길 바라고, 또 나의 아버지는 최고의 은총 속에 너희를 보고 계시다는 사실을 가르쳐 온 것이다. 이것이야말로 내가 너희에게 남기고 갈 수 있는 최상의 선물이다. 너희의 마음이 그리스도에게 만족할 때 이것은 최고의 평안이기 때문이다. "마음의 기쁨은 온갖 기쁨 가운데서 최대의 것이고 마음의 슬픔은 온갖 슬픔의 최대의 것이다"라고 말씀하시고 계신대로입니다.

〈요한의 복음서〉 14장의 강해

5월 29일
죄인의 교회

또 유력한 자를 무력하게 하시려고 세상에서 보잘것없는 사람들과 멸시받는 사람들, 곧 아무것도 아닌 사람들을 택하셨습니다. 그러니 인간으로서는 아무도 하느님 앞에서 자랑할 수 없다는 말입니다.

〈고린토인들에게 보낸 첫째 편지〉 1 : 28, 29

하느님께서 나를 불쌍히 여기셔서 성도밖에 없는 교회에서 나를 구출해주시록 나는 그 작은 무리와 있기를 바라는 것입니다. 그 교회에는 원기를 잃은 약한 사람들, 환자, 그리고 자신의 죄와 비참함과 가련함을 자각하고 주님을 향해 끊임없이 외치고, 위로와 도움을 청해 탄식하고 더구나 죄의 용서를 믿고, 말씀을 위해 박해받는 사람들이 있는 것입니다.

사탄은 교활한 것입니다. 우직한 사람들에게 복음의 선교가 도움이 되지 않는다고 믿게 하려고 필사적으로 손을 쓰는 것입니다. 우리에게 올바른 태도는 이와 전혀 정반대인 것입니다. 바른 길을 걷고 십자가를 짊어져 많은 박해에 견디는 것입니다. (하느님의 말씀과 반대로) 깨끗함을 가장해 자신을 내세우려 해 많은 사람들이 잘못된 길로 들어서고 있습니다.

그러나 우리의 성화(聖化)와 의인은 그리스도입니다. (우리들 안에서가 아니고) 이분 안에서 우리는 완전한 것입니다.

바울로의 말에는 위안과 힘이 있습니다.

"그러나 하느님께서는 여러분을 그리스도 예수와 한 몸이 되게 하셨습니다. 그리스도는 하느님께서 주신 우리의 지혜이십니다. 그분 덕택으로 우리는 하느님과 올바른 관계에 놓이게 되었고, 하느님의 거룩한 백성이 되었고, 해방되었습니다. 이것은 다 하느님께서 하신 일입니다."(〈고린토인들에게 보낸 첫째 편지〉 1 : 30)

〈요한의 복음서〉 1장 강해

5월 30일
성 삼위일체

모든 것은 그분에게서 나오고 그분으로 말미암고 그분을 위하여 있습니다. 영원토록 영광을 그분께 드립니다. 아멘.
〈로마인들에게 보낸 편지〉 11 : 36

교회달력에 있는 다른 축일은 주님이 이루신 업적과 신비 속에 우리의 주님을 포함하고 있습니다. 그리스도의 강탄에서는 하느님이 사람이 되신 것을 경축합니다. 부활날에는 주님이 부활하신 것을 축하합니다. 성령강림일에는 성령이 쏟아져 교회의 기초가 반석 위에 놓인 것을 축하합니다. 이와 같이 1년 중의 다른 축일은 무언지 모르게 신비 속에 자신을 드러내고 계시는 우리의 주님에 대해서 이야기하는 것입니다.

그러나 이 삼위일체 축일은 아무런 은폐나 행위도 없이 주님 자신과 그 본질에서 어떤 분이신가를 보여 주는 것입니다. 여기에서 여러분은 모든 이성을 초월해 주님 자신과 그 본질에서 어떤 분인가를 말해 주는 것입니다. 여기에서 여러분은 모든 이성을 초월해 높이 날아올라서 모든 피조물을 멀리 아래로 내려다보고 자신을 높이 끌어올려 하느님이 자신과 자신의 본성에 대해서 말하고 있는 것에만 귀를 기울여야 합니다. 이 진리를 아는 다른 방법은 없습니다. 여기에서 하느님의 우직함과 세상의 지혜가 충돌합니다.
 그러므로 우리는 아버지인 하느님과 아들과 성령이 어떻게 하나의 하느님일 수 있는지 논의해야 합니다. 이것은 그 본질에서 모든 이성을 초월하고 있기 때문입니다. 우리에게는 하느님이 자신에 대해서 이같이 말하고 말씀 가운데 그렇게 자신을 계시하고 있는 것만으로 충분합니다.
 이것은 힘을 주는 메시지이고 우리의 마음을 하느님을 향해 기쁨으로 채워 줍니다. 3개의 위격인 하느님이 죄와 죽음과 악마로부터 가련하고 비참한 우리 인간을 구하기 위해 자신을 우리 쪽으로 돌려주시고 계신 것을 알기 때문입니다. 그것으로 인해서 우리는 의로움과 하느님의 나라와 영원한 생명으로 들어가게 되는 것입니다.

〈요한의 복음서〉 3장의 설교

5월 31일
가려진 하느님의 위광

    그분은 홀로 불멸하시고 사람이 가까이갈 수 없는 빛 가운데 계시며, 사람이 일찍이 본 일이 없고 또 볼 수도 없는 분이십니다. 영예와 권세가 영원히 그분에게 있기를 빕니다. 아멘.
〈디모테오에게 보낸 첫째 편지〉 6 : 16

    이 가려진 하느님의 뜻은 조사해야 하는 것은 아니고, 자신 안에 깃들고 계시는 하느님의 높으신 거룩하고 깊은 비밀로서 숭상해야 하는 것입니다.
    우리는 하느님의 성질이나 하느님의 가려진 뜻을 찾아서는 안 됩니다. 왜냐하면 그곳에서 하느님과 함께 해야 할 일은 없고, 하느님이 우리와 함께 무언가를 하시려고 원하시지도 않기 때문입니다. 하느님은 말씀에 의해서 우리에게 드러나지 않은 많은 방법으로 작용하십니다. 똑같이 하느님은 말씀에 의해서 우리에게 드러내지 않으신 많은 의도를 가지고 계십니다.
    그러므로 우리는 말씀에 주목하고 헤아릴 수 없는 하느님의 뜻에 대해서는 그대로 두어야 합니다. 왜냐하면 그 일에 관해서 아무것도 명령을 받지 않고 있기 때문입니다. 우리는 하느님의 말씀에 따라서 자기 자신을 규제해야 하고, 하느님의 깊은 뜻을 알 수는 없습니다.

바울로가 말하고 있는 것처럼(〈디모테오에게 보낸 첫째 편지〉 4장) 누구도 가까이 다가갈 수 없는 빛 속에 사시는 하느님의 높고, 위대하고, 거룩한 비밀을 추구하려고 해서는 안 되는 것입니다. 우리는 곁에 다가가는 것을 허락하시는 하느님, 사람이 되시어 십자가에 못 박히신 예수 그리스도를 향해 나아가야 합니다. 그분 안에 하느님의 모든 지혜의 보물이 숨겨져 있습니다.

  우리는 예수 그리스도에게서 알고 있는 것, 알아야만 할 모든 것을 풍부하게 향수(享受)하는 것입니다.

유스투스 요나역 노예적 의지

June
6월

6월 1일
하느님은 구명하기 어렵다

오! 하느님의 풍요와 지혜와 지식은 심오합니다. 누가 그분의 판단을 헤아릴 수 있으며 그분이 하시는 일을 이해할 수 있겠습니까?

〈로마인들에게 보낸 편지〉 11 : 33

가련하고 비참한 우리 인간은 말씀과 힘이 있는 역사로써 확증을 주신 하느님의 명령과 능력의 일부조차 이해하지 못하고 신앙을 통해 하느님이 약속하신 빛도 파악하지 못합니다. 그런데 왜 하느님의 마음을 헤아리려 하며 골치를 썩이고 있을까요?
  우리가 구명할 수도 헤아릴 수도 없는 하느님의 뜻을 가르쳐야 하는 것은 사실입니다. 그러나 이것을 완전히 이해하는 책임을 지는 것은 아주 위험한 일이고, 우리는 그 때문에 좌절하고 단념하게 될 것입니다. 나는 언제나 주 그리스도가 베드로에게 하신 말씀으로 자신을 억제하고 인도받도록 하고 있습니다.
  "그것이 너와 무슨 상관이 있느냐. 너는 나를 따르라."(〈요한의 복음서〉 21 : 22)
  그때 베드로가 하느님의 조화에 대해서 생각하여 주님이 어떻게 타인을 대하시는지, 즉 요한에게 어떤 일이 일어나는지를 물었습니다.

또 "나를 본 자는 아버지를 본 것이다"라는 주님의 말씀에 필립보가 "저희에게 아버지를 뵙게 하여 주시면 더 바랄 것이 없겠습니다"라고 간청했을 때에 주님은 어떻게 대답하셨습니까?

"내가 아버지 안에 있고 아버지가 내 안에 계시다는 것을 믿지 않느냐?"(〈요한의 복음서〉 14 : 8~10)

필립보도 아버지의 위광과 임재를 보고 싶다고 계속 소원했습니다.

이렇게 가려진 하느님의 깊은 뜻을 우리가 알았다고 해도, 지금 내려주신 하느님의 명령과 약속 이상으로 무슨 이익이 되며 도움이 되겠습니까?

이러한 것을 추구하기보다는 하느님의 약속과 계명으로 신앙을 실천합시다.

탁상어록

6월 2일
그리스도를 부르는 성령

아버지께서 여러분의 믿음을 보시고 그리스도로 하여금 여러분의 마음속에 들어가 사실 수 있게 해 주시기를.

〈에페소인들에게 보낸 편지〉 3 : 17

성령은 우리에게 그리스도에 대한 지식을 주십니다. 그리스도를 마음속에 깃들이셔서 사랑으로 불타오르게 하시고, 주께 있는 신앙으로써 흔들림이 없는 자로 있게 해 주십니다. 주님이 사시면 비록 혼이 강하건 약하건 생명으로 넘쳐나 하느님께서 기뻐하십니다.

그리스도가 우리 안에 깃든다는 것은 무슨 뜻일까요? 그것은 바로 주님이 누구신지, 우리가 우러르는 주님이 어떤 분인지를 아는 것입니다.

주님은 우리의 구세주이시며 이분을 통해서 하느님을 아버지로 부를 수 있게 되었습니다. 그리고 이분을 통하여 어떤 환난 속에서도 용기를 주시는 성령을 받을 수 있게 되었습니다.

주님께서 우리의 마음을 당신의 주거로 삼으셨기 때문에 우리는 이 사실을 확신하고 주님에게 매달리면 됩니다. 주님은 생명을 지니시며 살아계신 하느님이기 때문입니다. 어떻게 해야 주님을 마음속에 모실 수 있겠습니까? 사상이 아니라 살아 있는 신앙으로만 가능합니다. 주님은 이 손으로 잡을 수도 없거니와 눈으로 보면서 내 쪽으로 끌어당길 수도 없습니다. 단지 마음만이 주님을 잡을 수 있습니다.

  만일 당신의 신앙이 올바르고 건전하다면, 마음속에 그리스도를 지니고 느끼면서, 주님이 하늘과 땅에서 생각하시고 행하시는 일을 알 수 있게 됩니다. 그리고 어떻게 주님이 말씀과 성령으로 통치하시는지도 알 수 있습니다. 또 주님을 모시고 있는 사람과 주님을 모시지 않고 있는 사람의 마음이 어떤지도 이해할 수 있게 됩니다.

1525년 설교에서

6월 3일
자녀로서의 신분을 부여하는 영

여러분이 받은 성령은 여러분을 다시 노예로 만들어서 공포에 몰아넣으시는 분이 아니라 여러분을 하느님의 자녀로 만들어 주시는 분이십니다. 그래서 우리는 그 성령에 힘입어 하느님을 "아버지!"라고 부릅니다.

〈로마인들에게 보낸 편지〉 8 : 15

여기에는 그리스도의 나라의 힘과 진실한 성령으로 이루어지는 진정한 역사와 고귀한 임무가 묘사되어 있습니다. 즉 두려움과 죄의 공포에서 벗어난 마음이 받는 평안과 위안, 그리고 하느님의 도움을 신앙 속에서 기다리며 진심으로 드리는 기입니다. 이런 것들은 율법이나 자신의 청렴만으로는 얻을 수 없습니다. 율법이나 자신의 청렴으로 나에 대한 하느님의 연민과 사랑을 확신하고 위안을 받을 수는 없습니다. 도리어 분노와 죄에 대한 불안과 공포 가운데 계속 머무르게 됩니다. 그리고 이와 같은 공포 속에 있으므로 하느님을 벗어나 하느님에게 의지할 수 없습니다.

한편 그리스도에게 있는 신앙을 가진 자에게는 성령께서 마음속에 위로와 아이처럼 신뢰하는 마음을 부어 주십니다. 그리하여 마음은 이미 하느님의 자애와 도움을 의심하지 않습니다. 하느님께서 우리의 가치를 보지 않으시고, 아들이신 그리스도의 이름과 공로로써 은총과 도움, 실현과 위로를 약속해 주셨기 때문입니다. 위로와 소망은 성령의 두 역사이며 예언자도 이렇게 말하고 있습니다. 은총과 기도의 영을 불어넣으실 때 하느님은 그리스도의 나라에서 새로운 말씀과 행동을 시작하신다. 우리가 하느님의 자녀임을 이 같은 성령께서 확신시키고 우리의 마음을 움직여, 진실된 소망을 주님 앞에 외치게 한다.

〈로마인들에게 보낸 편지〉 8장 12~17절의 강해

6월 4일
만일 그렇다면 그리스도와 함께 고뇌한다

자녀가 되면 또한 상속자도 되는 것입니다. 과연 우리는 하느님의 상속자로서 그리스도와 함께 상속받을 사람입니다. 우리가 그리스도와 함께 고난을 받고 있으니 영광도 그와 함께 받을 것이 아닙니까?

〈로마인들에게 보낸 편지〉 8 : 17

여러분은 거기에서 그리스도인의 고귀한 찬미와 명예와 영광을 듣습니다. 누가 그것을 충분히 찬양하고 표현할 수 있겠습니까? 말로 표현할 수도 없고 이성으로 파악할 수도 없습니다.
만일 우리가 이를 믿고 의심하지 않는다면 두려워할 자가 어디 있고 나를 해칠 자가 어디 있겠습니까? 진정으로 하느님을 향해 "당신은 나의 아버지이시고 나는 당신의 아들입니다"라고 말할 수 있는 자는 지옥에서 오는 모든 마귀와 맞설 것이고, 기쁨에 넘치는 마음으로 이 세상의 온갖 위협이나 자랑에 끄떡도 않을 것이기 때문입니다. 아버지를 주님으로 모시기 때문에 주님 앞에 모든 피조물은 떨 수밖에 없고, 주님의 뜻이 아니면 아무것도 할 수 없습니다. 이와 같이 주께서는 어떤 피조물도 손상시킬 수 없는 이러한 유산과 영토를 지니고 계십니다.

그러나 그는 "만일 그렇다면 우리는 그리스도와 함께 고뇌해야 한다"는 말을 약간 덧붙입니다.

그것은 우리가 경건하고 순종하는 어린아이이고, 육체의 욕망에 따르지 않으며, 하느님 나라를 위해 우리에게 닥쳐오는 온갖 일과 육체를 상하게 하는 일 등으로 고통받음을 증명하면서 지상에서 생활해야 한다고 가르칩니다. 만일 그렇다면 우리는 그 말씀에서 영광스러운 위안을 발견해야 하고, 발견할 것이며 '성령으로 인도되는 자는(육체를 따르지 않는 자는) 모두 하느님의 자녀이다'라는 진리를 기뻐할 것입니다.

〈로마인들에게 보낸 편지〉 8장 17절의 강해

6월 5일
하느님의 자녀

바로 그 성령께서 우리가 하느님의 자녀라는 것을 증명해 주십니다. 또 우리의 마음속에도 그러한 확신이 있습니다.
〈로마인들에게 보낸 편지〉 8 : 16

우리가 하느님의 자녀임을 알고 확신하는 것은 우리 자신이나 율법에서 오는 것이 아니라 성령의 입증에 따른 것입니다. 성령은 우리가 가치가 없음을 의식하게 하여 율법을 어기고 있음을 증명합니다. 그리고 나약한 우리들에게도 확신을 주십니다.
성령의 입증은 우리가 그것을 자각할 수 있도록 하고, 말씀을 통해서 우리 안에서 역사하는 성령의 힘을 느끼게 해 줍니다. 그리고 우리의 그 체험은 말씀과 메시지에 일치합니다. 여러분이 슬픔과 고뇌 속에 있을 때 복음으로 위안을 받고 두려움과 의혹을 이길 수 있다면 이 입증을 느낄 수 있습니다. 그때 여러분은 자애로우신 하느님을 모시고 이제 하느님으로부터 벗어날 필요가 없다고 마음으로 굳게 믿을 수 있습니다. 그리고 그와 같은 신앙으로 기쁨 속에 주님을 부르고, 주님의 도움을 청할 수 있게 됩니다.
이러한 신앙이 있는 곳에서는 도움을 받았다는 경험이 뒤따릅니다. 바울로도 다음과 같이 말합니다.

"고통은 인내를 낳고, 인내는 시련을 이겨내는 끈기를 낳고, 그러한 끈기는 희망을 낳는다는 것을 우리는 알고 있습니다. 이 희망은 우리를 실망시키지 않습니다."(〈로마인들에게 보낸 편지〉 5 : 3~5)

이것이야말로 성령이 여러분 안에서 역사하시는, 진정한 내적 증명입니다.

〈로마인들에게 보낸 편지〉 8장 16절의 강해

6월 6일
진정한 신앙이 있는 곳

믿음은 우리가 바라는 것들을 보증해 주고 볼 수 없는 것들을 확증해 줍니다.

〈히브리인들에게 보낸 편지〉 11 : 1

눈을 감고 하느님의 손 안에 모든 것을 순순히 맡긴다면 그것이야말로 가장 좋고 훌륭한 신앙입니다. 하느님이 왜 그렇게 역사하시는지를 알려고 하지 않습니다. 이성과 감각과 경험으로 볼 때는 분노와 부정 이외에 아무것도 보이지 않는다고 해도, 신앙에 따르면 하느님이 가장 자애로우시고 정의로운 분임을 더욱 믿게 됩니다. 신앙은 눈에 보이지 않는 자를 확신케 하고, 보이는 모습과 정반대의 사실을 확인한다고 합니다.

그러므로 이 신앙은 하느님께 최고의 영예를 보내드리는 것이며 하느님께 드리는 사랑입니다. 완전히 정반대의 상황 속에서 자애롭고 정의로운 주님을 발견하고 찬양하는, 그처럼 높은 영예이고 깊은 사랑인 것입니다.

여기서는 육신의 눈은 완전히 도려내야 합니다. 오직 신앙만이 있을 뿐입니다. 그렇지 않으면 영은 공포 속에 고뇌할 뿐입니다.

한스 V 리헨베르크에게 보내는 편지

6월 7일
저희에게 믿음을 더하여 주십시오

사도들이 주님께 "저희에게 믿음을 더하여 주십시오" 하니까
〈루가의 복음서〉 17 : 5

이 그리스도인의 벗 가운데에는 누구도 타인보다 많은 것을 지니고 있지 않습니다. 베드로와 바울로는 막달라 마리아나 여러분이나 나보다 많은 것을 가지고 있지 않았습니다. 즉 모든 그리스도인은 형제이므로 인물에 따라서 다르지 않습니다. 성모 마리아도 세례자 요한도 십자가 위의 도적도 여러분이나 내가 지니고 있는 것과 똑같은 은총을 지니고 있습니다. 세례를 받고 아버지의 뜻을 행하는 자는 모두 똑같은 보물을 지니고 있는 것입니다.

그러면 모든 성도는 무엇을 지니고 있을까요? 그들은 죄를 용서받았다는 지식을 지니고 있습니다. 죄와 죽음과 사탄이 추구하는 온갖 것에 대해서 그리스도가 약속해 주신 도움과 위안을 지니고 있습니다. 그리고 나도 여러분도, 믿는 자는 모두 이와 똑같은 것을 지니고 있습니다.

하지만 한편으로 여러분이나 내가 세례자 요한이나 바울로만큼 확고한 신앙을 지니고 있지 않은 것도 사실입니다. 보물은 바로 거기에 있습니다. 그것은 마치 두 사람이 술 한 잔을 손에 들고 있는

데, 한 사람의 손은 떨고 다른 한 사람의 손은 아무렇지 않은 것과 같은 느낌입니다. 또 두 사람이 돈 한 자루를 들고 있는데, 한 사람의 팔은 약하고 다른 한 사람의 팔은 강한 것과 같습니다. 하느님의 뜻에 따라 손의 힘이 강해지거나 약해지겠지만, 그렇다고 해서 자루 안에 든 것이 늘어나거나 줄어드는 것은 아닙니다. 그와 마찬가지로 사도들과 나 사이에는 보물을 확실하게 잡고 있었는가 그렇지 않은가 외에는 아무런 차이도 없습니다.

나는 예언자나 사도, 성도들과 똑같은 보물을 지니고 있다는 것을 언제나 기억해야 합니다.

1530년 설교에서

6월 8일
하느님의 뜻은 헤아릴 길이 없다

슬기가 무궁하신 분이시다.

〈이사야〉 40 : 28

　믿고 있는 모든 것이 가려져서 보이지 않는 것이 아니면, 신앙이라고 할 수 없습니다. 보이는 것은 믿을 필요가 없기 때문입니다. 겉모습이 시시하게 보이면 보일수록 깊이 가려진 것은 없습니다. 인간의 눈은 신앙이 이래야 한다고 보여 주는 것과 정반대의 것을 보고 인정하고 이해합니다. 하느님은 모든 일에서 이렇게 역사하십니다. 주님이 우리를 생명으로 이끌려고 하실 때 우선 우리를 죽음에 이르게 하십니다. 우리를 성도로 삼고자 하실 때 먼저 우리의 양심을 자극하셔서 죄인으로 만드십니다. 우리를 하늘로 끌어올리려고 하실 때, 먼저 저승으로 내던지십니다.
　"야훼께서는 사람의 생사를 쥐고 계시어 지하에 떨어뜨리기도 하시며 끌어올리기도 하신다"고 성서에 쓰여 있는 그대로입니다. (〈사무엘상〉 2 : 6)
　이렇게 하느님은 영원한 분노 아래, 말로 표현할 수 없는 영원한 자애와 동정을 숨기고 계십니다. 또 불의 아래에 의를 숨기고 계십니다. 하느님의 축복을 받은 사람은 정말로 적습니다. 그러나 하느님이 연민으로 가득 찬 분임을 믿고, 어떤 사람들을 죄로 다스리셔도 하느님은 정의로운 분임을 믿는 것이 가장 좋고 큰 신앙입니다. 하느님께서 잘못됨을 지적하시고 격노를 보이실 때에, 주님이 얼마나 자애롭고 올바른 분임을 이성으로 이해할 수 있다면 과연 신앙이 필요할까요? 이성으로는 이해할 수 없기 때문에 신앙이 존재하는 것입니다. 그리고 이러한 진리가 전해질 때 여러분은 신앙을 움직일 수 있습니다.

유스투스 요나역 노예적 의지

6월 9일
주님은 짙은 어둠 속에

야훼께서는 몸소 캄캄한 데 계시겠다고 하셨습니다.

〈열왕기상〉 8 : 12

그러므로 신앙이란 완전한 어둠 속에서 아무것도 보이지 않아도 그리스도를 잡고 있는 것을 확신하고, 보는 지식을 말합니다. 그것은 우리의 주이신 하느님이 그 옛날 시나이 산과 신전의 어둠 속에 계셨던 것과 같은 것을 의미합니다. 하느님 앞에 우리를 올바른 자로 드러내어 주님을 기쁘게 하는 우리의 의로움은 신앙으로 드러내는 사랑이 아니라 신앙 그 자체입니다. 그리스도는 보이지 않을망정 현실로 계신다는 신앙, 즉 보이지 않는 것을 신뢰하는 마음속의 은밀한 지식이자 숨겨진 뜻입니다. 그 신앙이 우리를 의롭게 하는 것은 고귀한 보배인 그리스도를 파악하고 주님의 임재를 믿기 때문입니다.

주님이 어떻게 임재하고 계신지를 사색으로 표현할 수는 없습니다. 이미 말한 바와 같이 짙은 어둠 속에 가려져 헤아릴 수 없는 비밀의 지식이기 때문입니다. 이와 같이 마음속에 완전한 신뢰와 순수한 확신이 있는 자에게는 암흑 속에서도 신앙 안에 그리스도가 임재하십니다. 이것이야말로 진정한 의인(義認)이며 사람을 하느님 앞에 의로운 자로 받아들여질 수 있게 합니다.

메니우스역 〈갈라디아인들에게 보낸 편지〉 강해

6월 10일
알 수 있는 용서와 알 수 없는 용서

우리가 우리에게 잘못한 이를 용서하듯이 우리의 잘못을 용서하시고……

〈마태오의 복음서〉 6 : 12

하느님은 많은 사람에게 깊은 은총을 내리시고 그 죄를 완전히 용서하시면서도 그것에 대해서 아무 말씀도 하지 않으실 때가 있습니다. 도리어 하느님은 우리를 불쌍히 여기지 않으시고 지금도 영원히 죄인으로 정하시려는 것처럼 대하고 계신다고 느끼게 하십니다. 다윗도 그렇게 느끼고 다음과 같이 말했습니다.
 "야훼여! 노여우시더라도 나의 죄를 묻지 말아 주소서."(〈시편〉 6 : 1)
 이와는 반대로 주님은 은밀히 죄과를 그대로 두고 적의를 품으면서도 그 일에 대해서 아무 말씀도 하지 않고, 도리어 그 사람이 하느님에게 사랑을 받고 있는 것처럼 생각하도록 다루실 때가 있습니다. 겉으로 보면 그 사람은 일이 잘 풀리고 내면적으로는 행복을 느끼면서 천국에 대한 확신을 가지고 있습니다. 〈시편〉 10편 6절에는 그들에 대해 이렇게 씌어 있습니다.
 "내가 망하는가 두고 보아라. 나에게 불행이란 없으리라."

때때로 주님은 은총 속에 있는 기쁨과 신뢰에 넘치는 마음과 양심을 위로하시고, 설사 양심이 두려움에 사로잡혀도 혼이 하느님께 있는 희망을 가지고 강해지도록 하실 때가 있습니다. 때로는 양심에 공포와 고뇌를 주셔서, 행복한 날에도 혼이 하느님을 두려워하는 마음을 잃지 않도록 인도하십니다.

다윗에게 내리셨던 용서는 우리에게는 괴롭고 혹독한 것입니다. 그러나 그 용서에는 가장 큰 존엄과 가치가 있습니다. 일반적인 용서는 온화하여도 그만큼의 가치는 없습니다.

신도를 위한 주기도 강해

6월 11일
아무것도 나를 해치지 않는다

내가 너희에게 뱀이나 전갈을 짓밟는 능력과 원수의 모든 힘을 꺾는 권세를 주었으니 이 세상에서 너희를 해칠 자는 하나도 없다.

〈루가의 복음서〉 10 : 19

하느님은 대단히 능숙한 분이시라, 우리를 해치는 것들로 하여금 도리어 우리를 돕게 하시고 앞으로 나아가게 하는 솜씨를 지니고 계십니다. 마땅히 우리에게 죽음을 가져다 줄 자가 우리에게 생명을 얻게 하는 역할을 하게 됩니다. 우리를 죄와 죄과에 빠뜨리는 자가 우리의 희망과 신앙을 더욱 강하게 하고 우리의 기도를 더욱 견고하게 해, 하느님이 그것에 넉넉히 대답하실 수 있도록 이끄는 역할을 수행합니다.
그것은 세상의 목적과 생각과는 완전히 다른 결과를 가져오는 숙련공이 계시기 때문이며, 이분은 세상에서 악을 의미하는 것을 사용해 선을 가져오십니다. 주님은 무에서 유를 가져오고 모든 것을 새로운 것으로 바꾸는 분이십니다.
그리스도인이 발 아래 짓밟히고 머리를 난도질당할 때, 그 자체는 결코 명예나 영광, 기쁨이나 축복으로 보이지 않습니다. 명예나 영광과는 정반대의 느낌을 받습니다. 그러나 주님은 이렇게 말씀하십니다.

"나는 무에서 유를 불러내고, 슬픔과 고뇌의 마음에서 진정한 기쁨을 불러낼 수 있다. 나는 이렇게 말할 수 있다. 죽음과 무덤이여, 생명이 되라. 저승이여, 천국과 축복이 되라. 독이여, 진통제가 되고 약이 되라. 사탄과 세상이여, 내가 사랑하는 그리스도인을 위해 천사나 사도보다 더 잘 봉사하는 자가 되라. 나는 모든 고뇌와 고통을 통해서 나의 포도밭이 기름지도록 일구고 가꿀 것이다. 나는 그렇게 할 수 있다."

〈요한의 복음서〉 15장의 강해

6월 12일
신앙이란 깨어 있는 것

지붕 위의 외로운 새와도 같이 잠 못 이루옵니다.

〈시편〉 102 : 7

우리는 다른 사람들처럼 잠을 자면 안 됩니다. 조심해서 깨어 있어야 합니다. 이 세상의 욕망을 영원한 은총과 비교하면 꿈 속의 환상과 현실의 모습을 비교하는 것과 같습니다. 수면은 세상의 피조물에 대한 사랑과 욕망일 뿐입니다. 그리고 깨어 있다는 것은 영원한 은총을 바라보며 그것을 추구하고 동경하는 것입니다.

그리스도인만이 잠에서 깨어 있습니다. 다른 모든 것은 잠자고 있기 때문입니다. 여기에 '지붕 위'라고 씌어 있습니다. 그것은 '이 세상은 집이며 그곳에서는 모든 사람이 문을 닫고 잠들어 있다. 나는 홀로 지붕 위에 있다. 아직 하늘에 있는 것은 아니지만 이제 지상에는 없다. 세상은 내 밑에 있고 하늘은 내 위에 있다. 이와 같이 나는 지상의 생명과 영원한 생명 사이를 홀로 오가고 있다'는 뜻입니다.

회개의 〈시편〉 일곱 편

6월 13일
진정한 사랑이 있는 곳

우리가 받은 성령께서 우리의 마음속에 하느님의 사랑을 부어 주셨기 때문입니다.

〈로마인들에게 보낸 편지〉 5 : 5

여기에서 '하느님의 사랑'이란 말에 주의하기 바랍니다. 우리는 하느님이 사랑을 부어 주실 때만 하느님을 사랑하기 때문입니다. 우리는 사랑이나 두려움을 보거나 느낄 수 있는 것처럼 보이지만, 그 진정한 의미를 이 지상에서는 보거나 느낄 수 없습니다. 또 여러분이 완전히 신뢰할 수 있는 것도 없습니다. 사랑은 모든 것을 초월해 아득히 높은 곳, 온갖 감정과 이해를 초월한, 눈에 보이지 않는 하느님 안에 사로잡혀 있는 것이며, 하느님께서 직접 마음속 깊이 간직하고 있는 것입니다. 무엇을 사랑하지 않는지는 알면서 무엇을 사랑하고 있는지는 모릅니다. 또 알려지고 느낄 수 있는 모든 것을 싫어하는 한편, 아직 모르는 것을 동경합니다.

더구나 우리 안에 있는 이 높은 덕은 사도 바울로가 말한 것처럼 우리에게서 나오는 것도 아닙니다. 우리는 하느님께 그것을 구해야 합니다.

그리고 다음과 같이 진리가 이어집니다.

(1) 쏟아 부어진다. 즉 우리 안에서 나오는 것도 생기는 것도 아니다.

(2) 성령에 의해. 즉 우리가 도덕적 가치라고 부르는 선행이나 좋은 습관으로 얻을 수 있는 것은 아니다.

(3) 우리의 마음속. 즉 수면의 물거품처럼 단순히 껍데기가 아니라 우리 마음속 깊은 곳에까지 부어진다.

(4) 우리에게 주어져 있다. 즉 우리에게는 그만한 가치가 없으며 오히려 그 반대였다는 것.

그리고 그 진실성은 이것으로 확증이 되어 있습니다. 즉 그것은 바로 '받은' 것이고 그만한 가치가 있는 것은 아니라는 것입니다. 그리스도는 약자를 위해 죽으신 것이며 결코 강자나 가치 있는 자들을 위해 십자가에 못박히신 것은 아니었습니다.

에르바인스역 〈로마인들에게 보낸 편지〉 강해

6월 14일
내 사랑 안에 머물러 있어라

아버지께서 나를 사랑하신 것처럼 나도 너희를 사랑해 왔다. 그러니 너희는 언제나 내 사랑 안에 머물러 있어라.

〈요한의 복음서〉 15 : 9

그리스도인들에게서 사랑을 몰아내고 증오와 질투를 들여오려고 한결같이 노력하는 것만큼 사탄이 기뻐하고 바라는 일은 없습니다. 사랑으로 그리스도의 나라가 건설되고 유지되는 것을 마귀도 잘 알고 있기 때문입니다.

그리스도는 우리가 무엇보다 사랑을 유지하도록 열심히 권하고, 그리고 아버지와 자신을 가장 완전한 본보기로서 우리에게 보여 주셨습니다. (예수께서 말씀하시는 의미는 이렇습니다)

나의 아버지는 나를 한없이 사랑하시고 내 안에 온갖 힘과 권위를 두셨다. 지금 아버지는 나를 고통 속에 넣으려고 하시지만, 내가 행하고 고통받는 모든 것을 마치 하느님 자신에게 한 것처럼 받아들이신다. 그리고 나를 죽음에서 생명으로 되살리시고 만물의 주로서 내 안에 하느님의 영광이 돌아가게 해 주신다. (예수님은 다시금 말씀하십니다)

그와 같이 나도 '너희들을' 사랑한다. 나는 너희들을 죄와 죽음

속에 남겨두지 않고 오히려 내 몸과 생명을 주어 너희들을 죄와 죽음에서 구원하고 나의 순결과 정결함, 죽음과 부활, 내 권위 속에 있는 모든 것을 준다. 그러므로 내 사랑 속에 머물러라. 설사 나로 말미암아 심한 고뇌와 시련을 받아서 나에게서 멀어지려 해도 참고 견디어라. 너희들의 고통이나 아픔보다 나의 사랑을 더욱 강하게 더욱 크게 느끼기 바란다.

우리는 그리스도를 본받아 제각기 능력에 따라서 서로 이 명령을 따르는 것을 배우는 것입니다.

〈요한의 복음서〉 15장의 강해

6월 15일
사랑으로 말미암은 사랑

하느님께서 먼저 우리를 사랑하셨기 때문에 우리도 사랑합니다.
〈요한의 첫째 편지〉 4 : 19

 불이 없는 곳에는 연기가 피어오르지 않듯이 사랑이 없는 곳에 신앙은 없습니다. 신앙으로 말미암아 하느님이 자기를 얼마나 사랑하고 계신지를 안 사람은 하느님을 향해 불타는 듯한 사랑의 마음을 지닌 채 가만히 있을 수 없습니다. 그 마음에서 감사하는 사랑이 아낌없이 흘러나오기 때문입니다.
 그러나 하느님에게는 우리의 활동이 필요하지 않습니다. 또 그리스도인은 하느님에게 감사하고 하느님을 찬양하는 것 외에 하느님에게 무엇을 하도록 명령을 받지 않습니다. 그래서 이웃을 위해 몸을 바치고 가족처럼 상의해 주고 도와 주고 봉사합니다. 하느님이 자애로움으로 은총을 아낌없이 보여 주신 것을 알고 있기 때문입니다.
 아무런 가치도 없이 죄 가운데 있었을 때, 하느님의 적이고 하느님에게 전혀 무관심했던 때조차 하느님은 은총을 내리셨습니다. 그래서 지금 이웃이 잘못이나 죄 가운데 있는 것을 볼 때 올바른 길을 보여 줄 수밖에 없는 것입니다. 그리고 내가 전에 위로와 도움을 발견한 곳으로 그를 이끌어 갑니다. 이렇게 해서 복음을 전하고 죄의 용서로 이웃을 인도합니다.

더욱이 상대가 헐벗었으면 입혀 주고, 굶주렸으면 먹여 주고, 목마르면 물을 마시게 해 줍니다. 요컨대 자신이 남에게 바라는 것을 이웃에게 해 주는 것입니다. 이웃을 위해 무언가 할 수 있는 일이 있으면 부탁을 받기 전에 진정으로 기꺼이 그 일을 합니다.

1527년 설교에서

6월 16일
하느님은 사랑이십니다

하느님은 사랑이십니다.

〈요한의 첫째 편지〉 4 : 16

"하느님은 사랑이십니다." 이 말은 도대체 어떤 의미이겠습니까? 눈을 뜨기만 하면 누구나 보고 이해할 수 있는 명백한 것입니다. 하느님이 은총으로 내려주신 선물은 어디를 둘러보아도 매일 볼 수 있습니다.

태양, 달, 빛으로 가득 찬 하늘 그리고 지상에는 나뭇잎과 풀과 많은 식물들로 가득하여 우리가 먹을 양식이 준비되어 있습니다. 더욱이 아버지·어머니·집·평화·안전·세상의 통치자에 의한 보호 등도 있습니다.

그리고 하느님은 이 모든 것에 더하여 그 사랑하는 아들을 보내주셨습니다. 그리스도를 여러분과 머물게 하여 온갖 슬픔과 심한 고뇌 속에서 구해 주십니다. 하느님께서 해 주시는 것 가운데 이 이상의 것이 있겠습니까? 여러분은 이보다 더 좋은 것을 구할 수 있겠습니까? 하느님의 사랑은 다 타버리는 불이어서 인간의 지혜로는 밝힐 수가 없습니다. 그러나 이 사랑을 보고 마음에 담지 않는 사람은 박쥐처럼 눈이 멀었거나, 돌처럼 고집스럽거나, 그것도 아니면 죽어 있는 것입니다.

  그러므로 (요한이 말하고 있는데) 여러분이 그리스도인이 되길 원하고, 하느님을 알기 원하고, 하느님이 순수한 사랑만을 가지고 그 사랑을 우리들 위에 넉넉히 부어 주시는 것을 보고 또 안다면, 이 사랑을 여러분의 마음에 받아들이고 하느님께서 우리에게 하신 대로 이웃에게 해야 합니다. 이와 같이 하느님이 주신 사랑의 불길을 느낀 사람의 마음이 조금밖에 따뜻해지지 않고, 조금밖에 불타오르지 않는 일은 있을 수 없기 때문입니다.

1532년 설교에서

6월 17일
받는 감사보다 주는 감사를

변치 않는 마음 내 안에 굳혀 주소서.

〈시편〉 51 : 12

  성령은 아픔이 뒤따르는 두려운 마음이나 거짓 사랑이 아니라, 마음 속에 하느님을 섬기고 싶다는 소망이 일게 합니다. 두려운 마음으로 섬기는 사람은 두려워하는 동안에만 섬깁니다. 자신의 의지로 하는 것이 아니고, 강제로 하느님을 섬기는 사람은, 형벌이나 지옥이 없다면 섬기는 것을 중단할 것입니다. 마찬가지로 자신의 번영과 대가를 바라고 섬기는 사람도 오래 지속하지 못합니다. 대가도 번영도 없음을 알면 하느님을 사랑하는 일을 중단할 것입니다. 이런 사람들은 하느님의 구원에 있는 기쁨을 발견하지 못합니다. 진정한 영도 순수한 마음도 갖지 않고, 하느님보다도 자기 자신을 사랑하는 자들입니다.
  그러나 견고한 의지를 가지고 하느님께 봉사하는 사람은 일이 잘되든, 잘되지 않든, 기분이 좋든 나쁘든 주님에 대한 봉사에 흔들림이 없습니다. 하느님에 의해 왕후처럼 고귀하고 강요되지 않은 자유로운 의지를 받고 견고해졌기 때문입니다.
  '기꺼이 섬기는 영'이란 이 한 마디는 히브리 어로 기분이 좋은, 강요받지 않은 영을 의미합니다. 강요받은 행위는 모두 오래 지속되지 않습니다. 자유로운 의지에 바탕을 둔 행위는 영속적입니다.

회개의 시편 일곱 편

6월 18일
고뇌 속의 사랑

나를 사랑하는 사람은 내 말을 잘 지킬 것이다.

〈요한의 복음서〉 14 : 23

지상에 있는 교회는 약함과 가난, 고뇌, 두려움, 죽음, 치욕, 자책과 싸움을 계속해야 합니다. 재난은 여러분을 각자의 껍질에서 끌어 내 남의 힘이나 도움이나 이야기에 의지하지 않도록 합니다. 그때 여러분은 마음속에 그리스도를 모시고 그리스도의 이름과 말씀과 나라를 지상의 어느 것보다도 사랑하고, 존중하고, 소중하게 여겨야 합니다. 그리스도를 모시지 않고 자신의 영예와 힘, 이 세상의 찬미와 정욕과 기쁨과 우정을 무엇보다도 사랑하는 사람에게는 이 말을 선전해도 헛수고입니다. 그리스도 당신도 바로 뒤에 이어서 말씀하셨습니다.

"그러나 나를 사랑하지 않는 사람은 내 말을 지키지 않는다."(〈요한의 복음서〉 14 : 24)

그러나 이것은 말로만 사랑하는 것이 아닙니다. '내 말을 지킨다'는 말이 의미하듯이 사랑의 증거와 삶의 행위가 뒤따라야 합니다. 즉 싸워서 승리하는 사랑인 것입니다. 사랑하는 자를 위해 모든 일을 하는 것이 진정한 사랑의 성질입니다. 기꺼이 하지 않고는 도저히 견딜 수 없는 것이 바로 사랑입니다.

　주님의 자애로움이 우리의 마음 한가운데에 있다면, 주님을 위해 고통을 당하거나 참고 견디는 일은 결코 짐이 되거나 성가시지 않습니다. 우리는 오직 주님의 사랑 속에 살 뿐입니다. 이것은 기쁨으로 말씀을 들을 뿐만 아니라 확고하게 사랑에 기대어 승리를 거둠을 의미합니다.

〈요한의 복음서〉 14장 23~31절의 설교

6월 19일
형제의 사랑

형제의 사랑으로 서로 사랑하고……
〈로마인들에게 보낸 편지〉 12 : 10

여기에서 요구하고 있는 것은, 소극적인 사랑이 아니라 마음에서 우러나오는 사랑입니다. 이와 같은 사랑이 있을 때, 남의 슬픔이 나의 슬픔처럼 되고 남의 번영이 내 것처럼 됩니다. 그것은 마치 부모가 아이의 성장이 순조로울 때는 자신도 기뻐하고, 반대로 아이가 실패하거나 타락했을 때는 자신도 몹시 고뇌하는 것과 같습니다.

하지만 이 시점에서 우리는 "네 이웃을 네 몸같이 사랑하라"는 계명을 행하는 것에는 훨씬 미치지 못했음을 배웁니다. 이웃 사랑의 계명은 우리가 상대를 깊이 사랑하고, 몸과 영혼이 하나가 되어 모든 소유물과 영예를 공유하는 것을 의미합니다.

사랑한다는 것은 실로 큰 일입니다. 형제처럼 사랑한다는 것은 훨씬 더 큰 일입니다. 그러나 아버지가 아들을 사랑하듯이 사랑하는 것은 모든 것 가운데 가장 위대한 것입니다. 이 사랑은 마음에서 흘러넘치는 열렬하고 싫증나지 않는 사랑으로 불립니다.

1527년 설교에서

6월 20일
의로움을 알다

안심하여라. 네가 죄를 용서받았다.

〈마태오의 복음서〉 9 : 2

  이 말씀을 통해서 성령의 왕국 안에는 절대적인 죄의 용서가 있으며, 또 없어서도 안 된다는 것을 알 수 있습니다.
  그러므로 죄의 용서란 어떤 의미인가를 잘 배워야 합니다. '당신이 죄를 용서받았다'고 입으로 말하기는 쉽습니다. 아, 이 말대로 죄를 용서받는다면 얼마나 멋질까 하면서 마음속에서는 믿지 않는 것입니다. 그래서 실제로 문제에 부딪치면 죄의 용서가 무엇인지 모른다는 것을 깨닫습니다. 왜냐하면 나의 모든 죄를 용서받고 신앙으로 말미암아 하느님 앞에서 의로워졌음을 진심으로 믿고 이해하는 것은 예삿일이 아니기 때문입니다.
  이야말로 실로 훌륭한 의로움이고, 이 세상의 재판관, 현자, 신중한 사람의 의로움과는 전혀 다른 것입니다. 이 같은 사람들은 모두 의를 사람의 마음과 혼 안에서 노력으로 얻은 자질이라고 말하기 때문입니다. 그러나 복음은 그리스도인의 의로움이 사람의 마음이나 혼 안에 있는 자질이 아니라고 가르칩니다. 우리가 속죄받은 자이고, 죄를 용서받음으로써 의롭게 된 자임을 배워야 합니다.

성 마태오 축일의 설교

6월 21일
그리스도 안에서 의로워진다

그분이 오시면 죄와 정의와 심판에 관한 세상의 그릇된 생각을 꾸짖어 바로잡아 주실 것이다⋯⋯ 내가 아버지께 돌아가고 너희가 나를 보지 못하게 된다는 것이 하느님의 정의를 나타내시는 것이라고 가르치실 것이고.

〈요한의 복음서〉 16 : 8, 10

이와 같은 의는 이성과 이 세상뿐만 아니라 성도들에게도 가려져 있습니다. 우리 안에 있는 사상이나 언어나 행위가 아니라 완전히 나의 밖에 있고, 위에 있는 것이기 때문입니다. 그것은 그리스도가 아버지 곁으로 가시는 것, 즉 주님의 고난·부활·승천입니다. 우리가 보거나 느끼는 오감으로는 알 수 없고, 오직 신앙을 통해서만 파악할 수 있습니다.

우리의 행위나 사고에 치우치지 않고, 우리 안에는 아예 없는 의로움을 지니고 의인(義認)으로 불린다는 것은 정말 놀라운 일입니다. 그 의로움은 완전히 우리 밖에 있고, 그리스도 안에 있습니다. 그러나 주님의 자애로운 선물로 우리가 획득하고 그럴 가치가 있게 된 것처럼 완전히 우리 자신의 소유가 되는 것입니다.

우리가 아무것도 하지 않고, 고통도 당하지 않고, 생각도 하지 않고, 느끼지도 않는데 의인이라는 명칭을 받는 것은 이성으로는 결코 이해할 수 없는 일입니다. 내가 구원을 받고 하느님에게 기쁨을 드리는 자가 되는 요인은 내 안에는 결코 없습니다. 나 자신은 모든 사람의 생각과 행위와 권위와는 무관합니다. 나는 내 눈으로 볼 수 없어도 신앙으로(하늘의 아버지 오른편에 앉아 계시는) 그리스도에게 매달려 있습니다.

   신앙은 고뇌 속에서도 이 의에 매달려 그 위에 세워지고 의를 통해 힘을 얻습니다.

〈요한의 복음서〉 16장의 강해

6월 22일
신앙에 의해서만

그분이 오시면 죄와 정의와 심판에 관한 세상의 그릇된 생각을 꾸짖어 바로잡아 주실 것이다……내가 아버지께 돌아가고 너희가 나를 보지 못하게 된다…….
〈요한의 복음서〉 16 : 8, 10

사람은 행위도 공적도 없이 오직 신앙을 통해서만 하느님과 화해하고 정화된다는 근본 원리는 굳게 지켜 결코 흔들려서는 안 됩니다. 바울로도 〈로마인들에게 보낸 편지〉에서 이렇게 말했습니다.
"이제는 하느님께서 인간을 올바른 관계에 놓아 주시는 길이 드러났습니다. 그것은 율법과는 아무런 관계가 없습니다."(3 : 21)
이와 같은 말씀을 우리는 굳게 믿고 더욱 의지해 흔들려서는 안 됩니다. 죄의 용서와 의인(義認)이 행위 없이 신앙에 의해서만 주어진다는 것을 선언하고 있기 때문입니다.
그리스도가 〈마태오의 복음서〉에서 말씀하신 것을 생각해 보기 바랍니다.
"좋은 나무는 좋은 열매를 맺고 나쁜 나무는 나쁜 열매를 맺게 마련이다."(7 : 11)
이 비유에서 좋은 나무를 만드는 것은 열매가 아님을 알 수 있습니다. 열매가 없어도 나무는 좋아야 하고, 좋은 열매를 맺기 전에 좋은 나무를 만들어야 합니다.

이런 점에서 좋은 행위 없이 사람이 정화되어야 하는 것은 의심할 수 없는 진리이고, 좋은 행위를 할 수 있기 전에 정화되어야 하는 것도 진리입니다.

그러므로 우리가 성도가 되고, 선한 자가 되기 위해 선한 일을 하기 전에, 온갖 선행보다도 중요한 무언가가 있어야 한다는 것을 알 수 있습니다. 그것은 사람이 건전한 활동을 하기 전에 우선 몸이 건전해야 한다는 것과 같습니다. 중요한 것은 존귀한 하느님의 말씀입니다.

말씀은 복음 속에서 그리스도를 만나 하느님의 은총을 우리에게 전하고 제공합니다. 그 말씀을 듣고 믿는 사람은 누구나 그로 인해 성도가 되고 의로워집니다. 그래서 이 말씀을 생명과 은총의 말씀, 용서의 말씀이라고 합니다. 하지만 이 말씀을 듣지 않고 믿지 않는 사람은 다른 방법으로는 결코 정화되지 못합니다.

의롭지 못한 부(富)에 대한 설교

6월 23일
기쁜 교환

하느님께서는 믿는 사람이면 누구나 아무런 차별도 없이 당신과 올바른 관계에 놓아 주십니다. 그것은 예수 그리스도를 믿음으로써 이루어지는 것입니다.

〈로마인들에게 보낸 편지〉 3 : 22

신앙은 영혼을 인도하여 은혜로 충만하며 자유롭고 축복받은 하느님의 말씀을 닮게 할 뿐만 아니라, 신랑과 신부처럼 그리스도와 우리를 연결합니다. 이 결혼에 의해서(바울로도 〈에페소인들에게 보낸 편지〉 5 : 31에서 말한 것처럼) 그리스도와 혼이 일체가 됩니다. 이 결합 과정에서 양자는 좋은 것이든 나쁜 것이든 모두를 공유합니다. 그렇게 함으로써 이제는 그리스도에게 속한 것이 믿는 혼에 속하고, 혼에 속한 것이 그리스도에게 속하게 됩니다.

그리스도는 온갖 좋은 것과 축복을 지니고 계시기 때문에 그런 것들이 이제는 혼에 속합니다. 혼은 죄와 비참함이란 무거운 짐을 짊어지고 있는데 그런 것들이 이제는 그리스도에게 속합니다.

그리고 여기에서 기쁨으로 충만한 교환과 싸움이 시작됩니다. 그리스도는 신이자 사람이십니다. 죄가 침범할 수 없으며 그 자비가 비길 데 없이 영원하고도 전능하신 분이므로, 신앙이라는 결혼반지에 의해서 마치 자신이 범하신 것처럼 믿는 자의 혼을 스스로 맡으십니다. 그리고 그것들은 주님 안에 삼켜져 익사하고 맙니다. 비길 데 없는 주님의 의로움은 온갖 죄보다도 강합니다.

이렇게 해서 혼은 결혼지참금에 의해 모든 죄에서 깨끗해집니다. 신앙에 의해 자유로워지고 쇠고랑을 벗어나 신랑인 그리스도의 영원한 의로움을 받는 것입니다.

그리스도인의 자유

6월 24일
대가 없이 의로워진다

 모든 사람이······하느님께서는 그리스도 예수를 통해서 모든 사람을 죄에서 풀어 주시고 당신과 올바른 관계를 가질 수 있는 은총을 거저 베풀어주셨습니다.
〈로마인들에게 보낸 편지〉 3 : 23, .24

 죄가 아무리 크고 무거워도 이 말씀의 진리는 그보다도 더욱 크고 높고 넓습니다. 누구도 자신의 지혜로 이 진리를 말한 사람이 없고 이를 확립한 사람도 없습니다. 오직 천지를 창조하시고 지탱하시는 주님이 확립하고 말씀하신 것입니다. 나의 죄도 나의 성도다움도 이 땅 위에 남습니다. 그런 것들은 이 지상의 생활과 행위에 연관이 있기 때문입니다. 그러나 하늘에는 이런 것들보다 훨씬 나은 다른 보물이 있습니다. 그곳에서 그리스도는 나를 그 팔로 안으시고 날개로 보호하시며, 자비의 그림자 아래에 숨기시고 앉아 계십니다.
 그리고 당신은 물을 것입니다. "나는 매일 죄를 느끼고, 양심의 가책을 받고, 하느님의 분노를 받을 것이라고 생각하는데 어떻게 그런 일이 있을 수 있습니까"라고. 그 대답은 이렇습니다.
 "당신이 어떻게 사고하고 생각하건 그리스도인을 의인으로 인정하는 것은 바로 죄를 용서하는 것임을 배워야 합니다. 그것은 죄와 모든 분노를 제거해 버리는 압도적인 은총만을 다루는 나라 또는 주권을 의미합니다."

우리가 아무리 인간적인 정의를 추진해도 하느님 앞에서는 완전한 죄인이고, 또 우리 안에는 죄밖에 없습니다. 그러므로 그것은 일방적인 은총에 의한 죄의 용서로 불립니다. 주님이 죄에 대해 말씀하실 때 거기에는 분명히 현실적이며 중대한 죄가 있습니다. 그와 마찬가지로 용서도 단순한 농담이 아니라 현실적인 중대사로 존재합니다. 그러므로 이 말씀의 진리를 볼 때 두 가지를 알 수 있습니다.

첫째는, 지상에서 아무리 신심이 깊어도 죄는 여러분의 모든 깨끗함을 앗아가고 만다는 것입니다.

둘째로, 용서는 모든 죄와 분노를 완전히 없애 버리기 때문에 여러분의 죄가 여러분을 저승으로 던져 넣을 수는 없다는 것입니다.

1529년 설교에서

6월 25일
은총의 나라

그의 사랑 우리에게 뜨겁고 그의 진실하심 영원하시다. 할렐루야.

〈시편〉 117 : 2

온갖 분노와 죄와 마귀보다도 위대한 은총의 나라가 우리 안에 그리고 우리를 초월해 존재합니다.

당신은 이 나라를 아이처럼 상상력을 동원해 마음에 묘사해 보아야 합니다. 복음에 의해서 하느님은 주님을 믿는 우리들 위에 '은총의 하늘'로 불리는 위대하고 새로운 하늘을 만들어 주셨습니다. 그것은 눈으로 볼 수 있는 하늘보다 훨씬 크고, 훨씬 아름답고, 더욱 확실하며 영원불멸한 것입니다.

이 하늘 아래에서 그 주민은 누구도 죄를 범할 수 없고 죄에 머물 수도 없습니다. 그곳은 영원히 이어지는 은총의 하늘이기 때문입니다. 만일 누군가가 좌절하거나 죄를 범한다면, 그 사람은 그곳에 머물지 못하고 하늘에서 떨어지기는커녕 불신자와 마찬가지로 악마와 함께 저승에 떨어지고 말 것입니다.

그리고 죄가 모습을 나타내고 죽음이 이빨을 드러내고 마귀가 여러분을 위협해도 그 이상으로 생명이 죽음을 지배하고, 그 이상으로 하느님이 모든 악마를 지배하십니다. 그러므로 이 나라에서 죄와 죽음과 마귀는 맑게 개인 하늘을 잠시 먹구름으로 가릴 수는 있어도 결코 영원히 가릴 수는 없습니다. 다만 이 나라에 머무르며, 이 나라가 위에서 지배권을 갖도록 두어야 합니다. 그러면 결국 모든 구름은 날아가 버립니다.

이 모든 것은 행위가 아니라 신앙에 의해서만 이루어집니다.

〈시편〉 117편의 강해

6월 26일
기쁨이 넘치는 신앙

그리스도께서는 우리를 위하여 십자가에 달려 저주받은 자가 되셔서 우리를 율법의 저주에서 구원해 내셨습니다.

〈갈라디아인들에게 보낸 편지〉 3 : 13

도대체 이 이상의 일을 하느님이 하실 수 있을까요? 우리의 마음은 기쁨과 감사로 넘쳐 하느님과 그리스도에게 순종하지 않을 수 있을까요? 만일 하느님께 사랑과 기쁨의 찬미를 바치고 노래하며 기쁨으로 따르지 않는다면, 어떤 고통이 생기게 될까요? 만일 그렇게 되지 않는다면 신앙은 확실히 깨지고 맙니다. 신앙이 커지면 커질수록 기쁨과 자유는 늘고, 신앙이 사라지면 사라질수록 기쁨도 사라지고 맙니다.

이 말씀에 쓰여 있는 것이야말로 율법과 율법의 심판, 즉 죄와 죽음에서 진정한 그리스도인이 받은 구원이고 자유입니다. 율법과 죽음이 존재하지 않는다는 것이 아니라, 마치 존재하지 않는 것처럼 된다는 것입니다. 이제 율법은 죄로 이끌지 않고 죽음도 파멸로 이끌지 않으며, 신앙은 율법과 죽음을 통해서 영원한 생명으로 나아가는 것입니다.

〈갈라디아인들에게 보낸 편지〉 4장 1~7절의 강해

6월 27일
서로 용서하라

너희의 아버지께서 자비로우신 것같이 너희도 자비로운 사람이 되어라.

〈루가의 복음서〉 6 : 36

우리의 아버지이신 하느님은 어떻게 그 자비를 드러내실까요? 그것은 육체와 영혼에 이익이 되는 모든 것을 오늘도 내일도 영원히 완전한 자비로 아낌없이 우리에게 주시는 것입니다. 만일 하느님이 우리의 공적에 따라서 무언가를 주신다고 한다면, 지옥불과 영원한 형벌 외에는 아무것도 주실 수 없습니다. 그러므로 하느님은 완전한 자비로 우리에게 은총과 영예를 내려주시는 것입니다.

주님은 우리가 죽음에 이르고 있음을 보고 계십니다. 그래서 우리를 불쌍히 여기시고 생명을 주십니다.

주님은 우리가 저승의 아들임을 보고 계십니다. 그래서 우리를 불쌍히 여기시고 천국을 주십니다.

주님은 우리가 가난하고 헐벗고 굶주리고 있는 것을 보고 계십니다. 그래서 우리를 불쌍히 여기시어 우리에게 입고 먹고 마실 것을 주시고, 모두 좋은 것으로 채워 주십니다. 이와 같이 우리가 육체와 영혼 안에 지니고 있는 모든 것은 주님이 완전한 동정으로 내리신 것이고, 온갖 좋은 것으로서 부어 주신 것입니다.

   그리스도인이 지닌 동정도 자기의 이익을 추구하는 것이 아니라, 완전하고 포괄적인 것이어야 합니다. 하늘에 계시는 아버지처럼 그리스도의 사랑도 적과 아군을 구별하지 않습니다.

   이런 동정이 없는 곳에서는 신앙도 없습니다.

1522년 설교에서

6월 28일
바리사이인

바리사이파 사람은 보라는 듯이 서서 "오, 하느님! 감사합니다. 저는 다른 사람들과는 달리 욕심이 많거나 부정직하거나 음탕하지 않을 뿐더러 세리와 같은 사람이 아닙니다……"

〈루가의 복음서〉 18 : 11

모든 계명이 여기서 파괴되고 무로 돌아가고 말았습니다. 이 바리사이인은 하느님을 부정하고 이웃에게 좋은 일도 하지 않기 때문입니다. 그는 멸망으로 접어들었습니다. 율법의 하나를 지키지 않았기 때문입니다. 만일 "아아, 하느님이시여. 우리는 모두 죄인입니다. 이 가련한 죄인도 나도 다른 모든 사람과 똑같습니다"라고 말했다면 그는 하느님이 주신 첫째 계명을 지켜 하느님을 찬양한 것이 되었을 것입니다. 그리고 만일 그 후에 "아아, 하느님이시여. 이 세리가 죄인이고 마귀에게 잡아먹히는 것이 보입니다. 사랑하는 주님이시여, 그를 살려 주십시오"라고 말하고, 그를 등에 업고 하느님 앞에 나아가 그를 위해 기도했다면 이 바리사이인은 다른 계명도 지킨 것이 되었을 것입니다. 그것이야말로 그리스도인이 지켜야 할 사랑의 계명이며 바울로도 이렇게 가르치고 있습니다.

"서로 남의 짐을 져주십시오. 그래서 그리스도의 법을 이루십시

오."(〈갈라디아인들에게 보낸 편지〉 6 : 2)

　여기서 바리사이인은 자신이 올바른 자라고 자화자찬을 하려고 찾아왔습니다. 자신이 어떻게 단식을 하고, 전 수입의 10분의 1을 바치고 있는지를 말하고, 자신이 생각하는 좋은 행동을 가장 자랑스럽게 이야기합니다. 그리고 이웃을 향해 온갖 증오를 다 쏟아붓습니다. 만일 하느님이 그를 심판하셨다면 이 가련한 세리를 저승 깊숙한 곳에 던져 버렸을 것입니다.

　모든 사람이 망하고 자기만 찬양받길 바란다면 그것은 사악한 마음이고, 듣기에 거북한 말이 아니겠습니까?

　이 비유는 우리에 대한 경고로 이야기되고 있습니다.

1522년 설교에서

6월 29일
죄를 덮어 주는 것

사랑은 허다한 죄를 용서해 줍니다.

〈베드로의 첫째 편지〉 4 : 8

여기에서 배워야 할 것은 여러분의 이웃을 잃어버린 양으로서 찾고, 여러분의 영예로 그 치욕을 덮어 주고, 여러분의 깨끗함을 그 죄를 덮는 가리개로 사용한다는 것입니다.

그런데 사람들이 함께 모이면 자신이 얼마나 치열하게 죄와 싸우고 있는지를 증명하려고 서로를 마구 난도질합니다. 여러분 같은 남성이 함께 모일 때에 그와 같은 일을 해서는 안 됩니다. 마찬가지로 여성 여러분도 함께 모일 때는 다른 사람의 죄를 덮어 주어야 하며, 치유할 수 없는 상처를 입혀서는 안 됩니다. 또 만일 어느 방에 두 사람이 있는데 그곳을 지나칠 일이 있다면, 당신의 외투를 두 사람 위로 던져 주고 문을 닫으십시오. 왜 그렇게 해야 할까요? 여러분도 그렇게 해 주길 바라기 때문입니다.

이것이 바로 그리스도가 하신 일입니다. 주님도 말없이 우리의 죄를 덮어 주셨습니다. 주님이 하실 생각만 있었으면 우리를 욕보이고 발 아래 짓밟을 수 있었습니다. 그러나 그렇게 하지 않으셨습니다. 그러므로 여러분도 똑같이 해야 합니다.

처녀는 그 관을 창녀에게 씌워 주고, 신심이 깊은 아내는 그 베일을 간음한 여인에게 주어, 우리가 지니고 있는 모든 것을 죄인을 덮는 외투로 사용합니다. 누구에게나 찾아내야 할 잃어버린 양이 있고, 여성이라면 누구나 찾아야 할 은화가 있기 때문입니다. 우리가 지니고 있는 모든 것을 타인에게 주어야 합니다.

1522년 설교에서

6월 30일
이웃의 죄를 용서할 것

너희가 남의 잘못을 용서하면 하늘에 계신 아버지께서도 너희를 용서하실 것이다.

〈마태오의 복음서〉 6 : 14

만일 여러분이 이웃에게 한 것같이, 하느님이 여러분에게 하고 모든 죄를 전세계에 폭로하면 어떻게 느끼겠습니까? 또 누군가가 당신의 모든 악의를 공개했다면 어떻겠습니까? 모든 사람이 말없이 있어 주고, 여러분을 위해 변호하고, 여러분의 악을 덮어 주고, 여러분을 위해 기도해 주기를 바랄 것입니다. 그러나 실제로 여러분은 자연히 "너희는 남에게서 바라는 대로 남에게 해 주어라"(〈마태오의 복음서〉 7 : 12)고 한 율법과 정반대로 행동하고 맙니다.

중상하는 자, 험담하는 자, 사악한 재판관의 죄가 용서된다고 생각해서는 안 됩니다. 가장 작은 죄라는 것도 없는가 하면 가장 큰 죄라는 것도 없기 때문입니다.

만일 이웃의 죄에 대해서 무언가 하길 원한다면 그 고귀한 그리스도의 황금률을 지키고 실천하십시오.

"어떤 형제가 너에게 잘못한 일이 있거든 단 둘이 만나서 그의 잘못을 타일러 주어라."(〈마태오의 복음서〉 18 : 15)

다른 사람에게 그 일을 말하지 말고 두 사람만 알게 하라는 것에 주목하기 바랍니다.

이 고귀한 일을 실천하려고 노력하는 사람은 달리 많은 일을 하지 않아도 죄를 갚을 수 있을 것입니다. 또다시 죄에 빠졌다고 해도 하느님은 이렇게 말해 주실 겁니다.

"이 사람은 이웃의 잘못을 덮고 용서해 주었다. 그러므로 모든 피조물이여, 와서 그를 덮어 주어라. 그 죄는 용서받고 영원히 잊히게 될 것이다."

신도를 위한 주기도 강해

July
7월

7월 1일
무한한 용서

그 때에 베드로가 예수께 와서 "주님, 제 형제가 저에게 잘못을 저지르면 몇 번이나 용서해 주어야 합니까? 일곱 번이면 되겠습니까?" 하고 묻자

〈마태오의 복음서〉 18 : 21

베드로가 주님에게 물었을 때의 일을 복음서는 아름답게 묘사하면서, 하느님의 나라와 죄의 용서에는 한이 없음을 기술하고 있습니다. 예수님은 비유를 들어 대답했는데, 우리가 하느님의 은총을 잃을 것을 두려워하면서 진심으로 이웃의 잘못을 용서하도록 권하고 계십니다.

하느님은 우리의 무한한 죄와 죄과를 용서해 주십니다. 하느님에게 진 빚은 1만 달란트라고 되어 있는데 그것은 무한을 의미합니다. 너무나 커서 우리의 전 재산, 전력을 다해도 다 지불할 수 없습니다. 우리는 가장 작은 죄도 지워 버릴 수가 없습니다. 그런데 하느님은 그의 나라에서 완전한 은총으로 이와 같은 막대한 빚을 사해 주십니다. 그러므로 우리도 이웃이 진 약간의 빚을 사해 주어야 한다는 것입니다.

그리스도는 다음과 같이 말씀하십니다.

"하늘나라에서는 죄의 용서밖에 존재하지 않습니다. 그 나라는 그리스도의 교회이고, 나는 타인의 죄를 용서하는 사람의 죄를 용서합니다."

또 이렇게도 말씀하십니다.

"이웃에게 동정을 보이지 않는 사람에게는 나도 동정을 보이지 않습니다. 나는 여러분 모두의 주이고 왕과 같지만, 여러분은 서로에게 종과 같아야 합니다."

1524년 설교에서

7월 2일
대가를 추구하지 않는 사랑

너희가 자기를 사랑하는 사람들만 사랑한다면 무슨 상을 받겠느냐? 세리들도 그만큼은 하지 않느냐?

〈마태오의 복음서〉 5 : 46

그리스도인은 자비심을 가지고 악인에게도 자비를 보여 주어야 합니다. 선한 사람이나 친구를 자비롭게 대하는 것은 쉬운 일입니다. 살인자라도 동료에게는 잘해 주고, 이방인이라도 대가가 돌아오는 것을 확신하는 한 친절한 태도를 취합니다. 그러나 대가를 더 이상 받을 수 없을 때는 그 사랑과 동정의 샘은 말라 버립니다. 그때 이방인의 사랑은 사랑이 샘솟는 샘이나 우물이 아니라, 모래밭에 부어지는 물 한 잔임을 알 수 있습니다.

만일 나의 선행을 상대가 악으로 갚는다면 이렇게 말합니다. "가세요. 내 마음은 선행이 싫증나질 않습니다. 나는 당신이 '나쁘게 되길' 바라지 않고 악을 행하도록 권하지도 않습니다. 나는 당신을 꾸짖습니다. 그러나 그것을 마음에 담지 않는다면 떠나십시오. 만일 시장이나 재판관이 벌하지 않는다면, 당신은 하늘에서 벌하는 분을 발견할 것입니다. 주님은 아직도 많은 마귀와 악한을 지상에 가지고 있고, 많은 물과 불과 나무와 돌과 재난과 역병을 지니고 계시기 때문에 당신을 충분히 벌할 수 있습니다. 나는 당신의 죄가 반드시 벌받을 것을 알고 있기 때문에 부드러운 사랑의 마음으로 언제나 이야기를 나눌 준비를 하고 있습니다."

이야말로 이방인에게는 없는 그리스도인의 마음이자, 그리스도인의 사랑입니다.

그리스도인은 설사 그 사랑이 모래에 붓는 물과 같은 것일지라도 마르지도 바닥나지도 않는 우물을 가지고 있습니다.

삼위일체 대축일 후 제4주일의 설교

7월 3일
모두가 그리스도처럼

여러분은 하느님께서 뽑아 주신 사람들이고, 하느님의 성도들이며, 하느님의 사랑을 받는 백성들입니다. 그러니 따뜻한 동정심과 친절한 마음과 겸손과 온유와 인내로 마음을 새롭게 하여……
〈골로사이인들에게 보낸 편지〉 3 : 12

여러분의 이웃을 용서할 뿐만 아니라 얼굴과 몸짓과 입과 혀로도 사랑하십시오. 그리고 그것은 마음에서 우러나온 것이어야 합니다. 그렇지 않으면 하느님이 당신을 용서하지 않으셔서 은총의 나라에서 버림받게 될 것입니다.

우리가 하느님의 자비를 느낀다면, 우리에게 상처를 준 형제를 기꺼이 용서해야 합니다. 한없이 자비로우신 아버지 하느님은 우리를 용서해 주십니다. 주님이 우리를 불쌍히 여기시고 죄와 죽음과 죄과와 아픔을 용서해 주시는 것처럼 우리도 형제의 죄를 용서하고 동정을 표시하기 위해서입니다.

하느님의 자비는 우리 마음 안에 깃들어 우리를 친절하고 선량한 인간이 되게 합니다. 그리스도는 아버지 오른편에 앉으셔서 동시에 모든 진실한 자의 마음과 양심을 지배하십니다. 그에 따라서 그 사람들은 주님을 사랑하고 또 두려워하고, 주님을 두려워하는 마음으로 살며, 순종하는 백성이 왕을 따르듯이 주님을 따릅니다. 그리하여 그들의 모든 행위와 인격은 주님을 닮게 됩니다.

"하늘에 계신 아버지께서 완전하신 것같이 너희도 완전한 사람이 되어라"(〈마태오의 복음서〉 5 : 48)

주님이 말씀하신 대로입니다. 하느님은 우리의 악과 비참함과 죄와 불완전함을 용서해 주실 만큼 완전하신데 그것을 본받음으로써 우리도 똑같이 형제를 용서하게 되는 것입니다.

1524년 설교에서

7월 4일
성화(聖化)는 주님의 역사

또 여러분을 불러 주신 분이 거룩하신 것처럼 여러분도 모든 행위에 거룩한 사람이 되십시오. 성서에도 "내가 거룩하니 너희들도 거룩하게 되어라"고 기록되어 있지 않습니까?

〈베드로의 첫째 편지〉 1 : 15, 16

나는 너희의 하느님이고, 너희는 나의 백성이므로 너희는 나처럼 되어야 한다―진정한 주님은 그 백성을 자신과 닮게 하고 주님의 뜻에 따르게 하십니다. 그리고 주 하느님은 거룩한 분이시므로 그 백성도 거룩해집니다. 그러므로 신앙을 가지고 나아갈 때 우리는 모두 거룩해집니다. 성서에는 죽은 성도에 대해서는 그다지 쓰여 있지 않으나, 지금 이 세상에 살아 있는 자에 대해서는 많은 이야기가 실려 있습니다. 다윗도 〈시편〉 86편 2절에서 자신에 대해 다음과 같이 말했습니다.

"당신께 바친 몸이니, 지켜 주소서."

그리스도인은 누구나 주님이 가지고 계신 것을 공유합니다. 그리스도가 거룩한 분이시라면 그리스도인도 거룩한 자여야 합니다. 그렇지 않으면 그리스도가 거룩한 분임을 부정하는 것이 됩니다.

바울로도 만일 세례를 받았다면 그리스도의 거룩한 옷을 입은 것이라고 말했습니다. '거룩하다'는 이 짧은 단어는 여러분이 하느님의 것이고, 하느님에게 속하고, '성별되었음'을 의미합니다. 그러므로 베드로는 말했습니다.

"여러분은 하느님에게 자기를 바쳤습니다. 그러므로 다시 한 번 세상의 정욕 속에 빠지지 않도록 주의해야 합니다. 오직 하느님만이 여러분을 지배하시고 움직이시며 깃들어 주시도록 해야 합니다. 주님이 거룩한 분이신 것처럼 여러분도 거룩한 자이기 때문입니다."

〈베드로의 편지〉 강해

7월 5일
그리스도의 성화

그러나 여러분은 주 예수 그리스도의 이름과 하느님의 성령으로 깨끗이 씻겨지고 거룩하여졌으며, 하느님과 올바른 관계에 놓이게 되었습니다.

〈고린토인들에게 보낸 첫째 편지〉 6 : 11

우리가 그리스도의 고통과 정화 덕분에 받은 이 정화를 찬미할 때, 영광은 우리 자신에게 돌아가게 하는 것이 아니고, 그리스도에게 돌아가는 것입니다.

내가 죄인임을 인정하는 것은 나 자신에 관한 한 진리입니다. 그러나 그리스도에게 있는 신앙에 의해서 나는 이제 아담의 아들이 아니고, 하느님의 아들이므로 완전히 거룩한 자가 되었습니다. 여기에서 커다란 구별이 이루어집니다. 사람이고 아담의 아들인 한 나는 저승에 있습니다. 만일 나에게 자기 나름의 경건함과 엄격함과 열렬한 신앙과 선행이 있어서 그것에 의지하려고 한다면, 나는 죄인으로 정해져 망할 수밖에 없습니다.

그러나 만일 여러분의 죄 때문에 죽고 구원을 위해 부활하신 그리스도로 말미암아 그리스도의 형제, 하느님의 자녀가 된 것을 믿고 그 신앙으로 세례를 받는다면 다음과 같이 말할 수 있습니다.

"내가 형제로서 교제를 하고 있는 한 이제는 아담의 아들도 죄인도 아닙니다. 만일 여러분이 이 진리를 무시하려고 한다면 그렇게 하십시오."

나는 지금도 이것을 배우고 있습니다. 죄인이 "나는 천국에서 베드로 옆에 앉을 것이다"라고는 좀처럼 말할 수 없기 때문입니다. 그러나 우리는 이 깨끗함을 찬양하고 영광을 돌려야 합니다. 바로 이것이 황금처럼 빛나는 형제의 교제입니다.

1530년 설교에서

7월 6일
하느님에 의한 성화(聖化)

주님의 사랑을 받는 형제 여러분, 우리는 여러분을 생각할 때 언제나 하느님께 감사하지 않을 수 없습니다. 하느님께서는 누구보다도 먼저 여러분을 택하셔서 구원을 얻게 하시고, 성령의 능력으로 거룩하게 해 주셨으며 진리를 믿게 하셨습니다.
〈데살로니카인들에게 보낸 둘째 편지〉 2 : 13

그러므로 우리는 말씀을 지키고 그리스도와 함께 열심히 증명하는 사람을 깨끗한 자로 간주해야 합니다. 특히 그들이 가난하고 약한 자이고, 특별히 성도로서의 모습을 드러내지 않으며, 박해와 시련을 받고 있을 때에는 그렇습니다. 거룩한 자라든가, 올바른 자라든가 아니라든가, 결코 이마에는 씌어 있지 않기 때문입니다. 그러나 말씀이 열매를 맺어 그 사람이 그 때문에 고난을 당하고 있는 것을 볼 때는 그가 살아 있는 성도임을 알 수 있습니다.
 그런데 위선자는 겸손한 척하면서 다음과 같이 말합니다. "하느님은 모든 사람에게 자신을 가리켜 성도라고 부르는 오만을 금하고 계시다. 우리는 모두 죄인이 아닌가." 이와 같은 말에는 다음과 같이 대답하겠습니다. 그 말은, "성도를 스스로 그 지위를 획득하고 그 자격을 갖추었던 하늘의 성도로 생각하는 진부한 착각에서 생기는 것이다."

그러나 그리스도의 진정한 성도란 죄인이고 '주기도'를 망설임 없이 기도할 수 있는 성도입니다.

"아버지, 온 세상이 아버지를 하느님으로 받들게 하시며 아버지의 나라가 오게 하소서…… 우리의 잘못을 용서하소서."

이와 같이 기도함으로써 자기 안에 하느님의 거룩한 이름이 충분히 공경을 받지 못하고, 그의 나라가 아직 오지 않았으며, 그의 뜻이 이루어지지 않았음을 고백하는 것입니다. 더구나 거룩한 자로 불리는 것은 죄가 없어서도, 행동으로써 깨끗이 씻겼기 때문도 아닙니다. 오히려 죄인이고 모든 행동에 의해서 죄로 정해져 있습니다. 자신의 것이 아닌 정화로 인해서 성도가 된 것입니다.

〈요한의 복음서〉 16~20장의 강해

7월 7일
신앙에 의한 성화

그리하여 나를 믿고 죄를 용서받아 성도들이 차지할 몫을 나누어받게 하려는 것이다.

〈사도행전〉 26 : 18

하느님은 우리가 영적인 방법으로 거룩한 자가 될 대비를 해 주셨습니다. 내 마음속 깊은 영이 하느님 앞에 정화되고 있음을 입증해 주시는 것은 영적인 진리의 말씀입니다. 주님은 하느님이 우리 안에 역사하지 않으시면 정화될 수 없음을 명확히 하려고 이 말씀을 하셨습니다.

그러므로 우리에게 신앙이 있으면 비록 아직 이 지상에 있더라도 복음에 의해서 이미 우리를 성도로 불러 주십니다.

여러분은 거룩한 자여야 합니다. 더구나 스스로 거룩한 자가 되었다거나 자신의 가치로 그렇게 되었다고 우쭐할 일은 아닙니다. 오직 하느님의 말씀에 의해서 천국이 여러분의 것이 되고, 여러분은 신심이 뜨거운 자가 되어 그리스도로 말미암아 거룩한 자가 된 것입니다.

여러분은 그리스도인이 되려는지 아닌지를 고백해야 합니다. 그리스도의 피가 우리를 죄에서 정화하고, 정화된 자로 만들어 주시는 은총을 부정하는 것만큼 그리스도의 이름에 대한 커다란 모욕과 비웃음은 없기 때문입니다. 그러므로 여러분은 자신의 신심에 따르지 않고 그리스도의 피로 정화되는 것을 믿고 그것을 고백해야 합니다. 그러므로 그리스도에게 생명도 재산도 맡기고, 어떤 일이 일어나도 그것을 받아들여 참고 견딥니다.

〈베드로의 첫째 편지〉 강해

7월 8일
완전한 자가 되기 위해

　나는 이 희망을 이미 이루었다는 것도 아니고, 또 이미 완전한 사람이 되었다는 것도 아닙니다. 다만 나는 그것을 붙들려고 달음질칠 뿐입니다. 그리스도 예수께서 나를 붙드신 목적이 바로 이것입니다.

〈필립비인들에게 보낸 편지〉 3 : 12

　그러므로 자기를 의인으로 생각하거나 그렇게 말하는 성도는 한 사람도 없습니다. 그들은 언제나 올바르게 되기를 추구하고, 자신이 죄인임을 고백하고, 자신의 죄를 혐오하고, 의로워지기를 바랍니다.
　따라서 거듭남으로 진실한 영적인 사람의 생활이란 내 안의 마음의 신음과 행위의 외침과 몸의 노고로 이 하나의 선물을 열심히 추구하는 데 있습니다. 즉 어떻게든 죽음에 이르기까지 의로워지길 소망하고 결코 멈추지 않습니다. 또 자신이 그것에 이미 도달했다거나, 어떤 행위로 이미 의인의 목표에 도달했다는 생각 등은 결코 하지 않습니다. 아직도 죄를 범하는 한, 목표가 아직 먼 곳에 있는 것처럼 기다리고 바랍니다.

에르바인스역 〈로마인들에게 보낸 편지〉 강해

7월 9일
하느님의 조화

……열매를 맺는 가지는 더 많은 열매를 맺도록 잘 가꾸신다.
〈요한의 복음서〉 15 : 2

우리는 자신의 일을 하기 전에 이해합니다. 그러나 하느님의 조화는 그 일이 끝날 때까지 알 수 없습니다.

〈예레미야〉 23장 20절 "훗날 그 때가 되어야 너희는 눈이 열려 깨달을 것이다." 이 말씀은 우리가 처음에 자기 계획만을 알고 있지만, 마지막에는 하느님의 계획을 깨닫는다는 뜻입니다.

〈요한의 복음서〉 14장 29절 "그 일이 일어날 때 너희로 하여금 믿게 하려는 것이다." 앞서 말한 바와 같이 예술가가 자기 작품의 목적에 걸맞은 재료를 골랐을 때, 그 마음속에 떠오른 막연한 이미지는 이를테면 사물이 성취하길 바라는, 말로 표현할 수 없는 기도와도 같은 것입니다. 예술가는 기도의 답을 얻고 자기의 이미지에 따라서 형태를 만들 준비가 가능해질 때 구체적인 작업을 통해서 그 답을 보여 줍니다. 마찬가지로 하느님은 우리의 생각과 소망을 들으시고, 말로 표현할 수 없는 요구와 우리의 적합성을 보십니다. 그리고 주님의 계획과 예술의 준비가 끝나면 구체적인 형태를 만들기 시작하십니다. 그 과정에서 우리의 사고의 틀과 형태는 반드시 깨져야 합니다.

에르바인스역 〈로마인들에게 보낸 편지〉 강해

7월 10일
성화의 신앙

바로 그 성령께서 우리가 하느님의 자녀라는 것을 증명해 주십니다. 또 우리의 마음속에도 그러한 확신이 있습니다.

〈로마인들에게 보낸 편지〉 8 : 16

굳은 신앙과 희망을 가지고 하느님의 자녀임을 확신하는 사람은 분명 주님의 자녀입니다. 성령을 따르지 않으면 누구도 이와 같은 확신을 가질 수는 없습니다. 하느님만이 죄를 지울 수 있다고 믿는 것은 좋은 것입니다. 하지만 그와 동시에 그리스도에 의해 죄를 확실하게 용서받은 것도 믿으십시오. (물론 성령이 믿는 힘을 주시지 않으면 믿을 수 없습니다) 죄를 용서받은 신앙은 성령이 여러분의 마음에 주는 증명과 같습니다. 이렇게 해서 사람은 신앙에 의해 의롭게 됩니다. 이것이 바로 바울로가 말하려는 것입니다.

'공적'에 대해서도 이같이 말할 수 있습니다. 그리스도를 떠나서는 그러한 '공적'에 도달할 수 없다고 믿는 것만으로는 충분하지 않습니다. 진리의 성령이 와서 여러분이 그리스도에게서 받은 '공적'을 확실히 가졌음을 증명해 주셔야 합니다. 그리고 어떤 행위이건 하느님께서 기쁘게 받아들이실 것을 굳게 믿는다면 그렇게 될 것입니다.

역설적으로 말해서 여러분의 행위만 해도 하느님 앞에 무가치하다는 것을 인정한다면 그것은 이와 같은 신뢰의 확실한 표시가 됩니다. 여러분은 이미 악의 행위를 하지 않기 때문에 그 행위는 좋은 것이고, 하느님을 순종하는 마음으로 행동했을 때에도 그와 같은 태도를 취하는 것입니다. 그리고 이러한 겸손과 선행에 대한 양심의 끊임없는 노력이야말로 하느님을 기쁘게 합니다.

영원한 생명에 대해서도 이처럼 말할 수 있습니다. 주님이 오직 은총에 의해서 이 생명을 주시는 것으로 믿는 것만으로는 충분하지 않습니다. 하느님의 도움으로 영원한 생명에 이른다는 성령의 입증이 있어야 합니다.

에르바인스역 〈로마인들에게 보낸 편지〉 강해

7월 11일
세례의 의미

우리는 그리스도와 같이 죽어서 그분과 하나가 되었으니 그리스도와 같이 다시 살아나서 또한 그분과 하나가 될 것입니다. 예전의 우리는 그분과 함께 십자가에 못박혀서 죄에 물든 육체는 죽어 버리고 이제는 죄의 종살이에서 벗어나게 되었다는 것을 우리는 알고 있습니다.

〈로마인들에게 보낸 편지〉 6 : 5, 6

이것이야말로 진정한 사도의 메시지입니다. 이곳저곳에 기술되어 있는 '세례를 받음으로써 그리스도와 함께 묻혔다'는 표현이 여기에서는 '그리스도와 하나가 되어 그리스도와 함께 죽었다'로 되어 있습니다. 바울로는 그리스도의 죽음과 부활을 세례와 결부하고 있습니다. 그러므로 세례가 단순한 증표로 여겨지는 것을 피하고, 그리스도의 죽음과 부활의 힘을 그곳에 포함하고 있습니다. 더구나 이 때문에 우리들 가운데에도 죽음과 부활이 생깁니다. 죄가 이제는 우리들 가운데 생기지 않고 죽고, 더구나 영원히 죽기 때문에 죄는 주님의 죽음으로 없어지고 제거되는 것입니다.

세례를 받을 때에 물 속에 가라앉게 하는 것은 그리스도 안에서 죽는 것을 의미합니다. 또 물에서 다시 나오는 것은 주님이 죽음 속에 머물지 않고 부활하신 것처럼, 우리도 주님 안에서 새로운 생명을 받았음을 의미합니다. 그러나 이 생명은 죄 가운데의 생명은 아닙니다. 죄는 우리들 안에서 이미 망하고 우리는 이미 죄로 죽었기 때문입니다. 의와 정화를 입은 새 생명이 아니면 안 됩니다.

그래서 우리를 '그리스도와 결합하여' '그리스도와 하나가 된' 자로 부릅니다. 이른바 빵 하나로 구워진 것처럼 우리 안에 주님의 죽음과 부활의 힘을 받아서 그 열매, 즉 그 결과가 우리 안에 나타납니다. 우리가 그리스도에게 있는 세례를 받고 있기 때문입니다.

삼위일체 대축일 제6주일의 설교

7월 12일
그리스도와 함께 죽었다

세례를 받고 그리스도 예수와 하나가 된 우리는 이미 예수와 함께 죽었다는 것을 모르십니까?

〈로마인들에게 보낸 편지〉 6 : 3

이 말씀의 의미는 축복 속에서 죄로 죽었다가 하느님의 은총 가운데 부활한다는 것입니다. 그로 인해서 죄 가운데 잉태해 태어난 옛 사람은 빠져 죽고, 새 사람이 은총으로 나타나 되살아나고 태어나게 됩니다. 그러므로 죄는 세례 가운데 빠져 죽고 의가 나타납니다.

이와 같은 죄의 익사는 몸이 죄에 삼켜져서 멸망할 때까지 이 땅에서는 이루어지지 않습니다. 세례 예전(禮典) 즉 표시는 바로 이루어집니다. 그러나 영적인 세례와 죄의 익사라는 세례 그 자체의 의미는 지상에 살아 있는 동안에는 성취되지 않습니다. 죽을 때에 비로소 완성되는 것입니다. 그때 사람은 진정으로 세례 속에 가라앉아 그 의미를 성취합니다. 그러므로 이 땅의 모든 생애는 죽음에 이르는 끊임없는 세례와 다르지 않습니다. 그리고 세례를 받은 사람은 누구나 죽게 되어 있습니다.

그러므로 그리스도인의 생애는 세례에서 무덤까지 축복받은 죽음의 길과 같습니다. 마지막 날에 하느님이 그를 새로운 다른 사람으로 만들어 주시기 때문입니다.

거룩하게 존중해야 할 세례 예전에 대한 설교

7월 13일
하느님의 아들의 성질

아버지와 아들과 성령의 이름으로 그들에게 세례를 베풀고……
〈마태오의 복음서〉 28 : 19

신앙이 두터운 부모에게서 태어나 모든 것을 보고 배워서 부모를 닮게 된 아이는 신앙심이 많은 아이라고 부릅니다. 그 아이는 당연히 부모의 전 재산과 이름, 그 밖에 일체를 물려받고 소유합니다.
마찬가지로 우리 그리스도인도 세례 가운데 다시 태어나 주님의 자녀가 되었습니다. 그리고 아버지와 아버지의 길을 따라서 걸으면 주님의 이름과 모든 부는 우리의 영원한 재산이 됩니다. 우리 아버지의 바탕은 동정과 자애입니다. 그리스도는 말씀하십니다.
"너희의 아버지께서 자비로우신 것같이 너희도 자비로운 사람이 되어라."(〈루가의 복음서〉 6 : 36)
또 "나는 마음이 온유하고 겸손하니…… 나에게 배워라."(〈마태오의 복음서〉 11 : 29)
하느님은 올바르시고, 깨끗하시고, 진실하시고, 강하시고, 성실하시고, 현명하신 분이지만 그 밖에 하느님의 바탕을 나타내는 말은 모두 '주님의 이름'이라는 한 마디 안에 포함되어 있습니다.
우리는 주님의 이름으로 세례를 받고 성별되고 있으므로, 이러한 모든 특성은 우리의 이름이 됩니다. 그래서 우리는 주님의 자녀로 불리고 어느 사람에게나 적에게조차 동정심이 많고, 훌륭하고, 자비심이 많고, 올바르고 진실하고, 성실하고, 친절하고, 평화를 사랑하고, 온화한 마음을 갖는 것입니다. 세례로써 하느님의 이름이 이러한 모든 활동을 하게 하는 힘을 우리에게 미치기 때문입니다.

신도를 위한 주기도의 강해

7월 14일
세례의 의미

　이와 같이 여러분도 그리스도 예수와 함께 죽어서 죄의 권세를 벗어나 그와 함께 하느님을 위해서 살아야 한다고 생각하십시오.
〈로마인들에게 보낸 편지〉 6 : 11

　이와 같이 이 사람은 상처 하나 없이 깨끗하고 신성한 것으로 만들어져 있습니다. 이것은 하느님의 표시, 즉 세례를 받았음을 의미합니다. 이 사람의 모든 죄가 죽음을 나타내고 있으며, 은혜 가운데 죽고 최후의 날에 부활하여 순결해지고, 죄에서 해방되어 영원히 사는 것을 보여 줍니다.
　이 예전을 통해서 죄에서 해방되어 순결해진 것은 진실이나, 아직 완성된 것은 아닙니다. 죄로 가득 찬 육신 속에서 아직 살고 있고, 죄에서 완전히 해방되지 않았으므로 모든 면에서 순결해진 것도 아닙니다. 하지만 순결하고 흠 없는 사람이 되기 시작하고 있는 것은 확실합니다.
　그렇지만 여러분은 이렇게 말할 것입니다. 만일 완전히 죄를 죽여 정화해주지 않는다면 세례에 무슨 의미가 있겠습니까. 여기에서 이 예전에 대해서 이해해야 하는 것에 대해서 말해 두겠습니다.
　첫째로 여러분이 예전을 따를 때는 죄로 죽고 싶다고 소망하고,

예전을 통해서 종말의 날에 새로워지고 싶다고 소망하기 때문일 것입니다. 하느님은 이를 받아들여 세례를 받는 것을 허용해 주십니다. 이때부터 하느님은 여러분을 새롭게 하기 시작합니다. 은혜와 성령을 부어 죄로 충만한 바탕을 죽이고 죽음을 준비시켜 최후의 날에 부활할 대비를 시작하십니다.

그리고 만일 여러분이 이렇게 해서 사는 한 죽음에 이르기까지 죄를 정복할 것을 약속한다면, 하느님은 그것을 받아들이시고 지상의 전 생애를 통해서 많은 선행과 많은 고통을 갖추어 주십니다.

이렇게 해서 하느님은 여러분이 세례에서 소망한 것을 실현해 주십니다. 죄에서 벗어나서 종말의 날에 새로운 생명으로 거듭나게 해 주시는 것입니다.

거룩하게 존중해야 할 세례 예전에 대한 설교

7월 15일
죄인에게 위안을 주는 세례

믿고 세례를 받는 사람은 구원을 받겠지만 믿지 않는 사람은 단죄를 받을 것이다.

〈마르코의 복음서〉 16 : 16

만일 인간이 죄에 빠졌다면 세례를 생각해 봅시다. 만일 죽을 때까지 죄와 싸우려고 한다면, 하느님은 세례받은 신자의 모든 죄를 용서하실 것을 약속하십니다. 이 진리와 약속을 기쁨으로 상기한다면, 세례받은 신자는 약속의 말씀에서 새 힘을 얻어 마음이 다시 기쁨으로 충만할 것입니다. 하지만 그것은 그 사람 자신의 행위나 헌신에 따른 것이 아니라, 세례에 의해서 영원히 지키기로 약속된 주님의 은혜에 따른 것입니다.

이 신앙을 확실하게 지켜야 합니다. 설사 모든 피조물이나 온갖 죄가 자기 위에 덮쳐 왔다고 해도 매달려야 합니다. 왜냐하면 신앙을 빼앗겨도 좋다고 생각하고 있는 자는, 세례 예전에서 받은 약속을 소홀히 하여 하느님을 위선자로 만들기 때문입니다.

거룩하게 존중해야 할 세례 예전에 대한 설교

7월 16일
물과 피

하느님의 아들이 인간으로 오셔서, 물로 세례를 받으시고 수난의 피를 흘리셨습니다. 그분이 바로 그리스도이신 예수이십니다. 그분은 물로 세례를 받으신 것뿐만 아니라, 세례도 받으시고 수난의 피도 흘리셨습니다.

〈요한의 첫째 편지〉 5 : 6

이리하여 그리스도의 무고한 피는 언제나 세례에 섞여 있습니다. 사람의 눈에는 투명한 무색의 물이 보일 뿐입니다. 확실히 그렇습니다. 하지만 요한은 우리가 신앙에 의해 내적이고 영적인 눈을 떠서, 물뿐만 아니라 우리의 주 예수의 피를 보기 바라는 것입니다.
  그 이유가 무엇이겠습니까? 주님이 우리의 죄를 속죄하셨을 때, 우리를 위해 흘리신 피로써 세례를 쟁취해 주셨기 때문입니다. 이 피와 공적과 힘을 주님이 세례의 약속에 더하여서 우리가 이를 받을 수 있도록 해 주셨습니다. 만일 사람이 신앙 가운데 세례를 받는다면, 그것은 사람들이 보고 있는 곳에서 그리스도의 피로 씻어져 죄에서 정화되는 것과 같은 것입니다.
  우리는 자신의 행위가 아니라, 하느님의 아들의 죽음과 그 흘리신 피에 의해 죄의 용서를 얻기 때문입니다. 이와 같은 용서가 거룩한 세례 예전 가운데 포함되어 있습니다.

1540년 설교에서

7월 17일
성도들

여러분을 불러 주신 분이 거룩하신 것처럼 여러분도 모든 행위에 거룩한 사람이 되십시오.

〈베드로의 첫째 편지〉 1 : 15

나는 나의 행실을 보고 자신을 거룩한 자라고 말하지 않습니다. 또 누군가 다른 사람에게서 거룩한 자로 불리는 일도 없고, 나의 깨끗함으로 찬양을 받는 일도 없습니다. 나는 굳은 신앙과 순수한 양심으로 거룩한 자로 불리는 것입니다.

나는 가련한 죄인입니다. 하지만 그리스도는 그 세례와 말씀과 예전과 성령으로 거룩하신 분이십니다. 이것이야말로 하느님께서 우리에게 주시는 유일하고도 진정한 정화입니다.

그러면 어떻게 이 정화에 도달할 수 있는지, 또 성령과 어떤 관계를 가질 수 있는지 물을지도 모릅니다. 그 대답은 이렇습니다.

주님은 나에게 세례를 주시고, 그리스도의 복음을 전해 나의 마음을 믿도록 되살려 주셨습니다. 세례는 나에게서 나온 것이 아닙니다. 신앙도 그렇습니다. 복음도 그렇습니다. 주님이 우리에게 주신 것, 나에게 세례를 주신 손은 사람의 것이 아니고 성령의 손이기 때문입니다. 또 내가 들은 설교자의 입과 말은 설교자 자신의 것이 아니고, 성령의 말씀이고 설교입니다. 그리고 그 성령이 이러한 외적인 수단을 통해서 내적인 신앙을 주고 성화에 이르게 해 주신 것입니다.

그러므로 우리는 세례를 받고 그리스도인이 된 자신이 거룩한 자임을 의심하거나 부정해서는 안 됩니다.

〈요한의 복음서〉 14~15장의 강해

7월 18일
의롭게 된 죄인의 응답

그러나 이제는 여러분이 죄에서 해방되어 하느님의 종이 되었습니다. 그 결과로 여러분은 거룩한 사람이 되었고 마침내 영원한 생명을 누리게 되었습니다.

〈로마인들에게 보낸 편지〉 6 : 22

바울로는 이렇게 말합니다. "여러분은 모르는가. 죽음에 이르는 죄이건, 의에 이르는 순종이건, 여러분이 따르려고 하는 자의 종이 되어 봉사하는 것이다." 그러므로 여러분은 지금 은총으로 죄를 용서받고 올바른 자가 되어 있으므로 하느님을 따라 그 뜻에 따라서 살도록 의무를 지고 있습니다.

여러분은 주인 한 사람에게 봉사해야 합니다. 죄 안에 머물러 죽음과 하느님의 분노 속에 이끄는 죄에 봉사하든지, 그렇지 않으면 새로운 생명 속에서 주님에게 봉사하기 위해 은총 속에 주님에게 봉사해야 합니다. 그러므로 여러분은 이제 죄에 순종할 수 없습니다. 바야흐로 죄의 힘과 지배에서 해방되었기 때문입니다.

죄는 당신을 지배할 수 없습니다. 이제 율법 아래에 있지 않고 은총 아래 있기 때문입니다. 여러분은 바야흐로 그리스도 아래에서 그 부활의 힘을 받고 있으므로 죄에 저항할 수가 있는 것입니다.

삼위일체 대축일 후 제7주일의 설교

7월 19일
마음속에 주님을 모십시오

여러분의 마음속에 그리스도를 주님으로 우러러 모시고……

〈베드로의 첫째 편지〉 3 : 15

성 베드로는 왜 우리에게 하느님을 거룩하게 모시라고 말하는 것일까요? 어떻게 하면 우리는 하느님을 거룩하게 모실 수 있을까요? 하느님은 우리가 당신을 거룩하게 모시는 것을 허용하지 않는 것일까요? 대답은 이렇습니다. 우리는 '주기도' 중에서 '온 세상이 아버지를 하느님으로 받들길' 기도합니다.

하느님의 이름이 그 스스로도 거룩하지만, 우리는 그 이름을 거룩하게 모시는 것입니다. 그러므로 다음과 같이 됩니다. 여러분은 마음속으로 주님을 거룩하게 모셔야 합니다. 하느님이 우리에게 체험시켜 주시는 것이 좋건 나쁘건, 재미가 있건 없건, 치욕이건 명예건, 행운이건 불운이건, 나는 그것을 선한 것으로 생각할 뿐 아니라, 이런 것을 통해서 주님을 거룩하게 모셔야 한다고 생각합니다. 그리하여 만일 이와 같은 행위를 선하고 거룩하며 값지게 여기고 주님을 찬양한다면, 나는 마음속에 주님을 거룩하게 모시고 있는 것입니다.

〈베드로의 첫째 편지〉 강해

7월 20일
주님 앞에서는 죄인

나는 덧없는 세월을 보내면서 세상만사를 다 겪어 보았다. 착한 사람은 착하게 살다가 망하는데 나쁜 사람은 못되게 살면서도 고이 늙어 가더구나.

〈전도서〉 7 : 15

죄인이라고 말로 고백하는 것만으로는 충분하지 않습니다. 특히 여러분의 양심이 평온하고 아무런 시련도 받지 않고 있다면 고백을 하는 것도 그다지 어렵지 않습니다. 만일 죄인임을 입으로 고백한다면, 마음으로도 그렇게 생각하고 모든 행위도 그것에 걸맞도록 해야 합니다.

그런데 자신이 죄인임을 진정으로 인정하는 사람은 거의 없습니다. 죄인임을 고백하면서도 자신의 행위나 계획에 타인이 반대라도 한 마디 하면 견디지 못하고 곧바로 짜증을 내면서, 자신은 충실하게 선을 행하고 있으며, 그에 반대하는 것은 나쁜 일이고, 그렇게 하는 것은 잘못되었다고 어떻게 공언할 수 있겠습니까? 무언가 조금이라도 자신에게 불리한 일이 있으면, 곧바로 제정신을 잃고 자기만 부당한 대우를 받고 있다고 불만을 터뜨려 사람들을 괴롭히는 것입니다.

보십시오. 이곳에 죄인이 있다고 고백하면서 그것에 걸맞은 일을 참고 행하려고 하지 않고, 의인이나 성도의 권리만을 호소하는 위선자가 있습니다.

보통 우리의 사고를 없애고 성서의 말씀을 따르고 생각한다면 사람이 어떻게 죄인이 될 수 있을까요? 사람은 이미 죄인이지만 스스로는 그렇게 생각하지 않습니다. 그러므로 죄인이 된다는 것은 실제로 죄인이 되는 것이 아니라 인식의 문제입니다. 그러므로 마음속 깊은 곳에서 그 변화가 생겨야 합니다. 즉 우리 자신의 의견이나 평가가 바뀌어야 합니다. 성서와 하느님이 움직이시는 모든 것은, 이 자기 평가의 변화에만 향해 있습니다.

에르바인스역 〈로마인들에게 보낸 편지〉 강해

7월 21일
행위는 신앙의 표시

우리는 하느님의 작품입니다. 곧 하느님께서 미리 마련하신 대로 선한 생활을 하도록 그리스도 예수를 통해서 창조하신 작품입니다.

〈에페소인들에게 보낸 편지〉 2 : 10

우리는 다른 것을 받기 전에 우선 받아야 할 것이 있습니다. 동정의 행위를 할 수 있게 되기 전에 우선 하느님에게서 동정을 받아야 합니다. 우리가 초석을 놓는 것이 아닙니다. 또 양이 양치기를 찾는 것도 아닙니다. 양치기가 양을 찾는 것입니다. 그러므로 행위는 하느님 앞에 아무런 공적도 되지 않음을 기억해 두기 바랍니다. 그리고 하느님에게서 받은 것은 모두 공적 없이 받은 것입니다.

다음으로 우리는 행위를 표시로 보아야 합니다. 그것은 편지의 서명과 같이 나의 신앙이 올바름을 확증하는 것입니다. 마음 안에서 사랑의 움직임이 넘쳐나는 것을 느끼면 나의 신앙이 올바름을 확신할 수 있습니다. 내가 형제를 용서한다면 그것은 나의 신앙이 올바름을 확신시키고 하느님이 나를 용서해 주시고, 날마다 죄를 계속 용서해 주시고 있다는 신앙의 보증이 되고 확증이 됩니다. 반대로 내가 용서를 받지 못하면 신앙이 부족하다는 결론을 내려야 합니다.

삼위일체 대축일 후 제4주일의 설교

7월 22일
단식방법

육체의 정욕을 만족시키려는 생각은 아예 하지 마십시오.
〈로마인들에게 보낸 편지〉 13 : 14

……육신을 위해 대비를 해도 욕망을 채우려고 해서는 안 됩니다.

위와 같음, 루터역

우리들 안에서 이성과 의지만큼 위험한 것은 없습니다. 우리가 자신의 행위와 이성과 의지를 버리고, 모든 일을 하느님에게 맡기는 것을 배우는 것은 하느님이 우리 안에서 이루어 주시는 최초의 행위이자 최고의 행위입니다. 그리고 하느님이 주시는 최선의 훈련입니다. 특히 영적으로 보아 순조롭게 일이 진전될 때에는 함정이 있습니다.
그리고 육신의 훈련이 이어집니다. 천박하고 사악한 정욕을 억제해 평안과 휴식을 얻기 위한 훈련입니다. 정욕은 단식과 철야와 노동으로 극복해야 합니다. 다만 우리는 왜, 또 어느 정도 단식을 하고, 잠을 자지 않으면서 일해야 하는지를 배울 필요가 있습니다. 그런데 불행하게도 대부분의 불신자들이 단식이나 철야, 노동과 같은 훈련 그 자체가 선한 행위인줄로 생각하고, 큰 공적을 획득하기 위해 그것들을 행합니다. 그러나 이와 같은 단식은 진정한 단식이 아니고, 단식과 하느님에 대한 모욕입니다.

  나는 단식 일수 등의 결정을 각자에게 맡기는데, 자신의 육체에 주의해서 행할 것을 권합니다. 육신 안에서 음란한 정욕을 발견했으면 단식과 철야와 노동으로 훈련을 해야 하는데, 어디까지나 그것만으로 한정하는 것입니다.

선행에 대한 설교

7월 23일
기쁨과 십자가

야훼 앞에서 기뻐하면, 너희를 지켜 주시리라.

〈느헤미야〉 8 : 10

보십시오. 이 예언자는 얼마나 대담하고 용감합니까? 누가 이 정도로 용기를 주었을까요? 또 그는 어디서 그것을 받았을까요? 이를 줄 수 있는 것은 구세주뿐입니다. 사람들이 구세주에게서 멀리 벗어나게 하면 할수록 우리는 확실하게 주님과 결합합니다. 사람들이 슬픔과 고난과 위해를 가하려고 하면 할수록 우리는 기뻐합니다. 이 기쁨은 영원하기 때문입니다. 그리고 사람들이 우리를 그 기쁨에서 떼어 놓으려고 하면 할수록 기쁨은 더욱 커집니다.

도대체 혼이 그와 같은 기쁨을 잃을 때가 있을까요? 있습니다. 그리고 우리가 그 기쁨을 잃자마자 영원한 고통에 휩싸이고 맙니다. 그 고통 자체는 영원하지만 하느님은 그곳에서 백성을 구해 주십니다. 우리가 지상에 있는 동안 이따금 잃을 때가 있을지도 모르지만 기쁨은 영원한 것입니다.

그것은 다음과 같이 이해해야 합니다. 즉 그리스도는 나의 구주이시다. 만일 이 진리를 알고 믿는다면 그것에 의지하고 있는 한 나에게는 영원한 기쁨입니다. 하지만 마음이 그리스도를 피할 때 기쁨은 사라지고 맙니다. 은총을 계속 받고 있어도 양심이 좌절하거나 쓰러질 때도 있습니다.

　이것을 여러분에게 알리는 이유는, 많은 사람이 복음에서 탈락해 그리스도를 부정하여도 그것을 보고 좌절하지 않도록 하기 위해서입니다. 그리스도가 위로와 기쁨으로 곁에 있어 주시는 곳에서는 십자가와 박해도 가까이에 있습니다. 그러나 실제로는 우리가 복음을 너무나도 적게 받아들이고 있기 때문에, 십자가도 기쁨도 없는 것이 아닌가 생각합니다. 우리가 언제나 낡은 성질 속에 머물러 있기 때문에 복음이란 귀중한 보배를 소홀히 하고 있는 것입니다.

주현절 제1주일의 설교 '교황당의 극심한 불신앙에 대해'

7월 24일
육신의 욕심을 죽이자

육체를 따라 살면 여러분은 죽습니다. 그러나 성령의 힘으로 육체의 악한 행실을 죽이면 삽니다.

〈로마인들에게 보낸 편지〉 8 : 13

자신의 나약함과 죄를 인정하고 정욕죄가 자기 안에 일어서 사로잡히려는 것을 느끼면서도, 신앙으로써 하느님의 말씀과 죄의 용서를 깨닫고 굳은 마음으로 이겨내 없애고 있다면 그것은 성령에 따르고 있는 것입니다.

거룩한 그리스도인과 신앙과 성령에 무관심해서 잃어버린 사람과의 차이는 여기에 있습니다. 믿는 자도 다른 사람과 마찬가지로 정욕죄에 시달립니다. 하지만 하느님을 두려워하는 마음과 회개를 지속해 신앙을 가지고 있으므로, 그 죄는 그리스도께 용서받고 있습니다. 죄에 저항해 길을 양보하지 않기 때문입니다. 그러므로 용서 가운데 삶을 지속해 그들의 나약함도 다른 사람들처럼 죽음과 죄에 이르지 않습니다. 다른 사람들은 자신의 양심을 거스르고 회개와 신앙 없이 정욕의 길을 걸으며 신앙도 성령도 다 버리고 있습니다.

삼위일체 대축일 후 제8주일의 설교

7월 25일
축복받은 희망

위대하신 하느님과 우리 구세주 예수 그리스도께서 영광스럽게 나타나실 그 복된 희망의 날을 기다리게 해 줍니다.

〈디도에게 보낸 편지〉 2 : 13

복음에 의해서 우리는 이 세상의 물질과 돈, 권세, 명예, 기쁨, 행복, 그리고 이 세상의 생명이 아닌 희망이라는 보배를 받았습니다. 그것은 살아 있으며 축복을 받은 희망이고, 우리의 몸도 혼도, 완전히 또 영원히 생명과 축복 속에 거듭나게 합니다. 복음은 이 보배 안에 우리를 불러들여서 그 가운데서 세례를 내려줍니다. 그러므로 이 세상의 것을 버리고 축복받은 희망을 향해 내닫습니다. '예수 그리스도께서 위로 불러 주시는 하느님의 영예'를 언제나 추구하며 기다리는 것입니다.

그러나 이 축복받은 희망을 얼마나 기다리면 될까요? 언제나 희망으로만 그치는 것일까요? 결코 손에 넣을 수 없는 것일까요? 그렇지는 않습니다. 그것은 항상 희망으로서 존재하는 것이 아니고, 머지않아 나타날 때가 온다고 바울로는 말합니다. 그때 우리는 더 이상 기다릴 필요가 없습니다. 지금 믿고 소망하는 것은 그때에 명확해지고 지금 바라는 것은 확실히 소유할 수 있게 됩니다. 그것이 명확해질 때까지 우리는 이 축복받은 희망을 기다려야 합니다.

1531년 설교에서

7월 26일
살아 있는 희망

우리를 다시 낳아 주시고 예수 그리스도를 죽은 자들 가운데서 다시 살리심으로써 우리에게 산 희망을 안겨 주셨습니다. 그리고 여러분을 위하여 썩지 않고 더러워지지 않고, 시들지도 않는 분깃을 하늘에 마련해 두셨습니다.

〈베드로의 첫째 편지〉 1 : 3, 4

지상에 있는 동안 우리는 희망을 가지고 살아야 합니다. (신앙은 거듭남과 하느님의 자녀로서의 신분과 자산을 반드시 가져다 주기 때문입니다) 우리는 신앙에 의해서 하느님의 모든 부를 가졌음을 알고 있지만, 아직 실제로 보지는 않고 있습니다. 그러므로 한동안 희망을 가질 뿐, 숨겨진 것을 육안으로 볼 수 없는 것입니다. 이것을 베드로는 살아 있는 희망으로 부릅니다.

신앙에 의해서 얻은 귀중한 자산을 희망을 가지고 기다린다고 베드로는 말했습니다. 말씀에서 신앙이 생기고, 신앙에서 새 삶이 생기고, 새 삶에서 희망으로 접어들고, 그것에 의해서 하늘의 은총을 확신하고, 확신으로 기다린다는 것이 순서입니다.

만일 여러분이 하늘의 자산과 구원을 기다리는 그리스도인이라면 오직 이 희망에만 매달리고 지상에 있는 온갖 것을 경멸해야 합니다. 그리고 지상의 온갖 이성과 지혜와 정화는 허무한 것임을 고백해야 합니다. 세상은 이런 태도에 관대하지 않습니다. 여러분은 죄로 정해져 박해를 받을 각오가 필요합니다.

베드로는 신앙과 희망과 거룩한 십자가는 하나라고 생각했습니다. 서로 잇달아 생겨나는 것이기 때문입니다.

〈베드로의 첫째 편지〉 강해

7월 27일
희망의 본질

우리는 이 희망으로 구원을 받았습니다. 눈에 보이는 것을 바라는 것은 희망이 아닙니다. 눈에 보이는 것을 누가 바라겠습니까?
〈로마인들에게 보낸 편지〉 8 : 24

  이 말씀은 마음속 가장 깊은 곳에 있는 뜨거운 생각을 나타낸 것으로 이해해야 합니다. 사랑하는 자를 그리워하는 마음에서 생겨난 희망은 실현이 늦더라도 사랑의 불길을 더욱 거세게 합니다. 그리고 사랑하는 자와 그를 그리워하는 마음이 뜨거운 희망이 되어 완전히 하나가 됩니다.
  사랑은 사랑하는 마음을 지닌 사람을 사랑하는 사람 속에 녹아들게 하고, 희망은 이를 품은 사람을 바라고 있는 것 속에 던져 줍니다. 그러나 바라고 있는 것 자체를 볼 수는 없습니다. 희망은 사람을 아직 모르는 숨겨진 것, 즉 내적 어둠 속에 던집니다. 이리하여 사람은 바라고 있는 사항을 알 수 없고 오히려 바라지 않는 것을 알게 됩니다.
  그러므로 혼은 동시에 희망의 본질이 무엇인지를 알게 됩니다. 그것은 아직 보지 못한 것, 즉 희망 속에 살고 있기 때문입니다. 만일 희망을 볼 수 있다면, 즉 바라고 있는 사람과 바라고 있는 것이 서로 잘 아는 것이라면, 그때 바라고 있는 사람은 바라고 있는 것 속에 녹아들고 있지 않은 셈이 됩니다. 더 이상 알려지지 않은 희망 속에 들어가지 않는 것입니다. 오히려 보이는 것에 강하게 이끌려 알고 있는 것의 결실을 즐기려 할 것입니다.

에르바인스역 〈로마인들에게 보낸 편지〉 강해

7월 28일
완성 중인 그리스도인

네 모든 죄를 용서하시고 네 모든 병을 고쳐 주신다.

〈시편〉 103 : 3

그리스도인은 신앙에 의한 내적 존재와 육신에 의한 외적 존재라는 두 부분으로 나눌 수 있습니다. 만일 신앙에 의해서 본다면, 그리스도인은 완전히 순수합니다. 말씀에는 아무런 오염이 없으므로, 이에 의지하는 마음속에 말씀이 들어갈 때 마음을 완전히 정화하기 때문입니다. 신앙에서 그리스도인은 모두 완전하므로, 우리는 왕이자 제사장이고 하느님의 백성인 것입니다.

그렇지만 신앙은 육신 안에 존재하고 우리는 아직 지상에 살고 있으므로, 때로는 초조함이나 죽음의 두려움 등을 느낍니다. 이와 같은 것은 모두 옛 사람의 나약함입니다. 신앙이 아직 완전히 침투하지 않아서 육신을 완전히 이기지 못하고 있기 때문입니다.

이 진리를 〈루가의 복음서〉 10장의 비유에서 볼 수 있습니다.

예루살렘에서 예리고로 향하던 사람이 강도의 습격을 받아 상처를 입고 빈사 상태가 되었습니다. 마침 그곳을 지나가던 사마리아 사람이 그를 불쌍히 여기고 상처를 치료해 주었습니다. 그리고 여관 주인에게 돈을 건네 돌보아 주도록 부탁을 합니다. 이 상처입은 사람은 이제 죽음의 위험에서 벗어난 것을 알 수 있습니다. 이웃이 돌보아 주었기 때문입니다. 그는 분명 구사일생하였다고 해도 좋을 것입니다. 그렇지만 여전히 무언가 부족한 것이 있습니다. 아직 완전히 낫지 않았기 때문입니다. 생명은 구했습니다. 그러나 건강은 아직 완전히 회복되지 않았습니다. 여전히 의사의 보살핌 아래 주의를 기울여야 합니다.

마찬가지로 우리도 주 예수 그리스도를 모시고 영생을 확신하고 있지만, 아직 우리 안에 아담의 낡은 무언가가 남아 있습니다.

〈베드로의 첫째 편지〉 강해

7월 29일
신천지를 기다린다

그러나 우리는 하느님의 약속을 믿고 새 하늘과 새 땅을 기다리고 있습니다. 거기에는 정의가 깃들여 있습니다.
〈베드로의 둘째 편지〉 3 : 13

새 사람인 우리에게 하느님은 새로우면서도 다른 생각과 마음과 이해력을 갖도록 바라고 계십니다. 세상과 이성에 의해 보이는 것에 따라서 판단하는 것이 아니고, 주님의 눈에 어떻게 비치느냐에 따라서 판단하고, 머지않아 다가올 보이지 않는 새로운 성질에 따라서 우리 자신을 제어해야 합니다.

우리가 바라는 것은 이 새로운 하늘과 땅인데, 이 세상의 괴로움과 비참함도 이를 따르게 해야 합니다. 그러므로 우리는 이 세상의 욕심에 탐하지 말고, 세상을 떠나는 것을 울며 슬퍼해서는 안 됩니다.

이 세상과 그 안에 있는 모든 것과, 많은 저명한 사람들이 사라지는 것을 탄식해서는 안 됩니다. 오히려 사랑하는 가난한 그리스도인을 동정하는 마음을 가져야 합니다.

그들 가운데 어떤 사람은 지금도 박해를 견디고 있고, 또 어떤 사람은 이미 부름을 받아 무덤 속에 누워서 머지않아 부활해 새로운

모습으로 다시 태어날 날을 기다리고 있습니다. 그것은 마치 겨울에
땅 속에서 잠들어 있는 씨앗이 추위 때문에 지상에 모습을 드러내지
못하고, 봄이 오길 기다리고 있는 것과 같습니다. 그때가 오면 새로
운 생명으로 되살아나 잎과 꽃을 달게 됩니다.

1531년 설교에서

7월 30일
새로운 영광

아버지, 아버지께서 나에게 맡기신 사람들을 내가 있는 곳에 함께 있게 하여 주시고, 아버지께서 천지 창조 이전부터 나를 사랑하셔서 나에게 주신 그 영광을 그들도 볼 수 있게 하여 주십시오.
〈요한의 복음서〉 17 : 24

예수는 사랑하는 그리스도인에게 지상에서 함께 있을 때뿐만 아니라, 다가올 날에도 그리스도의 영광에 대해서 명확히 알게 된다고 약속하셨습니다.

또 예수는 그 직전에 "아버지께서 내게 주신 영광을 나도 그들에게 주었습니다"(〈요한의 복음서〉 17 : 22)라고 말씀하십니다. 지금 우리는 지상에서 신앙으로 말미암아 그것을 알고 이해하고 있을 뿐이지, 거울과 덮개를 씌운 말씀에 의한 것 이외에 이 눈으로 볼 수는 없습니다.

즉 말씀을 듣고 그리스도가 죽음에서 부활하신 일, 하늘에 올라 천지의 유일한 주인이시며, 전능하신 아버지 하느님의 존엄과 영광 속에 앉아 계시는 것을 마음속으로 이해하는 것입니다. 그러나 그것은 어디까지나 가려진 지식으로, 빛나는 태양에 짙은 구름이 끼어 있는 것과 같은 것입니다.

그리스도는 지금 그리스도인들에게 여러 가지 모습으로 나타나 있으므로, 그 영광이 얼마나 위대한 것인지 아무도 이해하고 깨달을 수 없습니다.
그러나 다가올 세상에서는 하나의 빛이 반짝이고, 그것에 의해서 우리는 이제 신앙과 말씀의 선교와 가르침 속에 머물러 있을 뿐만 아니고, 눈부시게 반짝이며 빛나는 영광을 눈앞에서 보고 말로 표현할 수 없는 영원한 희열로 그것을 우러를 것입니다.

〈요한의 복음서〉 16~20장의 강해

7월 31일
이 세상에서의 그리스도인

그 정직하지 못한 청지기가 일을 약삭빠르게 처리하였기 때문에 주인은 오히려 그를 칭찬하였다. 세속의 자녀들이 자기네들끼리 거래하는 데는 빛의 자녀들보다 더 약다.

〈루가의 복음서〉 16 : 8

여기에서는 주인이 부정한 관리인을 칭찬했다고 말씀하십니다. 이것은 우리가 타인에게 부정한 짓을 하는 것을 주님이 기뻐하신다는 의미는 아닙니다. 우리도 이 관리인이 한 것과 똑같은 열성과 충실함으로 좋은 일에 힘쓰길 바라며, 기민함과 영리함을 칭찬하고 있을 뿐입니다.

오히려 빛의 아들, 즉 그리스도인이 주님의 일에 얼마나 게으르고, 제멋대로이고, 무관심하고, 단정치 못한지 알 수 있습니다. 그러므로 이 세상의 자녀들이 그리스도의 자녀들보다 열심이고 빈틈이 없다는 그리스도의 말씀은 올바른 것입니다. 그리스도가 가까스로 일꾼 한 사람을 발견한 곳에서 악마가 자신이 부릴 일꾼을 발견하기 때문입니다.

그러면 어떻게 하면 좋을까요? 이 세상은 우리의 말에 귀를 기울이지 않기 때문에 바꿀 수가 없습니다. 그러므로 언제나 게으르고 싫증을 잘 내는 그리스도인에게 말씀하고, 질책하고, 훈계하고, 계속 권하는 것입니다.

우리는 모두 악마에게 봉사하는 이 세상의 근면함을 본보기로 삼고 반성해야 합니다. 그러면 아담의 자녀가 악한 행위를 할 때 그리스도인은 선행을 할 수 있게 됩니다. 그때 우리는 그들의 근면함에 얼마쯤 도달할 수 있을 것입니다. 우리가 빛의 아들이 되기 위해 그 근면에 도달합시다.

삼위일체 대축일 후 제9주일의 설교

August
8월

8월 1일
직업은 주님이 정하신 것

사람을 섬긴다고 생각하지 말고 주님을 섬기는 마음으로 기쁘게 섬기십시오.

〈에페소인들에게 보낸 편지〉 6 : 7

하느님은 여러 가지 직업과 지위를 필요로 하십니다. 그러므로 많은 다른 선물을 주시고, 우리가 서로에게 필요하도록 정하셨습니다. 왕이나 귀족, 지배자들도 목사·설교자·교사·농민·기술자들이 없으면 도대체 어떻게 되겠습니까?

그러므로 어떤 사람의 지위가 당신보다 낮다고 해도 하느님께서 창조하고 정하신 것임을 잊어서는 안 됩니다. 또 지금 당신의 지위는 당신 자신이 겸손하게 다른 사람에게 봉사하기 위해 받은 것임을 잊어서는 안 됩니다. 귀족이 궁정이나 전쟁터에서 왕에게 봉사하고, 종이나 아랫사람이 주인에게 봉사하는 것과 같습니다. 이는 주님의 뜻이고 해야만 하는 것입니다.

하느님은 당신이 주인인지, 하인인지, 남편인지, 아내인지와 같은 것은 문제삼지 않으십니다. 어디서나 당신이 부름을 받은 상태에 머물기 바랍니다. 그리고 당신의 이웃에게 봉사함으로써 하느님에게 봉사하는 것을 배우기 바랍니다.

1544년 설교에서

8월 2일
주님이 집짓는 것이 아니라면

야훼께서 집을 세우지 아니하시면 집짓는 자들의 수고가 헛되며……

〈시편〉 127 : 1

주님이 당신의 집을 지어 보살펴 주시도록 맡기십시오. 주님이 하시는 일을 방해해서는 안 됩니다. 보살펴 주시는 책임은 주님에게 있고 당신에게는 없는 것입니다. 당신 집의 주인이고 그것을 경영해 주는 주님이 보살펴 주시는 대로 맡기십시오. 큰 집이 필요해도 걱정을 해서는 안 됩니다. 하느님은 집보다도 위대한 분이기 때문입니다. 천지의 필요를 채우시는 주님이 집의 필요를 채워 주실 수 있는 것은 당연합니다. 주님이 그 책임을 지고 그 행위를 찬양하라고 시편 기자에게 노래하게 하시므로 더욱 그렇습니다.

그러나 이것은 주님이 당신이 일하는 것을 금하는 것은 아닙니다. 확실히 일해야 합니다. 그러나 당신이 양식과 집을 소유하는 것이 당신이 일해서 얻은 것으로 생각해서는 안 됩니다. 오직 하느님의 은총과 축복에 따른 것이기 때문입니다. 그것을 자기 자신의 수고로 돌릴 때는 곧바로 탐욕과 고뇌가 생기고, 많이 일하면 많이 얻을 수 있다는 생각이 생기게 됩니다.

그리고 모순으로 가득 찬 불가사의한 현상이 발생합니다. 바쁘게 일하는 데도 거의 먹을 것이 없는 사람이 있는가 하면, 한가롭게 지내는데도 많은 것이 풍족하고, 축복을 받고 있는 사람이 있다는 사실입니다. 이 사실은 하느님만이 영예를 받기에 족한 분임을 의미합니다. 하느님만이 만물을 키울 수 있는 분이기 때문입니다.

설사 백 년 동안 당신이 땅을 일구고 전세계의 노동력을 모았다고 해도 풀잎 하나 생기게 할 수는 없습니다. 하지만 하느님이 당신이 일하지 않고 잠들어 있는 사이에 작은 곡물에서 잎이 나게 하셔서 그의 뜻대로 많은 수확을 주는 것입니다.

〈시편〉 127편의 강해

8월 3일
우리의 행위

우리가 하는 일을 모두 이루어 주십니다.

〈이사야〉 26 : 12

밭이나 정원, 마을이나 집, 전쟁터나 정치에서 우리의 행위는 하느님에게 어떤 의미를 지니고 있을까요? 하느님은 국가나 집이나 온갖 장소에 하느님의 자녀들의 활동을 통해서 자신의 선물을 주고 계십니다. 우리의 행위는 바로 하느님의 가면과 같은 것이고, 하느님이 모든 것을 행하심에도 가면 뒤에 자신을 숨기고 계십니다.

만일 기드온이 하느님의 목소리를 따르지 않고 미디안과 싸우러 나가지 않았더라면, 미디안 사람들은 정복당하지 않았을 것입니다. 물론 하느님은 기드온 없이도 정복하실 수는 있습니다. 또 여러분이 땅을 일구거나 심거나 하지 않아도 곡물이나 과실을 주실 수 있습니다.

그러나 이것은 하느님의 뜻이 아닙니다. 또 여러분이 땅을 일구거나 심거나 하는 활동에 의해서 곡물이나 과실이 생산되는 것도 주님의 뜻은 아닙니다. 오직 여러분은 땅을 일구고 씨를 뿌리는 행동 위에 주님의 축복이 있기를 기도해야 합니다.

"하느님이시여, 불쌍히 여기시옵소서. 주여, 지금 곡물과 과실을 주십시오. 우리의 수고만으로는 아무것도 낳을 수 없습니다. 모든 것이 주님이 주시는 선물입니다."

하느님은 온갖 좋은 선물을 보내 주시는 분입니다. 그러나 여러분은 적을 공격하고 나팔을 불어야 합니다. 그것은 하느님에게 기회와 가면을 드리기 위해서만 여러분이 일해야 함을 의미합니다.

〈시편〉 147편의 강해

8월 4일
일과 신분

그것이 봉사하는 일이라면 봉사하는 데 써야 하고……
〈로마인들에게 보낸 편지〉 12 : 7

일이나 역할에는 차이가 있습니다. 하나도 아니고 수많은 다른 역할이 있습니다. 그러나 많고 다른 역할도 성령에 의한 일치에 도달합니다. 몸에 많은 지체가 있어도 모든 것이 눈이 아니라 눈만 눈인 것입니다. 각 지체가 각자의 역할과 일을 가지고 있습니다. 그러나 많고 다른 지체를 지니고 있어도 모든 지체와 한 몸을 유지하는 마실 것은 하나, 먹을 것은 하나, 생명은 하나입니다.

그와 마찬가지로 하느님에게 이끌려 이 세상에서 여러 가지 역할과 일에 종사하고 있는 사람들이 있는데, 하느님은 하나의 목적을 위한 하나의 통일체로 만들고 계십니다.

그래서 각자가 자기에게 지워진 일에 종사하고, 하느님 앞에서는 어떤 역할도, 인간도 평등하다는 겸손함으로 행하는 것입니다. 모든 것은 평등하게 창조되고 하느님의 은총을 공평하게 받고 있습니다. 누구도 자신의 지위가 높다고 우쭐하면서 하느님과 이웃 앞에서 자신을 자랑할 수는 없기 때문입니다.

높은 지위에 있음으로 겸손함을 잃는다면, 그 사람의 죄는 신분이 낮은 사람보다도 훨씬 부끄러워해야 할 죄이고, 훨씬 엄하게 심판을 받게 될 것을 인정해야 합니다.

그러므로 모든 사람은 자신이 맡은 일에 잘 대처해야 합니다. 남자건 여자건 다음과 같이 생각한다면 올바르게 대처하는 것입니다.

"나는 내 일에 최선을 다하자. 수도원으로 숨어들지 않고, 하느님이 주신 일을 하고 그 이외의 것을 구하지 않을 것이다."

남편이건 아내건 그것은 하느님의 부르심입니다. 하인, 하녀, 시장 모두가 그렇습니다.

하인이 주인을 향해 투덜대는 일은 흔히 있는 일입니다. 그럴 때 내가 주인에게 죄를 범한 것이 아니고, 주님께 죄를 범한 것이라고 생각한다면 어떻겠습니까?

1531년 설교에서

8월 5일
인생의 무거운 짐과 고뇌

> 너는, 흙에서 난 몸이니 흙으로 돌아가기까지 이마에 땀을 흘려야 낟알을 얻어 먹으리라. 너는 먼지이니 먼지로 돌아가리라.
> 〈창세기〉 3 : 19

사내에게는 아이를 낳는 고통이 없습니다. 그것은 여자의 고통입니다. 사내는 다른 일을 가지고 있습니다. 아내와 자식을 보살피고 그들을 부양하는 것입니다. 이것은 아내와 자식을 마음에 두고 걱정하는 등 커다란 노력이 필요하기 때문에 누구나 피하려고 합니다. 기꺼이 그 무거운 짐을 지려는 사람은 없습니다. 그러나 남편은 이 짐을 져야 합니다.

당신이 아내를 맞아들여 이마에 땀을 흘려서 양식을 먹지 않는다면, 하느님은 당신의 몸에 지우셨던 형벌을 혼 위에 두십니다. 이것은 실로 채산이 맞지 않는 것입니다. 하느님은 당신의 혼에 은총과 동정을 주려고 몸을 응징한다는 것을 기억해 두기 바랍니다.

만일 남녀가 결혼해서 진실로 맺어진다면 두 사람은 안락한 때를 가질 수 없습니다. 결혼 생활은 노고와 슬픔으로 가득 차 있기 때문입니다. 그렇지 않다면 그것은 하느님 앞에 올바르지 않은 것입니다. 그러므로 결혼 생활 중에 슬픔과 노고에 직면했다고 해도 분발해서 결혼이 하느님의 거룩한 뜻으로 정해진 것임을 기억하기 바랍니다. 하느님의 이름으로 나는 고뇌를 지고 스스로 용기를 내어 결혼하는 것입니다. 만일 여러분이 이 무거운 짐을 거부하고 편히 살고자 한다면, 당신의 몸이 아무리 편해도 혼은 망하고 맙니다.

하느님은 땅을 저주하여 식물이 자라는 땅 대부분을 가시나무와 엉겅퀴로 덮어 버리셨습니다. 곡물이나 식물이 자라지 않도록 한 것입니다. 사람이 일하는 것이 하느님의 뜻이므로, 그는 땅의 대부분이 가시나무와 엉겅퀴가 되도록 정하셨습니다. 이렇게 우리를 훈련하는 것이 하느님의 뜻입니다.

〈창세기〉 강해

8월 6일
거룩한 결혼

누구든지 결혼을 존중하고……

〈히브리인들에게 보낸 편지〉 13 : 4

하느님이 창조하신 다른 지위와 마찬가지로, 결혼도 분명 하느님께서 제정하신 것임을 각자가 아는 것이 중요합니다. 결혼 생활에서 특히 알아두어야 할 것은 그것이 하느님이 정하시고 주님의 말씀으로 받들고 있다는 최고의 영예에 비추어 보도록 한다는 것입니다.

만일 신앙과 그리스도인의 도리에 비추어 결혼을 생각한다면, 아내와 남편을 위해 성서에 쓰인 축복의 말씀에 최대한 주의를 기울여야 합니다. 만일 자기 아내가 세상에서 오직 하나뿐인 여성이어서 다른 여성은 아무도 없는 것처럼 볼 수 있다면, 또는 자기 남편이 세상에서 오직 하나뿐인 남성이어서 다른 남성은 아무도 없는 것처럼 볼 수 있다면, 국왕이나 태양조차도 당신의 아내나 남편보다 빛나 보이지 않을 것입니다.

여기에는 당신에게 남편 또는 아내를 주는 하느님의 말씀이 있어 "이 사내는 너의 것이다", "이 여인은 그대의 것이다", "이것은 내 마음에 맞는다"라고 선언합니다. 그곳에서는 모든 천사와 피조물이 기쁨을 발견하고 축하합니다.

하느님의 말씀보다 더 한 치장은 달리 없으며, 당신은 이 말씀을 통해서 아내(남편)를 하느님이 주신 선물로 간주합니다.

하느님은 모든 사람이 이와 같은 마음으로 생애를 보내고, 진정으로 그렇게 말할 수 있게 되기를 소망하는 것이 아니겠습니까?

"하느님이 거룩한 결혼을 통해서 맺어진 이 여성(남성)과 함께 계속 지내길 바라는 것을 나는 확신하고 의심하지 않는다. 왜냐하면 하느님 자신이 그와 같이 정하시고 말씀으로 그렇게 알리고 있기 때문이다."

히브리인들에게 보낸 편지의 말씀은 결혼 생활을 보내고 있는 사람을 위로하고 양심을 키웁니다.

〈히브리인들에게 보낸 편지〉 13장 결혼의 설교

8월 7일
국민과 국가

오늘 네가 평화의 길을 알았더라면 얼마나 좋았을까! 그러나 너는 그 길을 보지 못하는구나.

〈루가의 복음서〉 19 : 42

이와 같은 운명은 하느님을 두려워하지 않고 하느님보다도 자신의 일을 생각하는 모든 사람 위에 다가옵니다. 이리하여 하느님은 모든 거룩한 예언자들의 죽음에 보답하셨습니다.

그런데 나는 내 나라 때문에 마음이 몹시 아픕니다. 지금 이 나라에도 은총의 날이 다가왔기 때문입니다. 이 나라가 이 은총의 부르심을 가볍게 여겨 받아들이지 않고 비웃을 때에는 영광의 날의 빛을 잃게 될 것입니다.

하느님이 자비를 베풀어 주셔도 나라는 망할 것입니다. 바람이 거세게 휘몰아치고 있습니다. 지금과 같은 은총의 시대에도 이 나라는 영원한 은총에 대해 무관심하기 때문입니다.

주님은 "너희들이 깨닫기만 했다면 울면서 죄를 용서받겠다고 소망했을 것이다. 나는 지금 너희들을 멸하기 위해 사형집행인, 재판관, 박해자로서 온 것이 아니고, 도움과 충고를 주기 위해 아버지, 설교자, 구세주로서 온 것이다. 그러나 해가 질 때까지 하는 일 없이 지낸다면 너희들은 망할 것이다"라고 말씀하십니다.

　주님은 사흘 동안 신전에서 선교하셨습니다. 그토록 깊이 마음을 움직였던 일이 없었기 때문입니다. 정해진 때가 자신에게 다가오고 있음을 느끼셨습니다. 이때 유대인들의 다른 대답이 있었다면 주 예수는 틀림없이 기뻐했을 것입니다.

1531년 설교에서

8월 8일
지배자는 하느님이 정하시다

용기를 내어라. 우리 겨레와 우리 하느님의 성읍들을 위하여 용기를 내자. 뒷일은 야훼께 맡기자!

〈사무엘하〉 10 : 12

이 세상의 모든 지배와 권력은 때가 올 때까지 하느님이 정하셔서, 즉 명령과 그리스도인의 기도로 받들어짐을 우리는 이해해 두어야 합니다.

이는 세계를 지탱하는 버팀목 두 개입니다. 이 두 가지가 없으면 심판의 날에 정해져 있는 것과 똑같이 모두 땅에 쓰러집니다. 오늘날에도 국가와 권력자가 약해져서 실제로 쓰러지기 시작하고 있습니다. 이 두 기둥은 바야흐로 침몰하여 쓰러지고 있습니다.

하지만 세상은 이 밖의 길을 원하지 않습니다. (말씀은 세상에 영예를 주어 지탱하고 있는데) 세상은 하느님의 말씀을 받아들이려 하지 않고, 반대로 죄 없는 그리스도인들을 박해하고 죽입니다. 세상에 버팀목이 되어 주는 기둥을 향해 분노를 거두지 않습니다. 그것은 마치 마음이 변한 사내가 자기 집을 엉망으로 만드는 것과 같습니다.

우리는 아무런 감사를 받지 않아도 가능한 한 이에 견디고 저항할 것입니다. 그러나 세상에 멸망과 파괴가 찾아와 하느님의 말씀과 그리스도인의 기도가 없어지면, 악마와 이 세상의 신들도 멸망할 것입니다.

〈요한의 복음서〉 14~15장의 강해

8월 9일
도시의 평안

> 그 나라가 잘되도록 힘쓰며 잘되기를 나에게 빌어라.
>
> 〈예레미야〉 29 : 7

청년에게 관심을 보이는 것은 시의회와 시장들의 의무입니다. 도시의 모든 부와 명예와 생활과 관리들은 시정자들의 충실한 손에 맡겨져 있습니다. 그러므로 시정자가 밤낮으로 도시의 복지와 발전을 추구하지 않는다면 하느님과 사람 앞에 정직하지 못하게 행동하는 것이 됩니다.

도시의 복지는 부를 모아 견고한 성벽과 깨끗한 집을 짓고, 많은 화기와 무기를 만드는 것에만 있는 것은 아닙니다. 그런 것들이 많이 있고 더구나 어리석은 자의 손에 건네졌을 때에 도시는 도리어 나빠집니다.

교양 있고 엄격하고 감수성이 풍부하며, 훌륭한 시민이 많이 있는 곳이야말로 도시 최고 최대의 부입니다. 그들은 부를 모으고, 만들고, 유지하고, 올바르게 사용할 수도 있기 때문입니다.

도시는 이와 같은 사람을 필요로 하고 있습니다. 아무데도 그런 사람이 없다고 해서 오직 성장하기만을 기다릴 수는 없습니다. 돌로 형태를 만들거나 나무를 깎아서 만들 수도 없습니다. 하느님은 우리의 손에 맡기셔서 필요한 것을 채우시는 동안에는 기적을 행하시지 않습니다.

그러므로 어떤 희생과 노력을 지불해서라도 우리는 우리 손으로 그런 사람들을 훈련해야 합니다. 청년들을 숲 속의 나무처럼 자라도록 놔두고, 훈련도 손질도 하지 않은 채 내버려둔 의회와 시장들. 유능한 시민을 어느 도시에서도 거의 찾아볼 수 없는 책임을 그들 이외에 누가 지겠습니까? 지금 나무는 완전히 불규칙하게 자라고 있습니다. 건축재로는 쓸모가 없는 휘어진 나무는 땔감으로 사용할 수밖에 없습니다.

지금 아직 시간이 있는 동안에 이 문제를 진지하게, 또 열심히 대처하는 것은 청년뿐만 아니라 영적, 세속적 세계를 유지하기 위해서도 절대적으로 필요합니다.

**그리스도교 학교를 설립하고 유지해야 함을
전 독일 도시의 시장 및 시의원에게 호소하는 글**

8월 10일
이 세상의 권위

여러분의 이익을 위해서 일하는 하느님의 심부름꾼입니다.
〈로마인들에게 보낸 편지〉 13 : 4

  이 세상의 권위는 그리스도의 권위의 상징이자 형태이고 닮은 모습입니다. 말씀은 영원한 의와 영원한 평화와 생명을 가져오지만, 이 세상의 권위는 일시적인 평화와 의와 생명을 유지하기 때문입니다. 그러나 세상의 권위를 제정하고 언제나 필요하게 한 것은 바로 하느님의 대단한 선물이고 하느님의 법규입니다.
  만일 이것이 없으면 누구도 이웃의 손에서 자신을 지킬 수 없고, 이성이 없는 짐승처럼 서로 물어뜯습니다. 세상의 권위는 여러분의 몸을 지키고 타인에게 살해되지 않도록 합니다. 또 누구도 여러분의 아내를 빼앗아 능욕할 수 없도록 지킵니다. 여러분의 아들이나 딸을 유괴해 노예로 삼는 일이 없도록 합니다. 여러분의 집이나 가정을 지키고 그것이 파괴되거나 빼앗기는 일이 없도록 합니다. 밭이나 소, 그 밖의 재산을 지켜 누구도 그것에 손을 대거나 빼앗거나 가지고 가거나 손해를 입히거나 하지 않도록 합니다.
  만일 새나 짐승이 말을 할 수 있다고 한다면 인간의 정치를 보고 이렇게 말하지 않겠습니까?

"아아, 위대하고 고귀한 인간이여. 우리에 비하면 당신들은 인간이라기보다도 오히려 신이다. 우리에게는 한 시간도 생명이나 가정이나 양식의 안전이 보장되지 않는데 당신들은 생명과 영토의 안전을 보장받고 즐겁게 살고 있다. 하느님이 당신들에게 내려주신 영광스러운 생활을 당신들이 깨닫지 못하여 감사하지도 않는 것은 정말로 재앙이다."

학교에서 아이들을 지키는 것에 대한 설교

8월 11일
하느님과 카이사르

"그러면 카이사르의 것은 카이사르에게 돌리고 하느님의 것은 하느님께 돌려라" 하고 말씀하셨다.

〈루가의 복음서〉 20 : 25

성서에 이렇게 적혀 있습니다. 이 세상의 군주나 황제가 아니라 성령이 하느님의 말씀에 따라서 심판한다. 그리고 이 세상은 심판을 받고 형벌을 받아 그 심판에 따라야 한다.

이 세상이 우리를 지배하고 죄로 정하는 문제는 확실히 있습니다. 그러나 자신을 심판자로 생각하고 하느님의 말씀보다 위대하다고 여겨 그 말씀을 거스르고자 한다면, 그 심판 자체가 죄로 정해지고 그것이 마귀에게서 나온 것임을 알아야 합니다. 그때 우리는 이에 반대해 말해야 합니다.

"우리의 군주, 황제, 이 세상이여. 나는 당신들의 지배하는 생명과 재산에 대해서는 당신들의 권위 아래에 있습니다. 생명과 재산에 대해서는 당신들을 따라야 하고 또 반드시 따르겠습니다. 그러나 당신들이 심판할 수 없고 또 심판해서는 안 될 문제, 즉 말씀으로 심판해야 할 문제, 하느님에게 속하는 문제까지 언급하려고 한다면 그때에 나는 당신들을 따라서는 안 되고 따르지도 않겠습니다. 오히려 그에 반하는 행동을 취해 주님을 따르고 말씀 안에 계속 머물겠습니다."

사랑하는 형제들이여. 우리는 왕이나 군주나 대중의 이름으로 세례를 받는 것이 아니라, 그리스도와 하느님 자신의 이름으로 세례를 받는 것입니다. 또 왕이나 군주나 대중으로 불리는 것이 아니라, 그리스도인으로 불립니다. 만일 사람이 천국으로 가는 길을 보여 주지 못한다면, 혼을 이끈다는 당치않은 일을 할 수 없습니다. 그리고 그것을 할 수 있는 것은 사람이 아니라 하느님뿐입니다. 그러므로 영혼의 구원에 관한 사항에 대해서는, 주님의 말씀 이외에 아무것도 가르쳐서는 안 되고 또 받아들여서는 안 됩니다.

〈요한의 복음서〉 16장의 강해

8월 12일
우리의 이웃

두 사람이 기도하러 성전에 올라갔는데, 하나는 바리사이파 사람이었고 또 하나는 세리였다.

〈루가의 복음서〉 18 : 10

이 어리석은 바리사이 사람에 대해서 생각해 봅시다. 그는 훌륭하게 행동했습니다. 우선 하느님께 감사하고 있습니다. 그런 다음 하느님의 영광을 나타내기 위해 일주일에 두 번 금식했습니다. 이 세상의 부의 10분의 1을 바쳤습니다. 간음죄를 범하지 않았습니다. 누구에게도 폭력을 휘두른 적이 없고 도적질을 한 적도 없습니다. 그는 이와 같이 성도다운 삶을 보냈습니다.
 이것이야말로 대단히 영예로운 생활이 아닐까요? 세상의 판단에 따르면 누구도 그를 비난할 수는 없습니다. 이 세상은 확실히 그를 찬양할 것이고 또 그 스스로도 자신을 찬양했습니다. 그러나 사실 그 순간 하느님의 심판은 그에게 내려져 그 모든 행위가 하느님을 더럽히는 것으로 선고되었습니다.
 주님이시여, 불쌍히 여겨 주십시오. 이 심판은 얼마나 무서운지 모릅니다. 우리는 대단한 충격을 받습니다. 우리 중 한 사람도 이 바리사이 사람의 반에 미치지 못하기 때문입니다.

여기에서 주님의 검이 얼마나 깊게 들어가 영혼 가장 깊은 곳을 찌르고 있는지 주목하기 바랍니다. 여기에서 모든 것이 멸망 속에 놓여지고, 땅에 쓰러져, 영혼이 주님 앞에 살 수가 없습니다. 이 문제를 언급할 때 신앙심이 깊은 여인도 땅에 쓰러져 극악한 창녀의 발, 아니 그 발뒤꿈치에 입맞춤을 해야 하는 것입니다.

세리도 일어서서 자신을 낮추었습니다. 그는 금식이나 일과 같은 것에 대해서 아무 말도 하지 않고 있습니다. 그래도 주님은 그의 죄는 위선자만큼 크지 않다고 말씀하십니다. 이 하찮은 죄인보다도 자신을 높이지 않도록 우리도 조심해야 하지 않겠습니까? 만일 내가 형제보다 한 치라도 자신을 높이려고 한다면 극악한 죄인보다 아래로 낮게 던져질 것입니다.

1522년 설교에서

8월 13일
이웃에 대한 모욕

바리사이파 사람은 보라는 듯이 서서 "오, 하느님! 감사합니다. 저는 다른 사람들과는 달리 욕심이 많거나 부정직하거나 음탕하지 않을 뿐더러 세리와 같은 사람이 아닙니다."

〈루가의 복음서〉 18 : 11

여기에서 바리사이 사람이 율법의 다른 면을 무시하고 동료에 대해서 분노하고 있는 모습을 살펴보기로 합시다. 그 안에는 그리스도인의 사랑이 전혀 없고, 이웃의 명예와 구원에 관한 동정이나 사랑도 털끝만치도 볼 수 없습니다. 동료를 당치도 않은 방법으로 다루고 발로 차고, 인간을 대우하는 데 매우 그른 방법으로 소홀히 했습니다. 동료를 구하고 부정이나 악에 의한 고통을 받지 않도록 해 주어야 할 때에 가장 나쁜 짓을 한 것입니다.

형제가 하느님께 죄를 범하고 있는 것을 알면서도, 어떻게 하면 그의 마음을 돌려서 하느님의 분노와 심판에서 구출할 수 있을지를 생각하지 않았습니다. 그의 마음 안에는 죄인의 비참함과 불행에 대한 자비나 동정도 전혀 보이지 않습니다. 그 마음에는 세리가 비참한 심판 가운데 놓이는 것을 당연하게 여기는 생각이 있었습니다. 세리에 대한 사랑과 봉사의 임무로부터는 완전히 손을 떼고 있는 것입니다.

 이런 사람이 하느님의 나라를 위해 도대체 어떤 봉사를 할 수 있겠습니까? 세상이 하느님께 죄를 범하고 순종하지 않은 것을 보고 기뻐하고 쾌감을 느낍니다. 누군가의 마음이 주님에게로 향하고 계명을 지키려는 것을 보고 슬퍼합니다. 형제를 조금도 돕고 싶지 않습니다. 그런 가능성조차도 싫어합니다. 형제를 악이나 멸망으로부터 지키려하지 않습니다.

 이처럼 이웃의 구원을 전혀 원치 않는 사악한 마음의 소유자에게 도대체 무엇을 바라고 기대할 수가 있겠습니까?

삼위일체 대축일 후 제11주일의 설교

8월 14일
이웃에게 그리스도가 된다

저마다 제 실속만 차리지 말고 남의 이익도 돌보십시오.
〈필립비인들에게 보낸 편지〉 2 : 4

여기에서 바울로가 우리 앞에 보여 주는 그리스도인의 이상적인 모습에 대해서 생각해 봅시다. 바울로는 우리의 모든 행위가 이웃에게 이익이 되도록 힘써야 한다고 권하고 있습니다. 우리들 개개인의 신앙이 충분하여 우리의 행위와 생애의 모든 것이 이웃에 대한 아낌없는 사랑의 봉사에 쓰여지도록 주님의 손에 맡겨져 있습니다.

하느님은 가치도 없고 죄인으로 정해졌으므로, 아무런 공적도 없는 나에게 헤아릴 수 없는 구원과 사랑이라는 보물을 주셨습니다. 그리스도 안에서 아낌없는 순수한 사랑으로 말입니다. 그 밖에는 아무 일도 생각하지 않고 전념할 수 있게 되었습니다.

한편, 나는 이처럼 넘칠만한 축복을 부어 주신 아버지 하느님에게 기꺼이 진심으로 봉사하고 주님의 뜻에 맞는 일을 할 수밖에 없습니다. 또 그리스도가 나에게 그러했듯이 이웃에 봉사하는 그리스도인이 되어, 그 사람을 구원하기 위해 도움이 되는 온갖 일을 할 수밖에 없습니다. 신앙에 의해서 나의 부족한 것은 모두 그리스도 안에서 채워지기 때문입니다.

이리하여 신앙에서 하느님에 대한 사랑과 소망이 넘치고, 사랑에서 이웃에 대해서 아낌없이 봉사하는 기쁨에 넘친 자유로운 생활이 나타납니다.

그리스도인의 자유

8월 15일
신앙과 직업에 대해서

봉사하는 일이라면 봉사하는 데 써야 합니다.

〈로마인들에게 보낸 편지〉 12 : 7

나는 이미 자신들 무리 속에서 생활하고 있는 그리스도인은 자신을 위한 관리도 검도 필요치 않다고 말했습니다. 자신들을 위해 구하지도 않는가 하면 사용하지도 않습니다. 하지만 이 세상의 그리스도인은 자신을 위해서만 사는 것이 아니고, 이웃을 위해서도 살고 봉사하는 것입니다. 그래서 이웃에게 도움이 되고, 필요하다면 자신을 위해서라도 결코 하지 않을 일이라도 하는 것입니다.

평화를 유지하고, 죄를 벌하고, 악을 추방하기 위해 이 세상은 검을 필요로 하고 있으므로, 그리스도인도 기꺼이 검의 지배에 복종하고, 세금을 납부하고, 관리를 존경하고, 병사로서 봉사하고, 세계의 권위를 강화해 경외심과 명예를 유지하기 위해 자신이 할 수 있는 일을 합니다.

이리하여 두 가지가 양립합니다. 여러분은 외적으로나 내적으로나 하느님의 나라를 위해 정의를 수행함과 동시에 이 세상의 나라를 위해서도 정의를 행사합니다. 악과 부정을 참고 견딤과 동시에 악과 부정을 벌합니다. 악에 저항하지 않는 것과 동시에 악에 저항합니다다. 그리고 한편으로는 여러분 자신을 생각하여 자신의 이익이 문제가 되고 있습니다. 다른 한편으로는 이웃과 그 이익에 대해서 생각합니다.

여러분 자신과 그 이익에 관한 경우에는 복음에 입각해 진정한 그리스도인으로서 자신에게 가해지는 부정을 참고 견딥니다. 이웃과 그 이익에 관한 경우에는 사랑에 입각해 이웃에 가해지는 부정을 용서하지 않습니다.

복음은 이와 같은 태도를 금하지 않습니다. 오히려 어느 장소에서는 그렇게 하도록 명하고 있습니다. 이렇게 해서 모든 성도들은 세상의 시초부터 검을 사용해 왔습니다.

이 세상의 정부에 대해서

8월 16일
온유한 사람들은 행복하다

주님의 종은 다투어서는 안 됩니다. 도리어 모든 사람을 온유하게 대하고 잘 가르치고 참을성이 있어야 합니다. 또 반대자들을 부드러운 마음으로 바로잡아 주어야 합니다.

〈디모테오에게 보낸 둘째 편지〉 2 : 24, 25

만일 정말로 온유(溫柔)하다면 여러분의 마음은 적에게 덮친 재난을 보고 슬픔을 느낍니다. 그와 같은 마음을 지닌 사람은 분명히 하느님의 자녀이자, 상속자이고 그리스도의 형제입니다. 그리스도는 거룩한 십자가 위에서 우리에게 그와 똑같은 태도를 취하셨습니다.

신앙이 깊은 재판관은 악인에게 판결을 내릴 수밖에 없을 때 마음에 아픔을 느낍니다. 법에 입각하여 피고에게 사형을 내릴 수밖에 없을 때 슬퍼합니다. 그렇기 때문에 사실 외견과는 다릅니다. 표정은 분노와 엄격함으로 가득 차 보이기 때문입니다. 온유는 선의 기본이고 이와 같이 분노를 나타내는 곳에서도 그 배후에 모습을 숨기고 있습니다. 사회적인 의무로서 분노와 엄격함이 요구될 때에도 그 마음은 슬픔으로 가득 차 있습니다.

여기에서 주의해야 할 것은 우리의 온유가 하느님의 영예나 명령과 모순되지 않는다는 것입니다. 죄가 만연하는 대로 내버려두는 것은 정부에게 올바른 일은 아니며, 우리도 그에 대해서 침묵해서는 안 됩니다.

　자신의 재산, 명예, 손실을 염려해서가 아닙니다. 이러한 것에 위해가 가해질 우려가 있기 때문에 분노하는 것도 아닙니다. 하느님의 명예와 명령을 지키기 위해서입니다. 또 우리의 이웃이 받는 손실이나 부정을 구제해야 하기 때문입니다.

　그러므로 정부는 검을 가지고 어떤 사람들에게 말과 형벌로 대하는데, 우리는 언제나 이와 같은 형벌 받을 만한 사람들에 대해서 슬픈 마음으로 가득 차게 됩니다.

선행에 대한 설교

8월 17일
죄인 한 사람을 하늘로 이끌기 위해

네 원수들 가운데서 왕권을 행사하여라.

〈시편〉 110 : 2

내가 당신에게 권위를 부여한 것은 친구나 장미나 백합 속에서가 아니라 가시나무와 적 가운데서 다스리기 위해서입니다. 그러므로 하느님에게 봉사하고 그리스도를 따르길 원하는 자는 모두 커다란 실망과 아픔을 받아야 합니다. 그리스도 자신이 "너희는 세상에서 고난을 당하겠지만 용기를 내어라. 내가 세상을 이겼다"(〈요한의 복음서〉 16 : 33 참조)고 말씀하셨습니다. 그러므로 "(너희는) 네 원수들 가운데서 왕권을 행사하여라"고 하신 것은 하느님께서 정하신 것과 같습니다.

이 고통을 당하지 않은 자는 그리스도의 나라에서 사는 자가 아닙니다. 친구 사이에 있고, 백합과 장미 사이에 앉아 사악한 사람이 아닌 성도들과 함께 살기를 원하고 있기 때문입니다. 아아, 만일 당신이 그렇다면 그리스도를 배신하는 자이며 하느님을 욕되게 하는 자입니다.

그리스도가 당신이 하고 있는 대로 하신다면 도대체 누가 구원을 얻겠습니까? 그리스도는 자신을 버리시고 하느님의 덕과 지위와 지혜를 버리시고 죄인과 함께 계시길 바라셨습니다. 죄인들을 높여 주기 위해서입니다. 그리스도는 죄인을 자신에게로 끌어오셨고 영적인 사람, 신앙심이 두터운 사람, 올바른 사람과 관계를 가지려 하지 않았습니다.

한편, 당신은 무엇을 하고 있습니까? 정반대입니다. 형제의 죄를 자진해서 질 생각은 하지 않고 자신의 의와 지혜로써 자기 자신의 몸을 보호하려 하고 있습니다. 그리스도는 자신을 헛되이 여기시고 자신의 의와 지혜를 버리시고 다른 사람들의 죄와 불의를 짊어지셨습니다. 이제 당신이 얼마나 충실하게 그리스도를 따르고 있는지 생각해 보기 바랍니다.

하느님의 자녀들은 나쁜 사람들과 부대끼는 것을 피하지 않습니다. 오히려 그 사람들을 도우려고 합니다. 자기만 천국으로 가려고 하지 않고, 가능하면 극악무도한 죄인인 그들도 데려가길 소망합니다.

〈시편〉 110편의 강해

8월 18일
강한 자와 약한 자

믿음이 약한 사람이 있거든 그의 잘못을 나무라지 말고 반가이 맞으십시오.

〈로마인들에게 보낸 편지〉 14 : 1

　사도 바울로는 무엇보다도 우선 신앙이 약한 자가 신앙이 강한 자의 도움을 받아 자라나길 원하고 있습니다. 그리고 신앙이 약한 자가 경솔하게 다른 사람을 비판하지 않길 바랍니다. 그리하여 그들이 평화와 함께하도록 권하고 있습니다.
　신앙이 약하면 그 사람을 축복 속에 둘 수 없습니다. 그러므로 신앙이 성장하여 강해지도록 우리가 이끌어 주어야 합니다. 약한 사람들을 멸시하고 자신의 구원만을 생각하는 사람을 모방해서는 안 됩니다. 우리는 사람들을 약한 가운데 방치해서는 안 되는 것입니다.
　또 하느님이 자유롭게 놔두고 금하지 않으시는 것은, 누구에게나 그렇게 해야 합니다. 하느님이 자유롭게 금하시지 않는 것은 누구에게나 그렇게 하지 않으면 안 됩니다. 하느님이 자유롭게 두신 것을 금하는 사람을 따라서는 안 됩니다. 오히려 그와 같은 잘못에 대해서는 말과 행동으로 반대하고 도전적으로 임해야 합니다.

에르바인스역 〈로마인들에게 보낸 편지〉 강해

8월 19일
사랑의 채찍

주님께서는 사랑하시는 자를 견책하시고 아들로 여기시는 자에게 매를 드신다.

〈히브리인들에게 보낸 편지〉 12 : 6

우리는 아버지를 진심으로 사랑하고, 따르고, 아버지가 그것에 보답해 주시는 것을 알고 있는 착한 자녀여야 합니다. 그런 자녀는 아버지에게 매를 맞아도 그 매에 입맞춤을 하고 말합니다. "사랑하는 매여, 너는 나에게 대단한 도움을 주었다. 얼마나 보람 있는 매질을 해 주었는지 모른다." 이렇게 기꺼이 징계를 견뎌서 아버지에 대해서 한층 더 깊은 사랑을 갖게 됩니다. 아버지에 대한 자녀의 사랑과 신뢰는 온갖 징계를 달갑게 받도록 합니다.

우리도 이와 마찬가지입니다. 그리스도의 선행을 인정할 때 우리의 마음은 내적으로 기쁘고, 주님이 슬픔과 재난을 보내실 때 감사하며 말합니다. "하느님은 영원히 미소지으실 것이다. 이렇게 나를 혼내 주시기 때문이다. 전에는 하느님이 날 버리신 줄로 생각했다. 그러나 지금 병은 나에게 건강과 마찬가지로 친숙해졌고, 탑과 감옥은 궁정과도 같다. 하느님은 나의 은혜 깊은 아버지이기 때문에 이 모든 고통은 나에게 대단히 귀중하며 사랑해야 할 것이다."

〈요한의 첫째 편지〉 강해

8월 20일
두려워하는 마음

내 마음 찢어지듯 괴롭고, 죽음의 공포가 나를 덮치옵니다.

〈시편〉 55 : 4

　육체에 미치는 온갖 고통은 견딜 수 있습니다. 마음은 온갖 육체적인 고통을 가볍게 여기고 그 안에서 기뻐할 수도 있습니다. 그러나 마음이 괴롭고 고뇌할 때는 가장 큰 고뇌에 빠집니다. 육체적인 고통에서 사람은 반쯤밖에 고통을 맛보지 않습니다. 기쁨과 행복이 혼과 마음을 채워 줄 수 있기 때문입니다. 그러나 마음에 무거운 짐을 질 수밖에 없을 때 그것을 견디려면 고귀한 정신과 특별한 은혜와 힘이 필요합니다.
　그러면 왜 하느님은 가장 사랑하는 사람들에게 이와 같은 고통이나 고뇌가 엄습하도록 내버려두시는 것일까요.
　그 첫째 이유는, 하느님의 백성이 거만해지지 않기 위해서입니다. 하느님으로부터 특별한 은총을 받은 성도들이 자기 자신을 신뢰하지 않도록 하기 위해서입니다. 성령의 힘을 언제나 지니고 있지 않도록 고통이 섞이고, 소금이 뿌려지고, 신앙이 불안정해지고, 마음이 위축되는데, 그러므로 하느님의 은총이 없으면 무력하다는 것을 인정하고 고백하게 됩니다.

둘째 이유는, 다른 사람들의 모범이 되기 위해서입니다. 그것을 보고 자기를 과신하는 혼은 떨고, 병과 고통을 두려워하는 사람들은 위로를 받습니다.

셋째는, 성도들에게 진정으로 위로를 받을 수 있는 장소가 어디인가를 가르치고 그리스도를 발견해 그리스도와 함께 사는 것에 만족하도록 가르치기 위해서입니다.

주현절 제1주일의 설교

8월 21일
고독

아버지께서 나와 함께 계시니 나는 혼자 있는 것이 아니다.
〈요한의 복음서〉 16 : 32

진정한 그리스도인이길 원하는 사람은, 다른 사람이 필요하지 않을 정도로 스스로가 강해져 악에 빠져도 도움을 청해 주위를 둘러보는 일이 없도록 대비해야 합니다. 그리스도는 우리의 본보기입니다. 이 본보기를 통해서 우리는 힘이 주님의 은총에서 오는 것임을 알고 배워나갑니다.

다윗도 이 체험을 통해서 〈시편〉 142편에서 다음과 같이 노래하고 있습니다.

"오른쪽을 살펴보소서. 걱정해 주는 사람 하나 없사옵니다. 도망칠 길마저 모두 막혔는데, 내 목숨을 근심해 주는 사람 하나 없사옵니다."(4절)

이것이 그리스도인의 모습입니다. 그들은 버림받아 홀로 남겨집니다. 곁에서 도우려는 사람도 신앙이 거의 없어 도울 수가 없습니다. 한편, 도울 수 있고, 또 그럴 의무가 있는 사람은 외면하여 도리어 가장 큰 적이 되고 맙니다. 우리는 자신의 고독을 있는 그대로 받아들이고 다른 사람에게 도움을 청해서는 안 됩니다.

우리는 주 그리스도의 모범을 배우고 주시해야 합니다. 그리스도의 고통은 고독 속에서 시작되고 있습니다. 여러분에게도 고독해질 때가 반드시 찾아올 것입니다. 설사 이 생애 가운데 일어나지 않아도 죽음의 문턱에서 반드시 찾아옵니다. 그러므로 모든 그리스도인은 그리스도라는 힘으로 무장하고, 주님의 약속을 따라 유일한 위로이고 도움이신 그리스도와 결합해야 합니다.

〈요한의 복음서〉 16~20장의 강해

8월 22일
주님을 기다리고 바람

나는 야훼님을 믿고 또 믿어……

〈시편〉 130 : 5

  자신들이 도움이 필요한 때에만 하느님께 목적을 말하고 때와 방법을 정해서 구체적으로 어떻게 도움을 받고 싶은지 말하는 사람이 있습니다. 그리고 일이 뜻대로 잘 되지 않으면 실망하여 가능한 한 다른 곳에 도움을 청하려고 합니다.
  그런 사람은 하느님을 기다리지 않습니다. 오히려 하느님이 자기를 기다려서 자기 계획대로 곧 도움을 받을 수 있어야 한다고 생각합니다.
  그러나 진정으로 하느님의 은총을 기다리는 사람은 하느님이 도와 주실 수단과 장소와 방법을 주님의 뜻에 맡깁니다. 도움을 얻지 못한다고 해서 실망하지 않습니다. 더구나 때와 장소를 정하는 일도 일절 하지 않습니다. 아무리 늦어도 하느님에게 수단·방법·때·장소를 맡깁니다. 도움을 지정하는 사람은 도움을 얻지 못합니다. 기다리고 바라며, 하느님의 계획과 뜻과 때가 찰 때를 믿고 참을 수 없기 때문입니다.

위로로 충만한 〈시편〉 네 편의 강해

8월 23일
주님 앞에서 비운다

야훼여, 나를 버리지 마소서. 나의 하느님, 나를 멀리하지 마소서.
〈시편〉 38 : 21

저는 혼자입니다. 모든 사람에게 비웃음당하고 버림받았습니다. 주여, 저를 받아들이시고 버리지 마십시오.

무에서 창조하는 것이 하느님의 본질입니다. 그러므로 하느님은 아직 무가 되지 않은 것에서 무언가를 만들어 낼 수는 없습니다. 사람은 어떤 것을 다른 것으로 바꾸는데, 모두가 헛된 일입니다.

하느님은 버려진 자 외에는 받아들이지 않으십니다. 병든 자 이외에는 건강을 회복시켜 주시지 않습니다. 눈먼 사람 이외에 시력을 회복시켜 주시지 않습니다. 또한 죽은 자가 아니면 생명을 주시지 않습니다. 하느님은 죄인이 아니면 정화를 주시지 않습니다. 어리석은 자가 아니면 지혜를 주시지 않습니다. 한 마디로 말해서, 주님은 비참한 자 이외에 동정을 보이지 않으시고, 치욕을 당하는 사람 이외에 은총을 내리지 않는 것입니다. 그러므로 교만한 성도나 올바른 사람이나 현명한 사람에게는 하느님이 역사할 수 없고, 그 사람들도 하느님의 일을 할 수 없습니다. 자신의 일에 묶여서 스스로를 가공하여 외견만 그럴듯한 거짓 성도, 즉 위선자로 만드는 것입니다.

회개의 〈시편〉 일곱 편

8월 24일
성도들 가운데 기적을

알아두어라, 야훼께서는 경건한 자를 각별히 사랑하시니, 내가 부르짖으면 언제나 들어 주신다.

〈시편〉 4 : 3

하느님은 성도들 가운데서 기적을 일으키시고, 사람의 이성이나 지혜를 초월해 불가사의한 방법으로 인도해 주십니다. 그러므로 하느님을 두려워하는 그리스도인은 보이지 않는 것에 매달리는 법을 배우고, 죽음으로 건네졌다가 생명으로 되돌아오게 됩니다. 신앙의 모든 예가 보여 주듯이 하느님의 말씀은 어둠을 비추는 빛입니다.

하느님은 그 성도들과 그리스도인을 불신앙자나 그리스도의 적과 똑같이 다루고, 때로는 더 엄하게 다룹니다. 그것은 한 집안의 가장이 아이들과 종을 대하는 것과 똑같습니다. 아이들은 종보다도 많이 매질을 당하지만, 유산은 그 아이들을 위해 남겨져 있습니다. 그렇지 않다면 주님이 사랑하는 아이들에게 이 세상에서 왜 이토록 엄한 시기를 주는지 설명할 수 없을 것입니다.

탁상어록

8월 25일
선행

'네 마음을 다하고……주님이신 네 하느님을 사랑하여라. 그리고 네 이웃을 네 몸같이 사랑하여라.'

〈루가의 복음서〉 10 : 27

여기에서는 선행을 하나로 합쳐서 이야기하고 있습니다. 하늘에 계신 우리 아버지께서 우리에게 하시고 오늘도 계속하시는 것처럼, 우리도 서로 행해야 합니다. 우리에게 하느님을 기쁘게 하기 위한 행위는 아무것도 필요 없으나, 이웃을 위해서는 빼놓을 수 없다고 여러 번 언급되었습니다.

우리의 행위로 말미암아 하느님을 더욱 강하게, 더욱 풍요롭게 할 수는 없지만, 이웃을 강하고 풍요롭게 할 수는 있습니다. 이웃은 우리의 행위를 필요로 하고 있습니다. 그러므로 우리의 선행은 이웃에게 돌려야 하며, 하느님에게 돌려야 하는 것은 아닙니다.

여러분은 이미 이것을 들어 보았겠지만, 귀에 울려 퍼졌으면 하는 바람입니다. 원컨대 선행이 당신의 손을 통해 그 모습을 나타내기를.

신앙은 하느님에게만 돌아갑니다. 신앙은 하느님만이 가능한 일을 받습니다. 하느님의 일은 신앙에 의해서만 받아들여집니다. 그러므로 우리는 이웃을 위해 일하여 그 행위가 이웃에 도움이 됩니다. 나의 신앙은 내면과 위를 향해 주님에게로 가고, 나의 행위는 바깥과 아래를 향하여 이웃을 위해 이루어집니다.

삼위일체 대축일 후 제4주일의 설교

8월 26일
행위와 신앙

그러므로 율법을 지키는 것으로는 아무도 하느님과 올바른 관계를 가질 수 없습니다.

〈로마인들에게 보낸 편지〉 3 : 20

나는 자주 행위와 신앙을 구별해야 한다고 말했습니다. 자주 거론하고 잘 알 수 있도록 설교하여도, 막상 구별을 하고 올바르게 행동해야 할 중요한 때가 되면 누구나 실수를 합니다. 신앙은 양심으로 하느님을 향해야 하는 것이고, 사람의 법률이건 하느님의 율법이건 어떤 규정도 이에 반대할 수 없습니다. 그러므로 어떤 행위나 행동을 당신의 양심에 강요하고, 하느님에게 대적시키려고 '당신은 이를 해야 한다'고 말하는 자가 있다면, 그것이야말로 마귀의 가르침과 다르지 않습니다.

신앙과 행위는 하늘과 땅이 멀고 낮과 밤이 떨어져 있듯이, 떼어 놓아야 합니다. 그 때문에 신앙이 마음과 양심 안에 머물고, 행위가 양심에서 신체로 분리되는 것입니다.

신앙은 위에 있는 하늘에 속합니다. 행위는 지상과 관계해야 합니다. 신앙은 하느님을 향하고 행위는 이웃을 향합니다. 신앙은 율법 위에 있고 율법 밖에 있습니다. 행위는 율법 아래에 있으며 율법의 노예입니다.

1525년 설교에서

8월 27일
이웃에서 주님과의 만남

······너희가 여기 있는 형제 중에 가장 보잘것없는 사람 하나에게 해 준 것이 바로 나에게 해 준 것이다.

〈마태오의 복음서〉 25 : 40

사랑하는 주님이시여, 우리는 이와 같은 사랑을 마음에 품을 수 없을 정도로 눈이 감겨 있습니다. 우리가 빈곤 속에 있는 사람들에게 행하는 이런 모든 행위가 마치 하느님 자신에게 한 것처럼 받아들이시며, 그토록 하느님 당신을 낮추신다는 것을 누가 알았겠습니까?

세계는 하느님의 임재(臨在)로 가득 차 있습니다. 뜰 앞이나 샛길에도 그리스도는 계십니다.

하늘을 우러러 만일 한 번이라도 주 하느님을 볼 수가 있다면 곧바로 온갖 봉사를 할 텐데······. 이 같은 말은 하지 마십시오. 요한은 그런 사람을 위선자라고 말합니다. 들어라, 가련한 자여. 그대는 하느님에게 봉사하고 싶은가. 하느님은 그대의 가정에, 하인들과 아이들과 함께 계신다.

아이들에게 하느님을 두려워하고 하느님만을 신뢰하고 하느님을 사랑하도록 가르치는 것이 좋다. 슬픔과 병 가운데에 있는 이웃에게

가 위로하고, 그대의 전 재산과 지혜와 힘을 다해 도와야 한다. 아이들이 하느님을 알도록 키우고, 경건하며 좋은 교사를 붙여 주는 것이 좋다. 아이를 위해 비용을 아껴서는 안 된다. 아버지인 나는 그대에게 풍부하게 보답할 것이다.

그대는 반드시 나를 만나게 될 것을 알아야 한다. 그대의 도움과 가르침을 필요로 하는 가난한 사람을 통해서 나는 너에게 다가가겠다. 그렇다. 나는 바로 그곳에 있다. 네가 물 한 잔을 남에게 주어 결코 헛되이 끝나는 일은 없다. 그 천 배의 보답을 받을 것이다. 이는 그대의 행위에 의한 것이 아니라 나의 약속에 따른 것이다.

1526년 설교에서

8월 28일
자선을 베풀 때

자선을 베풀 때에는 오른손이 하는 일을 왼손이 모르게 하여 그 자선을 숨겨 두어라.

〈마태오의 복음서〉 6 : 3, 4

바울로는 〈로마인들에게 보낸 편지〉 12장과 그 밖의 곳에서 똑같이 권고하고 있습니다.

"자선을 베푸는 사람은 기쁜 마음으로 해야 합니다."(12 : 8)

기꺼이 자선을 베푼다는 것은 남이 감사하건 말건 그런 것에 관계없이, 또 명예나 호의나 감사나 대가를 요구하지 않고 아낌없이 주는 것입니다. 그것은 하느님이 사람이 감사하거나 은혜를 잊는 것과 상관없이, 날마다 태양을 비추고 빛을 주시는 것과 같습니다. 대가를 바라지 않고 구하지 않으며 오직 하느님의 뜻과 영예를 생각하는 것이 아낌없는 마음입니다.

그러므로 세상은 한심한 상태에 있습니다. 나쁜 상태이건 경건한 상태이건 모두 잘못되어 있습니다. 공공연하게 악을 행하는 악마이거나 또는 선행을 하시는 하느님 그 자신이길 원하고 있기 때문입니다. 모두 오래 지속되지 못합니다. 그리스도인이 아닌 한 누구도 선행을 할 수 없습니다. 인간으로서 선행을 할 경우에는 하느님의 영예를 위해서가 아니라 자신의 영예와 기쁨을 위해 하기 때문입니다. 그리고 하느님의 영예를 위해 하는 것처럼 꾸며도 악한 냄새를 풍깁니다.

여기에 남몰래 하는 베풂이 있습니다. 표면에 드러나지 않고, 영예나 명예를 추구하지 않으며, 남에게 보이거나 칭찬을 받거나 하는 것에는 관계없이, 아낌없이 주는 마음에 따른 것입니다. 감사나 손익에 관계없이 모든 것을 주님에게 맡기고 솔직한 마음으로 당신이 베푸는 자선을 숨기십시오.

〈마태오의 복음서〉 5~7장의 설교

8월 29일
대가를 바라지 마라

너희가 거저 받았으니 거저 주어라.

〈마태오의 복음서〉 10 : 8

만일 성도가 천국을 얻기 위해 선행을 한다면 그것은 결코 성공하지 못합니다. 오히려 악인 가운데 헤아려질 것입니다. 사악한 눈으로 자신의 선을 생각하며, 하느님과 관계된 가장 영적인 선을 자신을 위해 행하려고 하기 때문입니다.

하느님의 자녀인 성도들은 진정한 선의로 선행을 합니다. 하느님의 영예와 뜻 이외에는 아무런 대가도 구하지 않습니다. 언제나 선을 행하는 데 열심이고, 천국이나 저승과는 무관해도 행하려고 합니다. 이는 그리스도의 말씀으로도 뒷받침되고 있습니다. "너희는 내 아버지의 복을 받은 사람들이니 와서 세상 창조 때부터 너희를 위하여 준비된 이 나라를 차지하여라."(〈마태오의 복음서〉 25 : 34)

그런데 태어나기 전부터 준비되어 있었던 이 나라를 행위의 대가로서 받을 수 있겠습니까? 주님의 나라는 지금 갖추어지고 있는 것이 아닙니다. 이미 준비되어 있습니다. 하느님의 자녀들이 그 나라를 위해 지금 준비하고 있는 것입니다. 그들은 주님의 나라를 준비하지 않습니다. 주님의 나라가 하느님의 자녀를 얻는 것이며, 자녀들이 주님의 나라를 얻는 것은 아닙니다.

유스투스 요나역 노예적 의지

8월 30일
원수를 사랑하라

원수를 사랑하여라.

〈마태오의 복음서〉 5 : 44

  우리가 친구에게만 친절하다면, 그 선행이란 도대체 무엇이겠습니까? 악인이라도 친구에게는 그렇게 하지 않겠습니까? 말 못하는 짐승도 같은 무리에게는 부드럽고 친절합니다. 그러므로 그리스도인은 더욱 높은 것을 추구하여 감사의 뜻을 보이지 않는 하찮은 사람들이나 악인이나 원수도 온유한 마음으로 대해야 합니다.
  하늘에 계신 우리 아버지께서는 나쁜 자 위에도 선한 자 위에도 태양을 고루 비추시고, 감사하는 자 위에도 감사하지 않는 자 위에도 고르게 비를 내리시기 때문입니다.
  여기에서 우리는 하느님의 뜻에 따라서 선행을 하는 것이 얼마나 어려운가를 알 수 있습니다. 우리에게 스스로 택한 선행을 할 마음이 있고, 준비가 잘 되어 있어도 우리 육신의 성질은 여차할 때까지 주저하고 움츠러듭니다.
  그러므로 지금 여러분의 원수나, 감사를 하지 않는 자들에게 선행을 하십시오. 그러면 여러분이 이 계명에 얼마나 가까운지, 얼마나 벗어나 있는지를 알게 될 것입니다. 또 생애를 통해서 이 행위에 어떻게 임하였는지도 알 수 있을 것입니다. 당신의 적이 당신을 필요로 하고, 당신이 할 수 있는데도 도와 주지 않는다면, 그것은 그 사람의 것을 훔치고 있는 것과 마찬가지입니다. 돕는 것은 당신의 의무이기 때문입니다.

선행에 대한 설교

8월 31일
이웃의 이익을 도모한다

우리는 저마다 이웃의 뜻을 존중하고 그의 이익을 도모하여 믿음을 북돋아 주어야 합니다.

〈로마인들에게 보낸 편지〉 15 : 2

그리스도인은 오직 하나의 목적을 위해 살고 있습니다. 즉 그것은 타인에게 선행을 하여, 사람을 망하게 하지 않고 그 악을 망하게 하는 것입니다. 더구나 약한 사람들과 기꺼이 교제를 할 마음이 없으면 불가능한 일입니다. 만일 당신이 굶주린 자에게 먹을 것을 주고, 목마른 자에게 마실 것을 주고, 헐벗은 자에게 옷을 입혀 주고, 병자를 돌보면서, 허기진 자나 헐벗은 자나 병자나 목마른 자가 당신을 찾아와 친구가 되려고 하는 데 그것을 거부한다면, 그것은 어리석은 자선 행위입니다.

만일 사악한 자나 약한 자가 당신과 함께 있기를 거부한다면, 그것은 하나의 혼이 성화하도록 돕기를 바라지 않은 것입니다.

그러므로 로마인들에게 보낸 편지를 통해 그리스도인의 생활 방법이 성도나 의인이나 선한 백성을 발견하는 것이 아니라, 그들을 만들어 내는 것에 있음을 배워야 합니다. 그리고 형벌, 기도, 인내, 그 밖에 어떤 방법에 의해서도 이 같은 백성을 만드는 것을 지상에서 그리스도인이 해야 할 행위로서 실천해야 합니다. 그리스도인은 부자나 힘이 있는 사람이나 건강한 사람을 찾아내는 것이 아니라, 가난한 사람을 풍요롭게 하고, 약한 자를 강하게 하고, 병자를 건강한 자로 만들기 위해 삽니다.

강림절 제2주일의 설교

9월 1일
과실

너희는 나를 떠나지 마라. 나도 너희를 떠나지 않겠다. 포도나무에 붙어 있지 않는 가지가 스스로 열매맺을 수 없는 것처럼 너희도 나에게 붙어 있지 않으면 열매를 맺지 못할 것이다.

〈요한의 복음서〉 15 : 4

그리스도인이길 원하는 사람은 누구든지 그리스도라는 포도나무에서 새롭게 태어나 성장해야 합니다.

복음에 의해서 회심하고 세례받을 때 성령이 임하시어 나를 붙잡고 점토 한 덩어리처럼 새로운 피조물로 다시 만들어 주십니다. 나는 새로운 마음과 생각과 사상을 받습니다. 즉 하느님에 대한 올바른 지식과 주님의 은총을 완전히 신뢰하는 마음을 받습니다. 간단히 말해서 내 혼 안의 사람이 새롭게 다시 만들어지고, 그리스도라는 포도나무에 접목된 새로운 가지가 되어 주님 안에서 성장하는 것입니다.

나의 정화, 의로움, 순결이 나 자신에게서 나오는 것이 아니고, 나에 의한 것도 아니고, 그리스도 안에만 존재하고 그리스도에게서 나오기 때문입니다. 그리스도 안에서 신앙으로 말미암아 뿌리를 내리고 수액이 포도 열매로 전해져, 나는 주님을 닮아 이제 그리스도와 하나의 성질, 하나의 본질에 속하게 됩니다. 그리스도에 의해 나는 열매를 맺는데, 그 열매는 나 자신의 것이 아니고 포도나무의 것입니다.

  이리하여 그리스도와 그리스도인은 하나의 빵이 되고, 하나의 몸이 되어 본래의 열매를 맺게 됩니다. 그것은 아담의 열매도 자신의 열매도 아닌 그리스도의 열매입니다.

〈요한의 복음서〉 14~15장의 강해

9월 2일
결실

너희가 나를 택한 것이 아니라 내가 너희를 택하여 내세운 것이다. 그러니 너희는 세상에 나가 언제까지나 썩지 않을 열매를 맺어라.

〈요한의 복음서〉 15 : 16

나는 이를 위해 너희를 택하고 모든 것을 주었다. 그것은 너희가 열매를 맺고 사람들이 너희를 보고 나의 진정한 제자임을 알게 하기 위해서이다. 죄를 멸하는 것은 너희가 할 일이 아니다. 너희에게는 너무나도 곤란한 일이다. 나의 일이다. 그러나 너희는 열매를 맺어야 한다. 그로 말미암아 하느님이 영예와 영광을 받으시고 너희의 순종이 나타나 너희 이웃에 이익이 되고 선이 되게 하기 위해서이다. 너희가 진정으로 그리스도를 믿고 그리스도에 속해 있는 자임을 알 수 있는 것이다.

이와 같은 것을 보여 주는 것이 열매입니다. 열매에 의해서 사람들은 당신이 친절하고, 관용하고, 인내심 깊고, 타인에게 아무런 위해도 슬픔도 주지 않는 사람임을 알 수 있습니다.

〈요한의 복음서〉 14~15장의 강해

9월 3일
그리스도에 의해서만 맺는 열매

나를 떠나서는 너희가 아무것도 할 수 없다.

〈요한의 복음서〉 15 : 5

  자신이 아무런 목적도 없이 일하며 사는 것이 아니라, 하느님을 기쁘게 하기 위해 일하고, 진실한 결실을 위해 부름을 받고 있는 것을 알고 있다면 그것은 더없는 위안과 격려를 줍니다.
  또 "나는 세례를 받아 그리스도의 신자가 되었다. 이는 내가 생각하지도 사람이 생각해 낸 것도 아니고 우리 주 그리스도가 하신 일이며, 확실하다"고 진심으로 말할 수 있을 만큼 대단한 일은 없습니다.
  그리고 하느님의 은총에 의해서 이분을 믿을 수 있고, 주님과 함께 살 것을 소망하여 생명도 몸도 모두 맡겨 버리고 온 세상 앞에 증거하는 것은 대단한 일입니다. 그리하면 이분을 배신하는 일은 결코 없습니다.
  이야말로 내가 살고 의지하는 신앙입니다. 이 신앙이 있으므로 나는 밖으로 나가 먹고, 마시고, 잠자고, 일어나고, 다스리고, 봉사하고, 일하고, 움직이고, 고통을 받습니다. 모든 것은 내가 세례를 받는 주님의 이름을 믿는 신앙을 따르고 있습니다. 이처럼 신앙 가운데 하느님을 기쁘게 하고, 하느님에게 이익이 되는 열매를 맺는 것을 알고 있습니다.

 이 같은 사람은 어디에 살고 무엇을 하고 있어도, 그것이 크건 작건 어떤 임무에 부름을 받아도 열매를 맺습니다. 맺을 수밖에 없는 것입니다. 어떤 일을 하건 불평불만을 갖지 않고, 심로(心勞)에 휩싸이지도 않고, 싫증내지도 않으며 기꺼이 행합니다. 어떤 일이건 더욱 무겁거나 너무 큰 짐을 지는 일은 없습니다.

〈요한의 복음서〉 14~15장의 강해

9월 4일
좋은 나무와 썩은 나무

　이와 같이 좋은 나무는 좋은 열매를 맺고 나쁜 나무는 나쁜 열매를 맺게 마련이다.

〈마태오의 복음서〉 7 : 17

　선행은 신앙이 없는 사람을 성도로 만들거나 구원할 수가 없습니다. 반대 또한 사실입니다. 나쁜 행위도 사람을 나쁘게 하거나 죄로 단정하거나 할 수는 없습니다. 그렇게 할 수 있는 것은 불신앙뿐입니다. 불신앙이 사람과 '나무'를 나쁘게 하여서, 사람은 나쁜 행위를 하고 '나쁜 나무'는 '나쁜 열매'를 맺습니다. 그러므로 만일 우리가 깨끗해지거나 또는 나빠질 경우 그것은 행위가 아니라 신앙에서 비롯된 것입니다. 이에 대해서 현자도 다음과 같이 말하고 있습니다.
　"오만은 주님을 저버리는 데서 시작되고 사람의 마음이 창조주에게서 멀어질 때 생긴다."(〈집회서〉 10 : 12)
　그리스도도 우리가 행위부터 시작하지 않도록 가르치며 "좋은 나무는 좋은 열매를 맺고 나쁜 나무는 나쁜 열매를 맺게 마련이다"고 말씀하셨습니다.
　누구든지 좋은 열매를 맺기를 원하는 자는 나무부터 시작해 좋게 하라는 말씀입니다. 그러므로 선행을 하고 싶은 사람은 행위부터 시작하지 말고 행위를 하는 '사람'에서부터 시작해야 합니다. 그러나 신앙에 따르지 않으면 사람은 좋아질 수 없고, 또 반대로 불신앙에 따르지 않으면 나쁘게 되지 않습니다.

사람 앞에서 성도인지 악인인지를 결정하는 것이 행위임은 진실입니다. 누가 성도이고 누가 악인인가를 밖에 알리는 것은 그 사람의 행위입니다.

그리스도도 "그러므로 너희는 그 행위를 보아 그들이 어떤 사람인지 알게 된다"라고 말씀하십니다. (《마태오의 복음서》 7 : 20) 하지만 이러한 행위는 모두 밖으로 드러난 것에 지나지 않습니다.

그리스도인의 자유

9월 5일
사랑은 율법의 성취

당신도 알다시피 그의 믿음은 행동과 일치했고 그 행동으로 말미암아 그의 믿음은 완전하게 된 것입니다.
〈야고보의 편지〉 2 : 22

사랑한다는 것은 율법을 완성하는 일입니다.
〈로마인들에게 보낸 편지〉 13 : 10

신앙과 사랑은 구별되어야 합니다. 신앙은 사람과 관계하고 사랑은 행위와 관계하기 때문입니다.
　신앙과 사랑과 율법의 본질과 의미는 올바르게 이해되어, 제각기 귀속해야 할 곳에 귀속해야 합니다. 즉 신앙은 죄를 깨끗하게 하지만 율법을 성취하지 않습니다. 사랑은 죄를 깨끗하게 하지 않지만 율법을 성취합니다. 율법은 사랑과 행위를 요구하지만 사람 그 자체는 언급하지 않습니다. 사람은 율법을 의식하지만 사랑 그 자체는 율법을 전혀 의식하지 않습니다.
　그러므로 신앙은 그 자체가 율법을 성취할 수는 없어도 율법을 성취할 가능성을 지니고 있습니다. 율법을 성취할 수 있는 성령과 사랑을 획득하기 때문입니다.

사랑은 죄를 깨끗하게 하지 않아도 사람을 깨끗하게 하는 것, 즉 신앙을 증거하는 것입니다.

바울로가 "사랑한다는 것은 율법을 완성하는 일입니다"라고 말한 대로입니다.

바울로는 율법을 성취하는 것도 중요하지만, 율법을 성취할 수 있게 하는 것도 중요하다고 말하고 있습니다. 사랑은 그 자체가 율법의 성취라는 의미에서 율법을 성취하고, 신앙은 그것을 이루는 사람을 준비합니다. 사랑은 행위라는 의미에서 율법을 성취합니다.

1525년 주현절 제4주일의 설교

9월 6일
완전한 사랑

하늘에 계신 아버지께서 완전하신 것같이 너희도 완전한 사람이 되어라.

〈마태오의 복음서〉 5 : 48

어떤 사람들은 완전한 성화(聖化)를 꿈꾸고 있는데, 우리가 죄에서 완전히 자유롭게 된다는 의미로 완성에 도달하는 일은 결코 없습니다. 이 성구를 비롯해서 성서의 이르는 곳마다 언급이 되고 있는 '완전'이란 우선 그 가르침이 완전하고 올바르다는 것이고, 다음으로 우리의 생활이 그 가르침에 지배받아 그것과 일치한 생활을 한다는 것입니다.

유대인의 가르침과 생활은 불완전하고 잘못되어 있습니다. 친구만을 사랑할 것을 가르치고, 실제로도 그렇게 생활하기 때문입니다. 그것은 깨어진 사랑, 부분적인 사랑입니다. 하느님은 완전하고 성숙한 사랑을 바라십니다. 따라서 우리는 친구에게 하듯이 적의 이익을 도모하고 사랑해 나갑니다. 그러므로 나는 완전한 가르침을 지키는 완전한 사람에게 부름을 받습니다.

우리의 생활이 수월히 완전해지지 않고 육신과 생각이 끊임없이 훼방을 놓아 완전해지는 것을 방해한다고 해도 우리가 노력하고 매일 계속해서 나아간다면, 성령이 육신을 지배해 제어하고, 멈추게 해서 이 가르침과는 반대로 행동하지 않도록 해 줍니다. 그래서 나는 생활의 중심을 유지하도록 인도되어, 한 사람도 빠짐없이 모든 사람에게 사랑을 주려고 합니다. 이것이 진정한 그리스도인이 완전함을 유지하는 법입니다. 특별한 직업이나 상태에 존재하는 것은 아닙니다. 모든 그리스도인에게 공통적인 것이고, 또 그렇게 되어야 하는 것입니다.

〈마태오의 복음서〉 5~7장의 강해

9월 7일
하느님의 계획

전능하신 분께서 나에게 큰일을 해 주신 덕분입니다.

〈루가의 복음서〉 1 : 49

하느님이 큰 일을 할 힘과 지식을 지니고 계신 것만 믿는다면 그런 큰일에 대해서 공포를 느낄 것입니다. 하지만 하느님이 이와 같은 행위를 사랑과 계획을 가지고 하신다는 것을 믿게 되면 그 사람은 위로를 받을 것입니다. 그때도 당신이 아니라 다른 사람을 위해 큰 일을 계획하고 계시다는 것을 믿는 것만으로는 불충분합니다. 당신 스스로가 이와 같은 하느님의 행위에서 제외되어서 자신의 힘을 자랑하며 하느님을 두려워하지 않기 때문입니다. 이는 오히려 고뇌에 맞닥뜨리면 절망하고 마는 사람들과 같습니다.

이러한 신앙은 무익하고 죽은 것이며, 옛날 이야기에 나오는 망상과 같은 것입니다. 당신은 의심할 것도 주저할 것도 없이 당신에 대한 하느님의 말씀을 알고 하느님이 당신에게 큰 일을 하시려고 계획하고 실행해 주실 것을 굳게 믿어야 합니다.

이와 같은 신앙은 살아서 움직입니다. 모든 인격을 꿰뚫어 보고 당신을 바꿉니다. 당신이 번영하고 있다면 두려움으로 생활하도록 이끌고, 고뇌 속에 있다면 위로를 받도록 인도합니다. 더욱더 번영

한다면 더욱더 두려움 속에 생활하게 되고, 더욱 깊은 곳에 던져지면 더욱 위로를 받게 됩니다.

그리스도가 말씀하신 것처럼 이 신앙으로 굳게 서서 모든 일을 이룰 수 있습니다.

또한 이 신앙은 하느님의 활동과 하느님의 사랑을 체험하도록 인도하고 하느님을 찬양하도록 마음을 움직이기 때문에 신앙을 가진 자는 하느님의 높으심을 두루 생각하고 하느님을 전능하신 분으로서 존경하게 됩니다.

《성모 마리아 송가》의 독일어역 및 해설

9월 8일
번민과 하느님에 대한 신뢰

> 공중의 새들을 보아라. 그것들은 씨를 뿌리거나 거두거나 곳간에 모아들이지 않아도 하늘에 계신 너희의 아버지께서 먹여 주신다. 너희는 새보다 훨씬 귀하지 않느냐?
> 〈마태오의 복음서〉 6 : 26

이렇게 하느님은 우리 앞에 다른 피조물의 본보기를 보여 주셨습니다. 우리가 하느님을 신뢰하고 걱정할 필요가 없음을 배우기 위해서입니다.

새는 우리 눈앞을 날아, 우리로 하여금 자신의 무력함을 생각하게 합니다. 우리는 모자를 벗고 이렇게 말해야 합니다.

"친애하는 박사여. 당신이 할 수 있는 일을 나는 하지 못함을 고백하지 않을 수 없습니다. 당신은 밤새 아무런 걱정도 없이 작은 둥지 속에서 잠을 잡니다. 아침이 오면 즐거운 듯이 일어납니다. 작은 꽃에 머물며 하느님에 대한 감사와 찬미를 지저귀고 노래합니다. 그런 다음 먹을 것을 찾고 발견합니다. 나는 얼마나 비참합니까? 나는 얼마나 어리석은 자입니까? 그렇게 할 만한 이성을 지니고 있으면서도 똑같이 할 수 없기 때문입니다."

작은 새는 아무런 번민도 없이 살며 살아 있는 성도처럼 행동할 수 있습니다. 밭도 없고 곳간도 없고 금고도 창고도 없는데도 하느님을 찬미하고, 노래하고, 행복하고 즐거워 보입니다. 자기를 돌보아 주시는 분이 있음을 알고 있기 때문입니다. 그 이름은
"하늘에 계시는 우리 아버지이신 하느님."

새들이 그렇게 하는데 우리는 왜 그렇게 하지 못하는 것일까요? 더구나 우리는 일하고, 땅을 일구고, 과실을 모으고, 필요할 때까지 그것들을 저장하고, 거둘 수도 있는데 말입니다. 우리는 부끄러워해야 할 번민의 생활에서 빠져 나오지 못하고 있습니다.

삼위일체 대축일 후 제15주일의 설교

9월 9일
번민하지 말라

나는 여러분이 근심 걱정을 모르고 살기를 바랍니다.
〈고린토인들에게 보낸 첫째 편지〉 7 : 32

   절망을 가져오는 불신앙이 아직도 우리 안에 깊게 뿌리내리고 있으므로 언제나 먹을 것과 마실 것을 걱정하면서 생활하고 있습니다. 그것은 하느님이 어떻게 우리에게 버팀목이 되어 주시는지 알려고 하기 때문입니다. 우리는 곳간이 곡물로 가득 차고 금고가 돈으로 넘쳐나서, 하느님을 곳간과 금고에 묶어 두려는 생각을 하고 있습니다. 그러나 하느님의 뜻은 자유입니다. 시간, 공간, 사람, 그 밖의 온갖 것을 초월한 통치자이기 때문입니다.
   그러므로 번민을 주님에게 맡기고 우리를 길러 주시는 대로 두십시오. 주님은 우리가 필요할 때에 필요한 만큼 곡물을 주십니다. 그저 이렇게 말하면 됩니다.
   "나는 오늘 일을 하지만 하느님이 먹을 것을 주신다. 내일도 같다."
   이렇게 우리는 주님이 먹을 것을 주시므로 아무런 번민이 필요하지 않음을 이해하는 것입니다.
   나는 모든 번민을 주님에게 맡깁니다. 우리가 하는 행동과 고뇌는 신앙과 모순되지 않습니다. 오히려 육신을 훈련하는 데에 도움이 됩니다. 하지만 번민은 하느님의 뜻과 모순됩니다. 어머니는 아이를 위해 마음을 쓰고 온 집안을 돌아다니면서도 하느님이 자기에게 어떤 뜻을 보이실지 기다려야 합니다. 마찬가지로 사내는 일하면서도 자신을 하느님에게 맡겨야 합니다. 하느님은 결코 버리지 않으십니다. 하느님은 그렇게 약속해 주셨습니다.

도리어 우리는 번민으로 말미암아 하느님의 길이 막혀서 우리들 가운데 역사하시는 주님의 조화를 방해받을 뿐입니다.

〈창세기〉의 설교

9월 10일
하느님이 예비하시고 사람이 취한다

모든 눈들이 당신만 쳐다보고 기다립니다. 철 따라 양식을 주실 분 당신밖에 없사옵니다.

〈시편〉 145 : 15

여기에서는 어떤 짐승도 먹을 것을 위해 일을 하지 않으며, 제각기 임무를 지니고 그것을 따라서 먹을 것을 찾아낸다는 것에 주목해야 합니다. 새는 노래하고 날고 둥지를 만들어 새끼를 키웁니다. 그것이 새가 하는 일입니다. 그러나 그 일이 새에게 먹이를 주는 것은 아닙니다. 소는 밭을 갈고, 말은 짐을 지고 싸움터로 나가며, 양은 털을 생산합니다. 그것이 그들의 일입니다. 그러나 그것으로 그들이 사는 것은 아닙니다. 땅이 풀을 키우고, 하느님의 축복 아래 그들에게 양식을 주는 것입니다.

마찬가지로 인간도 일을 하지 않으면 안 됩니다. 그러나 양식을 주는 것은 그 일이 아니라 다른 분임을 알아야 합니다. 양식을 얻는 것은 자신의 일처럼 보이지만, 실제로는 하느님의 축복에 따른 것입니다.

하느님은 일을 하지 않는 자에게는 아무것도 주지 않으므로, 언뜻 보기에 일이 먼저인 것처럼 보입니다. 씨앗을 뿌리는 일도 거두어들이는 일도 하지 않는 새도, 실제로는 먹을 것을 찾지 않으면 굶어 죽고 맙니다. 먹을 것을 발견할 수 있는 것은, 자신의 활동에 따른 것이 아니고 하느님의 자비입니다. 하느님이 새가 찾아내는 식물을 갖추기 때문입니다. 하느님이 갖추어 주지 않으면 온 세상이 찾으며 설사 죽을 때까지 일을 한다 해도 그것을 발견할 수는 없습니다.

이 사실을 우리는 자신의 눈으로 보고 손으로 만지고 있습니다. 그러나 믿지 않습니다. 하느님이 도와 주고 지켜 주지 않으면 비록 자물쇠 1만 개로 잠가 두어도 안전할 수 없습니다. 바람에 날아가 버려서, 아무도 그 행방을 모르게 될 것입니다.

〈시편〉127편의 강해

9월 11일
당신의 짐을 주님에게

너의 걱정을 야훼께 맡기어라. 주께서 너를 붙들어 주시리니, 착한 사람 망하도록 절대로 버려두지 않으시리라.

〈시편〉 55 : 22

그리스도인이 되길 원하는 자는 모두 이 말씀을 믿을 수 있도록 해야 합니다. 물질적으로나 영적으로나 모든 일에서 이 신앙을 실천하도록 해야 합니다. 어떤 행동을 할 때에도, 고통 속에 있을 때도, 살든지 죽든지 모든 근심과 심로를 기꺼이 버리는 것입니다.

하지만 버릴 때에도 어떤 사람처럼 그것을 마음 한 구석에 두어서는 안 됩니다. 왜냐하면 걱정이 마음속에 둥지를 트는 것을 허용하는 한 그 힘은 없어지지 않기 때문입니다.

그러므로 당신의 생각도 걱정도 하느님의 등 뒤로 던져 버려야 합니다. 하느님은 강한 목과 어깨를 지니고 짊어지실 수 있는 분이기 때문입니다. 더욱이 하느님은 자신 위에 던져 버리도록 명하시고, 우리가 그렇게 하면 할수록 기뻐하십니다. 당신을 위해서 당신의 무거운 짐과 당신에 관한 모든 일을 짊어지기로 약속하시기 때문입니다.

"네 무거운 짐을 주님에게 맡기라. 주님은 너를 걱정해 주신다."

만일 자신의 근심을 주님에게 맡기는 것을 배울 수 있다면, 그 사람은 체험을 통해서 그 진실을 알게 될 것입니다. 한편, 근심을 주님에게 맡기지 않는 사람은 버림받고, 배척되고, 패배하고, 거부되어 가망이 없는 혼란한 상태에 머물고 말 것입니다.

삼위일체 대축일 후 제3주일의 설교

9월 12일
몸을 숨기는 하느님

야훼여, 어찌하여 멀리 계십니까? 이토록 곤경에 빠졌는데 모르는 체하십니까?

〈시편〉 10 : 1

우리는 육체나 재산이나 명예나 친구나, 우리가 가진 어떤 것에 대해서 고민할 때 자문자답을 하려고 생각합니다. 그러한 상태를 하느님이 기뻐하실 수 없다고 믿고 있는지 아닌지, 고통이나 고뇌의 대소를 불문하고 그것을 하느님이 우리를 위해 은총으로서 정해 주신 것으로 믿고 있는지 아닌지 말입니다.

우리의 감정과 이해 쪽에서 말해 볼까요? 하느님의 분노가 나타난 것으로밖에 말할 수 없는 것 가운데에서, 신앙은 하느님의 은총의 목적을 간파하고 이를 신뢰합니다. 아가서에서 신부가 노래하고 있는 것처럼 하느님은 숨어 계십니다. 보십시오. 하느님은 벽 뒤에 서 계십니다. 창으로 들여다보고 계신 것이 창살을 통해서 보입니다. 하느님에게서 우리를 떼놓으려는 벽과도 같은 고통 뒤에, 하느님은 숨어서 우리를 지켜보고 계십니다. 하지만 우리를 버리는 일은 없습니다. 언제나 은총으로 가득 찬 도움을 준비하고 서서 '고투하는 신앙'이란 창을 통해서 자신을 보여 주고 계십니다.

선행에 대한 설교

9월 13일
하느님의 길은 가려져 있다

나는 너를 가르쳐 네 갈 길을 배우게 하고 너를 눈여겨 보며 이끌어 주리라.

〈시편〉 32 : 8

너희는 내가 용서하기를 요구한다. 지쳐서는 안 된다. 나를 가르치는 듯한 일을 해서는 안 된다. 너희 자신을 가르쳐서도 안 된다. 나에게 맡겨라. 나는 너희의 주인이다. 너희의 걸음을 내가 원하는 길로 이끈다. 너희는 자신의 소망대로 안 되면, 모든 것을 잃고 있다고 생각한다. 너희의 생각은 너희의 것이기 때문에 나를 가리고 만다. 너희의 생각을 따르는 것이 아니라, 그보다도 뛰어난 것으로 움직여야 한다.

자기 자신을 무지 속으로 가라앉혀라. 그렇게 하면 나의 지식을 준다. 무지야말로 진정한 지식이다. 자신이 갈 곳을 모른다는 것은, 가야 할 곳을 진정으로 알고 있는 것이다. 나를 알면 너희는 단순해진다. 아브라함은 그렇게 선조의 나라를 떠났지만, 자신이 어디로 가는지는 몰랐다. 나의 지식에 그 자신을 맡기고 자신의 지식을 포기했다. 그리고 진정한 길로 가 올바른 목표에 이를 수 있었다.

보아라. 이것은 십자가의 길이다. 너희는 발견할 수 없다. 그러나 나는 앞이 보이지 않는 너희를 이끈다. 그렇기 때문에 너희 자신에 의해서도, 인간 또는 피조물에 의해서도 아니고, 내 말과 성령에 의해서 너희가 나아가야 할 길을 가르친다. 너희는 자신이 택한 일에 종사하라. 고통은 너희가 의도한 것이 아니고 너희의 선택, 사고, 계획에 반해서 오는 것이다. 내가 너희를 부르는 것은 그곳이다. 그곳에서 너희는 성도여야 한다. 그것에는 때가 있다. 너희의 주님은 그곳에서 너희를 찾아가실 것이다.

회개의 〈시편〉 일곱 편

9월 14일
하느님은 간절히 원하는 자를 도와 준다

고통은 인내를 낳고, 인내는 시련을 이겨내는 끈기를 낳고, 그러한 끈기는 희망을 낳는다는 것을 우리는 알고 있습니다.

〈로마인들에게 보낸 편지〉 5 : 3, 4

하느님은 사람의 신앙을 강화하려고 할 때, 우선 파괴될 듯한 모습으로 약화합니다. 그를 많은 고뇌 속에 던져 완전히 지치게 하고 절망의 늪으로 내몹니다. 더구나 그와 동시에 조용히 견디는 힘을 주십니다. 그와 같은 조용한 힘이 인내이며, 인내는 단련된 품성을 낳습니다. 그리고 하느님이 다시 돌아오시고, 태양이 다시 나타나 내리쬐고 폭풍이 지나갑니다. 그때 그 사람은 놀라서 눈을 크게 뜨고 이렇게 말합니다.

"찬양받으실 우리 주님. 나는 악에서 구원받았다. 하느님은 이곳에 계시다. 만사가 이렇게도 멋지게 결말이 날 줄은 꿈에도 생각지 않았다."

하루나 이틀 뒤, 일 주일이나 1년 안에 또는 지금 당장이라도 죄는 우리를 또 다른 십자가 밑으로 데려갑니다. 명예와 재산의 상실, 부상, 그 밖에 불행이 닥칩니다. 그리고 모든 것이 새롭게 시작되고, 폭풍이 다시 한 번 휘몰아칩니다. 하지만 이번에는 우리가 고뇌 속에서도 주님을 찬양합니다. 왜냐하면 그때 하느님이 주셨던 큰 은혜를 기억하고, 우리를 벌주는 것도 은총에 따른 것임을 알고 있기 때문입니다.

그러므로 우리는 주님에게로 달려가 이렇게 외칩니다.

"이제까지 거듭 저를 도와 주신 주님이시여. 지금 저를 도와 주십시오."

(이리하여 당신이 '저는 자유였습니다, 하느님. 제가 도움을 받을 수 있도록 지금 와 주십시오.' 이같이 외치게 하신다)

마음속에 있는 굶주림과 목마름은 희망입니다. 이 희망은 부끄러움으로 그치지 않습니다. 하느님은 이런 사람을 반드시 도와 주시기 때문입니다.

하느님은 죽음 아래 생명을, 저승 아래 천국을, 어리석음 아래에 지혜를, 죄 아래 은총을 숨기고 계십니다.

1527년 설교에서

9월 15일
내적인 사람이 강해지도록

넘쳐 흐르는 영광의 아버지께서 성령으로 여러분의 힘을 돋우어 내적 인간으로 굳세게 해 주시기를 빕니다.

〈에페소인들에게 보낸 편지〉 3 : 16

이 세상 사람들은 용기와 고매한 정신으로 넘쳐 있습니다. 그리스도인도 그렇습니다. 그리스도인은 성령에 의해서 더욱 강합니다. 이 세상도 악마도 죽음도 불행도 두려워하지 않기 때문입니다. 이를 영적인 힘이라고 부릅니다. '영'이라는 작은 단어에는 대담이나 용감이나 용기라는 의미가 있습니다. 영적인 힘은 골육이 아니라 마음이나 용기 그 자체이며, 약함이란 소심·겁·용기의 결여를 의미합니다.

그래서 바울로는 말했습니다.

"내가 여러분을 위해 하느님에게 기도하는 것은 이처럼 강하고 대담한 마음과, 힘과 기쁨에 넘친 영을 받아 부끄러움도 가난도 죄도 악마도 죽음도 두려워하지 않고, 여러분을 해치는 것은 아무것도 없음을 확신하여 여러분에게 부족한 것이 없도록 하기 위해서입니다."

이 세상의 용기는 대가와 같은 어떤 세속적인 이익이 없으면 참아낼 수 없습니다. 그러나 진정한 용기는 오직 하느님만을 신뢰하고 하느님 이외의 행복이나 부를 갖지 않습니다. 그리고 주님에 의해서 모든 악에 거슬러 이 세상의 온갖 용기와 용사에게 승리를 거둡니다.

1525년 설교에서

9월 16일
신앙을 확실하게 갖자

그것은 우리가 여러분에게 전한 복음이 그저 말만으로 전해진 것이 아니라 능력과 성령과 굳은 확신으로 전해졌기 때문입니다.
〈데살로니카인들에게 보낸 첫째 편지〉 1 : 5

우리 그리스도인은 '우리의 복음'을 확인하고 시시비비를 말하는 데 망설임 없이 분명하게 말하고 그에 따라야 합니다. 사도들은 종종 '프레로포리아'라는 그리스 어를 사용합니다. 그것은 우리의 마음에 망설임이 없이 언제나 확신에 가득 차 있다는 신앙의 명확함과 충분함을 의미합니다. 전에 말한 것처럼 그리스도인은 믿는 부분을 확실하게 알아야 하고, 그 신앙을 증명해야 합니다.

만일 여러분이 그 뚜렷한 확신을 버린다면, 그것이 불확실해지고 의문이 끼어들어 그리스도인이기를 그만두고 신앙은 없어집니다. 성령은 하늘에서 내려와 하느님이 믿는 자의 마음을 정화하여 그들에게 있는 그리스도의 증표를 확실하게 합니다. 그래서 그들은 그것을 위해 살고 또 죽습니다. 만일 내가 자신의 '확신'에 의해 굳게 서고, 그것을 위해 죽을 각오가 있다면 그것이 가장 큰 확실함 아니겠습니까? 분명 그렇습니다.

성령에는 회의가 없습니다. 우리의 마음 안에 불확실한 망상을 남기지 않습니다. 오히려 강하고 큰 확실함을 각인합니다. 우리를 헷갈리게 하지 않고(그것은 하느님을 기쁘게 합니다) 헷갈리게 하려고도 하지 않습니다. 도리어(하느님께 찬양을 드리며) 우리가 지금 사는 것, 또 2에 3을 더하면 5가 된다는 것을 확실하게 해 주십니다.

유스투스 요나역 노예적 의지

9월 17일
당신이 신뢰하는 주님

야훼께서 네 곁에 계시어……

〈잠언〉 3 : 26

　당신의 의로움이신 그리스도는 당신의 죄와 온 세상의 죄보다도 크신 분입니다. 그리스도의 생명과 위안은 당신의 죽음이나 저승보다도 강합니다.
　그리스도로 말미암아 강해지고 두려움이 사라진 마음은, 악마와 그 모든 위협과 재난에도 끄떡하지 않고 그 힘에 대항하여 다음과 같이 말합니다.
　"죄여, 그대가 나를 죄로 정한다면 나의 구주이시고 대제사장이신 그리스도를 우선 아버지와 함께 죄로 정해야 한다. 죽음이여, 만일 네가 나를 먹어 치운다면 나의 우두머리인 그리스도부터 우선 다 먹어 치우라. 악마와 이 세상이여, 네가 나를 위협해서 재난을 가져온다면 우선 그리스도를 그 자리에서 끌어내려야 할 것이다."
　요컨대 비록 이 순간에 벼락이 치고, 모든 것을 혼란에 빠뜨려도 나는 아무것도 두려워하지 않고 또 두려워지지도 않습니다. 그리스도가 그 고통과 죽음과 생명 가운데서 나의 것이 되어 계시기 때문입니다. 또 성령이 위안으로 임하시고 아버지이신 하느님 당신이 온갖 은총으로 임하시기 때문입니다.

그 은총 가운데서 하느님이 성령을 보내시고, 성령이 내 마음에 그리스도를 전하고 그 위안으로 마음을 채워 주십니다.

〈요한의 복음서〉 14~15장의 강해

9월 18일
이끌어 주시는 그리스도

여러분들에게 훌륭한 일을 시작하신 하느님께서는 그 일을 계속하실 것이며, 마침내 그리스도 예수께서 다시 오시는 날 완성하실 것입니다. 이것이 나의 신념입니다.
〈필립비인들에게 보낸 편지〉 1 : 6

오직 나에게 단단히 매달려야 한다. 나의 말로써 나는 너희 안에 좋은 일을 시작해 너희를 내게로 이끌었다. 그러나 너희가 내 안에서 살고 있는 것을 증명하길 바란다면 격렬한 싸움을 경험할 것이다. 고독감을 맛보고, 나에게서 버림받아, 두려움과 비참함의 늪에 선 것처럼 느끼게 될 것이다. 그러나 오직 나를 단단히 붙잡고 있어야 한다. 그리하면 너희가 사랑을 받고 있다는 증거를 받고, 그 신앙과 고통과 증거에 의해서 하느님이 얼마나 기뻐하시는지를 진심으로 느끼게 될 것이다.

이런 경험을 통해서 너희는 내가 누구이고, 무엇을 할 수 있고, 너희에 대한 계획이 무엇인가를 더욱더 알게 된다. 나는 매일 내 모습을 너희에게 보여 주고 너희는 결국 시련을 통해서 강해져 하느님의 이름으로 마귀에게 끄떡도 하지 않고 이를 물리치게 된다.

마귀에게 끄떡도 하지 않는 이 힘은 시련이 닥칠 때 우리가 이미 믿고 있는 가르침을 경험함으로써 생깁니다. 그러므로 우리는 내가 그리스도에게 있고, 그리스도도 내 안에 있음을 알게 됩니다. 전에 분노가 있었던 곳에는 이제 그와 같은 것이 아무것도 없습니다.

 그리스도는 사랑하는 감독이자 하느님과의 중보자(仲保者)이고, 그만이 우리의 주군이십니다. 누구도 우리를 고소하거나 위협할 수 없으며, 우리를 가르치거나 통치할 수도 없습니다.

〈요한의 복음서〉 14~15장의 강해

9월 19일
생명의 말씀을 간직하라

성경 읽는 일과 격려하는 일과 가르치는 일에 힘쓰시오.
〈디모테오에게 보낸 첫째 편지〉 4 : 13

나는 종종 유혹을 느끼고, 오늘날에도 충분히 자신을 지킬 수 없습니다. 나는 늙은 학자이자 설교자이며, 공격해 오는 많은 현인들보다도 성서에 정통하고, 또 적어도 그렇게 되어야 합니다. 그러나 유혹의 문제에 관심을 갖는 사람에게 하나의 본보기로서 공개적으로 이 사실을 고백해야 합니다. 나는 매일 어린아이처럼 성장해야 합니다.

매일 아침 일찍 내가 고른 시편이나 말씀이나 주기도, 십계, 사도신경을 갓 배운 어린아이처럼 큰 소리로 읽습니다. 그래도 일상적으로 성서를 연구하고 마귀와 싸워야 합니다. 내 마음 안에서 '너는 주기도를 알고 있다. 십계를 알고 있다. 사도신경을 암기하고 있다'는 등의 말은 도저히 할 수 없습니다. 도리어 매일 교리에 대한 문답을 주고받는 학생으로 서 있어야 합니다. 그것이 얼마나 나 자신에게 도움이 되는지를 느낍니다. 또 경험에 의해서 하느님의 말씀이 결코 마를 수 없으며, 〈시편〉 147편에 있는 것처럼 "그의 슬기를 형용할 길이 없어라"(5절 참조)는 것이 진리임을 알고 있습니다.

〈시편〉 147편의 강해

9월 20일
당신은 존귀한 하느님이시다

나의 기도 들으시고 나를 구해 주셨으니 주님께 감사 기도 드립니다.

〈시편〉 118 : 21

기쁨에 넘친 성구입니다. 순수한 기쁨으로 노래하고 춤을 춥니다. 당신께서는 우리를 놀랄 만한 깊은 은총으로 다스리시는 존귀하신 하느님이십니다.

당신께서는 우리를 가장 낮추실 때 가장 높게 들어 올려 주십니다. 우리가 죄인임을 내보일 때에 죄를 깨끗하게 해 주십니다. 우리를 저승으로 내려보낼 때 하늘로 이끌어 주십니다. 우리를 항복시킬 때 승리를 주십니다. 우리를 죽음으로 건넬 때 생명을 주십니다. 우리에게 슬픔을 주실 때 위로를 주십니다. 비탄(悲嘆)을 주실 때 기쁨에 넘치도록 해 주십니다. 울게 하실 때 노래를 주십니다. 우리가 고통을 당할 때 강하게 하십니다. 우리를 어리석게 할 때 현명하게 하십니다. 가난하게 할 때, 부자로 만들어 주십니다.

이 한 마디 속에 헤아릴 수 없을 만큼 놀라운 일이 담겨 있습니다. 이 모든 것에 대해서 그리스도인은 짧은 감사의 말을 바칩니다. "나는 당신께 감사드립니다. 제게 응답하시고 제게 구원이 되어 주셨기 때문입니다."

1532년 설교에서

9월 21일
내 안에 있는 성령의 증거

성령께서도 연약한 우리를 도와 주십니다.

〈로마인들에게 보낸 편지〉 8 : 26

누구든지 자신이 모든 죄, 욕정, 나쁜 생각에서 완전히 해방된다고 생각해서는 안 됩니다. 비록 그렇더라도 이와 같은 자유를 갈망하고 "아, 오직 내가 죄에서 벗어날 수만 있다면" 하고 하느님에게 계속 외쳐야 합니다. 성령은 마지막 날까지 이처럼 우리들 안에서 외치실 것입니다.

그러므로 죄는 언제나 불쌍한 그리스도인인 우리들 안에 머물러 있습니다. 우리는 죄에 빠집니다. 그러나 고의나 사악한 생각 때문이 아니고, 나약함에서 오는 것입니다. 하느님은 그것을 용서해 주십니다. 그러므로 우리 안에 성령이 깃들어 있다는 것은 최상의 위안입니다. 우리가 곤란에 빠져 하느님에게 호소할 때, 하느님이 우리에게 은총을 내려 도와 주신다는 뜻입니다. 그래서 우리는 하느님을 신뢰할 수가 있고, 하느님이 우리를 버리지 않으심을 알 수 있습니다. 이처럼 우리가 진정한 그리스도인임을 보여 주십니다.

많은 중요한 문제에 대해서

9월 22일
오직 하나뿐인 거룩한 공교회

이 사람들이 모두 하나가 되게 하여 주십시오.

〈요한의 복음서〉 17 : 21

사도들의 말에 따르면, 믿는 자는 모두 약속을 받습니다. 즉 모든 그리스도인이 한 몸이 되고, 빵 한 덩어리가 된다는 약속을 그리스도와 예수의 기도힘에 의해서 받는 것입니다. 한 지체(肢體)에 좋은 것이나 나쁜 것이 생기면 전체에도 생긴다는 것. 성도 한두 사람이 아니고 예언자·순교자·사도들, 모든 그리스도인, 하늘과 땅을 불문하고 주님에게 있는 모든 자가 그와 고통을 함께 하고 승리를 얻고, 그를 위해 싸우고, 그를 도와 지키고 구원하는 것. 그리스도 안에 있는 자 모두가 그의 고통·소망·고뇌를 짊어지는 것. 또 그가 성도들의 온갖 축복·위로·기쁨과 함께하는 것이 이와 같이 은혜로 넘치는 공유가 이루어진다는 약속입니다.

이 교제 또는 형제가 되어, 그리스도의 교회의 일원이 되는, 이보다 더한 축복을 바랄 수 있겠습니까? 이와 같은 확신을 가지고 있는 사람을 누가 해칠 수 있겠습니까? 약간의 고통이 그 사람 위에 덮칠 때 하늘과 땅에 있는 모든 사도와 성도들이 그 때문에 하느님에게 갈구하는 것을 누가 알고 있겠습니까? 만일 하나의 죄를 따지고 달려들어 그 사람의 양심을 압박하고 마귀와 죽음과 지옥으로 위협한다면, 하느님은 하늘의 대군과 함께 말씀하십니다.

"죄여, 이 사람을 괴롭히지 말고 나에게 맡겨라. 지옥이여, 이 사람을 망하게 하지 말라. 죽음이여, 이 사람을 죽이지 말라."

그러나 이것은 신앙이 없으면 이루어질 수 없습니다. 이 세상이나 이성의 눈에는 반대로 비치기 때문입니다.

〈요한의 복음서〉 14~20장의 설교

9월 23일
진정한 교회

여러분의 참 생명은 그리스도와 함께 하느님 안에 있어서 보이지 않습니다.

〈골로사이인들에게 보낸 편지〉 3 : 3

교회는 성령이 지배하고 있습니다. 성도도 마찬가지로 성령이 지배하고 생기를 받고 있습니다. (〈로마인들에게 보낸 편지〉 8장) 그리스도는 세상의 종말까지 그 교회와 함께 계십니다.

그러나 우리는 교회로 불리는 것이 분명 진정한 교회인지를 언제나 검증해야 합니다. 또 교회의 지체인 신앙자 개개인도 비록 온 생애를 방황하고 있어도, 마지막에는 올바른 길로 돌아올지를 묻게 됩니다.

예언자 엘리야의 시대에 지배하고 가르치며 권위 있는 높은 지위에 있었던 이스라엘 백성이 우상 숭배에 빠졌는데, 엘리야는 자기 혼자만 신앙에 머물러 있는 줄로 생각했습니다. 그러나 주님은 7천 명 남짓이라고 말씀하셨습니다. 그렇지만 도대체 누가 그 사람들을 보고 있었겠습니까? 누가 그들이 하느님의 백성임을 알고 있었겠습니까?

주 예수 그리스도의 시대에 사도들은 모두 좌절하여 도망가고, 위대하고 영광스러운 이스라엘 민중은 그리스도를 팔고, 버리고, 죄를 씌워 십자가에 못 박는 데 함께했습니다.

　한편 니고데모, 요셉, 마리아와 십자가 위의 도적 등 몇몇 사람들이 구원받았을 때를 생각해 봅시다. 예수의 제자 대부분은 하느님의 백성으로 불리지 않았을까요? 또 진정한 하느님의 백성은 그곳에 없었을까요? 아닙니다. 그곳에 있었습니다. 그러나 이름도 명예도 없는 사람들이었습니다.

　많은 사람들이 성도나 하느님의 백성이라고 불리면서도 실제로는 그렇지 않았습니다. 한편, 비천한 몇 사람들이 진정한 성도였다는 것은 교회사가 시작된 이후의 사실이었습니다.

유스투스 요나역 노예적 의지

9월 24일
교회는 하느님의 말씀 위에 세워지다

나는 나에게 주신 말씀을 이 사람들에게 전하였습니다.

〈요한의 복음서〉 17 : 8

이 말씀은 교회가 하느님의 말씀 이외에 아무것도 지시하거나 정하지 않는다는, 충실한 그리스도인이라면 알고 있는 사실을 우리에게 확신시키고 보증합니다. 만일 그렇지 않은 교회가 있다면 그리스도가 말씀하신대로 단지 이름뿐인 교회입니다. 말씀은 교회가 말하는 것이므로 하느님의 말씀은 아닙니다. 하느님의 말씀이 강조되고 있다는 사실이 교회를 구성합니다.

말씀은 교회에 의해서 만들어진 것이 아닙니다. 교회가 말씀에 의해서 만들어진 것입니다. 교회의 존재를 알 수 있는 확실한 증거는 하느님의 말씀입니다.

교회의 설교나 성령의 증거가 존재하지 않는다면, 교회가 어디에 있는지를 어떻게 알 수 있겠습니까?

미사의 오용에 대해서

9월 25일
죄를 용서받은 사람들

> 그 곳에 사는 백성은 모든 죄를 용서받아……
> 〈이사야〉 33 : 24

그리스도의 나라는 죄의 심판 위에 세워진 것이 아닙니다.
"나는 죄를 심판하러 온 것이 아니라 용서하려고 온 것이다. 죄를 용서받지 않으면 누구도 내 나라에 들어올 수 없기 때문이다. 내 나라는 황무지가 아니다. 그곳에 초청받아 들어온 자는 모두 죄인이다. 그들은 죄인이기 때문에 죄를 용서받지 않고는 살 수가 없다."
그러므로 죄인만이 하느님 나라에 들어갈 수 있습니다. 이것이 주님의 나라입니다. 주님은 성도가 들어오도록 그대로 두지 않고 몰아냅니다. 누구든지 성도이길 원하는 자는 교회에서 내던져집니다.
그런데 죄인이 주님의 나라로 들어가면 죄인으로 계속 머물 수는 없습니다. 주님은 외투를 그 사람 위에 걸치시고 "만일 네가 죄에 빠져 있다면 나는 너를 용서하고 그 죄를 덮어 주겠다"고 말씀하십니다. 죄가 있다는 것은 확실합니다. 하지만 주님의 나라에서는 그것을 보시지 않습니다. 오히려 그것을 덮어 주고, 용서하고, 죄를 헤아리지 않습니다. 이로써 당신은 살아 있는 성도, 그리스도의 진정한 지체(肢體)가 되는 것입니다.

〈요한의 복음서〉 6~8장의 설교

9월 26일
교회가 받은 열쇠

나는 분명히 말한다. 너희가 무엇이든지 땅에서 매면 하늘에도 매여 있을 것이며 땅에서 풀면 하늘에도 풀려 있을 것이다.

〈마태오의 복음서〉 18 : 18

땅에 매여 있는 것은 하늘에도 매여 있습니다. 하느님은 땅 위에 세워진 거룩한 그리스도의 교회가 올바른 심판을 행할 때, 그 심판에 자신이 매여 있다고 말씀하십니다. 그러므로 교회의 심판은 하느님의 심판이 됩니다.

성서는 여기에서 주 그리스도가 교회에서 커다란 영적 질서를 정하고 계신다는 것, 주 그리스도의 교회는 공공의 죄와 사악에 책임이 있는 사람들을 말씀으로써 매거나 추방하는 힘이 있음을 가르칩니다. 그리스도는 자신이 어떤 힘을 보유하고 있다고 말씀하지 않지만, 교회는 그에게 매일 것이라고 말씀하십니다. 그렇습니다. 그뿐입니다.

그러므로 여러분은 죄가 공공연하게 또는 그 밖의 방법으로 심판받거나 용서받는 것을 보면 하느님의 백성이 그곳에 있음을 알 것입니다. 하느님의 백성이 없는 곳에는 열쇠도 없습니다. 그리스도가 이미 그들을 버리셨기 때문입니다.

성령이 죄인을 정화할 수 있으며, 그리스도인이 이 세상에서 그리스도 아래 있는 거룩한 한 백성임을 증명할 수 있는 공공연한 표시와 성소는 그곳에 없습니다. 그리고 자신의 죄를 뉘우치지 않고 정화되길 바라는 자는 이 열쇠에 매여서, 자물쇠가 잠긴 거룩한 백성에게서 추방되어야만 합니다.

교회 회의와 교회에 대해서

9월 27일
십자가의 성소

나 때문에 모욕을 당하고 박해를 받으며 터무니없는 말로 갖은 비난을 다 받게 되면 너희는 행복하다.

〈마태오의 복음서〉 5 : 11

겉으로 보면, 거룩한 그리스도의 백성은 거룩한 십자가의 표시에 의해서 식별할 수 있습니다. (주기도에 있는 것처럼) 불행과 박해, 마귀와 이 세상과 육신에 의한 온갖 고뇌와 시련에 맞닥뜨려야 합니다. 마음에 슬픔을 안고, 외면적으로는 가난하고, 사람들에게 비웃음을 받고, 또 병을 앓고, 나약함을 느끼기 때문에 그들의 주 그리스도를 닮은 자로 간주되는 것입니다.

이와 같은 일은 모두 그리스도와 하느님의 말씀에 매달리고, 그리스도를 위해 겪는 고뇌와 같습니다. 그들은 신앙심이 깊고, 온유하고, 순종하며, 자신의 몸과 재산을 다 바쳐 조국과 이웃에 봉사하려고 하며 누구에게도 위해를 가하지 않습니다.

그러나 이 지상에서 그들만큼 미움을 받는 자들도 없습니다. 그 생활은 유대인이나 이방인이나 터키인보다도 힘듭니다. 어떤 사람들은 한 마디로 이단, 악한, 마귀라고까지 부릅니다. 저주의 말을 쏟아 붓고 세상에서 가장 불명예스러운 백성이라는 말까지 합니다.

(누구도 그들을 동정하지 않고, 목이 마를 때 마실 것으로는 약과 쓸개밖에 주지 않습니다) 그들을 박해하고 교수형에 처하고, 물에 빠뜨리고, 죽이고 괴롭히는 사람이 하느님에게 봉사하고 있는 것으로 여겨집니다. 더구나 그들이 살인과 간음을 행하고, 도적이나 악한이기 때문이 아니라, 그리스도만을 고백하고 다른 무엇도 하느님으로 여기지 않기 때문입니다.

그러므로 만일 이와 같은 일을 보고 듣거나 한다면, 그곳에 거룩한 그리스도의 교회가 있음을 알아야 합니다. 주님도 "기뻐하고 즐거워하여라. 너희가 받을 큰 상이 하늘에 마련되어 있다"(《마태오의 복음서》 5 : 12)고 말씀하셨습니다. 이 거룩한 증거로 말미암아 성령이 그 백성을 깨끗하게 할 뿐만 아니라 축복도 주시기 때문입니다.

교회 회의와 교회에 대해서

9월 28일
성찬에 의한 영의 일치

우리가 감사를 드리면서 그 축복의 잔을 마시는 것은, 우리가 그리스도의 피를 나누어 마시는 것이 아니겠습니까? 또 우리가 그 빵을 떼는 것은 그리스도의 몸을 나누어 먹는 것이 아니겠습니까?

〈고린토인들에게 보낸 첫째 편지〉 10 : 16

이 성찬 예전이 올바르게 이루어지고 있다면, 하느님의 백성이 그곳에 있음을 확인할 것입니다. 전에 드린 말씀대로 하느님의 말씀이 있는 곳에는 교회가 있고, 또 세례와 성찬의 예전이 있는 곳에는 하느님의 백성이 있습니다. 이 거룩한 것을 소유하고 사용하고 집행하는 것은 하느님의 백성뿐입니다. 비록 그들 가운데 거짓 신앙을 지닌 그리스도인이 몇 있었다고 해도 영향을 주지 않습니다.

신앙이 약해지고 고뇌 속에 있거나 죄로 둘러싸일 때, 여러분은 성찬 예전에 참여해 진심으로 그 의미를 부여받으려고 합니다. 그리고 예전이 선언하는 대로 자기에게 이루어질 것을 의심하지 않습니다.

또 그리스도와 모든 성도들이 모든 덕·고통·은혜로 여러분과 함께 살고, 함께 일하고, 함께 쉬고, 함께 고뇌하고, 그리고 함께 죽기 위해 여러분에게로 다가가고, 여러분과 함께 소유하는 모든 것이 진실로 당신의 것이 되는 것을 의심치 않습니다. 만일 이 신앙을 실천하길 기뻐하고 확고하게 한다면, 하느님이 여러분을 위해 성단(聖壇) 위에 갖추어진 풍요로운 기쁨의 만찬을 경험할 것입니다.

교회 회의와 교회에 대해서

9월 29일
가르침과 이해

만일 그리스도께서 다시 살아나시지 않았다면, 여러분의 믿음은 헛된 것이 되고, 여러분은 아직도 죄에서 헤어나지 못하고 있을 것입니다.

〈고린토인들에게 보낸 첫째 편지〉 15 : 17

만일 복음을 전파하려고 한다면, 무엇보다도 우선 부활하신 것을 전해야 합니다. 이 사실을 전파하지 않으면 사도가 아닙니다. 이야말로 우리의 신앙에서 가장 중요한 사항이고, 가장 정결하고 고귀한 서책이 이를 가르치고 있기 때문입니다. 가장 큰 힘은 우리가 믿는 이 사실 가운데 있습니다. 부활이 없으면 우리는 아무런 위안도 소망도 없고, 그리스도도 없으며, 겪은 모든 고통도 완전히 공허한 것이 되고 맙니다. 그러므로 우리는 다음과 같이 가르쳐야 합니다.

주님은 너의 죄와 죽음과 저승을 자신이 취하시고, 그 모든 무거운 짐을 짊어지셨다. 그러나 주님은 너무나도 강했기 때문에 그런 모든 것 아래서 부활하시어 정복하시고 복종시키셨다. 그러므로 여러분이 자유를 얻고 이 모든 것을 지배하게 되었다. 만일 이를 믿는다면 이 힘은 네 것이 된다.

우리 그리스도인은 얼마나 깊이 이 사실을 알아야 할까요? 이 말씀이 우리에게 어떻게 명확해져야 할까요.

〈**베드로의 첫째 편지**〉 강해

9월 30일
약한 자를 쓰신다

그런데 하느님께서는 지혜 있다는 자들을 부끄럽게 하시려고 이 세상의 어리석은 사람들을 택하셨으며……

〈고린토인들에게 보낸 첫째 편지〉 1 : 27

우리가 약하지 않으면, 그리스도는 우리들 위에 힘을 행사하실 수 없습니다. 만일 자신의 힘으로 적에게 저항한다면, 그것은 자기 자신에게 영광을 돌리는 것이지 그리스도에게 돌리는 것이 아닙니다. 그러나 경험에 의하면, 우리는 결코 자기 자신의 힘으로 해 나갈 수가 없습니다. 하느님이 하셔야 합니다. 우리의 약한 곳에서 하느님의 영광이 나타나는 것입니다.

종종 우리의 적이 강하고 오만할 때에 우리는 약함을 느낍니다. 그러나 그런 가운데서도 주 그리스도는 마지막에 당신께서 승리하게 될 것을 우리에게 확신시키고 우리를 위로해 주십니다.

우리 자신과 우군이 이 세상에서 완전히 분쇄되어 굴복할 수밖에 없을 때, 이 세상의 눈으로는 분명 약해 보일 때 또는 심한 박해를 받고 있을 때, 하느님은 우리를 보듬어 주시며 두려워하지 않고 실망하지 않도록 해 주십니다. 때로는 하느님이 약해 보일 때가 있을지도 모릅니다. 하지만 일부러 약해지는 것이 아니라, 실은 열중하고 계시기 때문임을 알 수 있습니다. 하느님은 약한 자의 편이 되어 힘 있는 자를 쓰러뜨리고, 약한 자를 높여 주시기 때문입니다.

하지만 이런 것들을 세속적인 이성의 눈으로 보아서는 안 됩니다. 그러면 우리는 망하고 말 것입니다. 약한 자로써 강한 자를 쓰러뜨리는 것이 하느님의 뜻임을 알아야 합니다. 이 진리를 믿고 그대로 눈을 감읍시다.

〈요한의 복음서〉 6~8장의 설교

October
10월

10월 1일
말씀은 교회 존재의 증거

나는 아버지께서 세상 사람들 가운데서 뽑아 내게 맡겨 주신 이 사람들에게 아버지를 분명히 알려 주었습니다. 이 사람들은 본래 아버지의 사람들이었지만 내게 맡겨 주셨습니다. 이 사람들은 과연 아버지의 말씀을 잘 지키었습니다.

〈요한의 복음서〉 17 : 6

이 지상에 사람이 따라야 할 교회가 있는지에 대해서 논의할 여지는 전혀 없습니다. 싸움은 어느 것이 진정한 교회인가를 결정해야만 할 때에 시작됩니다. 그것을 인간의 말과 인간적인 이해에 의해서 판단하는 동안에는 논쟁의 결말이 나지 않을 것이고, 진정한 교회를 발견할 수도 없습니다. 그러나 우리 주 그리스도 자신이 교회에 대해서 어떻게 말씀하시고, 어떤 교회의 모습을 제시하고 계시는지를 볼 때 이 문제의 답에 확실히 근접할 수 있습니다.

여기에서 그리스도는 교회를, 나를 사랑하고 내 말을 지키는 작은 무리라고 정의하고 그렇게 표현하고 계십니다. (그렇게 해서 그리스도의 사랑은 알려지고 느껴지기 때문입니다) 주님은 말씀하십니다.

"나의 말이 머물고 지켜져야 한다. 그렇지 않으면 교회는 존재하지 않는다."

그리스도의 말씀이 진정한 교회를 알고 발견하기 위한 기준이 되고 시금석이 되고 있습니다. 또 그에 따라 교회는 진로를 결정합니다. 선교하고 행동하기 위해서는 규칙과 질서가 필요합니다. 모두들 자신의 생각에 따라 이야기하고 행동하면서, 교회가 실은 성령에 따라 말하고 행동한다고 주장하여도 설득력이 없습니다.

그러므로 그리스도는 교회를 말씀으로 결부시킨 것입니다. 또 교회에 말씀을 주시고, 교회가 말씀에 따라서 가르치고 선교를 실천하여, 그리스도의 사랑을 위해 모든 일을 행동으로 옮기는지를 음미하고 조사하기 위한 증거로 삼으신 것입니다.

성령강림 주일의 설교

10월 2일
주님을 대변하는 설교자

이렇게 꾸짖으시고 제자들에게 "너희의 말을 듣는 사람은 나의 말을 듣는 사람이고 너희를 배척하는 사람은 나를 배척하는 사람이며 나를 배척하는 사람은 곧 나를 보내신 분을 배척하는 사람이다" 하고 말씀하셨다.

〈루가의 복음서〉 10 : 16

주님은 거룩한 예언자와 주님의 사람을 통해 말씀하셨습니다. 베드로가 "성령에 감동을 받은 사람들이 주님이 전하신 말씀을 이야기했다"고 말하는 대로입니다. 주님과 사람은 사람의 이성에 의한 이해와 판단에 따라 분리되는 것이 아닙니다. 오히려 "이 사람, 이 예언자, 사도 또는 건전한 설교자, 교사가 주님의 말씀과 명령에 따라서 이야기하고, 행하는 것은 주님 자신이 이야기하고 행하시는 것이다. 왜냐하면 그 사람은 주님의 입이고 도구이기 때문에"라고 바로 말해야 합니다. 대변인에게 듣는 자는 확신을 가지고 다음과 같이 말해야 합니다.

"이 순간, 나는 바울로나 베드로, 다른 누구에게 전해 듣는 것이 아닙니다. 주님 자신이 말씀하시고, 세례를 주시고, 죄를 사하시고, 벌하시고, 제명하시고 또는 거룩한 예전을 집행해 주시는 것입니다."

아아, 주님이시여. 설교자가 말하는 말씀과 위로가 진실로 주님의 말씀과 위로 그 자체이고, 주님이 의도하신 바임을 깨우칩니다. 보잘것없는 회개의 마음과 노심초사 불안했던 마음에 믿음을 가졌을 때 설교자에게서 얼마나 큰 위안을 얻는지 모릅니다.

그러므로 우리는 주님이 말씀을 통해서 작용하시는 것을 굳게 믿어야 합니다. 말씀은 혼이 진정한 주님을 알 수 있게 하는 도구와 같은 것입니다.

탁상어록

10월 3일
영(靈)을 시험하라

사랑하는 여러분은 자기가 성령을 받았노라고 말하는 사람들을 다 믿지 말고 그들이 성령이라고 주장하는 것이 과연 하느님께로부터 온 것인지 아닌지를 시험해 보십시오. 많은 거짓 예언자가 세상에 나타났기 때문입니다.

〈요한의 첫째 편지〉 4 : 1

성령은 진리의 영으로 불립니다. 온갖 허위와 거짓 영에 반대하기 때문입니다. 이 세상에는 여러 가지 영으로 가득합니다. 속담에도 주님이 교회를 지으시면, 악마는 그 옆에 예배당을 짓는다고 합니다. 즉, 순수한 주님의 말씀이 전해지는 곳에 악마는 분파와 혼란, 그리고 많은 거짓 영을 데리고 옵니다. 더구나 그리스도와 교회의 이름과 영광을 자신들의 것으로 하는 것입니다. 그러나 그들에게는 거짓만 있을 뿐이고 진리도 확실성도 없습니다.

그리스도는 "그러나 나는 너희에게 성령을 보낸다. 성령은 너희를 진리에 대해서 확실하고 오해 없는 자로 만들 것이다. 그러므로 너희는 이제 자신의 영원한 행복에 대해 의심 없이 확신하게 되며, 다른 모든 가르침에 관해서도 판단을 할 수 있게 된다"고 말씀하십니다.

이렇게 해서 그리스도는 여러분을 병사로서 승리자로 여기실 뿐만 아니라 붉은 옷을 입혀 의사 또는 교사로 삼으시고, 교회에서 어느 가르침이 올바르고 어느 것이 거짓인가를 판단할 수 있게 해 주실 것입니다. 악마도 여러분의 가르침을 거짓이라 하겠지만, 여러분을 미망(迷妄)으로 이끌 정도로 현명하지 못하며, 배신자도 그렇게까지 약삭빠르지 않습니다.

애초에 거짓 영이 존재하고 앞으로도 다양한 형태로 활동하겠지만, 그리스도 교회는 그 입장을 꾸준히 굳건하게 지켜왔습니다. 세례·성찬·복음·그리스도·십계, 진정으로 순수한 기도를 통해서 늘 견지하고 반대하는 온갖 거짓 가르침을 심판해 스스로의 입장을 깨끗이 유지합니다. 설령, 악마가 빛의 천사가 되어 아름답게 반짝이는 모습을 주님으로 가장해 나타난다 하여도 간파할 수 있습니다.

〈요한의 복음서〉 14~15장의 강해

10월 4일
신앙의 고백을 견지하라

또 우리에게 약속을 주신 분은 진실한 분이시니 우리가 고백하는 그 희망을 굳게 간직하고
〈히브리인들에게 보낸 편지〉 10 : 23

그러므로 주의해서 여러분이 알고 있고, 주님의 것으로서 존중하는 가르침을 여러분의 양심에 반해 떨쳐 버릴 것을 배제 하십시오. 그것이 아무리 훌륭한 사람이라고 해도 또 하늘로부터의 사자라고 해도 이 지상에서 없애 버리십시오. 성 바울로는 말합니다.
 "우리는 말할 것도 없고 하늘에서 온 천사라 할지라도 우리가 이미 전한 복음과 다른 것을 여러분에게 전한다면 그는 저주를 받아 마땅합니다."(〈갈라디아인들에게 보낸 편지〉 1 : 8)
 여러분은 주님의 말씀 때문에 박해를 당하는 최초의 사람도 아닐 뿐더러 유일한 사람도 아닙니다. 그리스도는 말씀하십니다.
 "옳은 일을 하다가 박해를 받는 사람은 행복하다. 하늘 나라가 그들의 것이다."(〈마태오의 복음서〉 5 : 10)
 "그 때에는 사람들이 너희를 잡아 법정에 넘겨 갖은 고통을 겪게 하고, 마침내는 사형에 처하게 할 것이다. 또 너희는 나 때문에 온 세상 사람들에게 미움을 받을 것이다."(〈마태오의 복음서〉 24 : 9)

또 "사람들은 너희를 회당에서 쫓아낼 것이다. 그리고 너희를 죽이는 사람들이 그런 짓을 하고도, 그것이 오히려 하느님을 섬기는 일이라고 생각할 때가 올 것이다."(《요한의 복음서》 16 : 2)

우리는 이러한 말씀을 상기해 신앙의 형제자매들과 함께 스스로 강해져야만 합니다. 그렇습니다. 우리는 주님에게 찬미와 감사를 바치고, 주님의 말씀을 위해 고통받는 가치 있는 자가 되도록 기도해야 합니다. 반 그리스도의 시대에는 누구도 설교를 할 자유가 없고, 주님의 말씀을 가르치거나 듣는 자는 죄로 묻게 됨을 떠올리기 바랍니다. 그것은 현재도 여전하며 끝없이 계속되어 왔습니다.

금서에 대해서, 고백하는 자에 대한 가르침

10월 5일
그리스도의 힘에 의해서

정말 잘 들어 두어라. 나를 믿는 사람은 내가 하는 일을 할 뿐만 아니라 그보다 더 큰 일도 하게 될 것이다. 그것은 내가 이제 아버지께 가서

〈요한의 복음서〉 14 : 12

우리는 그리스도 자신이 그랬던 것처럼 지상에서는 구걸하는 자나 다름없습니다. 그러나 주님 앞에서는 풍부한 부를 지니고 있습니다. 그러므로 그런 우리와 비교하면 이 세상은 가난하고 비참해 우리가 없으면 그 소유물을 유지할 수조차 없게 됩니다. 그리스도인이 이처럼 큰 일을 하고 그리스도 자신 이상으로 큰 일을 한다는 것은 어떤 이유에 따른 것이겠습니까? "내가 이제 아버지께 가서"라고 그리스도께서 하신 말씀 이외에는 없습니다.

그리스도가 "아버지께로 간다"고 하신 말씀의 의미는 자신이 주님이 되어 아버지 오른쪽에 앉으시어 하늘과 땅의 모든 권위를 받는다는 것입니다. 또 어떻게 여러분이 이와 같은 행위를 할 수 있느냐 묻는다면 '너희가 나의 것이고, 나를 믿고 있기 때문이고, 또 너희가 내 안에 있고 내가 너희 안에 있기' 때문입니다.

나는 아버지 오른쪽에서 지니고 있는 힘에 의해 아버지와 똑같은 하느님의 위엄을 지니고 있고, 모든 피조물에 대한 진정한 주인이자, 신으로서 공개적으로 모습을 바꾸고 있습니다. 그래서 나를 믿고 나의 말·세례·성찬의 예전을 받아 이 모든 걸 굳건히 새기는 여러분에게 작용하는 것입니다. 그리고 나는 죄·죽음·세상·악마 및 모든 것 위에 존재하는 주인이고, 여러분도 마찬가지로 완전히 같은 힘을 지니고 있기 때문에 우러르게 됩니다.

하지만 그것은 여러분 자신에게 가치나 힘이 있어서가 아니고, 단지 내가 아버지께로 가기 때문입니다. 말씀과 기도에 따라 나의 말은 여러분 안에 힘차게 작용하는 것입니다.

〈요한의 복음서〉 14~15장 강해

10월 6일
교회가 지닌 정화의 힘

> 우리가 하는 전도 사업이 비난을 받지 않기 위해서 우리는 사람들의 비위를 상하게 하는 일은 조금도 하지 않으려고 합니다.
>
> 〈고린토인들에게 보낸 둘째 편지〉 6 : 3

그리스도인은 주님의 이름을 더럽히지 않게 사람들에게 피해를 주지 않도록 주의해야 합니다. 그리스도인으로 산다는 것은 엄청난 일입니다. 주님을 상징하는 새로운 사람이고 진정 주님과 닮은 모습을 한 신자를 통해 주님 자신이 명확하게 표시되기 때문입니다. 그러므로 그리스도인이(그리스도인의 이름하에) 행하는 모든 일은, 선이든 악이든 주님 이름에 대한 영예나 치욕이 되는 것입니다. 당신이 욕정에 사로잡혀 당신 안에 있는 아담에게 굴복한다면 그것은 주님을 헐뜯는 자에게 절호의 기회를 줍니다. 당신 때문에 주님의 이름을 욕되게 하는 원인을 만들어 내는 것입니다.

　이와 같이 생각할 때 그리스도인은 다른 어떤 일에 무관심할지라도, 아버지이신 주님과 구세주 그리스도의 이름을 지키고 영예를 나타내는 데 있어서는 최대한 주의를 기울여야 합니다.

삼위일체 후 제19주일의 설교

10월 7일
주님의 진리 관리자

여러분은 우리를 그리스도의 일꾼으로 여기며 하느님의 심오한 진리를 맡은 관리인으로 생각해야 합니다.

〈고린토인들에게 보낸 첫째 편지〉 4 : 1

바울로는 여기서 "우리는 주님의 지혜를 관리하는 자이다"라든가, "주님의 의로움을 관리하는 자"임을 말하려 합니다. 그러나 그러한 표현으로는 그 일면만을 나타낼 뿐입니다. 그래서 그리스도 품 안에 있는 모든 것을 나타내기 위해 '진리'라는 한 마디를 사용하는 것입니다. 그는 바로 이렇게 말하고 싶었을 것입니다. "우리는 영의 관리자이고 주님의 은혜와 주님의 진리를 나누어 주고 있습니다. 도대체 누가 주님의 헤아릴 수 없는 크나큰 덕을 다 가르칠 수가 있겠습니까? 그래서 나는 이 모든 것을 한 마디로 나타내 '주님의 진리'라고 말하겠습니다. 그것은 신앙을 통해서만 얻을 수 있으므로 감춰진 진리라 하는 것입니다."

주님의 진리는 주님이 주시는 숨겨진 것이고 주님 자신 안에 존재하는 것입니다. 그러나 악마 역시 진리를 지니고 있습니다.

〈요한의 계시록〉 17장 5절에 "그리고 그 이마에는 '온 땅의 탕녀들과 흉측한 물건들의 어미인 대바빌론'이라는 이름이 상징적으로 기록되어 있었습니다"라고 되어 있습니다. 악마는 자신의 가르침과 행위가 천국으로 이끄는 듯이 보이게 합니다. 그러나 실제로 그것을 믿는 자에게 돌아오는 것은 죽음과 저승뿐입니다. 반대로 주님의 진리에는 생명과 축복이 있습니다.

  앞서 언급한 이야기를 통해 바울로가 그리스도의 종을 주님의 진리를 관리하는 자로 보고 있었음을 알 수 있습니다. 그는 스스로를 주님의 백성에 대해서 그리스도와 그리스도에 속하는 것만을 퍼뜨리는 자로 생각하고 있었습니다. 그리고 다른 사람들도 그렇게 인정하였습니다.

  그리스도만이 우리의 생명·도·지혜·힘·목표·축복이고 그리스도가 없으면, 우리는 죽음·미망·어리석음·무력·치욕·저주 이외에 아무것도 아닙니다. 그리고 그리스도 이외의 것을 퍼뜨린다면 주님의 진리를 관리하는 자로 간주되지 않는 것입니다.

강림절 제3주일의 설교

10월 8일
그리스도인은 세상을 구한다

슬픔을 당해도 늘 기뻐하고, 가난하지만 많은 사람을 부유하게 만들고, 아무것도 가진 것이 없지만 사실은 모든 것을 가지고 있습니다.

〈고린토인들에게 보낸 둘째 편지〉 6 : 10

그리스도인은 누구나 주 그리스도가 이 세상에 계셨을 때와 똑같은 모습입니다. 그리고 그리스도가 하신 것과 똑같이 큰 일을 합니다. 그러므로 주님에게 속한 것을 가지고 전세계를 지배할 수가 있습니다. 또 소외되고 불쌍한 사람들을 돕고 봉사할 수 있으며, 지상에서 할 수 있는 한 최대의 사업을 달성하는 것도 가능합니다.

주님의 눈에는 그리스도교 신자가 전세계보다도 존귀한 존재로 보이십니다. 그러므로 주님은 그리스도인을 위해 세계에 버팀목이 되어 주시고, 세계에 있는 모든 것을 그리스도인을 위한 세계에 주시는 것입니다.

만일 지상에 단 한 명의 그리스도인이 존재하지 않는다면, 모든 지상의 평화는 사라질 것입니다. 확실히 악마는 단 하루에 지상에 있는 모든 것을 멸망시키고 말 것이 틀림없습니다. 현재 곡식이 밭에서 계속 익어가고, 사람들의 병이 치유되고, 먹을 것이 주어지고,

평화롭고 안전한 세상으로 변해가는 현실. 이 모든 것이 바로 그리스도인의 노력으로 이뤄지는 것입니다.

우리는 확실히 구걸을 하는 것 같지만 동시에 많은 사람을 부유하게 합니다. 실제로 아무것도 가진 것이 없지만 그래도 모든 것을 소유하고 있습니다. 이 세상의 왕·군주·시민·농민이 소유하고 있는 것은, 그들이 정당한 상속권에 의해서 얻은 것은 아니고, 그리스도와 그리스도인이기 때문에 부여받는 것입니다.

그리스도인에게는 복음과 세례와 성찬이 주어지고 있습니다. 그것으로 사람들을 회심으로 이끌고, 저승과 죽음이라는 악마의 손아귀에서 영혼을 구원하여 천국으로 데려가기 위해서입니다.

또 가난한 사람들에게 용기를 주고, 위로하고, 버팀목이 되어 주고, 거부할 수 없는 유혹 앞에서 고뇌하는 양심에 충고를 주기 위해서입니다. 그리고 모든 사람에게 직업에 귀천 없이 선량한 그리스도인으로서 어떻게 활동해야 할 것인가를 가르치기 위함입니다.

〈요한의 복음서〉 14~15장의 강해

10월 9일
진정한 형제관계

그리고 모든 일을 사랑으로 처리하십시오.
〈고린토인들에게 보낸 첫째 편지〉 16 : 14

 진정한 형제관계란 신성한 것이고 천상의 것입니다. 그것은 가장 고귀한 것이고 금이 구리나 납보다도 귀한 것처럼 모든 것에 앞섭니다. 그것은 성도의 교제입니다. 우리는 그 속에서 형제자매의 연을 맺고 친밀함을 나누는데 그 친밀함의 크기는 상상을 뛰어넘습니다. 그곳에는 하나의 세례, 하나의 그리스도, 하나의 성찬, 하나의 식품, 하나의 복음, 하나의 신앙, 하나의 성령, 하나의 영적인 육체가 있지만, 저마다 다른 일부분이기 때문입니다. 이처럼 깊고 밀접한 형제관계는 달리 없습니다.
 그러나 여러분은 "이 관계를 통해 뭔가 얻지 못한다면 무슨 도움이 되겠습니까"라고 말할지도 모릅니다. 대답은 이렇습니다.
 "여러분은 사랑의 행위로서 모임을 갖거나 다른 사람들에게 봉사를 합니다. 그리고 아무런 대가도 바라지 않고 그 대가를 얻을 것입니다."
 그러나 만일 사랑의 봉사와 대가가 무언가의 수단처럼 생각된다면, 그것은 여러분의 형제관계가 올바른 정신이 아니라는 증거입니다. 사랑은 자유롭게 봉사할 수 있습니다. 그래서 주님은 그 모든 부를 자유롭게 주십니다. 모든 일은 사랑에 의해서 실천되어야 합니다. 그러므로 주님을 기쁘게 해 드리려면 형제관계 역시 사랑에 의한 것이어야 합니다.

여러분이 그리스도와 성도와의 교제가 연결되어 있다는 것을 알면 알수록 확신이 설 것입니다. 그리스도와 그리스도가 사랑하는 성도들에 대한 신뢰가 늘면 늘수록, 여러분에 대한 성도들의 사랑과 삶과 죽음으로 생기는 힘든 상황 속에 도움을 받게 될 확신이 늘어납니다.

만일 여러분이 그리스도인이나 교회의 쇠퇴에 마음을 아파해 사랑을 제공한다면 기꺼이 남을 돕고, 아무도 증오하지 않고, 모든 사람에게 동정해 기도하게 될 것입니다.

그리스도 성체예배의 설교

10월 10일
성찬의 예전에서 영의 일치

> 빵은 하나이고 우리 모두가 그 한 덩어리의 빵을 나누어 먹는 사람들이니, 비록 우리가 여럿이지만 모두 한 몸인 것입니다.
> 〈고린토인들에게 보낸 첫째 편지〉 10 : 17

빵과 포도주에 의한 이 예전에 참여한다는 것은, 그리스도와 모든 성도와의 교제와 결부되어 있다는 확실한 증표를 받는 것입니다.

빵을 만들 때 많은 곡물 알갱이가 으깨어지고 수많은 알갱이가 모아져 하나의 빵이 됩니다. 이때, 곡물 알갱이 형태와 몸은 사라지고 빵이라는 형태가 만들어지는 것입니다.

똑같은 것을 포도에서도 말할 수 있습니다. 포도는 그 자체의 형태를 잃고 포도주라는 음료의 형태가 됩니다.

우리도 성찬의 예전을 올바르게 하려면 이런 것과 똑같아야 합니다. 그리스도는 사랑 때문에 우리의 형태를 취하시고, 우리와 함께 죄와 죽음과 온갖 악에 맞서 싸워 주셨습니다. 그리스도에게 받은 사랑으로 인해 우리도 그리스도의 형체를 취하고, 그리스도의 의로 우심과 생명과 축복에 의존합니다.

이리하여 그리스도에게 있는 좋은 것과 우리에게 있는 나쁜 것이 뒤엉켜 우리는 하나의 빵, 하나의 몸, 하나의 음료가 되어 모든 것을 공유하는 것입니다.

  그리스도와 그 교회가 하나의 육신, 하나의 뼈가 된다는 것은 얼마나 크나큰 예전인지 모릅니다. 똑같은 사랑을 불태워 우리도 바뀌고, 다른 그리스도인의 나약함을 받아들여, 그 고뇌와 상황을 우리들 어깨에 짊어지는 최선을 다해 형제자매를 기쁘게 해 주는 것입니다. 이것이 성찬의 올바른 의미이고 교환입니다.

그리스도 성체예전의 설교

10월 11일
교리의 확실함은 그리스도에게

이것으로 예언의 말씀이 더욱 확실해졌습니다. 여러분의 마음속에 동이 트고 샛별이 떠오를 때까지는 어둠 속을 밝혀주는 등불을 바라보듯이 그 말씀에 주의를 기울이는 것이 좋겠습니다.

〈베드로의 둘째 편지〉 1 : 19

우리는 갖은 반대에도 불구하고 위안의 약속을 가지고 있습니다. 그러므로 우리가(그리스도인으로서) 이야기하고, 행동하고, 고뇌하는 것은 진리이며 진리의 영으로부터 오는 것입니다.

반대로 이 예언의 말씀에 거역해 행동하고, 이야기하고, 선전하는 것은 무엇이건 주님 앞에 거짓을 말하는 것이고, 허위로 가득 찬 것입니다. 비록 표면상으로는 올바르게 보이고, 스스로가 순수한 진리, 최고의 청렴, 영적인 것이라고 주장할 것입니다. 그로 인해 세상 모두가 그의 편에 서서 지지하고, 반대로 우리를 냉혹하게 욕하고 공격한다 해도 이는 사실이 아닙니다. 우리의 복음과 행위는 우리에게 기반을 두지 않고 또 우리를 위한 것도 아니기 때문입니다.

모든 것은 주 예수 그리스도를 위해서 있고, 그리스도로부터 우리는 모든 것을 받고, 그리스도를 위해 우리는 선전하고, 살아가고, 고뇌하고 있는 것입니다. 그러므로 모든 것은 그리스도를 위해서 있습니다.

　이 그리스도에게 우리는 모든 번뇌를 맡깁니다. 그리스도는 이런 모든 것을 성취하기로 약속하셨고, 필요한 일체의 영적인 힘과 용기를 주시기로 약속하셨습니다. 그리스도가 그리스도인을 통해서 하시는 일은 순수하고 확실한 진리입니다.

〈요한의 복음서〉 14~15장의 강해

10월 12일
주님 앞에서는 평등

하느님께서는 모든 인간을 차별없이 대하시니 말입니다.

〈로마인들에게 보낸 편지〉 2 : 11

　모든 사람은 평등하게 만들어져, 누구도 다른 누구보다 뛰어나지 않습니다. 주님은 누구도 괄시를 받거나 비난을 당하거나 버려지는 것을 바라지 않습니다. "너희는 모든 사람에게 이 복음을 선교하고 전하라"고 말씀하십니다.
　이 말은 지상에서 가장 위대하고, 현명하고, 깨끗하고, 고귀한 사람도, 가장 비천하고, 어리석고, 멸시당한 사람보다 뛰어나지 않다는 것입니다. 슬픔이나 사랑, 영예나 특권에 관해서 누구 한 사람만 선택된다거나 뛰어나다 할 수 없습니다. 명백하게 예외 없이 '믿는 자는'이라고 말하는 것이고 누구라도 어느 민족, 국민, 계급에 속해 있든, 또 모든 사람들의 눈에 아무리 불공평하게 보여도 변함없는 것입니다.
　그러나 이 세상의 생활에서는 인간뿐만 아니라, 다른 피조물에서도 마찬가지로 불평등과 다양성이 존재합니다. 저마다 종류에 따라 다른 것과 차이를 보일 뿐입니다.
　하지만 모든 것이 완전한 질서를 가지고 이루어져도 다양한 일을 했다거나 또는 특정한 일을 했다고 해서 구원되는 일은 결코 없습니다. 이 그리스도의 나라에서는 모든 것이 뒤범벅되어 있습니다. 한 문장 속에 여러 가지 말이 포함되어 있는 것과 같습니다. 그 중에서도 이 사람은 이런 일을 저 사람은 저런 일을 해서가 아니라 '믿는 자가 구원받는다'는 것입니다.

여기에서는 당신이 유대인이건, 이방인이건, 주인이건, 종이건, 처녀이건, 남편이건, 하나의 신앙에 의해서 모든 것이 주어지는 것입니다. "믿는다면" 하고 그리스도는 말씀하십니다.

"믿는다면 너는 내 나라에 있어 구원될 것이고, 죽음과 죄로부터 속죄를 받는 것이다."

그리스도 승천일의 설교

10월 13일
교회의 예배

다같이 한 목소리로 우리 주 예수 그리스도의 아버지 하느님을 찬미하도록 해 주시기를 빕니다.

〈로마인들에게 보낸 편지〉 15 : 6

우리가 주님에게 할 수 있는 일은 찬미와 감사입니다. 주님 자신이 말씀하시는 것처럼 이것은 유일하고도 진정한 봉사입니다.

그러나 만일 우리가 주님을 사랑하지 않고, 주님의 선물을 솔직하게 받아들이지 않는다면, 진정 유일한 봉사인 찬미와 예배를 어떻게 주님에게 바칠 수 있겠습니까? 또 우리가 주님과 주님의 선물을 모른다고 한다면 어떻게 주님을 사랑할 수 있겠습니까? 더욱이 주님과 주님의 선물에 대해서 널리 전하는 사람이 없고, 복음을 내팽개친 채로 둔다면 어떻게 알 수가 있겠습니까? 복음이 널리 알려지지 않은 곳에서는 주님을 알 수가 없는데, 이것은 주님에 대한 사랑과 찬미가 없기 때문입니다. 그곳에서는 당연히 예배도 사라집니다.

바울로는 우리가 한 마음이 되고 한 목소리로 주님을 찬미하도록 권하고 있습니다. 이것은 우리가 그리스도에게 똑같은 선물을 받고 모두 평등하다는 것을 깨닫고, 한 마음이 되어 누구도 다른 사람보다도 자기를 우월하다고 하지 않고, 또 특별한 선물을 요구하지 않을 때에 실현되는 것입니다.

강림절 제2주일의 설교

10월 14일
예배(봉사)

축제의 모임, 환희와 찬미 소리 드높던 그 행렬, 무리들 앞장서서 성전으로 들어가던 일, 생각만 하여도 가슴이 미어집니다.

〈시편〉 42 : 4

주님의 무리는 주님의 말씀을 경청하기에 걸맞은 어느 일정한 장소와 일정한 일시를 필요로 합니다. 그러므로 주님은 기도와 감사를 바치기 위해 모이는 장소에서 거룩한 예전이 집행되도록 제정해 주셨습니다.

이것으로 인해서 그리스도인의 기도는 다른 어느 때보다 더욱 강력해집니다. 물론 우리는 언제, 어디서나 기도할 수가 있고 또 기도해야 합니다. 하지만 기도하기 위해 모두 다같이 모여 영의 일치를 유지하고 있을 때만큼 그 기도가 강력한 것은 없습니다.

우리들 그리스도인은 어떤 방법으로, 어떤 목적에서, 어느 때에 집회를 가져야 할 것인지를 알아두는 것이 바람직하다고 말합니다. 우리가 어느 일정한 장소에 정해진 때에 모여, 주님의 은혜에 대해 주님을 찬양하고 영광을 돌리는 것에 마음을 모으고, 동시에 주님의 말씀을 듣고 배우며, 자신과 다른 형제자매의 소망을 담은 강력한 기도를 주님에게 올리는 것입니다. 이야말로 주님께서 뜻하는 바이고 기뻐하실 진정한 예배입니다.

  이런 집회나 교회의 모임은 순수한 신앙으로 가득하며, 주님의 진정한 청정 속에서 예배하고 사람이 구원이 되는 안식일입니다.

1544년 설교에서

10월 15일
전구(轉求)하는 교회

나는 무엇보다도 먼저 모든 사람을 위해서 간구와 기원과 간청과 감사의 기도를 드리라고 권하는 바입니다.
〈디모테오에게 보낸 첫째 편지〉 2 : 1

공동 기도는 존귀하고 가장 강력합니다. 그 때문에 우리는 함께 모여 기도하는 것입니다. '기도의 집'이라는 교회에서 영의 일치로 모인 사람들의 고뇌와 슬픔을 함께 아파하고 주님 앞에서 주님의 은총을 기도합니다. 이 기도는 진지하게, 또 어린아이처럼 순수한 감동을 담아 올려야 합니다.

바라건대 진정한 마음으로 기도하는 집회가 마련되고 모든 집회가 한 마음이 되어 간절히 바라는 소원이 주님에게 전해지도록. 그리하면 기도는 헤아릴 수 없는 결과와 은혜가 뒤따릅니다. 수많은 악령이 재앙의 불씨를 지펴서, 지상은 혼란과 믿기 힘든 사건들이 발생할 것입니다. 이 때의 기도로 얼마나 많은 영혼이 구원되고, 많은 성도에게 버팀목이 될까요.

또한 우리가 함께 모이기 위한 장소나 건물이 부족한 일은 없습니다. 큰 교회는 필요치 않습니다. 오직 우리가 마음을 하나로 모아 주님에게 바치기 위한 불굴의 기도가 필요한 것입니다.

선행에 대한 기도

10월 16일
어서 오라, 준비는 다 되었다

잔치 시간이 되자 초대받은 사람들에게 자기 종을 보내어 준비가 다 되었으니 어서 오라고 전하였다.

〈루가의 복음서〉 14 : 17

주님과 함께 하는 형제들이여. 만일 당신이 성찬에 참여할 기회가 없고, 또 그럴 필요도 못 느낀다면, 그런 얼어붙은 마음은 실로 나쁜 것입니다. 그것은 당신이 사랑하는 주님과 주님께서 겪으신 심한 고통을 통해서 베풀어 주신 자애를 믿고, 감사하며 기억하는 것에 대한 당신의 믿음이 없음을 의미하는 것입니다.

주님은 그 고통을 견디시고 당신을 죄와 죽음과 악마로부터 구원하여 의롭게 하시고 되살려 주셨습니다. 그러나 지금 당신은 어디서 이 같은 쓸쓸한 마음을 극복하여 마음을 불사를 수 있겠습니까? 도대체 어디에서 신앙에 눈뜨게 할 수가 있겠습니까? 어디서 감사하는 마음을 불러올 수 있겠습니까? 기도가 당신의 마음을 움직일 때까지 기다리고 있을 생각입니까? 악마가 어딘가로 가 버릴 때까지 기다리고 있을 생각입니까?

아닙니다. 그런 일은 결코 일어나지 않습니다. 당신은 이 성찬에 의해서 자신을 다그치고 확실히 매달려야만 마음을 불태우는 불씨가 생길 것입니다. 당신은 자신이 필요로 하는 것과 목마름을 알고, 당신을 위해 행동해 주시는 주님의 자비로움을 믿어야 합니다. 그때 당신의 마음은 새로워지고 생각은 변화합니다.

우리 주님의 성체와 피의 성 예전에 대한 권고

10월 17일
설교와 고통

하느님, 내 제물은 찢어진 마음뿐, 찢어지고 터진 마음을 당신께서 얕보지 아니하시니.

〈시편〉 51 : 17

우리의 고뇌가 주님을 가장 기쁘게 할 제물이라는 것을 우리가 믿기만 한다면 얼마나 존귀한 약속인지 모릅니다. 주님이신 하느님은 우리의 설교와 고통과 슬픔을 기뻐하십니다. 그것들은 최고의 제물입니다. 여기에서 주님은 찬미와 감사의 제물에 대해서 말씀하시지 않습니다. 슬픔과 회심을 최대의 제물로 가르치십니다. 그런 것들이 '옛 사람'을 지배하기 때문입니다.

내가 지금 설교를 한다면 주님을 찬양하며 전합니다. 그렇게 함으로써 아침저녁으로 제물을 바칩니다. 주님은 말씀이 널리 전해질 때에 가장 기뻐하십니다. 선교는 사람이 할 수 있는 최고의 제물입니다. 만일 올바른 자세로 복음을 전파하고 있다면 우리의 주님을 찬양하는 것이 됩니다. 또 복음을 위해 투옥된다면 그것은 더 큰 제물을 바치는 것이 됩니다. 그러한 고뇌는 주님을 기쁘게 하고 일천번 제에도 뒤지지 않습니다. '깨어진, 뉘우친 마음'은 레위의 온갖 제물보다 뛰어난 것으로 간주됩니다. 우리가 이 대단한 사실을 믿을 수 있게 되기를.

〈시편〉에 대한 단문

10월 18일
공동체의 희생

성도들의 딱한 사정을 돌봐 주고 나그네를 후히 대접하십시오.
〈로마인들에게 보낸 편지〉 12 : 13

얼마나 불가사의한 일인가요. 우리는 매일 '우리에게 필요한 것을 주십시오'라고 성도들에게 소망하는데, 바울로는 우리가 성도들에게 나누어 주도록 권하고 있습니다. 바울로는 우리가 그리스도인에 대해서 더욱 선행에 힘쓰기를 바라며 성도들을 도우라고 말합니다.

여기에서 가리키는 진정한 성도는, 간절하고 절박한 사람들입니다. 그들은 언뜻 보기에 성도처럼 보이지는 않습니다. 도리어 가난하고, 의지할 곳 없어 굶주려 헐벗은 자이고, 투옥되고 바로 죽을 것만 같은 사람들처럼 보입니다. 도움을 필요로 하고 스스로는 어찌할 수도 없는 상태에 있습니다. 그들이 아무리 비참한 취급을 당해도 세상은 그들을 사악한 무리인양 바라보고만 있습니다.

하지만 그리스도는 이런 성도들을 심판의 날에 끌어 내어 "분명히 말한다. 너희가 여기 있는 형제 중에 가장 보잘것없는 사람 하나에게 해 준 것이 바로 나에게 해 준 것이다"(〈마태오의 복음서〉 25 : 40)라고 말씀하십니다.

그때 대성인 숭배자들은 이들 성도들 앞에서 부끄러움과 두려움에 충격받고 면목이 없어 고개를 들지 못하게 됩니다.

그들을 대접하십시오. 여기에서 바울로는 성도들에게 필요한 몇 가지를 꼽으며, 어떻게 돌볼 것인지를 가르치고 있습니다. 즉 이와 같은 일은 말만이 아니라 행위가 뒤따르는 이를테면 필요한 때에 그들을 대접하는 것입니다. 여기서는 굶주린 사람들을 먹여 주고, 목마른 자들에게 물을 마시게 하고, 헐벗은 자에게 옷을 입히는 것처럼 살아가는 데 필요한 것이 기술되어 있습니다.

10월 19일
승리의 교회

내가 끝으로 여러분에게 권고할 말은 이것입니다. 여러분은 주님과 함께 살면서 그분에게서 강한 힘을 받아 굳세게 되십시오.

〈에페소인들에게 보낸 편지〉 6 : 10

바울로는 전투태세를 갖춘 병사 앞에서 훈시하고, 올바른 주님을 섬기는 장군처럼 행동합니다. 장군은 병사들이 자신감을 갖고 대담하고 용맹하게 싸우도록 권합니다. 이것은 그리스도인에 의한 싸움의 설교에 걸맞은 행동입니다. 바울로는 여기에서 그리스도 안에서 세례를 받고 주님을 굳건히 믿고 의지하는 사람은 언제나 무장한 전사여야 한다는 것을 보여 주고 있습니다.

그리스도인은 모두 태평하지 않습니다. 누구도 평온하거나 안전할 수 없습니다. 언제나 싸움터에서 스스로를 지키고 또 공격에 나서야 합니다.

바울로는 여기에서 병사들을 소집해 경고하고 있습니다.

"여러분은 나의 부대에 속하고 내 지휘하에 있습니다. 적에 대해서 언제나 경계를 게을리하지 말고 적이 언제 공격을 가해와도 방어할 수 있는 태세를 갖추어야 합니다. 적은 결코 여러분에게서 멀리 떨어져 있지 않기 때문입니다."

이 같은 자세를 취하고 있는 한 두려워할 필요는 없습니다. 우리는 자신의 천사와 충분한 힘을 지니고 계신 주님의 것입니다. 주님은 만군의 주로 불리고 용을 쓰러뜨린 진정한 승리자이십니다. 우리들 곁에서 싸우고 또 우리를 대신해 싸우시기 때문에 악마와 그 모든 군세를 무찌르실 것입니다.

주님의 말씀은 영원히 머뭅니다. 언제나 유혹의 손길이 뻗치는 교회는 적과의 싸움 속에서 평화롭지 않을지도 모릅니다. 마음속 말씀을 져버린 채 쓰러지는 사람도 있을 것입니다. 그러나 말씀은 영원히 머물 것입니다.

1544년 설교에서

10월 20일
성 미카엘의 싸움

그 때 하늘에서는 전쟁이 터졌습니다. 천사 미가엘이 자기 부하 천사들을 거느리고 그 용과 싸우게 된 것입니다. 그 용은 자기 부하들을 거느리고 맞서 싸웠지만……

〈요한의 묵시록〉 12 : 7

여기에서 하늘의 싸움에 대해서 언급된 일들이 지상의 교회에서도 발생합니다. 이 싸움은 하늘의 영에 관련한 것은 아니고, 신앙에 의해서 그리스도 나라에 속하는 모든 그리스도인에 관련된 것으로 이해하여야 합니다.

사자들은 천상에서 세상을 현혹하는 악마와 싸우고, 더불어 지상에서 벌어지는 현혹에 대항해 싸우고 있습니다. 그러나 투구나 검이나 창, 총이나 그 밖의 육체적, 인간적인 힘으로 싸우는 것이 아니고, 말씀만으로 싸우는 것입니다. "우리 형제들은 어린 양이 흘린 피와 자기들이 증언한 진리의 힘으로 그 악마를 이겨냈다. 그들은 목숨을 아끼지 않고 죽기까지 싸웠다"(〈요한의 묵시록〉 12 : 11)고 기록된 대로입니다. 즉 말씀의 선교와 선교에 대한 증거를 통해, 천사들은 신앙자들이 지금 믿고 훗날 눈으로 보게 될 구원을 제거하려고, 여기저기서 날뛰는 악마를 우선 하늘에서 몰아내는 것입니다.

1544년 설교에서

10월 21일
주님의 명예를 지켜라

유대인들은 "당신은 사마리아 사람이며 마귀 들린 사람이오. 우리 말이 틀렸소?" 하고 내대었다. 예수께서는 다음과 같이 대답하셨다. "나는 마귀 들린 것이 아니라 내 아버지를 높이고 있다. 그런데도 너희는 나를 헐뜯고 있다."

〈요한의 복음서〉 8 : 48, 49

여기에서 예수께서는 무엇을 하셨을까요? 주님은 한평생을 치욕 속에 인고의 세월을 보내셨습니다. 그러나 그 가르침을 변호하셨습니다. 왜냐하면 그것이 우리 인간의 것이 아니고 주님의 것이기 때문입니다.

주님은 더럽힐 수 없는 분이십니다. 주님 자신은 인내하시지 않습니다. 주님을 대신해 나는 내 모든 것을 걸고, 주님과 믿음을 위해 싸우고 나에 대한 공격을 참아냅니다. 그 이유는 주님이 하신 말씀의 영광을 더럽히지 않기 위해서입니다. 비록 그것이 제아무리 작은 것일지라도 주님의 이름이 더럽혀진다면, 나는 기꺼이 목숨을 바칠 것입니다. 그러나 만일 주님의 말씀을 묵살하거나 침묵한 채로 둔다면, 나는 주님과 전세계에 해를 끼치는 것이 됩니다.

그러므로 우리는 자신의 생명이 위협받을 때에 위협으로부터 견며 내고, 증오는 사랑으로 대응하며, 악은 선으로 맞섭니다. 그들이 복음을 공격할 때가 바로 주님의 명예를 공격하는 것입니다. 그 때에 우리의 사랑과 인내는 정지하고 침묵을 깹니다. 공공연히 큰소리로 외칩니다.

"나는 내 아버지를 존경한다. 그래서 너는 나를 존경하지 않는다. 그래도 나는 네가 존경하길 바라지 않는다. 왜냐하면 내 자신의 영예를 추구하지 않기 때문이다. 그럼에도 불구하고 아버지는 자신의 영예만을 추구하지 않으시고 나의 영예도 추구하신다. 그것은 내가 아버지의 영예를 추구하고 있기 때문이다. '나를 존경하는 자를 나 역시 존경한다'고 하신 말씀 그대로이다."

이것이야말로 우리의 위안입니다. 비록 전세계가 우리에게 수치와 모욕을 퍼부어도 기뻐할 수 있는 근원입니다.

1525년 설교에서

10월 22일
진리는 일치보다도 중요

우리는 진리에 어긋나는 일을 아무것도 할 수 없고 다만 진리에 맞는 일만 할 수 있습니다.

〈고린토인들에게 보낸 둘째 편지〉 13 : 8

이것은 너무나 엄청난 사실이고 그 어떤 인간의 마음도 파악할 수가 없습니다(그러므로 크고 격렬한 싸움이 공공연히 벌어지고 있습니다). 이것은 결코 가벼이 다루어서는 안 될 문제입니다.

이 진리를 이해하지 않는 사람들이나 세상은 "우리가 그토록 이 문제에 대해서 치열하게 싸우거나 그리스도인의 사랑을 짓밟지 않아도 된다"고 말합니다. 작은 한 부분이 잘못되어 있어도 다른 모든 것이 일치한다면 그리스도인의 형제애와 교감을 유지하기 위해서라도 서로 양보하고, 상호의 차이점을 눈감아 주어야 한다고 주장합니다.

그러나 친애하는 형제들이여. 주님의 말씀을 잃게 될 때에 부디 평화나 일치를 추구하지 마시길 바랍니다. 말씀이 없으면 영원한 생명도 다른 모든 것도 잃기 마련입니다. 이 점에 관해서는 어떠한 타협도 양보도 없습니다. 당신이나 누군가의 사랑이 문제가 아니라 적이건 우군이건 말씀만은 따라야 합니다.

말씀이 주어진 것은 우리가 영원한 생명을 얻기 위함이지 외면적인 평화와 통일을 추진하기 위해서가 아닙니다. 말씀이 지배하는 곳에서는 다른 모든 것도 따릅니다. 말씀이 없는 곳에서는 어떤 일치도 존재하지 않습니다. 그러므로 만일 사랑이나 우정의 말을 하면서 그것이 말씀과 신앙을 해치는 것이라면 그것을 입에 올려서는 안 됩니다. 복음은 사랑이 영원한 생명, 주님의 은총, 온갖 하늘의 보배를 가져다 주는 것이 아니라 말씀이 가져온다고 말하고 있기 때문입니다.

1531년 설교에서

10월 23일
신앙의 무기

구원의 투구를 받아 쓰고 성령의 칼을 받아 쥐십시오. 성령의 칼은 하느님의 말씀입니다.

〈에페소인들에게 보낸 편지〉 6 : 17

그리스도의 나라에도 적을 무찌르고 악마의 장비와 무기를 빼앗아 상대를 굴욕에 빠뜨릴 만한 사람이 있어야 합니다. 그러나 그리 하려면 강력한 전사가 필요합니다. 성서에 정통하고, 거짓 해석을 논파해 거짓 교사들로부터 검을 거두어들일 수 있어야만 합니다. 거짓 교사가 사용하는 성구(聖句)를 역이용해서 그들을 쓰러뜨려 굴복시키는 것입니다.

하지만 반드시 모든 그리스도인들이 말씀과 신앙조항을 변호할 수 있는 것은 아니므로, 날마다 성서를 배워야 하고 성서에 정통한 교사나 설교사가 필요합니다. 그런 사람들이 다양한 적과 싸울 수 있습니다. 그렇지만 그리스도인 개개인도 자신의 신앙과 교리에 대한 확신을 가지고, 주님의 말씀을 바탕으로 한 만반의 준비가 꼭 필요합니다. 그래야만 누군가가 잘못된 길로 이끌려고 할 때에도 자기 방어를 하고, 악마에 대해서 저항할 수 있기 때문입니다. 그리고 진정한 교리를 지키는 싸움에서 승리할 수가 있습니다.

1531년 설교에서

10월 24일
고난의 교회

굳건한 믿음을 가지고 악마를 대적하십시오. 아시다시피 온 세상에 퍼져 있는 여러분의 교우들도 같은 고난을 다 당해 왔습니다.

〈베드로의 첫째 편지〉 5 : 9

성 베드로는 시련 속에 고통받고 있는 그리스도인을 향해 위로의 말을 건네고 있습니다. 그들은 자신들만 특별하게, 이제까지 들어보지 못한 십자가를 짊어진 채 고통받는다고 믿고 있습니다. 이에 대해서 베드로는 고난과 역경은 너희만 겪는 것이 아니며, 너희가 처음도 아니다. 오히려 각지에 흩어져 있는 그리스도인은 모두 이 세상에서 끊임없이 악마의 거센 공격에 시달리고 있다는 사실을 알아야 한다고 말하고 있습니다. 자기 혼자 고통스러운 것이 아니라, 많은 사람들과 고통을 함께하고 있다는 것을 깨달을 때 비로소 헤아릴 수 없는 도움과 위안을 얻기 때문입니다.

자신의 고뇌나 탄식을 새롭고 이제까지 아무도 경험한 적이 없는 무서운 것으로 생각해서는 안 됩니다.

고뇌와 탄식이 당신에게 있어서 새롭고 전에 없는 경험일지 모릅니다. 하지만 처음부터 이제까지 우리가 사랑하는 교회의 그리스도인을 살펴보기 바랍니다. 이 세상은 악마의 공격으로 끊임없이 보리 이삭처럼 휘청거리고 있습니다.

주님이 말씀과 신앙을 통해 교회를 하나로 모을 수 있다면 악마는 평온할 수 없고, 분파로 교회를 붕괴시키지 못하면 박해와 폭행으로 공격할 것입니다. 우리는 우리의 몸과 생명, 그리고 우리를 지탱하는 모든 것을 악마와의 싸움에 걸어야 합니다.

삼위일체 후 제3주일의 설교

10월 25일
무기를 든 그리스도인

……믿음의 방패를 잡고 있어야 합니다. ……구원의 투구를 받아 쓰고 성령의 칼을 받아 쥐십시오. 성령의 칼은 하느님의 말씀입니다.

〈에페소인들에게 보낸 편지〉 6 : 16, 17

우리는 전쟁에 만반의 준비를 해야 합니다. 그리고 가장 필요한 것은 양질의 단단한 방패입니다. 바울로의 말처럼 신앙은 튼튼한 방패입니다. 그는 그것을 잡고 그리스도 말씀에 기대어 악마에게 말합니다.

"나는 죄인이고 마땅히 나아가야 할 삶을 살지 않았으며, 선행을 베푸는 것에 인색했습니다. 그러나 이 곳에 한 분이 계십니다. 깨끗하고, 나를 위해 자신을 버리고, 나를 위해 기꺼이 목숨을 내려놓고, 깨끗함과 의로움과 더불어 하느님이 나에게 주신 분입니다. 그러므로 그대는 간교한 술수로 나를 꾀어내지 말고 평안 속으로 사라져야 합니다. 나는 이분을 믿고 의지합니다. 내 생명과 행위는 최선의 것으로서 유지되는 것입니다."

그리고 '성령이 주시는 검인 주님의 말씀'을 받들어야 합니다. 이것은 악마를 무찌르기 위한 마지막 최강의 무기입니다. 우리가 적으로부터 자신을 지키고 적의 공격에 물러서지 않는 것만으로는 불충분합니다. 방어뿐만 아니라 공격도 할 수 있어야 합니다. 적을 추격해 도주하게 하는 것입니다. 악마에 대해서도 신앙과 희망을 방패로 삼아 투구로서 방어할 뿐만 아니라, 검을 빼 악마를 베고 추격해 승리를 얻어야 합니다.

여기서 말하는 검은 성령의 검인 '주님의 말씀'을 뜻합니다. 강철 검은 악마를 무력하게 하는 데 아무런 도움이 못됩니다.

1531년 설교에서

10월 26일
교회의 완성

여러분들에게 훌륭한 일을 시작하신 하느님께서는 그 일을 계속하실 것이며, 마침내 그리스도 예수께서 다시 오시는 날 완성하실 것입니다. 이것이 나의 신념입니다.

〈필립비인들에게 보낸 편지〉 1 : 6

성 바울로의 말처럼 타인이 복음을 접하고, 교감하는 일에 진정으로 감동하고, 기뻐하고, 감사하는 것이 그리스도인의 마음이고 표현입니다. 그리고 그리스도인은 믿고 구원된 사람을 신뢰하고, 마치 자신이 구원받은 것처럼 크게 기뻐하며 주님의 은혜에 어찌 감사해야 할지 몸둘 바를 모릅니다.

또 주님의 이름으로 모인 많은 사람들의 참여 속에 부족한 것을 채우고, 모든 것을 완전하게 해 주시는 우리 주 예수 그리스도께서 다시 오시는 날까지 지켜지도록 주님에게 갈구할 것입니다. 기쁨의 그날까지 신앙과 희망을 잃지 않도록 기도합니다.

사도는 이렇게 영과 신앙으로 가득 채워진 마음속에서 말합니다. 복음을 이해할 때 마음은 기쁨과 행복으로 불타고 교회에 대한 사랑으로 가득 채워집니다. 교회가 성장하고 복음이 자리하는 것 이상으로, 교회에 희망을 품고 주님에게 바라는 마음이 사라진다는 것을 바울로는 알고 있었습니다. 사람들이 주님의 말씀을 듣고 지키는 것이 무엇보다도 위대하고 존귀한 보배임을 생각하고 있었던 것입니다.

삼위일체 후 제3주일의 설교

10월 27일
그리스도의 힘에 의해서

……너희는 위에서 오는 능력을 받을 때까지 예루살렘에 머물러 있어라.

〈루가의 복음서〉 24 : 49

　복음을 전하고 증명하려 했기 때문에, 이 세상에서 박해받는 우리는 성실한 상담자이신 그리스도의 품 안에서 위안을 얻고 그 힘에 의지합니다. 왜냐하면 그리스도가 일격을 가하지 않고, 내쉬는 약간의 숨결만으로 악마의 왕국의 수많은 영혼을 지켜 주시는 진정한 승리자임을 알고 경험하기 때문입니다. 더욱이 이분은 적에게 그 힘을 보여 주실 뿐만 아니라, 우리의 마음속에 자리한 죄나 죽음과 같은 악마의 행위를, 그리스도와 그리스도 품 안에 있는 우리가 날마다 깨부수고 있음을 알려 주십니다.
　이 영웅의 싸움은 이렇습니다. 복음이 퍼지지 않는 곳에서는 이 세상을 두들기고 공격하는 것을 멈추지 않습니다. 그래서 많은 혼이 승리를 얻고 그리스도의 왕국은 확대합니다. 이것이야말로 축복받은 전쟁입니다. 이것으로 인해서 사람들은 악마로부터 구원되고 그리스도의 왕국으로 편입됩니다.
　그리스도는 정말 대단한 분이시고 위대한 분이십니다.

〈시편〉 149편에는 이렇게 기술이 되어 있습니다.

"손에는 쌍날칼을 드시고"(6절)

이것은 이 세상의 물질적인 검이 아닙니다. 영적인 그리스도 말씀의 검입니다. 이러한 검과 지혜를 가지고 그리스도인은 전쟁에 돌입해 성결(聖潔)의 환영(幻影)으로 이교도의 국왕들을 쓰러뜨리고, 그들을 포로로 삼아 그리스도에게 봉사하게 하는 것입니다. 이것이 주님의 병사와 성도들의 영예입니다.

10월 28일
교회의 영광은 아직 숨겨져 있다

하느님께서 너도 몰래 너를 보살피셨다. 이스라엘의 하느님, 구세주께서 너를 보살피셨다.

〈이사야〉 45 : 15

예언자 이사야는 주님에 대한 진리를 말하고 있습니다. 주님은 그 전능, 지혜, 권위, 권력을 숨기고 자신은 아무것도 모르고, 아무것도 이해하지 못하고, 또 아무것도 하지 않으실 것처럼 보이기 때문입니다. 지금 우리의 적들이 자기 뜻대로 말씀과 성찬의 예전을 더럽히고, 그리스도인을 박해하여도, 주님은 묵인하고 계십니다. 우리의 울부짖는 바람을 침묵으로 일관하고 계십니다. 마치 주님은 시를 쓰고 있거나 아니면 어떤 일에 몰두하고 있거나, 전장에 있지 않거나, 잠들어 우리의 기도를 들어 주시지 않는 것 같습니다. 그러나 때가 되면 그 위대한 힘, 전능을 보여 주실 것입니다.

그 동안, 그리스도의 이름으로 세례를 받은 그리스도인은 정숙하고, 짓밟는 자에 대해서 인내해야 합니다. 이 세상의 신앙생활에서는 주님의 뜻이 조금만 나타나기 때문입니다. 그러나 머지않은 그날에 주님은 위대한 분으로 나타나십니다. 거기에서 백성의 고통을 보고, 그 외침을 듣고 있다는 것, 주님의 뜻이 그들을 구원하기 위함이었다는 것, 주님이 도울 힘을 가지고 있는 것을 보여 주실 것입니다. 지금은 주님이 그 뜻과 힘을 감추셨지만, 자신이 나타나실 때에는 그것들도 드러내십니다.

주님은 당장이라도 구원하실 수 있습니다. 힘만 가지고 의지가 없는 것이 아니라, 주님의 참뜻은 말씀 안에 포함되어 있는 것입니다. 그래서 우리는 볼 수는 없지만 신앙을 통해 파악할 수가 있습니다.

머지않아 나타나시는 날에는 가림막이 걷히며, 주님이 나타나시어 어명에 대한 의를 실천하실 것입니다.

거기에서 사람들은 "보라, 하느님은 주님이시고 구세주이시다"라고 말하게 될 것이 틀림없습니다.

1531년 설교에서

10월 29일
승리의 증표

야훼께서 내 주께 선언하셨다. "내 오른편에 앉아 있어라. 내가 네 원수들을 네 발판으로 삼을 때……."

〈시편〉 110 : 1

여기에서 예언자는 그리스도의 나라를 그리스도께서 끝까지 싸움에 이끄시는 영원한 왕국으로 묘사하고 있습니다. '내가 네 원수들을 네 발판으로 삼을 때'라고 기록되어 있기 때문입니다. 하지만 그것은 우리에게 있어서 올바르지 않은 것처럼 보입니다. 우리의 왕에게 적이 있을 리가 없고, 설사 있다고 해도 검을 한 번 휘두르는 것만으로 바로 쫓아 버리고 말 것입니다. 확실히 때가 되면 주님은 그리하실 것입니다.

그러나 우리가 이 지상에 있는 한 싸움은 계속됩니다. 분파, 인간의 지혜, 이성, 자기 자신의 육신, 양심, 죽음 등 악마는 불안과 공포를 조성하려고 끊임없이 덤벼듭니다. 그러므로 누구건 그리스도인이길 원하는 자는 이 현실을 바로 알고 이 왕국의 성질을 숙지해야 합니다.

그곳에는 당연히 불화가 존재합니다. 그러므로 이런 일에 불만을 품어 분노하고 절규하는 사람에게 나는 말합니다.

"이것은 당연한 일입니다. 당신은 그리스도가 어떤 분이신지 모릅니까? 세상과 악마와 죄와 죽음, 모든 것들이 그리스도에게 반항한 것입니다."

이분은 적을 둘 수밖에 없고 또 그 나라는 이 지상에서의 안정된 평화를 모릅니다. 머지않아 다가올 세상은 평화로울 것입니다. 그러나 이 지상의 그리스도의 나라는 평화를 모릅니다.

1531년 설교에서

10월 30일
그리스도는 '탁월한 경륜가'

그 이름은 '탁월한 경륜가……'로 불릴 것입니다.

〈이사야〉 9 : 5

　그리스도는 '탁월한 경륜가'로 불리십니다. 하느님은 우리의 눈·이성·감각으로 그리스도 교회를 위해 하신 모든 것을 말씀 속에 감추시기 때문입니다. 정의·성결·지혜·힘·생명·구원 및 그리스도 안에서 교회가 지니고 있는 모든 것은 이성으로 이해할 수 없고, 이 세상에 숨겨져 있습니다.
　만일 이성이나 겉모습에 드러난 것만으로 교회를 심판한다면 그것은 잘못된 것입니다. 죄로 가득 차고, 취약하고, 두려움과 슬픔을 간직하고, 박해를 받고, 집이나 가족에게 외면당한 사람들을 그곳에서 보기 때문입니다. 그러나 그들이 세례를 받고, 그리스도를 믿어 좋은 열매를 맺음으로써 신앙의 증거인 인내와 희망으로 자신의 십자가를 짊어진 것을 볼 때, 여러분은 진리를 바로 보게 되는 것입니다. 이것이야말로 인간이 그리스도 교회를 알 수 있는 진정한 특징인 것입니다.
　그리스도 교회는 깨끗하고 올바른데 그렇게는 나타나지 않습니다. 사람은 죄와 죽음 이외에는 아무것도 보지 않고, 악마나 이 세상의 중상 이외에는 아무것도 듣지 않습니다. 그리스도인의 의로움은 그 기반을 자기 자신이 갖고 있지 않습니다. 그리스도 안에 발견되는 것이고, 그리스도 신앙에 따른 것입니다. 그래서 그리스도 교회와 그리스도인은 다음과 같이 고백합니다.

"나는 자신의 죄가 깊고, 오염된 자이고, 감옥과 위험과 죽음과 치욕과 불명예 속에 가로놓여 있음을 알고 있습니다. 그러나 나는 나 자신을 탓하지 않고 주님이 나의 지혜·선의(宣義)·성화·구원으로서 주신 예수 그리스도에 의해서 올바르고 성스러워질 것을 믿고 있습니다."

세례요한 참수제일의 설교

10월 31일
종교개혁 기념일

　예수께서는 "성서에 '사람이 빵으로만 사는 것이 아니라 하느님의 입에서 나오는 모든 말씀으로 살리라' 하지 않았느냐?" 하고 대답하셨다.

〈마태오의 복음서〉 4 : 4

　우리는 혼이 주님의 말씀 이외에는 살아갈 수 없음을 확신해야 합니다. 하느님의 말씀 없이는 절대 혼을 도울 수가 없습니다. 그러나 말씀이 있을 때 혼은 그 어떤 것도 필요치 않습니다. 말씀 속에는 식량·기쁨·평화·빛·숙련·정의·진리·지혜 등 세상에 존재하는 좋은 것들로 넘치도록 가득하기 때문입니다.
　그러면 이처럼 훌륭한 은혜를 주시는 말씀은 대체 무엇일까요? 또 나는 어떻게 사용하는 것이 좋을까요? 그 해답은 복음의 선교에 있습니다. 선교의 목적은 사람들이 하느님의 목소리를 듣고 자신의 모든 생활과 모든 활동이 하느님 앞에서는 보잘것없으며, 자신과 자기 안에 있는 것이 영원히 멸한다는 사실을 깨닫게 하는 데 있습니다. 만일 죄인임을 확신한다면 스스로에게 절망해 예언자 호세아의 말이 진리임을 고백할 수밖에 없게 됩니다.
　"이스라엘아, 내가 너희를 멸할 터인데, 누가 너희를 도울 수 있

겠느냐."(〈호세아〉 13 : 9)

　그러나 자기 자신에게서 자기 자신 밖으로—즉 멸망의 밖으로—구원받기 하느님은 사랑하는 독생자 예수 그리스도를 보내 생생한 말씀으로 기꺼이 자기 자신을 주님에게 맡기도록 명하십니다. 이러한 신앙을 통해 모든 죄가 용서되는 것입니다. 그리고 올바르고 진실한 자가 되어 모든 것으로부터 자유로워집니다.

　그러므로 이 그리스도의 말씀을 혼에 각인하여 끊임없이 신앙을 실천하고 용기를 북돋는 것이야말로 그리스도인이 해야 할 유일한 행위입니다. 그리고 그러기 위해서는 훈련을 받아야 합니다. 이 방법 이외에 그리스도인을 만드는 방법이 없기 때문입니다.

그리스도인의 자유

November
11월

11월 1일
최후의 승리를 위해

야훼께서 나의 빛, 나의 구원이시니, 내가 누구를 두려워하리오.

〈시편〉 27 : 1

　확실히 주님은 시련의 와중에 평화를 주십니다. 주님의 방법은 항상 순경과 역경을 번갈아 가며 주시는 것입니다. 어느 때는 밤, 다음에는 낮, 그리고 또 바로 밤이 찾아옵니다. 늘 밤 또는 낮만 존재하는 것이 아니라 순차적으로 변화가 일어납니다. 그러므로 밤과 낮이 번갈아 가며 차례로 깃드는 것입니다. 구·신약성서의 이야기에서 알 수 있듯 이것이 그리스도 교회를 지배하는 방법입니다.
　이것이야말로 주님의 힘입니다. 주님은 말씀을 건네시고 우리 곁을 떠나 아무런 도움도 주지 않는 것이 아니라 실제로는 우리의 고통이 치유되도록 도와 주십니다. 만일 우리가 시련에 맞닥뜨리게 되면, 주님은 진실한 말씀으로 우리가 쓰러지지 않고 확실하게 설 수 있게 해 주십니다. 때가 되어 우리가 충분히 고통을 맛보았을 때, 주님의 힘과 용기로 우리는 승리를 얻게 됩니다.
　우리는 주님의 도움 전부를 필요로 합니다. 한쪽은 우리가 고통을 당할 때에 위로와 버팀목이 되어 주시는 도움이고, 또 다른 한쪽은 마지막으로 승리를 얻기 위한 힘입니다.

〈시편〉은 고통 속에 있는 그리스도인에게 힘을 줍니다. 고뇌하고 있을 때에 위로를 건네시어 등뼈가 부러지지 않고, 항상 희망과 인내 속에서 걸어갈 수 있도록 해 주십니다.

이렇게 주님은 모든 그리스도인을 이끄십니다. 이것이 주님의 길입니다. 이것을 모르는 사람은 그리스도가 어떤 왕인지를 모르는 것입니다.

성 베드로와 성 바울로 기념일의 설교

11월 2일
싸움과 고난으로부터의 속죄

속전(贖錢)을 내어 당신 백성을 구해 내시고……
〈시편〉 111 : 9

　나를 믿고, 나 때문에 고뇌하고, 나를 믿고 목숨 바친 죽은 사람은 두려워할 것이 없다. 믿지 않는 사람은 두려워할지도 모른다. 그러나 너희는 두려워할 필요가 없다. 왜냐하면 그러한 일이 반드시 일어나기 때문이다. 세계가 파괴되고 멸망한다면 우선 무언가의 파괴와 폭발이 생기는 것은 당연하다. 아무런 징조 없이 이렇게 큰 구조물이 무너지는 일 따위는 있을 수 없다. 세상의 모든 것들이 지진이 난 것처럼 뒤흔들리게 될 것이다. 그것은 마치 중병을 앓는 사람과 같다. 죽음이 그 사람을 엄습할 때 몸을 비틀고, 몸부림치고, 눈동자가 돌아가고, 입이 일그러지며 안색이 파래진다. 세계도 그런 현상이 일어나는 것이다.
　"너희에게 말해 두지만 두려워말고 기쁨에 가득 찬 사람처럼 고개 들어라. 속죄날이 가까웠기 때문이다."
　이처럼 주님은 성도를 향해 말씀하십니다. 태양과 달이 사라지고 하늘이 불길로 가득 찰 때, 성도들도 두려움을 느낄 것이기 때문입니다. 성도들은 결코 강하지 않습니다. 베드로나 바울로도 살아서

이 사태를 본다면 놀랄 것이 틀림없습니다.

그러나 우리의 주님은 말씀하십니다. 용기를 내라. 그것은 확실히 무서운 정경이다. 그러나 그것은 너희에 대한 것이 아니고, 악마와 신앙을 갖지 않은 자에 대한 것이다. 너희에게는 구원과 속죄의 기쁨이 찾아온다. 그것을 위해 너희는 오랫동안 신음하며 기도해 왔다. 내 나라가 도래하여 온갖 죄의 부정을 씻고 온갖 악으로부터 속죄되도록 기도해 왔다. 이와 같이 너희가 오랫동안 진심으로 기도해 온 것이 그때 주어지는 것이다.

강림절 제2주일의 설교

11월 3일
우리의 교감은 하늘에 있다

그러나 우리는 하늘의 시민입니다. 우리는 거기에서 오실 구세주 되시는 주 예수 그리스도를 고대하고 있습니다.

〈필립비인들에게 보낸 편지〉 3 : 20

그리스도에게 세례받고 그리스도를 믿는 우리는 이 지상의 일시적인 생활의 의로움에 자신의 존재나 위안의 토대를 두지 않는다고. 우리는 신앙에 의해서 천상의 그리스도와 맺어진 의로움이 있고, 그리스도 품 안에 있습니다(그 외에는 하느님 앞에 아무것도 존재하지 않기 때문입니다). 그리고 우리의 유일한 목적은 영원히 그리스도와 함께 하는 것입니다. 그 말은 그리스도의 재림으로 이 세계에서의 생명과 지상의 육신을 거두시고, 새롭고 순수하며 거룩한 그리스도와 같은 생명과 육신을 우리에게 주신다는 뜻입니다.

그러므로 우리는 이제 지상의 백성이라 불리지 않습니다. 세례 받은 그리스도인은 모두 하늘의 백성입니다. 그러므로 우리는 하늘에 속하고 하늘에 보금자리를 마련한 자처럼 행동하고 있습니다. 그리고 주님이 우리를 받아들이고, 하늘로 데려가 주실 것을 알고 위로 받습니다. 하늘에서 내려와 영원한 의로움, 생명, 영예, 영광을 가져오실 구세주를 잠시 기다리는 것입니다.

삼위일체 후 제23주일의 설교

11월 4일
보아라, 나는 모든 것을 새로이 한다

누구든지 그리스도를 믿으면 새 사람이 됩니다.
〈고린토인들에게 보낸 둘째 편지〉 5 : 17

　그리스도인은 새롭게 만들어진 자이고, 주님에 의한 새로운 피조물이며, 세상과는 다른 방법의 이야기와 사고로 판단합니다. 새로운 사람이므로 모든 것이 그 사람에게도 새로운 것입니다. 이 지상의 생활에서는 신앙에 의해서 사물을 알게 되고 다가올 후세에서는 그와 같은 일의 성질을 계시받아 알아가는 것입니다. 이 세상은 오랜 성질과 방법에 의해서 판단하기 때문에 죽음은 지상에서 가장 무서운 것입니다. 그것은 생명과 온갖 기쁨의 종언을 의미하기 때문입니다.
　그러나 그리스도인은 새로운 사람으로서 전혀 다른, 오히려 정반대의 사고를 갖고 있습니다. 그렇기 때문에 시련에 부딪쳐도 용기와 기쁨을 잃지 않습니다. 설사 가난하다고 해도 마음속에 커다란 보물을 간직하고 있음을 잊지 않습니다. 감옥에 있을 때에도 강한 왕후처럼 행동합니다. 병들었을 때에도 놀랄 만큼 강인하며, 비웃음을 사고 비난받아도 한없는 영예를 안고 있습니다.
　그리스도인은 지금 죽어야 한다 해도 새로운 생명 속에 되살아납니다. 요컨대 새로운 마음과 용기로 지상의 모든 것을 새로이 하여 이 땅에서 미래생활을 미리 맛보게 됩니다. 머지않아 하늘나라로 들어설 때 모든 것들이 눈앞에서 한낮의 반짝임 속에 새로워질 것입니다. 지금 지상에서는 새로운 성질과 신앙에 의한 생각을 떠올리고 있는 것입니다.

비텐베르크성 교회에서의 설교

11월 5일
참고 기다린다

우리는 보이지 않는 것을 바라기에 참고 기다릴 따름입니다.

〈로마인들에게 보낸 편지〉 8 : 25

　이 진리를 올바르게 배워도 바로 습득할 수는 없습니다. 올바르게 선전이 되었어도 좀처럼 믿을 수가 없습니다. 여기에 있는 것처럼 충고를 받아도 쉽게 따를 수는 없습니다. 말하기는 쉽지만 실행은 곤란합니다. 축복받은 희망과 다가올 영원한 나라와 그 사업(嗣業, 사업을 이어받음)에 확신을 갖고 기다리며 지상의 생활과 거의 무관하게 살아가는 사람은 그리 많지 않기 때문입니다. 지나가는 이 세상을 색안경을 끼고 보고, 그에 반해 영원한 생명을 확실하게 직시하는 사람은 거의 없습니다.
　애석하게도 축복을 받은 희망과 하늘의 사업은 너무나도 쉽게 잊혀지는 대신에, 지나치는 이 세상과 지상 세계는 잘 기억되고 있습니다. 변천하는 이 세상은 끊임없이 눈앞에 있습니다. 우리는 변화하는 세상에 대해서 생각하고, 걱정하고, 기뻐하지만 영원한 생명에는 등을 돌리고 맙니다. 낮이나 밤이나 우리는 이 지상 생활을 추구합니다. 그러나 영원한 생명은 바람처럼 날아가 버리고 말 것입니다.

이와 같은 상태는 그리스도인에게 있어서 결코 올바른 것은 아닙니다. 오히려 반대의 태도를 보여야 합니다. 그리스도인은 이 한때의 생애를 눈을 감거나 또는 눈을 깜박여서 보도록 노력해야 합니다. 미래의 영원한 생활에 대해서는 반짝이는 빛 아래 눈을 크게 뜨고 보아야 합니다.

이 지상 생활을 위해서는 왼손만으로 충분합니다. 오른손과 혼과 모든 정신은 다가올 세상 즉 하늘을 위한 것이며 확실한 희망과 기쁜 마음으로 항상 기다려야 합니다.

1531년 설교에서

11월 6일
우리는 나그네

지상에서는 자기들이 타향 사람이며 나그네에 불과하다는 것을 인정했습니다.

〈히브리인들에게 보낸 편지〉 11 : 13

여기에서 사도는 타향 사람이나 순례자가 이국의 땅을 보는 것과 마찬가지로, 우리도 이 지상의 생애를 보아야 한다는 것을 말하려 하고 있습니다. 타향 사람은 이곳이 내 조국이라는 말을 할 수는 없습니다. 그곳에 자기 집이 없기 때문입니다. 순례자는 방문한 땅이나 숙소에 언제까지나 머물려고 하지 않습니다. 그 마음과 생각은 다른 곳으로 향해 있기 때문입니다. 숙소에서 식사를 하고 휴식을 취합니다. 그리고 자신의 집을 향해 계속 여행을 떠납니다.

그러니 이 이국의 땅과 숙소에서는 나그네, 타향 사람으로서 행동해야 합니다. 먹을거리와 음료, 의복과 신발, 밤에 휴식을 취할 잠자리 이외의 것을 원해서는 안 됩니다. 여러분이 시민권을 가지고 있는 조국을 언제나 생각해야 합니다.

우리는 이 일을 신중하게 생각해야 합니다. 이 세상에 자신을 위해 영원한 생명을 구축하려고 해서는 안 됩니다. 그것이 자기에게 최대의 보물이고 천국인 것처럼 추구하고 매달려서는 안 됩니다. 주 그리스도와 복음을 이용하여 부와 힘을 얻고자 하는 태도를 취해서는 안 됩니다. 우리는 단지 지상에서 살아가며 하느님이 뜻하시는 한 먹고, 마시고, 사랑하고, 심고, 짓고, 집과 가정과 주님이 허용하는 것을 소유해 이국 땅에 잠시 머무는 나그네로서 사용하는 것입니다. 머지않아 이 모든 것을 남기고 가야 합니다. 지팡이를 짚고 이 이국 땅과 악이 만연한 위험한 숙소를 나섭니다. 그리고 그 행선지는 안전과 평화와 휴식과 기쁨이 있는 우리들의 진정한 조국입니다.

1531년 설교에서

11월 7일
생활의 피로도 주님의 은혜

착한 사람이 기다리던 것은 날로 잘되지만…….

〈잠언〉 10 : 28

세상은 우리에게 갖은 재난과 슬픔을 안겨 주고, 마음을 아프게 하고, 쓰디쓴 음료를 맛보게 합니다. 신체나 사람을 해치는 불행한 사건, 질병 또는 시련이나 전쟁 등 날마다 고뇌가 엄습해 오지만, 우리는 설익은 사과를 깨물고, 쓰디쓴 음료를 마시듯이 참고 견뎌내야 합니다. 인고의 시간 뒤의 감미로움은 더욱 맛있게 느껴지고 그런 경험을 통해 더욱 커다란 동경으로 그날이 오기를 기다리게 됩니다. 그렇지 않으면 우리의 갈 길은 춥고 얼어붙어 끝내 오만하고 회개하지 않는 이 세상과 마찬가지로 자신의 비참함도 못 느끼고 하느님의 말씀에 주의를 기울이지 않아 무신앙자들과 함께 망하고 맙니다.

그러나 지금 하느님은 은혜로서 이 세상의 생활에 지치게 하고, 싫증이 나게 하시는 한편으로 더욱 좋은 것으로 위로해 주십니다. 그 위로란 주님이 머지않아 커다란 힘과 영광을 수반하고 구름 속에 나타나 온갖 비참함에서 영원한 기쁨 속으로 우리를 끌어올려 주시는 것입니다. 그로 인해서 우리에게는 이 이상으로 좋고 바람직한 일이 일어나지 않게 되는 것입니다. 그러나 그때 무신앙자들에게는 이와 같은 경사스러운 일이 일어나지 않습니다.

1531년 설교에서

11월 8일
하루하루의 죽음

나는 날마다 죽음의 위험을 당하고 있습니다.

〈고린토인들에게 보낸 첫째 편지〉 15 : 31

"나는 날마다 죽어 가고 있습니다."

이 말은 얼마나 기묘하게 들리는지 모릅니다. 나는 여러분이 무덤으로 운반되어 가는 것을 이제까지 본 적이 없습니다. 여러분이 걷고, 서고, 가만히 있고, 먹고, 마시고, 외출하고, 설교하고, 장사를 하고 있는 것을 봅니다. 그런 행동들을 죽어 가고 있다거나 죽고 있다고 말하는 것일까요.

바울로가 말하는 "날마다 죽어 가고 있다"가 어떤 의미인지, 어떻게 그것이 찾아오는지에 대해서는 알 수 없습니다. 바울로는 언제나 자신이 짊어진 죽음에 대해 끊임없이 고뇌하고 있었기 때문에, 삶보다도 죽음을 깊게 느끼고 있었던 것입니다. 그러나 동시에 체험으로서는 그저 어렴풋이 느낄 뿐이고, 어느 때에는 전혀 아무것도 느끼지 못하더라도 영원한 생명의 영예와 영광을 간직하고 있다고 확실히 말하는 것입니다.

이와 같이 생과 사, 죄와 신성, 선한 마음과 나쁜 마음, 기쁨과 슬픔, 희망과 두려움, 신앙과 회의, 신과 악마, 천국과 지옥과의 사이에는 끊임없는 싸움이 벌어지고 있습니다.

   바울로가 여기에서 말하는 것은 이런 싸움을 말하는 것입니다. 그것은 그만이 충분히 이해할 수 있는 일이었습니다. 왜냐하면 위대한 사도이고 끊임없이 싸움에 임했기 때문입니다. 그리고 그 싸움을 끝까지 철저하게 맞섰습니다. 그렇기 때문에 다른 자들이 그것을 느끼지 않고 이해하지 않아도, 우리는 그가 진리를 말하고 있는 것을 믿어야 한다고 주장하는 것입니다.

1532년 설교에서

11월 9일
언제까지나 죽음을 보지 않는다

정말 잘 들어 두어라. 내 말을 잘 지키는 사람은 영원히 죽지 않을 것이다.

〈요한의 복음서〉 8 : 51

여기에서 그리스도가 죽음과 죽음을 보는(즉 맛보는) 것 사이에 구별을 두고 계신 것에 주의해야 합니다. 우리는 모두 죽습니다. 하지만 그리스도인은 죽음을 맛보는 일이 없다는(즉 보지 않는) 것입니다. 죽음을 느끼거나 두려워하는 일 없이 마치 잠에 빠져들 듯이 조용하고 평안하게 죽음을 맞이합니다. 그러나 신앙이 없는 사람은 죽음을 느끼는 것만으로 끝나지 않습니다. 죽음을 맛보는 것은 죽음의 힘과 권위와 고통에 관계하는 것입니다.

그런데 이와 같은 차이가 생기는 것은 주님의 말씀을 가슴속에 새기고 있는지 여부에 따른 것입니다. 말씀을 새긴 그리스도인은 죽음 속에서도 굳건하게 연결되어 있습니다. 그러므로 죽음을 보는 일이 없습니다. 말씀 속에서 생명을 보기 때문에 죽음을 느끼지 않는 것입니다. 그런데 신앙이 없는 사람은 말씀을 갖지 않습니다. 그렇기 때문에 생명을 보지 않고 죽음만을 보고 느낍니다. 고통스러운 영원한 죽음입니다.

이것이야말로 누구나 내 말을 지키면 비록 죽음에 직면하여도 결코 죽음을 보지 않고, 느끼지 않으리라 그리스도가 약속하신 이유입니다.

이처럼 그리스도인이 죽음에서 속죄되고 죽지 않는다는 것이 얼마나 큰 의미를 갖는지 모릅니다. 그리스도인의 죽음과 임종은 신앙 없는 사람의 죽음의 상황과 외면적으로는 닮았지만, 내면적으로는 하늘과 땅 만큼의 차이가 납니다.

그리스도인에게 있어서 죽음은 잠드는 것이고, 이를 통해서 생명으로 옮겨가기 때문입니다. 그러나 신앙이 없는 사람은 생명에서 미끄러져 죽음을 영원히 느낄 것입니다.

1525년 설교에서

11월 10일
성도의 재산

우리 주 예수 그리스도의 아버지 하느님을 찬양합시다. 하느님께서는 당신의 크신 자비로 우리를 다시 낳아 주시고…… 썩지 않고 더러워지지 않고, 시들지도 않는 분깃을 하늘에 마련해 두셨습니다.

〈베드로의 첫째 편지〉 1 : 3, 4

이 말씀은 우리의 희망이 이 지상의 재산이나 현세의 자산에 있지 않음을 말하고 있습니다. 우리는 머지않아 다가올 썩거나 시들지 않는 자산을 물려받을 희망을 안고 살아갑니다. 이 자산을 영원히 간직하는 것입니다. 다만, 아직 지금은 그것을 볼 수는 없습니다.
  이 말씀은 강력하고 이 의미를 이해할 수 있는 사람은(자신이 가지고 있는) 이 세상의 자산이나 쾌락에 그다지 관심을 두지 않게 됩니다. 이 진리를 믿는다면 어찌 이 세상의 자산과 쾌락에 끊임없이 매달릴 수가 있겠습니까?
  만일 이 세상의 자산을 이러한 하늘의 자산과 비교한다면, 전자는 짧은 순간에만 계속될 뿐 모두 망하는 것을 알 수 있습니다. 한편 후자는 영원하며 망하는 일이 없습니다. 더욱이 전자는 모두 불결해 우리를 더럽힙니다. 한편 후자는 너무나 깨끗해 그것을 소유하는 사람은 영원히 더러움이 묻어나지 않습니다. 썩지 않고, 시들지 않고 말라 죽는 일이 없습니다. 이 세상의 것은 설령 철이나 돌처럼 견고해도 모두 사라지며 영원하지 않습니다. 사람은 나이가 들어감에 따라서 추해집니다. 그러나 영원한 자산은 변함이 없이 언제까지나 신선하고 싱싱한 것입니다.

이 세상에는 시간이 흘러도 변함없이 지루하지 않은 쾌락은 없습니다. 사람은 어떤 것이든 차츰 싫증을 느끼게 됩니다. 하지만 이 '자산'은 다른 성질을 지니고 있습니다. 더구나 이것은 신앙에 의해 모두 우리의 것이 되고 아낌없이 우리에게 주어집니다.

〈베드로의 첫째 편지〉 강해

11월 11일
갖가지 시련 속의 기쁨

그러므로 기뻐하십시오. 여러분이 지금 얼마 동안은 갖가지 시련을 겪으면서 슬퍼할 수밖에 없겠지만

〈베드로의 첫째 편지〉 1 : 6

여기에서 사도 베드로는 그리스도인이 이 세상에서 어떤 상태에 놓이게 될 지를 말하고 있습니다. 지극히 높으신 하느님 앞에서는 사랑을 받는 아들이고, 하늘의 사업(嗣業)과 축복을 확신하고 있습니다. 그런데 이 세상에서는 슬픔, 고뇌, 그리고 사람들로부터 버림 받을 뿐만 아니라 악마와 나쁜 세상으로부터 많은 시련을 겪게 됩니다. 도대체 그리스도인이 공격받는 원인은 무엇이겠습니까?

가장 큰 문제는 그리스도를 믿고 그리스도에게서 하느님이 전세계에 보여 주신 절대적인 은혜를 찬미하고 영예를 하느님에게 돌리는 데 있습니다. 그리스도만이 우리를 죄와 죽음에서 속죄할 수가 있고, 하느님 앞에 올바르게 축복받은 사람일 수 있다고 믿는 것입니다.

또 인간의 이성에 의한 자유의지와 힘, 선행에 따라서는 하느님의 은총을 받을 수가 없고, 하물며 영원한 생명에 이르는 것은 불가능하다고 믿는 것입니다. 설령 이성이 아무리 아름다운 것이고, 그 생

각과 행위의 모든 것을 다 바친대도 하느님과 화해할 수는 없고, 도리어 더한 분노를 사고 마는 것입니다. 왜냐하면 모든 일을 외면적으로 다룰 뿐더러 더구나 주님의 말씀과 계명에 반대하여 주님의 약속을 경멸하고 자신의 생각으로 특별한 행위를 선택하기 때문입니다.

그리고 이렇게 믿을 때 믿음의 불길이 치솟습니다. 세상은 그리스도인의 의견과 신앙을 받아들이지 않고 받아들일 수도 없습니다. 외견상의 성도다움이나 온갖 선행은 주님 앞에서는 무가치하여 벌을 받고 단죄된다고 그리스도인이 말하기 때문입니다. 그래서 세상은 말씀을 전하고 증명하는 사람을 박해하고, 죽이고, 더구나 그것을 주님에 대한 봉사라고 생각합니다.

신앙은 어떤 꿈같은 사상이 아니기에 항상 고뇌가 그 사람을 에워쌉니다. 이것이야말로 베드로가 "지금 얼마 동안은 갖가지 시련을 겪으면서 슬퍼할 수밖에 없다"고 말한 이유입니다.

〈베드로의 첫째 편지〉 강해

11월 12일
축복으로 가득한 희망

그리고 위대하신 하느님과 우리 구세주 예수 그리스도께서 영광스럽게 나타나실 그 복된 희망의 날을 기다리게 해 줍니다.

〈디도에게 보낸 편지〉 2 : 13

이 말씀에 대해서 잠시 생각해 보기로 합시다.

바울로는 "축복으로 가득한 희망"이라고 말해 이 사악하고 불행으로 가득찬 세상과 대비하고 있습니다. 이 세상에는 불행과 위험과 죄만이 있고, 그것이 우리를 옥죄이고 괴롭힙니다. 그 때문에 이 세상에 속하는 것은 우리에게 혐오스러운 것이 되지만, 한편으로 우리 안에 있는 이와 같은 희망을 강화하기도 합니다.

이와 같은 일은 건전하고 깊은 신앙생활을 하고, 열심히 노력하는 사람들에게 발생합니다. 우리는 환난을 귀중한 것으로 간주하고 그에 영예를 돌립니다. 환난이 인내를 낳고, 인내가 단련된 품성을 낳고, 단련된 품성이 희망을 낳고, 희망은 실망으로 끝나는 일이 없기 때문입니다.

이렇게 우리의 눈은 지상의 눈에 보이는 것에는 눈감고, 영원히 눈에 보이지 않는 것을 향하고 바라게 됩니다. 그리고 이런 모든 것은 은총에 의해서 십자가를 통해 작용합니다. 이것이 우리의 신앙생활을 확립시키지만, 이 세상에서는 견딜 수 없는 것입니다.

크리스마스 전야의 설교

11월 13일
새로운 창조의 영광

장차 우리에게 나타날 영광에 비추어 보면 지금 우리가 겪고 있는 고통은 아무것도 아니라고 생각합니다.

〈로마인들에게 보낸 편지〉 8 : 18

지금 태양은 밝게 빛나고 있어 아무리 날카롭게 빛나는 눈을 가진 사람이라도 태양을 똑바로 바라볼 수 없습니다. 하지만 태양 광선이 지금의 7배나 밝아지면 어떻게 되겠습니까? 그것에 견디기 위해서는 얼마나 밝게 빛나는 눈이 필요하겠습니까?

만일 아담이 원죄를 짓지 않고 만들어졌을 당시의 무고한 상태로 머물러 있었다면, 밝게 빛나는 눈으로 독수리처럼 태양을 바라볼 수 있었을 것입니다. 하지만 죄와 타락으로 인해서 우리 인간은 혼과 모든 신체의 기능이 약해지고 부패하고 말았습니다. 태양도 달도 별도 구름도 공기도 땅도 물도 이제 지난날처럼 맑고 아름답고 사랑할 만한 것일 수 없게 되었습니다.

하지만 그날에는 바울로가 〈로마인들에게 보낸 편지〉 8장에서 말하는 것처럼 모든 것은 새로워지고 다시 한 번 아름다워집니다. "피조물 자체도 멸망의 굴레에서 해방되어 하느님의 자녀의 영광스러운 자유 안에 귀속됩니다."

1537년 설교에서

11월 14일
죽음에 관해서는 그리스도만이 길

나는 길이요 진리요 생명이다. 나를 거치지 않고서는 아무도 아버지께 갈 수 없다.

〈요한의 복음서〉 14 : 6

우리의 생애와 활동이 끝나고, 이제 이 세상에 머물 수 없게 될 때가 찾아오면, 한 가지 의문을 떠올릴 것입니다.
"내가 확실한 생명으로 옮겨 가는 버팀목과 다리는 지금 어디에 있을까."
그때 나는 말할 것입니다. 당신 자신의 깨끗한 생활이나 선행이라는 인간적인 방법을 둘러보는 것이 아니니 그런 것은 우리의 '주기도'로 덮어 버리고 이렇게 말하십시오.
"우리의 죄를 사하여 주십시오."
그리고 "내가 길이다"라고 말씀하신 분에게 확실하게 의지하고 이 말씀을 마음속 깊이 새겨두는 것입니다. 그때 그리스도가 실제로 곁에서 이렇게 말씀하시는 것을 듣고 있는 것처럼 느낍니다.
"왜 너는 다른 길을 찾느냐. 나만을 바라보라. 어떻게 하면 천국으로 갈 수 있을까를 고뇌해선 안 된다. 그런 생각을 모두 마음에서 지워 버리고 '내가 길이다'라고 한 내 말만을 생각하고 내게로 오

라. 굳은 신앙과 완전한 신뢰를 가지고 나에게 의지하라. 그때 나는 다리가 되어 너를 건너게 하고, 그 순간 너는 죽음과 저승의 두려움에서 영원한 생명으로 옮겨갈 것이다. 내 스스로 길을 연 유일한 자이고, 나 자신이 그 길을 밟고 다리를 건넜기 때문이다. 나는 내게 의지하는 모든 사람을 건너게 해 준다. 너는 추호의 의심 없이 나를 믿고 모든 것을 내맡겨 기쁨으로 내 이름을 신뢰해 죽음을 맞이하는 것이다."

〈요한의 복음서〉 14~15장 강해

11월 15일
죽음은 은총의 수단

착한 사람은 그 정직으로 피난처를 얻는다.

〈잠언〉 14 : 32

의로운 사람은 죽음이 닥쳐도
피할 길이 있다.

같은 구절, 표준 새번역

만일 죽음이 없다면 죄도 결코 죽지 않습니다. 죽음에 의해서만 죄는 제거됩니다. 그 외에 죄를 제거할 방법은 없습니다. 하느님은 이처럼 죄가 죽음에 의해서 멸하게 되는 은혜 깊은 벌을 주셨습니다. 그러므로 우리는 충실한 신앙자들과 함께 기쁨으로 죽음을 맞이하고, 하느님 아버지의 깊으신 은총으로 죽음을 받아들여야 합니다. 하느님의 은총은 모든 불행을 제거하는 데 도움이 될 만큼 큰 것입니다.

그러므로 죽음은 은총이며 생명의 시작입니다. 죽음은 혼의 회복에 도움이 된다는 사실로 미루어 볼 때, 우리의 인체 조직에 연관된 것, 즉 질병이나 위험이나 아픔이나 노고 역시 우리를 이롭게 하기 위해 작용하는 것이고, 이 이상 좋은 것은 바랄 수 없을 정도입니다.

 그리스도가 완전히 부활하시기 전에 아담이 죽고 멸망하지 않으면 안 됩니다. 그리고 그것은 회개의 생애로 시작하여 죽음으로 완성됩니다. 죽음은 그리스도를 믿는 모든 사람에게 유익한 것입니다. 아담에게서 태어난 전 인류에게 죽음은 부패와 더러움만을 가져오는 것이고, 그런 가운데서 그리스도를 믿고 그리스도의 죽음에 하나 되는 세례를 받아, 그리스도의 부활에 참여하는 자에게만은 그리스도가 곁에서 함께해 주실 것입니다.

7개 회개의 〈시편〉

11월 16일
인내와 고통

……하느님을 더욱 잘 알게 되기를 바랍니다.
 또 우리는 여러분이 하느님의 영광스러운 권능으로부터 오는 온갖 힘을 받아 강하여져서 모든 일을 참고 견딜 수 있게 되기를 바랍니다.

〈골로사이인들에게 보낸 편지〉 1 : 10, 11

 이 같은 힘과 영광스러운 권위로 우리는 신앙 안에서 강해지고, 하느님의 말씀에 의지해 이 세상과 맞서 싸워야 합니다. 그리고 단지 나아가는 것만이 아니라, 전진하고 승리를 이뤄 주님의 힘으로 더욱더 성장하도록 기도할 필요가 있습니다.
 다만 그렇게 강해져서 승리를 거두는 일은 커다란 인내 없이는 불가능합니다. 또한 인내뿐만 아니라, 끝까지 참고 견디는 '끈기'도 필요합니다. 바울로는 이 끈기를 인내보다도 더욱 강한 것으로 구별하고 있습니다.
 악마는 고통과 슬픔을 주어 그리스도인의 마음을 공략해 왔는데, 그럼에도 불구하고 정복하지 못했을 때는 장기전이라는 방법을 사용해 왔습니다. 끝이 없을 것처럼 생각하게 만들어, 인내의 한계에 다다르게 합니다. 또한 마음이 약해지고 지쳐, 적을 이길 용기와 희망마저 잃게 만드는 것입니다.

　이와 같은 악마의 공격에 대항하려면, 인내와 더불어 끈기가 필요합니다. 고통 속에서도 흔들림 없이 참고 견디면서(악마에게) 말합니다.

　네가 비록 세상 끝까지 괴롭힌다 해도 나는 전혀 흔들리지 않는다. 그것이 싸움과 고통 속에서도 참고 견디는 진정한 용사인 그리스도인의 힘이다. 하느님의 힘과 기세가 기도를 통해서 주어지고, 그것으로 어떤 격렬한 싸움에도 굴하지 않고 끝까지 해 내는 것이다.

　이러한 인내와 끈기를 당신은 기쁨으로 실천하는 것입니다.

삼위일체 후 제24주일의 설교

11월 17일
죽음으로부터의 부활

우리는 예수께서 죽으셨다가 다시 살아나신 것을 믿습니다. 그래서 우리는 예수를 믿다가 죽은 사람들을 하느님께서 예수와 함께 생명의 나라로 데려가실 것을 믿습니다.

〈데살로니카인들에게 보낸 첫째 편지〉 4 : 14

하느님은 영에 있어서나 육신에 있어서나 우리를 죽음과 죄의 무덤에서 끌어내 부활과 생명으로 이끌어 주십니다. 그러나 만일 우리가 영적인 죄나 죽음, 육신에서는 이 세상과 자기 자신에게 죽는다면 무슨 이득이 있겠습니까?

그리스도인은 스스로 죽어 땅에 묻히는 것 이외에 구원이 될 방법이 없겠습니까? 없습니다. 우리는 그리스도가 죽음과 무덤에서 되살아나 지금도 살아계신 것처럼 자신도 살 수 있음을 신앙을 통해 알고 있습니다. 그것은 그리스도와 함께 죽고 그 죽음에 참여하고 있기 때문입니다.

그리스도는 자신의 죽음으로 우리의 죄와 죽음을 면하게 해 주셨습니다. 그러므로 우리는 주님의 부활과 생명에 참여하는 자가 되고 그것으로 인해서 우리의 혼과 육신에도 죄와 죽음이 사라지는 것입니다. 그리스도에게 죽음이 없는 것과 같습니다.

이것이야말로 죽음의 공포에 떠는 육신의 나약함에 대한 위로입니다. 만일 당신이 그리스도인이라면 당신의 주 그리스도는 죽음에서 부활하시고 다시 죽지 않으시니, 죽음은 주님에게 힘을 쓰지 못하고 그렇기에 당신에게도 아무런 힘을 발휘하지 못할 것임을 아는 것입니다.

삼위일체 후 제6주일의 설교

11월 18일
새로운 몸

육체적인 몸으로 묻히지만 영적인 몸으로 다시 살아납니다. 육체적인 몸이 있으면 영적인 몸도 있습니다.

〈고린토인들에게 보낸 첫째 편지〉 15 : 44

우리는 하느님의 아들의 죽음으로 만들어진 옷을 입고, 하느님의 아들의 죽음으로 스스로를 감싼 그 의로운 옷을 몸에 걸칠 수 있다면, 그 죽음을 통해서 가련한 죄인으로 하늘로 올라가길 기원하며 기다릴 수가 있습니다.

우리가 주님 품 안에 확고히 자리잡아 움직이지 않는다면, 우리의 의로움은 너무 크기 때문에 그 어떤 성질이나 이름의 죄라도 작은 불꽃 같은 것이고, 우리의 의로움은 바다와 같으며, 우리의 죽음은 한낱 한순간의 꿈에 지나지 않게 됩니다. 더욱이 크나큰 불명예 속에 매장되어야 할 우리의 치욕까지도 '예수 그리스도의 의로움'의 영광에 의해서 가려지고 맙니다. 이 의로움으로 너무나 아름답게 치장이 되어 비록 태양일지라도 그 영광을 보면 부끄러워지고, 사랑스런 천사들도 눈을 뗄 수 없을 정도입니다.

이와 같이 너무나 아름답게 꾸며져 있기 때문에 죽음이나 그 밖의 우리들 몸에 속하는 온갖 더러움은 전혀 보잘것없어집니다.

우리는 그리스도인의 죽음을 특별하게 바라보기 때문에, 죽은 그리스도인을 죽어서 장례를 치른 다른 자로 헤아려서는 안 됩니다. 우리의 오감으로는 그리 보입니다. 하지만 그것에 얽매인다면 해를 입게 됩니다. 우리는 바울로의 말에 귀를 기울여야 합니다.

즉 그들은 그리스도와 함께 잠든 것이고, 머지않아 하느님이 그리스도와 함께 이끌어 내실 것입니다. 이 말씀으로 위안을 받기 바랍니다. 이것만을 생각하십시오. 이 위안으로 부족하다면 달리 어떤 위안도 기쁨도 발견할 수는 없습니다.

1532년 설교에서

11월 19일
창조에서 나온 부활

여러분이 심는 것은 장차 이루어질 그 몸이 아니라, 밀이든 다른 곡식이든 다만 그 씨앗을 심는 것뿐입니다. 몸은 하느님께서 당신의 뜻대로 지어 주시는 것으로 씨앗 하나하나에 각각 알맞은 몸을 주십니다.

〈고린토인들에게 보낸 첫째 편지〉 15 : 37, 38

이리하여 사도 바울로는 부활을 창조에 연관시켜 전자를 후자에 의해 증명하고 있습니다.

마치 이렇게 말하는 것 같습니다.

"죽은 자가 부활한다는 하느님의 말씀을 이어가고, 신조로 아이들이 고백하듯이 이 말씀을 하신 천지의 창조자, 전능하신 아버지임을 믿고, 또 그것을 확증하는 증거와 모델을 밭의 곡물과 자연의 움직임을 통해 발견하는 사람은 죽은 자의 부활을 믿고 고백한다. 다른 한편으로 죽은 자의 부활을 부정하고 반대하는 자는, 하느님이 전능하신 천지의 창조자이며 죽은 자의 부활에 대해 하신 말씀도 부정하고 반대하는 것이다. 그러나 하느님이 전능하다는 것을 고백하는 사람은, 그것이 어떤 형태로 발생하는가에 관한 미세한 문제 또는 죽은 자의 부활에 대해서 논의하지 않는다. 왜냐하면 그리 될 거라 말씀하시는 주님의 말씀은 확실하기 때문이다."

이렇게 말씀하시는 주님은 천지와 모든 피조물의 창조자, 전능하신 하느님이십니다. 그런고로 부활은 반드시 있습니다. 하느님이 그리 말씀하셨기 때문입니다. 그렇지 않으면 하느님은 전능하신 하느님도 창조자일 수도 없게 됩니다.

1544년 설교에서

11월 20일
그리스도 안에서 부활한다

하느님께서는 우리를 그리스도 예수와 함께 살리셔서 하늘에서도 한자리에 앉게 해 주셨습니다.

〈에페소인들에게 보낸 편지〉 2 : 6

만일 우리가 이와 같은 신앙을 가지고 있으면, 참다운 삶과 죽음을 맞을 수 있습니다. 그리스도는 자신을 위해서 부활하신 것이 아닙니다. 우리는 이 진리가 우리의 버팀목이 되고, 스스로도 '부활'할 것임을 알고 함께 매달려야 합니다. 그렇게 함으로써 우리도 부활하여 영원히 그리스도와 함께 살아갑니다.

그리스도에게 우리의 부활과 생명은 이미 시작되고 있으며, 완전히 달성된 것처럼 확실하지만, 지금은 아직 숨겨져 있고 나타나 있지 않습니다. 그러므로 우리는 확실하게 이 사실에 주목해야 합니다. 눈에 비치는 다른 것은 모두 비할 바가 안 될 만큼 초라한 것입니다.

그렇기 때문에 천지에서 그 밖에 마땅히 보아야 할 것이 없는가를 살펴보는 것입니다. 그리하여 만일 그리스도인의 죽음, 또 그 장례를 보고 당신의 눈과 귀에 죽음만이 비춰진다 해도, 신앙으로 인해 죽음의 모습과 전혀 다른 것을 발견하게 됩니다. 무덤을 보지 않고 마치 아름다운 여름의 뜰에 생명의 입김을 보고, 푸릇푸릇한 목초지에 새로운 생명에, 넘치는 행복한 사람들을 눈앞에서 보는 것처럼 말입니다.

그리스도의 죽음으로부터의 부활이 진실이라면 우리도 이미 부활의 최선, 가장 고귀한 부분에 참여하고 있는 것입니다. 그것에 비하면(아직은 장래에 속하는) 무덤에서의 육신의 부활도 헤아리기에 부족함이 없을 것입니다.

1533년 설교에서

11월 21일
영원한 생명

 우리가 들어 있는 지상의 장막집이 무너지면 우리는 하늘에 있는 영원한 집에 들게 된다는 것을 알고 있습니다. 그것은 사람의 손으로 지은 것이 아니라 하느님께서 세워 주시는 집입니다.
〈고린토인들에게 보낸 둘째 편지〉 5 : 1

 이 몸은 흙이나 점토로 만들어진 혼의 장막집에 지나지 않고, 누더기 옷과 같은 것이라고 바울로는 말하고 있습니다. 그러나 혼은 이미 신앙에 의해서 새롭고 영원한 하늘의 생명 안에 존재하기에, 죽거나 장례를 치르는 일도 없습니다. 그러므로 이 보잘것없는 허술한 장막집도 새롭고 썩지 않는 것으로 바뀔 날을 기다릴 뿐입니다. 우리의 이름은 이미 하늘에 닿아 있고, 우리의 육신만을 지상에 남겨둘 수 없기 때문입니다.
 그리고 '부활'로 불리는 분은 죽음과 무덤에서 부활하시니 '신앙고백'을 해서 주님에게 의지하는 사람 역시 그 뒤를 이을 것입니다. 주님은 우리가 따르도록 앞장 서시고, 또 우리에게 행위를 시작하셨기에 주님의 말씀과 세례로 우리도 날마다 주님 안에서 되살아납니다.
 만일 당신이 신앙에 의해서 말씀을 받들면 죽음을 통해서 부활을 소망하고, 생명에 관한 순수한 사상과 모습을 이해하는 다른 안목이 부여됩니다. 만일 내가 자신의 이성에 따라 외면적으로 보거나 판단을 내린다면 멸망이 기다리고 있습니다.

그러나 신앙의 가르침에 따라서 눈으로 보고, 감각으로 느끼기보다도 더욱 깊은 이해력을 할당해야 합니다. 그것은 '부활하셨다'는 말씀, 자신을 위해서가 아니고 우리를 위해 '주님이 부활하셨다'는 말씀이 확실하기 때문입니다.

그것으로 인해서 주님의 부활은 우리의 것이 되고, 우리도 주님 안에서 부활하여 죽음과 무덤 안에 머물지 않고 주님과 함께 몸 안에 영원한 부활을 축하할 수 있게 되는 것입니다.

1533년 설교에서

11월 22일
부활의 상징인 씨앗

> 죽은 자들의 부활도 이와 같습니다. 썩을 몸으로 묻히지만 썩지 않는 몸으로 다시 살아납니다.
>
> 〈고린토인들에게 보낸 첫째 편지〉 15 : 42

농부가 밭에서 씨앗을 뿌리고 있는 모습을 떠올려 봅시다. 흙에 씨앗을 뿌리면 씨앗은 어딘가로 사라져 버린 것처럼 보입니다. 그러나 농부는 헛일이었는지 여부에 대해서는 별로 신경을 쓰지 않습니다. 자신이 한 일을 완전히 잊고 있는 듯합니다.

씨앗이 어떻게 되어 가는지, 벌레가 먹고 있지나 않은지 또는 어떠한 이유로 사라져 버리는 것은 아닌지 걱정 따위는 하지 않습니다. 도리어 부활절이나 성령강림절 무렵이 되면, 아름다운 싹이 돋아나 자신이 뿌린 것보다도 많은 이삭과 곡물이 영글게 될 것을 알고 있습니다. 지금 이러한 상황에 대해서 농부에게 질문을 하면 이렇게 대답할 것입니다.

"나는 씨앗을 무턱대고 뿌린 것이 아닙니다. 곡식의 씨앗이 땅 속에서 사라지는 것이 아니라, 그곳에서 썩어 다른 형태로 풍요롭게 열매맺을 것임을 알고 있기 때문에 땅에 뿌린 것입니다."

이것이 씨앗을 뿌리는 사람과 그것을 바라보고 있는 사람의 주장입니다.

우리는 그리스도의 부활에서 다음의 것을 배워야 합니다. (이 진리는 이성에 의해서는 파악할 수도 이해할 수도 없습니다.) 즉 눈에 보이는 대로 판단하지 않는 것입니다. 우리의 몸이 땅에 묻히고, 태워지고 또는 무언가의 방법으로 재로 돌아가는 상황만으로 판단하는 것이 아니라, 주님이 그것을 어떻게 다루고, 어떻게 형태를 조성하실지 모두 맡기는 것입니다.

왜냐하면 만일 우리가 이 눈으로 볼 수가 있다면 더 이상 신앙은 필요치 않고, 주님의 지혜와 힘이, 인간의 지혜와 이해보다 뛰어남을 증명할 길이 없기 때문입니다. 주님은 겨울 동안 우리가 땅 속에 묻혀 썩도록 버려 두시는데, 그것은 여름이 되어 태양보다도 빛나는 모습을 드러내기 위해서입니다. 마치 무덤이 더 이상 무덤이 아니고, 아름다운 화원이 되어 그곳에서 피어난 아름다운 장미나 용담이 여름 동안 파릇하고 무성한 잎사귀에 꽃이 만발하는 것과 같습니다.

1533년 설교에서

11월 23일
추수감사

모든 눈들이 당신만 쳐다보고 기다립니다. 철 따라 양식을 주실 분 당신밖에 없사옵니다.

〈시편〉 145 : 15

여기에서 하느님이 보리를 자라게 해 주심을 배워야 합니다. 그러므로 우리는 하느님을 찬미하고 하느님에게 감사합니다. 우리가 음식으로 필요한 보리, 포도 그 밖에 온갖 과실이 영그는 것은, 우리의 노동에 따른 것이 아니고 하느님의 선물이자 축복임을 인정해야 합니다.

'우리에게 일용할 양식을 주시고'라고 기도 드리는 주기도문은 바로 그 증거입니다. '주십시오'라는 말에 의해 우리는 그것이 하느님의 선물이지 우리가 만드는 것이 아님을 고백합니다. 만일 하느님이 주시지 않는다면 곡물은 열매를 맺지 않으며, 우리의 경작도 헛일이 될 것입니다.

단시간 안에 모든 씨앗이 땅 속에서 나빠지거나, 얼거나, 썩거나, 벌레에 먹히거나 홍수로 떠내려갈 지 모릅니다. 또 가까스로 농사를 지어도 더위, 우박, 냉해로 망치거나 혹은 해충의 피해로 막대한 손해를 입을지 모릅니다. 더구나 추수할 무렵에는 도둑맞거나 해충에

먹힐 위험이 도사리고 있습니다.

그러므로 우리가 보리밭을 볼 때에는 주님의 자애만을 생각하지 말고, 주님의 힘을 곰곰이 생각해 보아야 합니다.

"아아, 사랑하는 곡물아, 주님의 그 자애로우심이 우리를 풍요롭게 해 주셨다. 먹을거리가 식탁에 오르기까지 주님이 얼마나 지켜 주셨는지 모른다."

경건한 신앙심은 우리가 밭을 일구고 씨를 뿌리는 것 외의 모든 노동이 자애심으로 지탱되지 않으면 헛된 일임을 잘 알고 있습니다. 우리는 땀 흘려 일을 하여 땅에서 먹을 것을 구해야 하지만, 그렇다고 해서 자신의 활동에 신뢰를 두려 해서는 안 됩니다. 주님의 축복과 주님의 힘 있는 돌보심이 생장에 꼭 필요한 것입니다.

〈시편〉 147편의 강해

11월 24일
그리스도 안에서 부르는 노래

…… "승리가 죽음을 삼켜 버렸다. 죽음아, 네 승리는 어디 갔느냐? 죽음아, 네 독침은 어디 있느냐?"

〈고린토인들에게 보낸 첫째 편지〉 15 : 54, 55

지금 우리는 이 노래를 그리스도의 인격과 그리스도와 함께 이미 죽음을 맞고 되살아난 사람의 인격에 대해서 노래합니다. 그들은 이미 죽음을 거쳐 죽음에 승리하고 있기 때문입니다. 그러나 우리도 머지않아 되살아날 때 이 노래가 우리에 대해서 노래합니다. 그때 우리도 죽음을 비웃으며 말합니다.

"죽음이여, 그대는 지금 어디에 있는가. 이곳에는 생명이 있을 뿐이다. 나는 그대의 주인이고 군주이다. 이전에 나는 그대를 두려워했지만 이제 그대는 더 이상 나를 해칠 수가 없다. 이전에 그대는 나를 무덤 속 구더기가 득실거리는 곳에 두어 끔찍하고 추한 모습으로 있었으나, 이제 나는 죽음에서 되살아나 태양보다도 밝게 빛나고 있다. 죽음이여, 그대는 나를 어떻게 하고 싶은가. 이전에 그대는 나를 두려움에 떨게 했다. 이제는 그대에게 머리카락 한 올도 건들지 못하게 할 것이다."

1545년 설교에서

11월 25일
시공의 종말

여러분이 모든 박해와 환난을 당하면서도 잘 견디어 내며 믿음을 지켜온 것에 대해서 우리는 하느님의 여러 교회에서 여러분을 자랑합니다.

〈데살로니카인들에게 보낸 둘째 편지〉 1 : 4

우선 바울로는 데살로니카의 교회를 칭찬하고 있습니다. 그리고 더욱 성장하길 권장하고 다른 여러 교회에 대해서 복음의 선교와 이해가 어떤 열매를 맺을지에 대한 규범 혹은 본보기로서의 모범을 보이도록 호소하고 있습니다. 또 그리스도의 교회를 건립하는 것과 그 성장이 어디에 있는지를 보여 주고 있습니다. 그리고 (그들의 고통과 인내에 대해서) 위로하고 있습니다. 그것은 주 그리스도가 그들의 속죄를 위해 영광 속에 임하고, 슬픔을 안식과 기쁨으로 바꾸어 박해하는 자들을 영원히 벌하신다는 것에 따른 것입니다.

그리스도인의 고통이 항상 계속된다는 것은 아닙니다. 그리스도인이 영원히 고통을 받고, 죽어서 죽음 한복판에 머문다는 것은 하느님의 뜻일 리가 없습니다. 하느님은 말씀에 의해서 하느님을 두려워하고, 신뢰하고, 커다란 약속을 받은 성도들의 하느님이 된다고 증명하고 계시기 때문입니다.

그러므로 주님의 목적은 다름 아닌 특별한 선물을 건네시는 것이기에 그리스도인이 지상에서 고통당하는 것을 허용하는 것입니다. 저마다 걸맞은 대가를 준다는 주님의 뜻이 계시되는 것입니다. 그리스도인의 고통과 이 세상의 사악, 포악, 분노, 성도들의 박해는 모두 다가올 또 하나의 생명과, 하느님이 최후의 심판의 증거임에 틀림없습니다. 이 심판을 통해서 모든 사람은 선인이나 악인이나 제각기 걸맞은 대가를 영원토록 끊임없이 받게 되는 것입니다.

삼위일체 후 제26주일의 설교

11월 26일
주님의 상속인

자녀가 되면 또한 상속자도 되는 것입니다. 과연 우리는 하느님의 상속자로서 그리스도와 함께 상속을 받을 사람입니다. 우리가 그리스도와 함께 고난을 받고 있으니 영광도 그와 함께 받을 것이 아닙니까?

〈로마인들에게 보낸 편지〉 8 : 17

그리스도와 고난을 함께 하고 있으므로 우리는 그리스도의 형제이고, 공동상속인이라고 바울로는 말하고 있습니다. 그는 고난 속에 있는 그리스도인을 위로하고 있습니다. 자신도 이제까지 커다란 시련을 겪으며 굳은 확신에 도달했다고 말합니다. 다가오는 세상은 맑은 눈으로 볼 수 있지만, 이 세상은 희미하고 흐릿한 색안경으로밖에 볼 수가 없다고 말합니다.

바울로가 어떻게 이 세상에 등지고 다가올 계시에 눈을 돌리는지 주목하기 바랍니다. 그는 지상의 어디에도 슬픔이나 고난을 인정하지 못하고 단지 기쁨만을 보고 있는 것 같습니다.

실제로 우리가 고난에 직면하지 않으면 안 될 때에, 머지않아 우리에게 나타나게 될 더할 나위 없는 기쁨과 영광에 비하면 그것은 대체 무엇일까요? 그와 같은 기쁨과 비할 수도 없고, 고통이라 부를 수조차 없을 정도입니다.

단 하나 어려운 것은 우리가 기다리고 있는 대단한 영광은 눈으로 볼 수도 없고, 손으로 만질 수도 없다는 것입니다. 그 영광이란 우리가 언제까지나 죽지 않고, 굶주림이나 목마르는 일도 없고, 고통스럽거나 질병에 들지 않는 몸을 하늘에서 주신다는 것입니다.

이 의미를 확실하게 이해하는 사람은 이렇게 말할 것입니다. 내가 열 번이나 불에 타거나 물에 빠져 죽는대도(그런 일이 실제로는 불가능한데) 다가올 생명의 영광에 비하면 아무것도 아닌 것입니다. 이 지상의 생명이 아무리 길다고 해도 영원한 생명에 비하면 대단한 것이 못됩니다. 고통도 그렇게 부를 가치도 없거니와 무언가의 공적이라 생각할 수도 없습니다.

1535년 설교에서

11월 27일
속량(贖良)을 기다림

......우리의 몸이 해방될 날을 고대하면서 속으로 신음하고 있습니다.

〈로마인들에게 보낸 편지〉 8 : 23

주의 기도는 우리가 기쁨으로 그날을 기다리며 하느님의 이름을 부르라고 가르칩니다. 또 이런 소망이 없는 무신앙의 세상에서 하느님의 이름과 선행과 의인의 피에 대해서 보답해 주실 것을 기원합니다. 그리스도인은 그 일 이외에 기도할 수가 없고, 기도해서는 안 된다고 일상의 주기도는 우리에게 가르쳐 줍니다.

세례와 복음, 하느님의 이름과 하느님의 나라를 위해 수많은 시련과 공격을 받으면서, 지상에서는 달리 위로나 도움도 없는 그리스도인을 두고 누가 이렇게 기도하겠습니까? 그 누구도 이 날의 기다림을 경험으로 배우지 않습니다. 그리고 마음속에서 진정으로 이것을 기도할 수 없으면 주기도를 진정으로 이해하지 못합니다.

나 자신이 주기도에 반대하는 입장이라면, 도리어 다른 기도를 많이 올릴 것입니다. 하지만 만일 당신이 매우 곤란한 처지에 놓여 있다면 주기도는 당신에게 있어서 존귀한 것이고, 마음 깊은 곳에서 기꺼이 바치는 기도가 될 것입니다.

이 세상의 한숨과 슬픔이 끝나려 할 때 누구도 '악에서 구해 주십시오'라고 진심어린 기도를 하지 않을 것입니다. 이 세상은 존재하는 대로 머물러 구태에서 벗어나려 하지 않고, 나아지려 노력하지 않아, 오히려 나날이 악화되어 가는 것을 우리는 보고 있습니다.

1531년 설교에서

11월 28일
밤도둑

주님의 날이 마치 밤중의 도둑같이 온다는 것을 여러분이 잘 알고 있기 때문입니다.

〈데살로니카인들에게 보낸 첫째 편지〉 5 : 2

최후의 날은 진정한 그리스도인에게 있어서는 기쁨과 영광의 날로서 찾아옵니다. 그러나 모든 무신앙자, 탐욕스러운 자, 고리대금업자, 거짓 그리스도인에게는 끔찍한 고통의 날이 됩니다. 왜냐하면 누구나 죽을 때에 성찬에 참여하고, 평안함 속에 관에 들어가 묘지로 운반된다고 할 수는 없기 때문입니다. 바울로는, 침상에서 잠든 사이에 숨을 거두고 평화로움 속에 장례를 치룬 사람을 '잠자는 사람'으로 말합니다.

그러나 최후의 날에는 그것도 필요치 않습니다. 그때 '자, 이 사람의 참회를 듣고, 죄를 사면해 성찬을 집행한 후 장사지내자'라는 말은 하지 않습니다. 당신이 식사하고 있을 때, 돈을 세고 있을 때, 잠자고 있을 때, 술 마시고 있을 때, 춤추고 있을 때 갑자기 순식간에 바뀝니다. 즉 당신은 죽고 그리고 사는 것입니다.

충고를 받으려는 사람은 누구든 회개하십시오. 우리의 예상보다 최후 날이 빨리 찾아와 하느님의 나팔이 울려 퍼지기 때문입니다.

1545년 설교에서

11월 29일
깨어 있어라

이렇게 너희의 주인이 언제 올지 모르니 깨어 있어라.

〈마태오의 복음서〉 24 : 42

    죄로부터 해방되길 바라는 사람이 아니면, 최후의 날을 위해 올바른 준비를 할 수가 없습니다. 만일 죄의 해방을 바란다면 왜 두려움에 떨겠습니까? 그러므로 그것을 소망하는 것이 최후의 날에 대한 최선의 준비입니다.
    최후의 날은, 그날을 바라는 모든 사람을 죄로부터 자유롭게 하기 위해 찾아옵니다. 그리고 당신도 또 그렇게 해서 자유롭기를 바라고 있습니다. 그러므로 하느님에게 감사하고 지금의 확신을 가지고 계속 머무르십시오. 그리스도는 그 왕림이 당신의 속량이라고 말씀하십니다.
    그러나 당신이 죄로부터 자유로워지길 바라고, 최후의 날을 두려워하지 않는다고 말할 때에 자신을 기만해서는 안 됩니다. 당신의 마음은 거짓이고, 그날을 두려워하고 있을지도 모르는 것입니다.
    죄로부터 해방되길 솔직히 바라고 있지 않을지도 모릅니다. 그날이 오기를 알기에 마음대로 죄를 짓는 것을 주저할 뿐인지도 모릅니다. 당신 안에 있는 빛이 어둠이 되지 않도록 주의하기 바랍니다.

죄로부터 해방되길 진심으로 바라는 마음은 이 소망이 성취되는 날을 손꼽아 기다리고 기뻐합니다. 만일 그것을 기뻐하지 않으면, 죄로부터 자유롭고 싶다는 진정한 소망이 없는 것입니다. 그러므로 우리는 무엇보다도 이 왕림에 대한 혐오와 두려움을 제거해야 합니다. 그리고 죄로부터 해방된다는 우리의 소망을 진실로, 또 열심히 지속해야 합니다. 그렇게 한다면 단순히 확신을 갖고 그날을 기다릴 뿐만 아니라, 커다란 기쁨과 희망을 품고 그것을 기구(祈求) 하게 됩니다.

강림절 제2주일의 설교

11월 30일
그리스도의 승리

그러나 우리 주 예수 그리스도를 통하여 우리에게 승리를 주신 하느님께 감사합시다.

〈고린토인들에게 보낸 첫째 편지〉 15 : 57

성 바울로는 두 종류의 승리에 대해서 말하고 있습니다. 첫째는 최초의 인간인 아담을 시작으로 세상 종말에 이르기까지 전 인류를 정복하고 지배하는 죽음의 승리입니다.

이 승리에 대해서 〈로마인들에게 보낸 편지〉 5장 12절에 "한 사람이 죄를 지어 이 세상에 죄가 들어왔고, 죄는 또한 죽음을 불러들인 것같이 모든 사람이 죄를 지어 죽음이 온 인류에게 미치게 되었습니다"라고 전하고 있습니다.

이것은 죽음의 승리이고 개가입니다. 죽음이 죄로 말미암아 모든 사람의 힘과 권위를 지배하게 되었습니다. 그래서 부유하고 강력하며 위대한 자인 황제·왕·군후·영주 모두 죽음이 자신을 지배하게 됨을 인정하게 됩니다.

또 하나는 삶의 승리입니다. 이것은 그리스도 안에서 그리스도로 인해 지배되는 것이며 죽음을 무찌릅니다.

이 승리에 대해서도 〈로마인들에게 보낸 편지〉 5장 17절에 "한 사람 때문에 죽음이 군림하게 되었습니다. 그러나 은총의 경우에는 한 사람 예수 그리스도의 공로로 풍성한 은총을 입어 하느님과 올바른 관계를 거저 얻은 사람들이 생명의 나라에서 왕 노릇 할 것입니다"라고 기록되어 있습니다. 이것은 삶의 승리이고 개가입니다. 그리스도 안에서 삶이 지배하고 죽음에 대해서 승리를 얻는 것입니다.

그래서 이 죽음은 그리스도뿐만 아니라 그리스도의 이름으로 세례를 받고 그리스도를 믿는 자에게 힘을 발휘하지 못합니다. 사도가 여기서 말하고자 한 참뜻은 이렇습니다. 죽음은 땅에 엎드려 그 왕국·권력·승리를 잃고 있습니다. 만군의 주인이신 하느님은 죽음의 왕국과 그 지배에 대해서, 그리스도의 승리라는 또 하나의 승리를 가져다 주십니다. 여기에는 순수한 삶만이 존재하고 죽음은 없습니다. 죽음은 그리스도에 의해서 정복되어 죽음 자체가 죽어 있는 것이고, 삶은 승리를 쟁취하여 유지하는 것입니다.

1545년 설교에서

December

12월

12월 1일
언제나 주님과 함께

이렇게 해서 우리는 항상 주님과 함께 있게 될 것입니다.
〈데살로니카에게 보낸 첫째 편지〉 4 : 17

그리스도인이 이 지상에서 생활하는 동안 하느님의 품 안에서 살아 있다는 것만큼 충실한 것은 없습니다. 그리고 그 날이 올 때에—그것이 언제였는지는 문제가 되지 않습니다. 하느님이 나의 주님이시기 때문입니다—나는 속량(속죄)을 받습니다. 더구나 이 위안은 그리스도인만이 갖는 것입니다.

위대한 힘으로 모든 죽은 자와 악마조차 눈뜨게 하실 재판관은 그리스도인의 형제이고, 아버지이고, 후견인입니다. 그리스도의 친구이자 형제인 우리를 초청하시고 선물과 성령을 보실 때, 이 얼마나 큰 기쁨입니까? 죽은 자에게 있어서 기쁜 일입니다. 타고난 성질로서는 그와 같은 거룩하고 성스러운 주권자를 보는 것은 두려운 일이지만 우리의 영은 기쁨으로 이 주권자를 공경합니다.

이 위안을 갖지 않는 사람은 모두 악마에게 고통을 받습니다. 모든 사람이 이것을 마음에 담아 그것에 따라서 행동하는 것이 요망됩니다. 누구도 숨을 곳을 발견할 수 없기 때문입니다. 설사 물 속 또는 지하 깊은 곳에 숨거나 저승의 늪에 숨어도, 모든 것은 드러나게 됩니다. 그리스도가 재판관이 될 때 모든 것이 드러날 것입니다.

1525년 설교에서

12월 2일
사람의 아들의 날

그 때에 사람들은 사람의 아들이 구름을 타고 권능을 떨치며 영광에 싸여 오는 것을 볼 것이다.

〈루가의 복음서〉 21 : 27

여기에 기술된 '힘'이란 그리스도와 함께 심판날에 오는 천사와 성도, 그리고 모든 피조물의 대군으로 생각할 수도 있습니다. 또 그리스도의 첫 번째 왕림이 나약함과 가난으로 눈에 띄지 않았던 것에 비해, 두 번째 왕림은 힘을 내세워 인상적으로 표현하고 있는지도 모릅니다.

더욱이 '주님이 오신다'고 적혀 있지 않고 '사람들은 주님이 오시는 것을 본다'고 하는 점도 주목해야 합니다. 육체를 얻어 탄생하셨을 때는 누구도 주님을 인정하지 않았습니다. 주님은 믿는 자의 마음속의 복음을 통해서 매일 영적인 방법으로 오시는데 누구도 그것을 인정하지 않습니다.

그러나 이 두 번째의 왕림은 공적인 것이고 누구나 이 광경을 볼 수밖에 없습니다. "모든 눈이 그를 볼 것이며 그분을 찌른 자도 볼 것입니다. 땅 위에 사는 모든 민족이 그분 때문에 가슴을 칠 것입니다"(〈요한의 묵시록〉 1 : 7)라고 말하고 있는 그대로입니다. 더구나 이분이 마리아에게서 태어난 육신으로, 땅을 밟은 사람의 아들 예수 그리스도, 바로 그 사람임을 인정하는 것입니다.

그렇지 않다면 그리스도는 '사람들은 나를 본다'고만 말하고 육체적인 모습을 명백히 드러내는 표현을 일부러 피하셨을 것임에 틀림없습니다. 그러나 '사람들은 사람의 아들을 본다'고 말씀하신 이상 가시적인 재림을 의도하고 계셨음이 분명합니다. 육체의 눈이 육체를 취한 모습을 보는 것이고, 더구나 그 모습은 크나큰 힘으로 충만한 천사의 군세와 온갖 하늘의 영광에 둘러싸여 있습니다.

그리스도는 번쩍이는 구름을 타고 모든 성도와 함께 옵니다. 성서는 이 날에 대해서 많은 이야기를 하고 있고 모든 것이 이 날을 향하고 있습니다.

1522년 설교에서

12월 3일
최후의 심판

그리고 왼편에 있는 사람들에게는 이렇게 말할 것이다. "이 저주받은 자들아, 나에게서 떠나 악마와 그의 졸도들을 가두려고 준비한 영원한 불 속에 들어가라."

〈마태오의 복음서〉 25 : 41

무신앙자들이 천사와 피조물뿐만 아니라 하느님의 위광을 내뿜는 재판관을 보고, 영원한 형벌과 영원한 저승화염의 심판이 자신에게 선고될 때 얼마나 두려움에 떨게 될까요? 이것은 우리 그리스도인이 스스로를 돌이켜보기 위한 강한 경고이자 엄한 훈계입니다. 전능하신 주님의 오른쪽 자리에 두려움 없이 서서 오직 순수하고 영원한 위안과 기쁨만을 얻는 생활을 하라는 훈계입니다.

(주님의 말씀대로) 그때 주님은 양과 산양을 구분하십니다. 그것은 그리스도인과 천사들과 피조물, 그리고 위선자와 무신앙인 세상의 많은 군중이 보는 앞에서 이루어집니다. 이 분리와 선택은 이 날이 올 때까지 지상에서는 이루어지지 않았습니다. (그리스도 교회들조차도 그렇습니다) 선과 악은 이 세상에서 함께 존재해야 하기 때문입니다.

그러나 그리스도인들은 머지않아 그리스도가 무신앙자들과 성도들을 가리는 심판날이 올 것이라는 위안을 이미 받았습니다. 그날부터 위선자, 나쁜 자, 그리고 죽음도 악마도 그들을 접할 수 없고, 영원히 시험에 드는 일도 사라지는 것입니다.

삼위일체 후 제2주일의 설교

12월 4일
새로운 영광

그 뒤에 나는 새 하늘과 새 땅을 보았습니다.

〈요한의 묵시록〉 21 : 1

    이것은 우리 주 예수 그리스도의 지상에서의 빛이고 영광입니다. 지상에서 주님은 무시당하고 버려졌습니다. 그러나 다시 오시어 영광 속에 모습을 드러내십니다. 엄청난 빛을 안고 오시기 때문에 모든 피조물은 지금보다 더 아름다워집니다. 태양빛은 지금보다 7배나 밝아지고 달빛은 지금의 태양빛 만큼 빛날 것입니다. 나무도 나뭇잎도 풀도 열매도 모든 것이 지금보다 7배 아름다워집니다.
    그때 그리스도인은 가장 아름답고 영롱하게 반짝이는 별처럼 빛나며 무덤에서 나옵니다. 그리스도와 복음을 위해 어둡고 흐릿한 별처럼 박해를 받고 불타 재가 된 거룩한 순교자들도, 공중에 나타나 구름을 타고 주님에게로 이끌려 밝게 빛나는 별처럼 하늘로 올라갑니다. 요컨대 주님에게 선택된 모든 백성은 크나큰 영광 속에 모이게 되는 것입니다. 그리고 구름을 타고 강림하신 주 예수 자신이 '영광스러운 왕좌에 앉게 되면 모든 민족들을 앞에 불러놓고…….'(《마태오의 복음서》 25 : 31, 32) 이 순간 전세계는 모습을 바꿔 지금보다 천 배 이상의 빛을 더할 것입니다.

1531년 설교에서

12월 5일
성도의 부활

    명령이 떨어지고 대천사의 부르는 소리가 들리고 하느님의 나팔 소리가 울리면, 주님께서 친히 하늘로부터 내려오실 것입니다. 그러면 그리스도를 믿다가 죽은 사람들이 먼저 살아날 것이고,
                      〈데살로니카인들에게 보낸 첫째 편지〉 4 : 16

    대천사의 목소리와 나팔 소리가 울려 퍼지며 그리스도가 오실 때에 무슨 일이 일어나겠습니까? 한순간 죽은 자는 그리스도 안에서 부활합니다. 그리고 그때 살아 있는 사람도 동시에 변해 그들과 함께 구름을 타고 올라가 하늘에서 주님과 만납니다. 그리고 주님과 더불어 영생할 것입니다.
    나의 말은 짧고 빈약합니다. 그러나 이 말씀 속에 숨겨진 의미를 공언할 수 있는 사람이 과연 있겠습니까? 저마다 이 말씀을 진지하게 생각해 주셨으면 좋겠습니다. 그리고 온갖 고뇌, 특히 죽음의 아픔 속에서 위안을 발견했으면 합니다.
    그 날부터 우리는 더 이상 시련을 당하는 일 없이 온갖 악에서 해방됩니다. 더 이상 죽음, 슬픔, 외침, 아픔도 없고, 죄가 우리들 육신 속에 파고드는 일도 없습니다. 모든 더러운 것과 나쁜 욕망이 정화되어 순결해집니다.

"무신앙인 사람들도 똑같이 부활할 수 있습니까?"라고 묻는 사람이 있을지도 모릅니다. 대답은 "그렇다" 입니다. 성도들과 마찬가지로 되살아납니다. 그리스도는 선이건 악이건, 올바른 사람이건 무신앙인 자이건, 산자와 죽은 자 모두를 심판하는 주님이시기 때문입니다.

하지만 그리스도 품 안에서 잠든 충실한 사람에게만 크나큰 은총과 영광이 내려지고, 신랑인 그리스도와 함께 새롭고 영원한 예루살렘으로 인도됩니다. 한편 무신앙자 중에 죽은 자는 주님을 만나기 위해 하늘 위로 올라가는 일은 없을 것이며, 지상에 머물러 심판의 소리를 들을 것입니다.

"저주받은 자들아, 나에게서 떠나 …… 영원한 불 속에 들어가라."(〈마태오의 복음서〉 25 : 41)

전자는 생명의 부활, 후자는 심판의 부활입니다.

1525년 설교에서

12월 6일
완전한 왕국

그 다음에는 마지막 날이 올 터인데 그 때에는 그리스도께서 모든 권위와 세력과 능력의 천신들을 물리치시고 그 나라를 하느님 아버지께 바치실 것입니다.

〈고린토인들에게 보낸 첫째 편지〉 15 : 24

(그리스도 자신이 사용하시는) '하늘나라'라는 용어는 육체가 없는 천사와 축복받은 영이 살고, 머지않아 우리가 그곳으로 가 영원한 기쁨으로 함께 할 수 있는 장소만을 뜻하는 것이 아닙니다. 이 세상에서 사람들 속에 존재하는 나라도 가리키는 것입니다. 아버지에 속하는 것과 아들에 속하는 것, 그것이 이 두 나라의 차이입니다.

바울로는 말합니다.

"그 다음에는 마지막 날이 올 터인데 그 때에는 그리스도께서 …… 그 나라를 하느님 아버지께 바치실 것입니다. 그리스도께서는 하느님께서 모든 원수를 그리스도의 발 아래 굴복시킬 때까지 군림하셔야 합니다."(《고린토인들에게 보낸 첫째 편지》 15 : 24, 25)

여기에 두 나라에 대한 것이 기술되어 있습니다. 하나는 그리스도가 이 세상에서 지배하는 것입니다. 그곳에서는 우리들 앞에 베일로 가려져 그리스도를 눈으로 볼 수는 없고 믿음이 요구되고 있습니다. 또 한 나라에서는 신앙이 필요치 않고 눈앞에서 그리스도를 봅니다. 지금 선교하고, 믿음이 깊어질 때 보는 것입니다.

　마지막 날 선교와 신앙은 그치고 베일은 제거되어 우리는 반짝이는 모습으로 영원한 축복을 간직한 사랑스런 천사들과 함께 살 수 있게 됩니다. 지금 이 지상에서는 이 모습에 대해서 듣고 볼 뿐입니다. 그러므로 현재의 말씀과 신앙의 나라는 더 이상 신앙을 필요로 하지 않는 나라로 바뀌고, 우리는 눈으로 직접 아버지이신 하느님과 그리스도를 보는 것입니다.

　그러나 지금은 우리의 눈에 베일로 가려져 있어 신앙과 말씀만으로 이끌리는 대로 따라야 합니다. 하지만 하느님의 아들이 사람이 되어 사람의 모습을 한 것을 믿고 세례받은 사람은 이미 천국에 있는 것입니다.

1544년 설교에서

12월 7일
주 그리스도의 왕국이 온다

그 때 하늘에서는 전쟁이 터졌습니다. 천사 미가엘이 자기 부하 천사들을 거느리고 그 용과 싸우게 된 것입니다. 그 용은 자기 부하들을 거느리고 맞서 싸웠지만…….

〈요한의 묵시록〉 12 : 7

여기에서 우리가 배워야 할 것은 무엇이겠습니까? 우리의 위안의 근거는 무엇이겠습니까? 즉 세례를 받은 우리가 진정으로 축복을 받고 하느님의 아들이 지배하는 천국에 살고 있다는 근거가 무엇이냐는 것입니다. 이 세상에서(우리는 보이는 것에 따르지 않고 신앙에 의해서 살고 있습니다) 싸움은 아직도 진행 중이고 악마는 (세상 시초에 파라다이스에 있었던 것과 마찬가지로) 하느님의 자녀들 곁을 파고들어 말씀과 성찬과 세례와 그리스도에 속하는 자에게 반대하고 있습니다. 하지만 우리는 이 말씀에서 교훈과 위안을 발견하는 것입니다.

악마는 언제나 하느님의 나라를 점령하고 그리스도 나라의 왕이 되려고 호시탐탐 기회를 엿보고 있습니다. 하느님의 거룩한 궁에 앉아 지배하길 원하고 있습니다.

그러면 우리는 이 악마를 어찌하면 좋겠습니까? 특히 하느님의 말씀을 전하는 이들이 느끼는 바이겠지만 이 지상에 있는 한, 악마와의 사이에 평화를 추구해서는 안 된다고 생각하고 있습니다. 싸움터에 있는 그리스도의 전사로서 언제나 무장하고, 전투 준비를 하고, 하나의 싸움이 끝나면 곧 다음의 싸움을 시작할 각오로 준비되어 있어야 합니다.

우리는 그리스도에 의해서 부름을 받고 있습니다. 악마에 대항해 그리스도 밑에서 싸우는 군대에 편입되어 있습니다. 그리스도는 전장의 군대를 지휘하는 진정한 군주이고, 싸움의 주군이신 하느님 자신입니다.

전장은 싸울 필요 없는 거룩한 영들이 있는 천상이 아니라, 이 지상의 그리스도 교회입니다. (그리스도는 아버지의 오른쪽에 앉아 계시는데) 주님 자신이 전사들과 함께 적에 맞서 지휘를 하고 계십니다. 적인 악마는 인간의 어떤 힘이나 무기로 막을 수 없지만, 그리스도가 전사들에게 주신 말씀은 적을 물리치고 정복할 수가 있습니다.

1544년 설교에서

12월 8일
대송영

이제 우리 하느님의 구원과 권능과 나라가 나타났고 하느님께서 세우신 그리스도의 권세가 나타났다.

〈요한의 묵시록〉 12 : 10

악마가 그리스도인과의 싸움에서 패배하여 천상의 그리스도 나라에서 쫓겨날 때, 주님에게 감사하는 모든 피조물의 기쁨은 한없이 크고, "이제 우리 하느님의 구원과 권능과 나라가 나타났고 하느님께서 세우신 그리스도의 권세가 나타났다"고 노래합니다. 거기에서 하느님이 모든 능력을 그리스도의 능력과 함께하여 하느님의 나라와 힘과 권위는 그리스도에게도 소속됩니다. 아버지이신 하느님과 독생자 그리스도에 속하는 하느님의 나라, 힘·권위가 존재하게 되는 것입니다.

이 찬미는 전쟁이 끝나고 그리스도의 나라가 정화되어 악마가 거짓으로 모욕당할 때에 끓어오르게 되는 것입니다. 더구나 찬미와 감사는 어린 양의 피로 승리하고, 주님을 위해 목숨을 아끼지 않았던 사람들로부터 끓어오르게 됩니다. 주님은 이와 같은 찬미와 감사를 요구하십니다.

"하늘이여, 기뻐하라. 그리스도인이여 기뻐하라. 너희는 이 주님의 나라이고 주님이 계시는 하늘나라에 살게 되기 때문이다. 너희는 오랜 용과 싸워서 승리를 쟁취했다. 그것은 너희 자신에 의한 것이 아니고, 이 어린 양의 피로 얻은 것이다. 그 피가 승리를 얻게 한 것이다."

사실, 승리를 얻기 위해서는 그리스도인의 목숨을 걸어야 합니다. 주님이 "그들은 목숨을 아끼지 않고 죽기까지 싸웠다"(《요한의 묵시록》 12:11)고 말씀하시는 대로입니다. 그러므로 악마가 이 구세주 그리스도의 힘과 승리로 인해 완전히 몰아낼 때까지, 그리스도인은 살거나 죽거나 그 신앙과 증거를 통해서 계속 굳게 마음을 견지하지 않으면 안 됩니다.

궁극의 목표를 성서는 가리키고, 모든 것은 하느님의 아들에 의해서 이루어져야 합니다. 주님은 우리를 위해 사람이 되어 피를 흘리시고, 그로 인해서 악마와 그 군대와 무기와 죄와 죽음과 저승을 발밑에서 짓밟으셨습니다. 그리고 주님의 기쁜 왕림을 통해서 우리를 이 신앙의 싸움에서 영원한 안전과 축복받은 나라의 영광으로 이끌어 주시는 것입니다. 아멘.

1544년 설교에서

12월 9일
주님의 왕림

수도 시온아, 한껏 기뻐하여라. 수도 예루살렘아, 환성을 올려라. 보아라, 네 임금이 너를 찾아오신다. 정의를 세워 너를 찾아오신다. 그는 겸비하여 나귀, 어린 새끼나귀를 타고 오시어

〈즈가리야〉 9 : 9

확실히 주님은 왕이십니다. 그러나 이 세상의 왕후들이 치장한 요란스런 옷차림이나 권력으로 평가하려 든다면, 왕으로서의 품격이 전혀 없는 초라한 모습이었습니다.

주님은 향연·성채·궁전·금은보화 따위는 다른 왕들에게 위임하시고, 또 그들이 일반 백성보다도 성찬으로 식사를 하고 아름답게 꾸며 훌륭한 궁전을 세우도록 내버려두셨습니다.

그러나 이 초라한 왕 그리스도는 그들이 모르는 것을 알고 계십니다. 하나의 죄만이 아니라 나를 모든 죄에서 구해 주십니다. 나의 죄만이 아니라 전세계의 죄에서 구해 주십니다. 질병만이 아니라 죽음도 제거해 주시기 위해 오셨습니다. 나의 죽음만이 아니고 전세계의 죽음도 제거하기 위해 오셨습니다.

예언자는 시온에게 이를 알립니다.

"그대는 초라한 주님의 강림에 실망해서는 안 된다. 오히려 눈을

감고 귀를 기울여라. 또 주님이 초라한 모습으로 당나귀에 타고 계신 것만을 보지 말고 이 왕에 대해서 말씀하시는 것, 선전하고 계신 것에 귀를 기울여라."

주님의 초라함과 가난함이 나타나 있습니다. 주님이 거지처럼 남루한 모습으로 안장도 박차(拍車)도 없는 당나귀를 몰고 오신 것입니다. 그러나 우리들로부터 죄를 사하시고, 죽음을 멸하고, 영원한 축복과 생명을 주시는 것은 눈으로 볼 수가 없습니다. 그러므로 당신은 듣고 믿음을 가져야 하는 것입니다.

강림절 제1주일의 설교

12월 10일
그대의 왕은 오신다

야곱의 후손을 영원히 다스리는 왕이 되겠고 그의 나라는 끝이 없을 것이다.

〈루가의 복음서〉 1 : 33

주님은 당신의 왕입니다. 약속이 되어 있던 왕입니다. 당신은 이 왕의 것입니다. 주님만이 당신을 지배하십니다. 그러나 그것은 영에 의한 지배이지 세속적인 지배는 아닙니다. 주님이야말로 당신이 처음부터 흠모하던 분이시고, 당신이 경애하는 선조들이 진정한 소망으로 찾아 헤매던 분입니다. 오늘날까지 무거운 짐을 지우게 하고, 압박하고, 구속받던 것에서 주님은 당신의 죄를 대신해 자유롭게 해 주십니다.

믿는 혼에게 이 얼마나 위로로 가득 찬 말씀입니까? 그리스도에게서 떠나면 사람은 분노하는 많은 폭군들의 발 밑으로 내팽개쳐집니다. 그들은 왕이 아니라 살인자이고, 사람은 그 밑에서 엄청난 아픔과 두려움에 시달립니다. 그 폭군이란 악마·육신·세상·죄·율법 그리고 죽음과 저승입니다. 이들 폭군에 의해서 가련한 양심은 짓눌리고, 부당하게 속박된 공포 가득한 생활을 보내게 됩니다.

그러나 신앙을 갖고 왕을 마음속에 받아들일 때, 그 사람은 구원

됩니다. 죄도 죽음도 저승도 온갖 고뇌도 이제는 두려움의 대상이 아닙니다. 이 왕이 생명과 죽음, 죄와 은혜, 저승과 하늘을 지배하시는 왕이시고, 모든 것은 이분의 손 안에 있음을 잘 알고 있기 때문입니다.

"보아라, 그대의 왕."

이 짧은 말 속에 얼마나 위대한 것이 포함되어 있는지 모릅니다. 이처럼 넘쳐나는 위대한 축복은 초라한 당나귀에 몸을 싣고 멸시당한 왕이 주시는 것이고, 게다가 이런 일들을 이성이나 천부적인 성질로는 이해할 수가 없는 것입니다. 그것을 가능하게 하는 것은 신앙뿐입니다.

강림절 제1주일의 설교

12월 11일
주님은 당신에게로 오신다

나는 그 집에 들어가서 그와 함께 먹고, 그도 나와 함께 먹게 될 것이다.

〈요한의 묵시록〉 3 : 20

주님은 오십니다. 당신에게로 오십니다. 당신이 주님에게로 가는 것도 아니고, 주님을 붙잡는 것도 아닙니다. 주님은 당신에게 너무나도 높고 먼 존재입니다. 당신의 모든 부와 지혜도 주님에게 가까이 다가서게 해 주지 못합니다. 당신의 공적이나 가치가 주님이 계신 곳으로 이끌 만큼 자랑거리가 되지 못하기 때문입니다.

사랑하는 형제들이여, 당신의 모든 공적과 가치는 타도되었습니다. 그리고 당신에게 가치 있는 것이나 상응하는 것은 아무것도 없습니다. 오직 주님의 은혜와 자비만이 있습니다. 그리하여 비참한 상황에 처한 사람과 헤아릴 수 없는 부귀영화 속에 계신 주님이 만나는 것입니다.

여기에서 하느님이 우리를 주님과 닮게 만드실 때 어떤 일이 발생하는지, 성도로서의 생활은 어떻게 시작되는지를 복음서에서 배우기로 합시다.

당신의 왕이 당신에게로 와 당신 마음속의 불씨를 일으켜야만 시작되는 것입니다. 당신이 주님을 찾는 것이 아니라 주님이 당신을 찾으십니다. 당신이 주님을 발견하는 것이 아니라 주님이 당신을 발견하여 주십니다. 당신의 신앙은 주님에게서 오는 것이지 당신 자신이 마음먹어 생기는 것이 아닙니다. 주님이 오실 수 없을 때 당신은 밖에 있어야 합니다. 복음이 없는 곳에 주님도 계시지 않고 오직 죄와 멸망만이 있을 뿐입니다.

그러므로 당신은 경건한 신앙생활을 어디서부터 시작하면 좋을지를 물을 필요가 없습니다. 왕이 오시고 왕에 대한 전도가 이루어지는 시점에 성도로서의 생활이 시작되는 것입니다.

강림절 제1주일의 설교

12월 12일
은총이 넘치는 주님의 강림

'찬미하여라, 이스라엘의 주 하느님을! 당신의 백성을 찾아와 해방시키셨으며……'

〈루가의 복음서〉 1 : 68

최초의 강림 때, 주님은 불과 연기와 천둥을 동반한 무정함이 짙은 먹구름 속에 오셨습니다. 나팔 소리는 너무나 크고 무서워 이스라엘의 자녀들은 겁에 질려 모세에게 말했습니다.

"당신이 우리에게 말해 주시오. 잘 듣겠습니다. 하느님께서 직접 우리에게 말씀하신다면 우리는 죽을 것입니다."(〈출애굽기〉 20 : 19)

이 때 주님은 율법을 그들에게 부여했습니다. 율법은 무정한 것입니다. 우리는 율법 듣기를 좋아하지 않습니다. 우리의 이성을 통해 바라본 율법은 너무나 두려운 것이기에, 간혹 우리를 순식간에 절망에 빠뜨립니다. 너무 버거운 짐이라 양심이 어디에서 전환하고 어찌해야 할지 종잡을 수 없었습니다.

그러나 그리스도의 왕림은 그리 두려운 것은 아니라 온유한 것입니다. 구약의 신처럼 겁을 주는 것이 아니라 온유하고 자비로 가득합니다. 주님은 산 위가 아닌 도시로 오십니다. 시나이 산에서는 두려움과 함께 오셨지만 이번에는 온유함과 함께 오셨습니다. 시나이

산에서는 두려움의 대상으로 천둥 벼락을 동반한 채 오셨지만 이번에는 찬미를 동반하고 오십니다. 시나이 산에서는 큰 나팔 소리와 함께 오셨지만 이번에는 예루살렘의 도시를 위해 눈물지으며 오십니다.

시나이 산에서는 공포와 함께 오셨지만 이번에는 위로와 기쁨과 사랑으로 오십니다. 시나이 산에서는 "산에 발을 들여놓는 날에는 반드시 죽으리라고 일러 주어라"(《출애굽기》 19 : 12)고 말씀하셨지만

"네 임금이 너에게 오신다"(《마태오의 복음서》 21 : 5)고 말씀하십니다.

여기에 율법과 복음의 차이가 있습니다. 율법은 명하고 복음은 모든 것을 아낌없이 주십니다. 율법은 분노와 혐오를 가져오고 복음은 은혜를 베풀어 주십니다.

복음은 말합니다.

"너희의 죄는 용서를 받았다. 가거라. 이제부터는 절대로 죄짓지 말거라."

종려주일의 설교

12월 13일
때는 찼다

그러나 때가 찼을 때 하느님께서 당신의 아들을 보내시어 여자의 몸에서 나게 하시고 율법의 지배를 받게 하시어

〈갈라디아인들에게 보낸 편지〉 4 : 4

율법은 우리에게 의인(義認)도 신앙도 주지 못하고, 인간적인 노고도 우리에게 무엇 하나 주지 않습니다. 그러므로 바울로는 지금 우리를 대신해 신앙을 쟁취한 의인의 주인공인 그리스도를 선전하는 것입니다. 그리고 의인은 쉽게 우리에게 주어지는 것이 아니라 커다란 대가, 즉 하느님 자신의 아들에 의해 사들여진 것입니다. 이것이 바울로가 '정해진 때가 왔으므로'라고 한 말의 의미이고, 우리가 밧줄에 묶인 시간이 끝나감을 가리킵니다.

유대인에게는, 성육신으로 왕림하시는 그리스도와 함께 정해진 때가 왔습니다. 그와 마찬가지로 오늘날에도 우리가 신앙에 의해서 빛을 받고 율법 아래에 있는 노예와 노고의 나날을 끝마칠 때, 우리의 일상생활에 정해진 때가 왔다고 말할 수 있는 것입니다.

성육신에 의한 그리스도의 강림도 신앙의 영적 강림이 우리 안에 일어나지 않으면 허사입니다. 확실히 주님은 영에 의한 강림을 가져오기 위해 육신으로 오셨습니다. 그리스도가 왕림하기 이전에도, 이

후에도 육신을 통해 오신 주님을 믿은 사람에게 주님은 오셨습니다. 이러한 신앙으로 인해 옛 선조들에게 그리스도는 현실이 된 것입니다.

　세상의 시초부터 종말에 이르기까지 모든 것은 이 성육신에 의한 강림에 의지해야 합니다. 의존하는 신앙이 작용할 때 언제, 어디서나, 누구든지 속박에서 해방됩니다. 아득히 먼 옛날부터 강림을 약속하시고 지금 오신 분으로서 그리스도를 믿을 때, 그 사람에게 정해진 때가 오는 것입니다.

성 강탄 후 제1주일의 설교

12월 14일
숨겨진 왕

문들아, 머리를 들어라. 오래된 문들아, 일어서라. 영광의 왕께서 드신다.

〈시편〉 24 : 7

할렐루야, 아멘. 이 완전한 영광은 숨겨져 있고, 주님에 대한 문은 굳게 닫혀 있어 누구도 주님을 들이려 하지 않습니다. 신분이 높은 사람들은 사력을 다해 주님과 맞서지만 이는 헛된 저항입니다. 주님은 십자가를 짊어지신 크나큰 능력의 왕이십니다. 그러나 실은 이 십자가 밑에 주님의 영광이 숨어 있습니다.

"영광의 왕이란 누구인가."

이것이 주님이 오실 때 나오는 말입니다.

이 세상 사람들은 "이 이교도들을 선동하는 자는 누구인가"라고 말하고 그러한 이름으로 이 왕을 부릅니다. 영광의 왕이란 누구인가. 그들은 처참히 비웃고, 이 왕에게 엄청난 모욕을 줍니다. '주님이 영광의 왕으로 불리다니 얼마나 불합리한 일인가'라는 생각이 밀려듭니다.

그러나 그리스도는 오늘도 주님의 가장 보잘것없는 종에게도 오시고, 이 세상의 위대한 사람에게도 오십니다. 또 비천한 사람들이나 찬양을 받는 사람들에게도 오십니다.

주님의 어리석음으로 현명한 사람에게도 오시는데 그 사람들은 주님을 내쫓고 문을 닫을 뿐 아니라, 주님을 쫓아 붙잡아 두고 비웃습니다. 그들은 오늘도 그리스도와 그 말씀에 적대합니다. 하지만 결코 이길 수는 없습니다. 왜냐하면 주님은 만군의 주님이시기 때문입니다.

주님은 오늘도 영광스러운 왕이십니다. 영원히 영광스러운 왕으로서 머뭅니다. 하늘의 만군과 성도들도 주님을 섬기며 주님을 예배하는 것입니다.

〈시편〉 최초의 25편 강해

12월 15일
주님을 맞아들인 자

> 그분을 맞아들이고 믿는 사람들에게는 하느님의 자녀가 되는 특권을 주셨다.
>
> 〈요한의 복음서〉 1 : 12

여기에서 하느님의 아들이 왕림함으로써 가져다 주실 실로 대단한 영광을 발견할 수가 있습니다. 그것은 주님이 세상을 구하기 위해 하느님으로부터 파견된 분임을 믿고 섬긴 사람들에게 주어지는 영광입니다. 주님의 이름을 믿은 사람들에게 하느님의 자녀가 될 힘과 권리를 주신다는 것은 참으로 새로운 행위이시고 길입니다.

요약하면 하느님의 자녀에게 주어지는 높은 영예와 엄청난 자유와 힘에 이르려면 주님을 알고 믿는 것뿐이고 그 밖의 길, 방법, 수단으로는 결코 얻을 수 없다는 것입니다.

이 영광은 해마다, 그리고 날마다 우리에게 선전하고 제시하시는데 너무나도 위대하여, 그 누구도 충분히 헤아릴 수 없을 뿐더러 말로 표현할 수도 없습니다. 아담 때부터 선천적으로 죄가 정해진 가련한 우리가 이 높은 영예와 영광 속에서 하느님의 자녀가 되어, 그리스도의 형제이자 공동상속인이 되는 것입니다.

더구나 사랑스런 천사들이 우리의 주인이 아니고, 우리의 종이 되고 형제가 되는 것입니다. 이와 같이 압도적인 영광을 깊이 헤아린 자는 크게 놀라 "사랑하는 형제여 그런 일이 가능합니까? 그것이 진실입니까?"라고 말합니다.

  그러므로 여기에서는 성령이 주님이셔야 합니다. 주님은 이 지식을 우리들 마음에 각인시키고 입증해 주십니다. 그로 인해서 '찬양'하고 '아멘'이라 응답하는 우리는 그리스도를 믿는 신앙을 통해 이제부터 영원히 하느님의 자녀가 되는 것입니다.

〈요한의 복음서〉 제1장의 강해

12월 16일
심판날에 오시는 주님

명령이 떨어지고 대천사의 부르는 소리가 들리고 하느님의 나팔 소리가 울리면, 주님께서 친히 하늘로부터 내려오실 것입니다. 그러면 그리스도를 믿다가 죽은 사람들이 먼저 살아날 것이고,

〈데살로니카에게 보낸 첫째 편지〉 4 : 16

호령하는 목소리와 마지막 하느님의 나팔 소리가 울려 퍼졌을 때 태양과 달과 모든 피조물은 "그들을 멸망시켜 주십시오. 사랑하는 주님이시여, 그들을 멸망시켜 주십시오"라고 외칩니다.

당신을 모르는 무신앙자들과 그리스도의 말에 따르지 않는 거짓 신앙자들이 있습니다. 그들은 모두 당신의 이름을 더럽히고 지상의 성도를 박해하여 살해했습니다. 그들을 쳐죽여 주십시오. 때는 무르익고 있습니다. 저주받은 자와 사악한 자에게 종말을 맞게 해 주십시오. 세상이 시작된 이래 일찍이 없었던 엄청난 폭풍이 휘몰아치고 모든 피조물에게 심판이 내려지기 때문에 사람들은 공포에 질려 갈팡질팡하고 있습니다.

오늘의 벼락은 머지않아 전세계에 내리칠 마지막 벼락의 전주곡에 지나지 않습니다. 그때 모든 피조물은 "맞습니다, 아멘" 하고 외칩니다. 이것이야말로 그리스도가 영광 속에 저승의 모든 악마와

지상의 모든 무신앙자와 싸우는 싸움입니다. 그리고 주님은 적을 벼락과 번개로 산산조각내어 전멸시키십니다. 그때 주님이 하신 말씀이 이루어집니다.

"아버지께서는 또한 아들에게 심판하는 권한을 주셨다."(〈요한의 복음서〉 5 : 27)

1545년 설교에서

12월 17일
주님의 연민에 가득 찬 경고

흥청대며 먹고 마시는 일과 쓸데없는 세상 걱정에 마음을 빼앗기지 않도록 조심하여라. 그 날이 갑자기 닥쳐올지도 모른다. 조심하여라.

〈루가의 복음서〉 21 : 34

주님의 크나큰 자비심은 심판의 날이 급작스레 우리를 덮치는 것을 바라지 않습니다. 그러므로 은총 중에 자비로운 경고를 일러 주십니다. 말씀이 우리에게 전해지도록 하시고, 우리를 회개로 이끄십니다. 그리고 그리스도 안에서 우리의 모든 죄를 용서해 주십니다. 우리가 독생자를 믿는다면 아픔과 죄과가 제거된다는 확실한 약속을 주십니다. 주님은 우리가 주님의 부르심에 머물러 선행을 하도록 명하십니다. 우리가 주님을 따른다면 먹을 것과 마실 것을 아끼지 않으시고, 우리가 행복하게 지내는 것도 결코 방해하시지 않습니다.

지상에서 사는 한, 우리는 먹고 마셔야 하기 때문입니다. 그렇다고 해서 우리는 주님과 다가올 생명을 잊어서는 안 됩니다. 주님은 자애롭고 거룩하신 분입니다. 자애로운 아버지와 같은 사랑으로 우리를 돌보아 주십니다. 자애로운 아버지가 아이들에게 이야기하듯이 언제나 말을 걸어 주십니다.

사랑하는 아이들아. 회개하라. 내가 너희를 위해 보낸 내 아들을 믿어라. 그리고 깨끗하게 순종하라. 자신의 일에 충실하라. 그리고 먹고 마시는 데 내가 축복한 지상의 재화를 사용하거라. 그러나 마지막 나팔을 기다리고 있는 사람임을 명심하고 세상과 지나치는 재화를 사용해야 할 것이다. 나팔 소리와 마지막 천둥이 울려 퍼질 때 깨끗한 길을 걷고 깊은 신앙의 영으로 충분한 대비를 해 두기 위해서이다. 만일 그렇게 살고 있다면 너희들에게는 아무런 위험도 없을 것이다.

1545년 설교에서

12월 18일
아버지의 나라가 오게 하시며

아버지의 나라가 오게 하시며 아버지의 뜻이 하늘에서와 같이 땅에서도 이루어지게 하소서.

〈마태오의 복음서〉 6 : 10

이 기도는 두 가지 작용을 합니다. 하나는 우리를 겸허히 하고, 또 하나는 우리의 마음을 끌어올립니다.

이 기도는 우선 우리를 겸허히 하고 주님의 나라가 우리에게 아직 오지 않았음을 공공연하게 고백하게 합니다. 만일 이것을 곰곰이 생각하며 열심히 기도한다면 그것은 실로 우리에게 있어서 무서운 일이고, 신앙이 깊은 혼에 슬픔과 아픔을 가져옵니다. 왜냐하면 우리는 가장 사랑하는 조국을 잃고 지금 내쫓긴 채로 있다는 것을 의미하기 때문입니다.

여기에서 두 가지 저주스럽고 한심스러운 상태가 있습니다. 하나는 아버지이신 하느님이 우리 안에 있는 하느님의 나라를 떠나 계시다는 것입니다. 만물의 주인이신 분이 우리 때문에 그 높은 권위와 영예로부터 분리되어 있는 것입니다. 이 사실은 하느님을 진정 사랑하는 사람들에게 있어서 아픔임에 틀림이 없습니다. 또 다른 상태는 우리의 일인데 오늘도 막강한 적이 있는 이국에서 비참한 생활을 보내고 있다는 것입니다.

하지만 이러한 생각이 우리의 마음을 겸손하게 하고 자신의 비참한 모습을 확실하게 알게 될 때 위안이 찾아옵니다. 그리고 우리의 자비로우신 그리스도는 우리가 이 같은 비참한 상황에서 구출되길 소망하시고 절망해서는 안 된다고 가르치십니다. 그것은 자기가 아버지의 나라가 오는 것을 방해하고 있었던 것을 고백하고 아버지의 나라가 오길 슬퍼하며 소망하는 사람의 고통과 기도에 대해서 최종적으로는 하느님이 대답해 주시기 때문입니다.

그러므로 '우리는 아버지의 나라로 갑니다'라고 우리가 뒤를 쫓는 듯한 기도를 하지 않고 '우리에게 아버지의 나라가 오게 하시며'라고 기도하는 것입니다. 그리스도가 지상에 있는 우리에게 하늘에서 내려오신 것이지, 우리가 지상에서 하늘로 올라가 주님에게로 간 것이 아닌 것처럼, 우리는 절대로 아버지의 나라로 갈 수가 없습니다.

신도를 위한 주기도의 강해

12월 19일
구원은 가깝다

이러한 일들이 일어나기 시작하거든 몸을 일으켜 머리를 들어라. 너희가 구원받을 때가 가까이 온 것이다.

〈루가의 복음서〉 21 : 28

확실히 이는 진정한 주님이십니다. 점성술사나 점쟁이처럼 흉조만을 말해 사람들을 놀라게 하는 것이 아니라, 징조를 올바르게 보시는 분입니다. 그것은 주님이 좋은 일만을 말씀하시기 때문입니다. 현자와 이 세상에서 멸망의 전조이자 사람들이 두려워하는 이러한 징조들 중에서 주님은 좋은 것을 구분하실 수가 있고, 그곳에 '구원'이라는 축복의 말씀을 볼 수 있습니다. 그곳에 무엇보다도 더 마음에서 흠모하고 있었던 위안으로 충만한 정경이 발견됩니다.

'구원'이란 지금 악마의 힘 아래 묶여, 공격받고, 세상에 시달리며, 상처를 입은 채, 위험과 결핍의 늪에서 허우적대는 당신이 자신의 힘에 의해서나 타인의 도움으로도 벗어나지 못하다가 하늘에 계신 주 그리스도에 의해서 구출되어 자유로워지는 것입니다. 그리고 거꾸로 당신이 악마와 저승과 죽음을 지배하고 발 아래에 두어 따르도록 하는 것입니다. 만일 그렇다면 어찌 이러한 징조를 두려워할 필요가 있겠습니까? 오히려 진정한 기쁨으로 맞이해야 할 일입니다.

이 위안을 진정으로 받아들입시다. 주님은 반드시 오십니다. 이러한 징조가 곧 오게 될 것을 보여 주고 있음을 아는 것입니다.

강림 제2주일의 설교

12월 20일
빛의 자녀들

언제나 대낮으로 생각하고 단정하게 살아갑시다.

〈로마인들에게 보낸 편지〉 13 : 13

 누구나 대낮에 암흑의 행위는 하지 않습니다. 이웃 앞에서 부끄럽기 때문입니다. 그래서 사람들은 모두 정직해 보입니다. 한편 '밤은 부끄러움을 모른다'는 속담이 있습니다. 이것은 진리이고 낮에 부끄럽게 여기는 행위를 밤에 실천한다는 뜻입니다.
 낮은 순결하여 우리가 명예로운 길을 걷도록 도와 줍니다. 그리스도인도 명예로운 생활을 해야 합니다. 세상 사람들 눈에 비춰지는 자신의 행위에 한치의 부끄러움이 없도록 행동해야 합니다. 만일 모든 사람 앞에서 떳떳하지 못한 생활이나 행위를 한다면 그것은 결코 그리스도인다운 생활이 아니기 때문입니다.
 여기에 "잠에서 깨어나 빛의 무기를 몸에 걸치라"는 권고와 경고가 필요한 이유가 있습니다. 과연 몇 명의 그리스도인이 자신의 모든 행위를 빛 속에서 드러낼 수 있겠습니까? 이웃 앞에 자신의 행위를 그대로 보여 줄 수 없다면 그 그리스도인은 위선자가 될 것입니다.
 실제로 우리의 행위는 훨씬 이전부터 주님과 천사와 모든 피조물

앞에 모두 알려진 것이고, 머지않아 다가올 심판날에는 모든 사람 앞에 드러나게 될 것입니다. 그러므로 그리스도인은 심판날에 모든 사람에게 알려지길 바라는 생활을 해야 합니다.

"빛의 자녀답게 살아야 합니다."(〈에페소인들에게 보낸 편지〉 5 : 8)

강림절 제1주일의 설교

12월 21일
악마에게 맞서라

그 때에는 그 악한 자가 완연히 나타날 것입니다. 그리고 주 예수께서는 다시 오실 때에 당신의 입김과 그 광채로 그자를 죽여 없애 버리실 것입니다.

〈데살로니카에게 보낸 둘째 편지〉 2 : 8

작은 무리인 그리스도인들은 주님을 따라 오늘도 악마에게 말합니다.
"물러가라, 사탄아. '너희 하느님이신 주님을 공경하고 주님에게만 봉사하라'고 씌어 있다."
즉 하느님의 말씀은 언제나 신자들과 함께 하고 신자들도 하느님의 말씀을 섬기며 살고 있습니다. 그들은 말씀을 전하고, 벌하고, 권하고, 위로하면서 끊임없이 배워 주님에게 선택된 백성으로서 열심히 일합니다. 그래서 스스로가 정한 일이나 봉사가 아무리 명예롭고 빛나 보여도 그것에 신뢰를 하지는 않습니다. 그리스도 안에서 약속된 명확하고 헤아릴 수 없는 하느님의 은총과 자비 위에서만 확인되기 때문입니다.
한편 집념이 강한 악마는 주님의 입에서 나오는 입김, 즉 주님의 사자들이 전하는 주님의 말씀으로 멸망합니다. 이것은 오늘도, 그리고 우리가 기다리고 있는 마지막 구원의 날까지 계속됩니다.

그리스도의 생각을 지닌 우리는 모두 위대한 하느님과 우리의 구주 예수 그리스도의 영광이 기쁨과 위로로 충만해 나타나는 날이 가까워졌음을 기대합니다(지금 예수 그리스도는 약하고, 가난하고, 멸시받고, 또 주님을 따르는 사람들 안에 계시지만, 더 큰 비웃음과 모욕을 당하고, 침범벅이 되어, 십자가에 못 박혀 죽어 가고 있습니다).

우리는 또 수많은 여러 공포를 통해 종말이 올 것을 기대하고 있습니다. 그리스도가 오실 때 우리의 생명이고 희망인 주님은 오늘 우리가 전하고 믿는 모습 그대로 나타나십니다. 주님의 존귀한 말씀과 그 이름을 고백하고 있는 우리는 지금 심신이 함께 악과 거짓의 세상에 의해서 고통을 받고 있습니다. 하지만 그 저주와 비참함으로부터 그리스도는 우리를 구원해 주십니다.

1537년 설교에서

12월 22일
자, 이제 주님을 만납시다

너희는 허리에 띠를 띠고 등불을 켜놓고 준비하고 있어라.

〈루가의 복음서〉 12 : 35

여행을 떠나는 자는 거추장스러운 옷을 벗고 허리에 띠를 둘러야 합니다. 그리스도는 말씀하십니다.

"경기를 위해 잘 대비하고 주의하라. 등불을 켜놓고 있어라. 현명하고 또한 교묘해라. 확실한 것은 아무것도 없기 때문이다. 죽음은 너의 집에도 찾아오는데 그날이 언제인지 너희는 모른다. 언제까지나 계속 살아갈 것처럼 일하라. 그러나 지금 죽어 간다는 마음으로 대비하라."

이것이 신랑인 그리스도를 기다리며 살아가는 우리가 허리에 띠를 매는 진정한 의미입니다.

이러한 권고는 우리를 땅에 엎드리게 하고 회개에 이르게 합니다. 왜냐하면 누구 한 사람 진정 기쁜 마음으로 주님의 날을 고대할 만큼 충분히 준비되어 있지 않기 때문입니다. 우리의 가장 사악한 적은 육신을 진정으로 사랑하여 죽기를 바라지 않는 우리의 마음입니다.

그래서 만일 허리에 띠를 매고 있는지 알 수 없다면 하느님을 향해 외치고 진정으로 탄식을 표명하십시오. 그렇게 하면 하느님은 당신을 용서해 주십니다. 거꾸로 말씀을 경멸하고 자기 자신에 의지하는 자를 하느님은 용서하시지 않습니다. 확실히 하느님은 그 사악함을 악으로 간주하십니다. 하느님은 약함을 용서하시지만 사악함과 모욕은 용서 못하십니다.

 그러므로 허리에 띠를 매고 충분한 대비를 할 생각을 하지 않았던 사람은 하느님에게 모든 것을 고백하고 띠를 맬 수 있도록 기도하십시오. 그렇게 하면 하느님은 그 사람을 용서하고 많은 도움을 주십니다.

1537년 설교에서

12월 23일
복음은 가난한 사람들에게

소경이 보고 절름발이가 제대로 걸으며, 나병환자가 깨끗해지고, 귀머거리가 들으며, 죽은 사람이 살아나고, 가난한 사람들에게 복음이 전하여진다.

〈마태오의 복음서〉 11 : 5

우리는 끊임없이 그리스도의 말씀과 하느님의 나라에 대해서 생각하고, 그 방문을 널러 퍼뜨려야 합니다. 그리스도는 가난하고 비참한 사람들의 몸도 마음도 구원하시길 원하십니다.

그리스도는 전세계의 모든 힘과 방법으로도 도울 수 없는 자들을 구하는 분이십니다. 또 그와 같은 나라를 가지고 있다는 것입니다. 그리스도처럼 한센병에 걸린 사람을 깨끗이 낫게 하고, 눈 먼 소경의 눈을 뜨게 한 숙련된 의사는 이제까지 없었습니다. 또 가난한 사람들에게 이 같은 복음을 전할 수 있었던 사람도 없었습니다.

그리스도는 슬픔으로 찌들고, 벌벌 떠는 혼을 보듬어 구원과 위로를 해 주십니다. 또한 이전에 슬픔과 절망 속에 있었던 혼을 기쁨으로 충만하게 하실 수 있습니다.

그리스도가 우리의 죄 때문에 대가를 치르시고, 그 고통으로 우리를 영원한 죽음에서 살려 주신 일, 이것이야말로 최대의 굿뉴스입니다. 가난한 사람들에게 복음을 전하는 것은 그리스도의 나라, 그리스도의 선교이고 그것이 주님의 목적이십니다.

위인이나 성인이 있는 곳을 주님은 방문할 수가 없습니다. 왜냐하면 그들은 죄인으로 헤아리시길 원치 않으시고 주님의 복음을 필요로 하지 않기 때문입니다.

강림절 제3주일의 설교

12월 24일
크나큰 기쁨

두려워하지 마라. 나는 너희에게 기쁜 소식을 전하러 왔다. 모든 백성들에게 큰 기쁨이 될 소식이다. 오늘 밤 너희의 구세주께서 다윗의 고을에 나셨다. 그분은 바로 주님이신 그리스도이시다.

〈루가의 복음서〉 2 : 10, 11

'너희의'라는 이 한 마디는 우리를 기쁨으로 충만하게 합니다. 이 한 마디 말씀은 누구를 향해 하신 말씀이겠습니까? 나무이겠습니까, 돌이겠습니까? 아닙니다. 사람을 향해 하신 말씀입니다. 한두 사람만을 위한 것이 아닌 모든 사람에게 하신 말씀입니다.

그러면 우리는 이 말씀을 어떻게 이해해야 할까요? 아직도 주님의 은총을 의심해 "베드로나 바울로라면 구세주가 오신 것을 기뻐할 것이다. 그러나 나는 할 수 없다. 나는 보잘것없는 죄인이고, 이것은 나에게 분에 넘치는 보물이다"라고 말하겠습니까?

형제들이여, 만일 당신이 그리스도가 나의 주님이 아니라면 도대체 누구의 주님이겠습니까? 집오리, 거위, 소를 구하기 위해 오셨을까요? 여기에서 그리스도가 어떤 모습을 하셨는지 보십시오. 만일 다른 피조물을 구하기 위해 오셨다면, 그 피조물의 모습을 하셨을 것임에 틀림없습니다. 그러나 지금 그리스도는 사람의 아들이 되셨습니다.

그리고 당신은 도대체 무엇입니까? 나는 무엇이겠습니까? 우리도 사람의 자녀가 아닙니까? 확실히 그렇습니다. 그러면 사람을 제외하고 누가 이 어린아이를 받아들이겠습니까? 천사는 그리스도를 필요로 하지 않습니다. 그러나 우리는 그리스도를 필요로 하고, 우리를 위해 그리스도는 사람이 되셨습니다.

여기에서 천사가 '너희의 구세주께서 나셨다'라고 알리는 것처럼 진정한 기쁨으로 주님을 받아들입시다.

크리스마스의 설교

12월 25일
말씀이 육신이 되셨다

말씀이 사람이 되셔서…….

〈요한의 복음서〉 1 : 14

그리스도는 순결하고 깨끗하게 탄생하셨습니다. 한편 우리의 탄생은 불순하고, 죄로 가득하며, 저주받았습니다. 우리는 그리스도의 깨끗한 강탄에 의해서만 구원이 됩니다. 그러나 그리스도의 강탄은 케이크처럼 나누어 줄 수는 없고, 또 그리 할 수 있다고 해도 그런 방법으로는 구원이 되지 않습니다. 그러나 말씀이 전해지는 곳에서는 어디서나 그것은 모든 사람에게 제시되고 있습니다. 그리고 이를 확실하게 받아들여 믿은 사람은 자기 자신의 죄로 가득 찬 탄생 때문에 고통받지 않습니다.

이것이 비참한 아담의 탄생으로부터 우리가 정화되는 방법이고, 또 이 때문에 그리스도는 사람으로 태어나게 된 것입니다. 우리가 그리스도 안에서 다시 태어나기 위함입니다.

"하느님의 뜻에 따라 그는 진리의 말씀으로 우리를 낳아 주셨다. 그것은 우리가 다시 태어나 새롭게 되기 위해서이다."

이리하여 그리스도는 우리들로부터 우리의 탄생을 제거하시고, 그것을 자신의 탄생으로 대신해 자신의 탄생을 우리에게 주셨습니다.

그렇기 때문에 우리가 새롭게 정화되고 마치 그리스도의 탄생이 우리 자신의 것처럼 되는 것입니다. 그러므로 모든 그리스도인은 자신도 마리아에게서 태어난 것처럼 이 그리스도의 탄생을 기뻐하고 영광을 돌려야 합니다.

이것이야말로 천사가 말한 커다란 기쁨입니다. 주님의 위로이고 대단한 은총입니다. 이를 기뻐하고 믿는다면 마리아가 어머니가 되고, 그리스도가 형제가 되고, 하느님이 아버지가 되는 것입니다. 이 탄생이 당신 자신의 것이 되고, 그리스도의 모든 것을 받았음을 기억합시다. 믿는다면 당신의 탄생은 버려지고, 주님의 탄생으로 갈아입는 것입니다. 그리고 당신은 확실히 처녀 마리아의 무릎에 앉아 그녀가 사랑하는 아들이 되는 것입니다.

1544년 설교에서

12월 26일
우리도 하느님 나라의 사람

천사는 이렇게 대답하였다. "성령이 너에게 내려오시고 지극히 높으신 분의 힘이 감싸 주실 것이다. 그러므로 태어나실 그 거룩한 아기를 하느님의 아들이라 부르게 될 것이다."

〈루가의 복음서〉 1 : 35

천사는 이 말을 거룩한 처녀에게 전했습니다. 마리아가 이 갓난아기를 위해 기뻐하고 온갖 두려움과 슬픔을 잊게 하기 위해서입니다. 하지만 이 말씀은 처녀 마리아에게만 전해지는 것이 아니라 우리에게도 전해지고 있습니다. 그러므로 이 거룩한 처녀만이 갓난아기의 어머니이지만, 우리도 또 주님의 지배와 아버지의 나라의 일원이 되는 것입니다.

만일 그렇지 않다면 우리는 절망합니다. 우리 자신의 것은 모두 지나가 버리고 그 생명도 순간의 것에 지나지 않습니다. 40년, 50년, 또 100년인들 무슨 소용이 있겠습니까? 그러나 영원한 나라에 속하는 자에게 있어서 모든 것은 좋은 것이고, 살아 있는 동안 늘 기뻐하며 춤출 수 있는 것입니다.

한편 이렇게 천사의 말은 많은 위험과 죄와 죽음으로 충만한 우리의 순간의 생애를 떠올리게 하고, 우리가 그것에 견딜 수 있도록 격려합니다. 그리고 전에는 지상에 없었던 나라, 한없는 영원한 나라를 보여 주고 있습니다.

1544년 설교에서

12월 27일
모든 성서는 주님을 가리킨다

우리가 보고 들은 그것을 여러분에게 선포하는 목적은…….
〈요한의 첫째 편지〉 1 : 3

아버지가 진정한 하느님, 진정한 사람으로 정하고 임명하신 우리 주 그리스도는 은혜와 진실과 정의가 흐르는 진실의 샘이고 근원입니다. 우리는 이 주님으로부터 은혜와 진심을 받아 기뻐하고 은혜에 은혜를, 진심에 진심을 더하는 것입니다. 복음서를 기록한 요한은 말합니다.

"우리가 눈으로 본 분, 귀로 들은 분, 손으로 만진 분, 그 말씀과 행위로 우리는 이분이 생명의 말씀이고, 모든 진실과 은혜의, 말로 표현할 수 없는 샘임을 인정했다."

만일 이 샘에 참여하고 싶다면 아브라함이건, 모세이건, 엘리야이건, 이사야이건, 세례요한이건, 누구나 이분에게로 가, 직접 받아야 합니다. 다른 누군가를 찾아 의지한들 소용없고 그리하면 영원히 멸망하고 맙니다.

복음서를 기록한 요한의 말처럼 "우리는 모두 그분에게서 넘치는 은총을 받고 또 받았기"(〈요한의 복음서〉 1 : 16) 때문입니다.

이와 같이 모든 성서는 처음부터 끝까지 그리스도만을 가리키고 우리의 마음을 그리스도에게로 이끕니다. 다른 성도들에 대해서는 한 마디도 언급하지 않습니다. 그것은 우리가 그들 속에서 은혜와 진실을 찾을 수 없기 때문입니다. 만일 은혜와 진실을 얻은 사람이 있다면 그것을 얻게 한 것은 그리스도의 충만하고 풍부함 이외에는 없습니다. 우리의 것은 극히 일부도 도움이 되지 않습니다.

〈요한의 복음서〉 제1장의 강해

12월 28일
주님은 인간의 모습으로 나타나셨다

당신의 것을 다 내어놓고 종의 신분을 취하셔서 우리와 똑같은 인간이 되셨습니다. 이렇게 인간의 모습으로 나타나

〈필립비인들에게 보낸 편지〉 2 : 7

사람은, 사람을 만들고 또 그 생명과 행복의 근원인 지고한 자의 영역을 벗어나면 그곳이 어디든 만족을 발견하지 못하고 또 발견할 수도 없습니다. 그러므로 하느님은 사람이 자신에게만 의지하고 자신만을 믿기를 바라고 계십니다. 모든 창조물은 하느님을 믿어야 하고, 그 영예는 하느님에게만 속합니다.

주님은 사람의 모습으로 우리에게 오시어, 희생하시고, 이끌어 주시고, 아버지의 이름으로 불러 주셨습니다. 그리하여 사람이 하느님에 대한 믿음을 갖도록 하셨습니다. 더구나 주님은 우리에게 필요하고 이익이 되기 때문에 인간의 몸으로 우리에게 오신 것입니다.

주님의 본성은 너무나도 고귀해 우린 이해하지 못합니다. 그래서 우리를 위해 주님은 우리에게 가장 잘 알려진 성질, 즉 인성을 취하게 된 것입니다. 그곳에서 주님은 우리를 기다리시고, 우리는 그곳에서만 주님과 만날 수가 있습니다. 그냥 가기만 하면 누구도 내쫓지 않는 은혜의 자리가 그곳에 있습니다.

1526년 설교에서

12월 29일
겸손을 사랑하는 마음

야훼여, 당신은 높이 계셔도 낮은 사람 굽어보시고, 멀리 계셔도 거만한 자 아십니다.

〈시편〉 138 : 6

여기에 묘사되어 있는 주님의 모습은 매우 특징적입니다. 내려다보는 분으로서 진정한 모습을 우리에게 알려 주고 있습니다. 하느님은 올려다보는 일이 없습니다. 하느님 위에는 아무것도 존재하지 않기 때문입니다. 하느님은 옆을 둘러보지도 않습니다. 견줄 만한 것이 아무것도 없기 때문입니다. 그러므로 하느님은 자신의 아래를 내려다볼 뿐입니다. 당신이 있는 곳이 낮고 비천하면 비천할수록 당신을 바라보는 하느님의 눈빛은 더욱 빛납니다.

한 마디로 말해서 이 성구는 하느님이 밑바닥에서 천대받은 자들을 내려다본다는 표현에서 하느님의 본성을 올바르게 가르치고 있다고 말할 수가 있습니다. 하느님이 낮은 자를 내려다보는 것을 아는 사람은 하느님을 올바르게 알고 있는 것입니다. 이러한 지식에서 하느님에 대한 사랑과 하느님에 대한 신앙이 샘솟고 기꺼이 하느님에게 자신을 맡기고 따르게 됩니다.

진실로 겸손한 사람은 그 결과를 생각하지 않습니다. 오직 진심으로 한결같이 낮은 것을 바라보고 기꺼이 그것과 함께 생활하므로 자기 자신의 겸손함에는 깨닫지 못한 것입니다.

  그런데 위선자는 자신들의 영예가 왜 도중에서 정체되고 있는지를 의심합니다. 그리고 그들의 숨겨진 거짓 자랑은 겸손에 만족하지 않습니다. 그 생각은 은밀히 점점 높아만 갑니다.

  진실로 겸손한 혼은 자신의 겸손을 깨닫지 못합니다. 만일 그것을 알면 자기 안에 있는 고상한 덕을 깨닫고 교만해질 것입니다. 그 사람의 생각과 마음과 감각의 모든 것은 낮은 것에 매달려 있습니다. 눈앞에 있는 것은 언제나 그것뿐이기 때문입니다. 낮은 것은 그 사람과 함께 있는 표상이고 그것을 눈으로 보고 있는 동안, 그 표상을 자기 몸에 익힐 수도 없고 한편으로 자신의 모습을 깨닫는 일도 없습니다.

1523년 설교에서

12월 30일
걸림돌

나에게 의심을 품지 않는 사람은 행복하다.

〈마태오의 복음서〉 11 : 6

    그렇습니다. 정말 가혹합니다. 왜냐하면 크나큰 기쁨을 발견해야 할 이 왕, 이 말씀이 도리어 전세계에 있어서 걸림돌이기 때문입니다. 세상은 하느님의 은혜에 따르지 않고 자신의 행위와 공적에 의존하기 때문에 그리스도의 복음이 걸림돌이 되어 초조해합니다. 또 그리스도가 너무나도 가난하고 비참하기 때문에 좌절합니다. 그리고 그리스도가 십자가를 짊어지고 매달린 것처럼, 주님을 따르는 자는 자신의 십자가를 지고 유혹과 고뇌 속을 주님을 따라야 한다는 권고를 받기 때문에 좌절을 느낍니다. 세상은 이 점에서 특히 혐오합니다.
    이렇게 해서 사랑하는 주 그리스도는 세상 곳곳에 혐오스런 설교자가 되고 있습니다. 그러나 복음은 결코 그 이외에는 있을 수 없는 것입니다. 우리의 경험이 가르치고 있듯이 복음의 메시지는 낮은 자가 아니라 이 세상에서 가장 힘 있는 자, 현명한 자, 깨끗하고 신앙 깊은 자들에게 있어서 걸림돌이 되고 있습니다. 진실로 주님의 말씀을 알고 신뢰하는 사람은 얼마나 행복하겠습니까? 그들은 치유와 위로를 받고, 온갖 걸림돌로부터 지켜지기 때문입니다.

강림절 제3주일의 설교

12월 31일
주님과 함께 기뻐하라

주님과 함께 항상 기뻐하십시오. 거듭 말합니다. 기뻐하십시오.
〈필립비인들에게 보낸 편지〉 4 : 4

    이러한 기쁨은 신앙의 결실이고 결과입니다. 신앙 없이 하느님을 생각하고 하느님의 이름을 부를 때에는 단순히 전율과 공포와 비참함이 있을 뿐입니다. 그와 같은 마음은 주님에 대한 증오와 적의를 가지고 있는 것입니다. 왜냐하면 그 사람의 양심은 죄책감 때문에 하느님이 자신에게 깊은 은총과 사랑으로 감싸안으시는 분이라는 걸 믿지 못하기 때문입니다. 하느님이 죄를 미워하고 이를 엄히 벌하실 것이라고만 알고 있습니다.
    만일 이런 사람과 주님에게 있는 커다란 기쁨에 대해서 이야기한다면 그것은 물을 향해 불을 잡으라는 것과 같은 것입니다. 올바르고 의로운 혼만이 주님을 기쁘게 할 수가 있습니다. 그러므로 이 편지는 죄인을 위해서가 아니라 성도를 위해 기록된 것입니다. 우선 죄인에게 어떻게 죄로부터 벗어나 하느님의 은총을 받을 수 있는지를 가르쳐야 합니다. 그리고 나서 그들의 양심의 가책이 사라질 때 자연히 기쁨이 뒤따르게 됩니다.
    그러면 그리스도가 우리의 죄를 짊어지시기 위해 우리에게 주셨다는 복음에 이어서 기쁜 약속은 무엇이겠습니까? 하느님의 말씀에 대한 이 같은 신앙이 우리 마음속에 깃들 때에 하느님은 우리에게 온화하고 그리운 분이 되십니다. 혼이 완전히 신뢰하고 하느님과 함께 하는 은총과 자비만을 느껴 더 이상 심판이 두렵지 않기 때문입니다.

마음은 하느님이 그리스도 안에서 이처럼 대단한 은총을 주셨다는 확신과 희망으로 가득 차 있습니다. 그러므로 이와 같은 신앙으로부터는 사랑과 기쁨과 평화와 찬미와 감사가 당연히 넘쳐나는 것이고 자비로우신 아버지 하느님에게 진심어린 기쁨을 느끼게 되는 것입니다. 사실 바울로는 이 기쁨에 대해 여기에서 언급한 것이고 이것이야말로 주님과 함께 하는 기쁨이라 말하고 있습니다.

강림절 제4주일의 설교

Passion
수난

수난
올리브 산에서

지금 내 마음이 괴로워 죽을 지경이니……

〈마태오의 복음서〉 26 : 38

 우리가 사랑하는 주 그리스도는 우리를 위해 비참한 한 죄인으로서 이곳에 서 계십니다. 신성(神性)을 내려놓고 이제까지 그리스도의 것이었던 위로와 확신은 버리고 말았습니다. 그러므로 유혹에 능한 악마는 한층 더 주님에게 다가갈 수 있었고, 전에 없이 격렬한 공격을 가할 수 있었습니다. 그 때문에 여기에서 주님은 고뇌의 한가운데에 있는 자처럼 말씀하시고, 죽음과 격투를 벌이셨으며, 이제까지 위로를 주었던 제자들에게 위안을 요구하기까지 이르게 되었습니다.
 주님은 전율하셨고, 그 마음이 슬픔으로 가득 찼습니다. 삶에 대한 희망을 잃고 죽음을 느꼈습니다. 실제로 죽음을 맛보아야 한다는 것을 아셨기 때문입니다. 주님이 제자들 앞에서 한탄하신 이유였습니다. 이처럼 큰 두려움과 고뇌가 주님을 엄습했기 때문에, 자신보다 훨씬 나약한 제자들에게조차 비탄을 드러내셨습니다.
 누구도 겟세마네 동산에서 사랑하는 주님이 받은 고통을 말로 표현할 수는 없습니다. 그리스도에게 엄습한 고통은 온 인류의 생각과 이해를 훨씬 초월하는 것이었습니다.

   그분은 지상의 어느 누구보다도 깊은 고뇌에 직면했습니다. 지상의 어느 누구보다도 냉혹한 죽음의 공포를 맛보셨습니다. 더구나 우리를 위해서였습니다.

1534년 설교에서

수난
법정에서의 심판

사람들은 예수를 붙잡아 대사제 가야바의 집으로 끌고 갔는데 거기에는 율법학자들과 원로들이 모여 있었다.

〈마태오의 복음서〉 26 : 57

이 말씀을 보아 알 수 있듯이 우리가 사랑하는 주 예수 그리스도는 아무런 권위도 없는 자들에게 비밀리에 고통을 당한 것이 아니라, 공적 권위를 지닌 자들에게 공공연하게 고통당하셨습니다. 그러므로 이 세상의 영적 권위와 지상의 권위가 하느님을 적대하는 것을 보아도 놀라서는 안 됩니다. 우리가 신앙고백에서 '본디오 빌라도에게 고난을 받은 예수 그리스도를 믿습니다'라고 증거한 대로 그리스도는 고통을 당하셨습니다.

모든 시대와, 그리고 오늘날에 이르기까지 그리스도인과 진정한 순교자는 이 세상의 영적 권위와 지상의 공적 권위에 의해서 죽음을 당합니다.

이제까지 예언자들도 배신을 당해서 살해된 자는 없으며, 모두 공적으로 권위의 자리에 앉아 있는 사람에 의해 사형에 처해졌습니다. 또 그리스도의 이름 때문에 흘린 피도 모두 지상의 정의를 주재하는 왕후, 재판관 또는 관리들의 손에 의한 것이었습니다. 또 영적 정의를 주재하는 감독이나 설교자들에 의해 유배된 적도 있었습니다. 예언자들은 인간의 심판에 의해서 살해되었습니다.

만약 세상의 모습이 바뀌면 도대체 무슨 일이 일어나겠습니까? 그 때 하느님은 세상의 권력자들을 슬픔에 빠뜨리고 희망을 끊어 버립니다. 하느님은 그들을 만류하려고 하였으나, 그들이 하느님을 격렬하게 대적해 그리스도를 맞을 생각을 하지 않았기 때문입니다. 주님을 받아들이려고 하지 않았기 때문에 멸망할 수밖에 없는 것입니다.

1534년 설교에서

수난
나를 위해 울지 마라

> 예수께서는 그 여자들을 돌아보시며 "예루살렘의 여인들아, 나를 위하여 울지 말고 너와 네 자녀들을 위하여 울어라."
>
> 〈루가의 복음서〉 23 : 28

　주님은 우리를 위해 고난을 받으셨습니다. 그러므로 그 고난을 보고 우리가 눈물을 흘린다면 주님은 슬퍼하실 것입니다. 오히려 우리가 기뻐하고 하느님을 찬양하며 주님의 은총에 감사하고, 주님에게 영광 돌려 증거하길 바라십니다. 그것은 주님의 수난에 의해 우리가 하느님의 은총을 받고 죄와 죽음에서 자유를 얻어 하느님의 사랑을 받는 자녀가 되었기 때문입니다.
　하지만 우리는 감정을 다른 한쪽으로 옮기는 것이 대단히 힘듭니다. 날 때부터 자연적으로 자신의 감정을 고집하기 때문입니다. 죄 때문에 울어야 할 때 우리는 웃습니다. 그리스도가 죽음으로써 우리를 위해 영원한 생명을 쟁취해 주셨으므로 마음에 기쁨이 넘쳐 웃어야 합니다.
　그러나 우리는 웁니다. 우리의 마음이 이 세상의 즐거움에 현혹되어서 이와 같은 영적인 기쁨에 무관심하기 때문입니다. 한편으로는 그리스도가 결코 죽지 않고, 죽음의 대가를 지불하지 않았으며, 하느님의 분노를 가라앉히지 못하여, 우리를 죽음에서 속량하지 못한 것으로 생각하여 기뻐해야 할 때에 울며 슬픔에 지쳐 버리기 때문입니다.

그러므로 항상 기도해야 합니다. 우선 하느님이 성령으로 우리의 마음을 만지고, 죄를 슬퍼하게 하시어 우리가 죄를 떠나 스스로 신뢰하지 않도록 기도합시다. 또한 주님이 죄 한가운데에서도 우리 마음 안에 위로의 등불을 켜 주시고, 주님의 희생과 평화에 대해 굳은 신뢰를 주시도록 기도합시다.

1545년 설교에서

수난
유다와 베드로

하느님의 뜻을 따라서 겪는 상심은 회개할 마음을 일으켜 구원에 이르게 합니다. 이것을 후회할 사람이 어디 있겠습니까? 그러나 세속적인 상심은 죽음을 가져올 뿐입니다.

〈고린토인들에게 보낸 둘째 편지〉 7 : 10

유다는 베드로보다도 무거운 짐을 지고 있었습니다. 그렇기 때문에 영원한 구원도 위로도 없다고 생각하고 절망에 빠졌습니다. 그리고 고뇌와 슬픔 가운데 밖으로 나가 목을 맸습니다. 실로 가련한 사내입니다. 그런데 왜 그렇게 되었을까요? 하느님의 말씀을 듣는 것을 게을리했기 때문입니다. 말씀을 모욕하고 말씀에 따라 자신을 이롭게 하지 않았습니다. 위로를 바라면서도 말씀을 갖지 않았기 때문에 도움을 발견할 수가 없었던 것입니다.

베드로 몹시 울었습니다. 그는 자신의 죄 때문에 고뇌했습니다. 그러나 주 그리스도의 말씀을 열심히 듣고 말씀을 마음속에 새기고 있었습니다. 그러므로 가장 필요한 때에 말씀을 단단히 붙잡고 위로를 받았으며, 하느님의 깊은 은총에 소망을 두었습니다. 이야말로 고뇌의 날에 필요한, 유일하고 진정한 구원입니다. 불행한 유다는 가지지 못한 것이었습니다. 베드로는 굳게 하느님의 말씀과 은총에 매달렸습니다. 주님께서 직접 〈루가의 복음서〉 22장 32절에서 이렇게 말씀하셨습니다.

"나는 네가 믿음을 잃지 않도록 기도하였다."

여기에서 진정한 회개가 무엇인가를 배우기 바랍니다.

베드로는 많이 울었습니다. 그것이 회개의 시작입니다. 마음이 죄를 인정하고 죄 때문에 슬퍼합니다. 이제는 죄를 사랑하지 않고, 죄 안에서 머물기를 바라지 않고, 도리어 이제까지 하느님의 뜻을 지키지 않고 죄에 빠져 있었던 것을 슬퍼합니다. 그러나 우리 혼자서 할 수는 없습니다. 베드로를 보신 것처럼, 주님이 우리를 보아 주셔야 합니다.

1545년 설교에서

수난
성찬에 참여하기 위하여

　그러므로 여러분은 이 빵을 먹고 이 잔을 마실 때마다 주님의 죽음을 선포하고, 이것을 주님께서 다시 오실 때까지 하십시오. ……각 사람은 자신을 살피고 나서 그 빵을 먹고 그 잔을 마셔야 합니다.

〈고린토인들에게 보낸 첫째 편지〉 11 : 28

　성찬에 참여하려는 사람은 전능하신 하느님에게 마음을 비우고, 한결같이 목마른 영혼을 바쳐야 합니다. 영혼이 가장 적합하지 않은 때야말로 가장 적합한 때입니다. 즉 완전히 비참하고, 빈약하고, 은총에 적합하지 않다고 느끼고 있을 때, 하느님의 은총을 가장 받기 쉽습니다. 동시에 받을 가치가 전혀 없다는 뜻이기도 합니다.
　영혼은 완전한 또는 있는 만큼의 신앙을 가지고 예전에 다가가도록 힘써야 합니다. 은총을 받을 것이라고 굳게 믿어야 합니다. 자기 신앙의 양에 따라 은총을 받기 때문입니다. 그러므로 가장 훌륭한 준비는 신앙입니다.
　당신의 목마른 마음을 말씀 위에 세우고, 주님이 주신 진리의 약속을 신뢰해야 합니다. 이 확신으로 성찬에 참여하도록 하느님에게 갈구하면서 기도하는 것입니다.

"주여, 주님을 저의 집에 모실 자격은 전혀 없습니다. 그러나 저는 목이 말라 주님의 도움과 은총을 갈구하고 있습니다. 저 또한 독실한 신앙인이 되기 위해서입니다. 저에게는 아무런 권리도 없지만 오로지 주님의 말씀을 들으러 주께로 갑니다. 주님이 식탁에 불러 주셨기 때문입니다. 사랑하는 주여, 주님의 말씀은 진실입니다. 저는 이를 의심하지 않습니다. 이 신앙으로 주님과 함께 먹고 마십니다. 주님의 뜻과 말씀대로 이루어 주시옵소서. 아멘."

이것이 성찬에 참여하는 데 알맞은 태도입니다.

거룩하고 진실한 그리스도의 성체를 나누기 위한 설교

수난
십자가의 그리스도

"아무튼 네가 왕이냐?" 하고 빌라도가 묻자 예수께서는 "내가 왕이라고 네가 말했다. 나는 오직 진리를 증언하려고 났으며 그 때문에 세상에 왔다. 진리편에 선 사람은 내 말을 귀담아 듣는다" 하고 대답하셨다.

〈요한의 복음서〉 18 : 37

  여기에서 왕이신 그리스도가 어떻게 그가 가진 것과 몸과 생명을 버릴 수 있었는지를 보기 바랍니다. 그리고 그리스도의 나라가 이 세상에 있는 나라가 아님을 배웁시다.
  이 세상에서 그리스도인으로서 신앙의 행복을 기뻐한다는 것은 모든 것이 채워져 부족함이 없다는 뜻이 아닙니다. 당신의 왕이신 주 예수를 보고 그가 어떤 운명에 맞닥뜨렸는지 생각해 보기 바랍니다. 또 주님은 무엇을 자랑으로 여겼을까요? 그 생애에 무엇을 위안으로 삼으셨을까요? 사람들에게 얼마나 찬양되었을까요? 실제로는 고통과 조소와 모욕과 굴욕적인 죽음 이외에 아무것도 없었다는 것이 진실일 것입니다.
  주님이 지배하신 것은 오직 하나뿐입니다. 그리고 극히 소수의 사람에게만 적용되었습니다. 그것은 진리에 대한 증언이고 하느님의 복음입니다. 이 복음을 통해서 주님은 사람들의 마음에 성령을 부어, 죄를 용서하고, 영원한 생명의 희망을 주십니다. 그러나 이 모든 것은 말씀과 신앙 가운데 있습니다. 눈으로 볼 수도 없고, 손으로 만질 수도 없습니다. 오직 희망 가운데 존재합니다.

　이 왕과 왕국을 알고 있는 사람은 기꺼이 십자가를 집니다. 영원한 왕이신 그리스도가 십자가를 지셨던 것을 알기 때문입니다. 좋은 주인보다 앞서지 않으므로 기꺼이 고통을 감수합니다. 비록 고난이 이 세상에 있는 한 계속된다고 해도, 다가오는 세상에서는 완전한 기쁨과 영광을 받고 위로받을 것임을 알기 때문입니다. 이 희망은 슬픔과 시련의 와중에서도 그리스도인을 기쁨으로 가득 채웁니다.

1545년 설교에서

수난일(아침)
십자가 위의 죄수

"예수님, 예수님께서 왕이 되어 오실 때에 저를 꼭 기억하여 주십시오" 하고 간청하였다. 예수께서는 "오늘 네가 정녕 나와 함께 낙원에 들어갈 것이다" 하고 대답하셨다.

〈루가의 복음서〉 23 : 42, 43

겟세마네 동산에서 천사가 위로를 준 것처럼, 이 십자가 위에서는 그리스도 옆에 매달린 죄수가 주님께 위로를 전했습니다. 놀랍게도 하느님은 그 아들이 살인범에게 위로받게 하셨습니다.

이 죄수는 치욕과 모욕과 고뇌로 가득 찬 그리스도의 몸 안을 꿰뚫어 본 것이 분명합니다. 그렇지 않다면 그리스도가 위대한 왕국의 주인임을 믿고 증언할 수 없었을 것입니다.

그리스도는 이미 저승을 지났기에 이제는 위로가 죄수를 통해서 주님에게 다가왔습니다. 하느님은 주님의 교회가 멸망하도록 두지 않습니다. 그러므로 베드로 안에서 죽었던 신앙이 죄수 안에서 되살아났다고 흔히 말하는 것입니다. 이 말씀은 "주님이시여, 당신의 적 안에서도 주님으로 계셔 주십시오"라는 의미입니다.

그때 그리스도는 이렇게 생각하셨습니다. 역시 나에게는 나를 위해 하느님의 나라를 예비해 주신 은총 깊은 하느님이 계시다. 하느님은 이 죄수에게 나의 고통의 결실을 기꺼이 맛보도록 하셨다. 그래서 그에게 "오늘 네가 정녕 나와 함께 낙원에 들어갈 것이다"라고 말씀하신 것입니다.

죄수는 자신의 죄와 그리스도의 무고함을 알고 이렇게 생각했습니다. '그리스도의 결백이 나를 구해 주신다.' 마치 견고한 벽을 뚫어 보듯이 그리스도의 마음을 똑바로 꿰뚫어 본 것입니다.

이 죄수는 바로 우리들입니다. 우리도 그와 같습니다. 그러므로 우리도 그리스도를 향해 외쳐야 합니다. 그러면 주님은 죄수를 향해 말씀하신 것처럼 "그렇다. 아멘"이라고 말씀하실 것입니다.

〈루가의 복음서〉 23장 42~43절의 주해

수난
그리스도가 숨을 거두셨다

예수께서는 신 포도주를 맛본 다음 "이제 다 이루었다" 하고 고개를 떨어뜨리며 숨을 거두셨다.

〈요한의 복음서〉 19 : 30

주님은 자신이 이렇게 고통을 당해야 했던 하느님의 뜻을 떠올리고 계십니다. 자신이 해야 할 일만을 생각하고 계셨습니다. 성서에 쓰여진 것을 모두 이뤄야 했기 때문입니다. 그러므로 "이 목숨 당신 손에 맡기옵니다"(〈시편〉 31 : 5)라고 말하며, 하느님에게 자신을 맡기셨습니다. 이는 그리스도가 우리를 위해 주신 이별의 말씀이며, 이 말씀에 의해 우리가 아버지이신 하느님의 뜻을 볼 수 있게 되었습니다.

그리스도가 그 성체에 당하신 고통은, 본래 우리 영혼이 하느님 앞에서 받아야만 하는 고통이었습니다. 여기에서 하느님이 그의 아들 안에 드러내신 심판의 엄혹함은 우리가 그대로 받아야 하는 것이었습니다. 만일 하느님이 정당하게 행동하셨다면 당연히 우리에게 똑같은 일을 하셨을 것입니다. 그러므로 우리는 회개해야 합니다.

그러므로 죄를 용서받습니다. 하느님은 우리의 본보기인 독생자 그리스도를 죽음과 악마에게서 구해 내신 것처럼 우리들도 구해 주십니다. 그야말로 우리의 위로이고 구원입니다. 우리는 이 구원을 그리스도 안에서 발견하기 때문에 하느님을 벗어나지 않고, 오히려 그리스도에게 하신 말씀을 상기합니다.

"네 원수 안에서 너희가 지배하라."

어떤 고통도 우리에게 지나치게 엄혹하지 않습니다. 만일 우리가 죄의 무거운 짐을 지고 있다면 그리스도에게 가지고 갑시다. 주님은 그것들을 이미 십자가에 매다셨습니다. 그리고 우리를 용서하고 죽음과 악마가 우리를 따르게 하셨습니다.

그러므로 우리는 그리스도와 죽음을 함께한 자가 되는 것입니다.

〈요한의 복음서〉 19장 30절의 주해

수난
저승으로 내려가시다

십자가로 권세와 세력의 천신들을 사로잡아 그 무장을 해제시키시고 그들을 구경거리로 삼아 끌고 개선의 행진을 하셨습니다.
〈골로사이인들에게 보낸 편지〉 2 : 15

우리의 주님이 저승으로 내려가신 것은 두 가지로 표현할 수 있습니다. 첫째는 아주 단순하게 아이처럼 그대로 말과 표현을 사용하는 것입니다. 가장 좋고 확실한 방법입니다. 둘째는 그것이 도대체 어떤 의미인지, 그리스도의 몸이 사흘 동안이나 무덤 안에 계셨는데 어떻게 저승으로 내려가실 수 있었는지를 조리 있게 이야기하는 것입니다. 그러나 이에 대해서 장황하게 논의를 했다고 해서 무슨 이득이 있겠습니까? 인간의 이성으로는 결코 이를 다 헤아릴 수 없습니다. 나는 이를 신앙과 말씀 가운데 두는 것 외에 방법이 없다고 생각합니다. 내 말이나 생각이 결코 미치지 못하기 때문입니다.

그러므로 나는 이 단순한 말씀과 어린아이 같은 표현 가운데 두어야 한다고 충고합니다.

지금 그리스도가 악마와 죽음을 이긴 왕이고, 악마는 주님과 주님을 따르는 자에게 아무런 힘도 없다는 것은 상상화나 교묘한 화술을 쓰지 않아도 말할 수 있습니다. 더구나 이 단순한 표현을 그대로 믿고 그대로 이해할 수 있다면 대단히 좋은 일입니다. 또 내가 능숙한 화술과 상상화로써 저승으로 내려가시는 모습을 묘사하고, 저승을 무찔렀을 때의 승리의 깃발을 보여 줌으로써 상상화 없이는 이해할 수 없었던 사람이 이해하고 납득하여 믿을 수가 있다면 그것도 좋은 일입니다.

　이처럼 상상화 등의 도움이 있건 없건, 신조 자체가 움직이지 않으면 모두 올바르고 좋습니다. 신조란 우리 주 예수 그리스도가 저승으로 내려가, 그것을 완전히 쳐부수고 악마를 이기고 포로로 잡혀 있었던 자를 구출하셨다는 것을 믿고 고백하는 것입니다.

부활절의 설교

수난
영광의 안식

예수께서 십자가에 못 박히신 곳에는 동산이 있었는데, 거기에는 아직 장사지낸 일이 없는 새 무덤이 하나 있었다. 그날은 유대인들이 명절을 준비하는 날인데다가 그 무덤이 가까이 있었기 때문에 그들은 예수를 거기에 모셨다.

〈요한의 복음서〉 19 : 41, 42

빌라도의 권력을 두려워하지 않고, 예수의 시신을 돌본 사람들의 봉사는 실로 대단했습니다. 그들이 가고 무덤은 닫혔습니다. 그리스도는 이제 안식으로 들어가고 하느님이 역사하고 계십니다. 이렇게 매장이 이루어졌습니다.

우리가 죽은 자를 존경하고 시신을 개처럼 버리지 않는다면 주이신 하느님은 그것을 평가해 주십니다. 영혼은 하느님의 말씀에 의해서 이 세상을 떠나고, 육신은 또 부활할 것이 틀림없습니다. 우리는 빵으로만 사는 것이 아니라 하느님의 모든 말씀으로 살기 때문입니다. 이것이 부활의 근거입니다.

그러나 여기에서 곁에 있었던 여자들과 제자들조차도, 그리스도의 말씀을 의심하고 엠마오로 가던 두 제자처럼 그리스도의 부활을 믿지 않았습니다. 만일 조금이라도 예수님이 부활하실 것이라는 소망을 가지고 있었다면, 향료를 가지고 와서 주님을 무덤에 모시는 일은 하지 않았을 것입니다.

　부활이 사람의 행위였다면, 하느님은 결코 그와 같은 방법을 쓰지 않았을 것입니다. 또 그날이 성서 가운데서 크나큰 날로 불리지도 않았을 것입니다. 이것이야말로 하느님이 천지를 창조하셨다는 첫 번째 신조보다 훨씬 나은 것입니다. 왜냐하면 하느님이 그리스도를 죽음에서 부활하게 하셨다는 것을 믿지 않는 사람은 결코 구원받지 못하기 때문입니다. 더구나 이와 같은 신앙은 바울로와 성서가, 많은 곳에서 이야기하는 것처럼 사람의 행위가 아니라 하느님의 행위입니다.

　그러면 성서에 쓰여 있는 주님의 통치에 대한 말씀만이 틀림없이 이루어질 것입니다.

〈요한의 복음서〉 19장 38절 이하의 주해

Easter
부활절

부활
그리스도가 다시 살아나셨다

"승리가 죽음을 삼켜 버렸다. 죽음아, 네 승리는 어디 갔느냐? 죽음아, 네 독침은 어디 있느냐?" 한 성서 말씀이 이루어질 것입니다. 죽음의 독침은 죄요, 죄의 힘은 율법입니다. 그러나 우리 주 예수 그리스도를 통하여 우리에게 승리를 주신 하느님께 감사합니다.

〈고린토인들에게 보낸 첫째 편지〉 15 : 54~57

이것은 이성으로는 이해할 수 없으며, 일찍이 들어 본 적도 없는 메시지입니다. 이 말씀은 신앙으로만 받아들일 수 있습니다. 이 메시지는 그리스도가 살아계시고 더구나 죽으셨다는 것입니다. 게다가 이 죽음은 그 자신이 주님 안에서 죽고 모든 힘을 잃어버린 죽음입니다.

이제 주 그리스도는 죽음을 정복했기 때문에 죄도 지배하셨습니다. 당신은 죄가 없고, 깨끗하고 올바른 분이셨지만, 다른 사람들의 죄를 짊어지고 죄인이 되셨습니다. 그러므로 죄는 주님을 비난할 수 없었습니다. 그리스도는 자신이 죄를 범하여 책임을 지고 죽기 때문에 십자가에 매달려서 공격하도록 놔두셨습니다. 그러나 다른 사람들의 죄 뒤에 숨겨진 주님의 깨끗함이 빛을 발하여 죽음도 이를 이길 수 없었습니다.

　이렇게 해서 죽음과 마찬가지로 죄도 이 죄인을 공격하고 도리어 힘이 약해져 주님의 몸 안에서 죽었습니다.

　악마도 그리스도보다 뛰어난 힘을 스스로 증명하려고 온갖 힘을 다해 주님을 끌어내리려고 했습니다. 그러나 자신이 이길 수 없는 힘에 맞닥뜨렸습니다.

　이런 일이 생긴 것은 우리 주 그리스도가 영광을 받았기 때문입니다. 주님은 버려짐으로써 높이 오르셔서 이들 세 강력한 적, 죄와 악마와 죽음을 그 발 아래 짓밟으셨습니다. 오늘 우리는 이 위대한 승리를 경축합니다.

부활절의 설교

부활
주님은 여기에 계시지 않는다

> 그 때 천사가 여자들에게 이렇게 말하였다. "무서워하지 마라. ······다시 살아나셨다."
>
> 〈마태오의 복음서〉 28 : 5, 6

　천사의 말은 대단히 훌륭한 것이었습니다. 그럴만한 이유가 있었습니다. 내용은 다음과 같습니다. 당신은 예수를 무덤 안에서 찾고 있다. 그러나 주님은 다른 사람이 되셨다. 당신은 주님이 십자가에 못 박히신 줄로 믿고 있다. 그러나 주님이 지금 어디에 계신지를 당신에게 알려 주겠다.
　"주님은 죽음에서 부활하신 것이다. 이제 여기에는 계시지 않는다."
　여러분은 이 세상의 생명을 지니고 계신 주님을 찾을 수 없습니다. 죽음이 지배하는 지상에서 그리스도를 찾아서는 안 됩니다. 그리스도를 보고, 그리스도를 붙잡고, 그리스도를 향해 걸어가려면 다른 눈과 손과 다리가 필요합니다. 주님이 묻히셨던 장소를 보여드리겠습니다. 그러나 주님은 더 이상 그곳에 계시지 않습니다.
　이제 주님의 이름은 "이제 여기에는 계시지 않는다"고 말합니다. 바울로는 골로사이인들에게 보낸 편지에서 다음과 같이 썼습니다.

"이제 여러분은 그리스도와 함께 다시 살아났으니 천상의 것들을 추구하십시오."(3:1)

그리스도는 이제 이 세상에 계시지 않습니다. 그러므로 그리스도인도 이 세상에 있어서는 안 됩니다. 누구도 그리스도를 지상에 속박할 수 없고, 또 그리스도인을 어떤 규칙으로 얽맬 수도 없습니다. '이제 여기에는 없는 것'입니다. 주님은 지상의 정의, 뜨거운 신앙, 지혜, 율법 등 이 세상에 속하는 온갖 껍질을 떨쳐 버리셨습니다. 완전히 벗어 버리셨습니다. 그러므로 지상에 나타난 것 중에서 주님을 찾아서는 안 됩니다. 그런 것들은 껍질에 지나지 않으며, 껍질은 두 번 사용할 수 없습니다. 바울로도 "지상에 있는 것들에 마음을 두지 마라"(《골로사이인들에게 보낸 편지》3:2 참조)라고 말합니다.

당신의 생명은 숨겨져 있습니다. 어떤 상자 안에도 없습니다. 누군가가 찾아낼지도 모르기 때문입니다. 당신의 생명은 지상의 어디에도 계시지 않은 주님 안에 숨겨져 있습니다.

1530년 설교에서

부활
우리의 죄 때문에 다시 살아나셨다

> 예수는 우리의 죄 때문에 죽으셨다가 우리를 하느님과 올바른 관계에 놓아 주시기 위해서 다시 살아나신 분이십니다.
>
> 〈로마인들에게 보낸 편지〉 4 : 25

나의 죄를 볼 때 죄는 나를 죽입니다. 그러므로 나는 그리스도를 우러러보아야 합니다. 그리스도 당신이 나의 죄를 짊어지고 나에게 축복을 주셨기 때문입니다. 이제 죄는 더 이상 나의 양심을 꾸짖지 않고, 그리스도를 꾸짖고 망하게 하려고 합니다.

여기에서 죄가 어떻게 주님을 공격했는지를 생각해 봅시다. 죄는 주님을 쓰러뜨리고 살해했습니다. 아아, 주 하느님. 나의 그리스도, 내 죄를 속량하시는 주님은 어디에 계십니까? 하느님은 그리스도를 끌어올리시고 살려 주셨습니다. 살려 주셨을 뿐만 아니라 하늘에서 모든 것을 지배하도록 하셨습니다. 지금 죄는 어디에 있습니까? 교수대에 걸려 있습니다. 이 사실을 보고 믿을 때 나의 양심은 그리스도처럼 기쁨으로 충만해집니다. 죄가 없기 때문입니다.

지금 나는 나를 해치려는 죽음과 악마와 죄와 저승에 맞닥뜨렸습니다. 아담의 자손인 한 그런 것들이 이 몸을 해칠 수가 있습니다. 나는 곧 죽어야 합니다. 그러나 그리스도는 나의 죄를 자신이 짊어지고 죽으셨습니다. 그 죄 때문에 죽으셨으므로 그런 것들은 나에게 아무런 해를 가할 수 없습니다. 그리스도는 너무나도 강하십니다. 죽음·악마·죄·저승은 주님을 붙잡을 수가 없습니다. 그리스도는 그들을 땅에 쳐부수고 하늘로 올라 죄와 슬픔을 묶어 버리고 영원히 지배하십니다.

  나는 선한 마음을 가지고 기쁨과 축복을 받았기 때문에, 이제는 그런 폭군을 두려워하지 않습니다. 그리스도가 나의 죄를 지우고 자신이 짊어지셨기 때문입니다. 더구나 죽음·악마·죄·저승은 주님 위에 머무를 수 없었습니다.

그리스도의 부활의 결실과 힘에 대해서

부활
만일 그리스도가 부활하지 않으셨다면

만일 그리스도께서 다시 살아나시지 않았다면 여러분의 믿음은 헛된 것이 되고, 여러분은 아직도 죄에서 헤어나지 못하고 있을 것입니다.

〈고린토인들에게 보낸 첫째 편지〉 15 : 17

그리스도가 여러분의 죄와 죽음을 짊어진 것을 굳게 믿으십시오. 이 신앙을 통해서만 그리스도를 믿는 나나 여러분이나 모든 사람에게 부활의 힘이 주어지기 때문입니다.

만일 내가 부활의 힘을 사용하지 않는다면, 나의 주 그리스도는 엄청난 부정행위를 하는 셈이 됩니다. 주님의 개선과 승리를 헛되이 하는 것입니다. 주님의 부활을 헛되게 해서는 안 됩니다. 주님은 좋은 결실을 맺기를 바라고 계십니다. 모든 고뇌와 죄와 두려움의 와중에서도 내가 죽음에서 승리하는 가운데 부활한 그리스도만을 보게 되기를 바라고 계십니다.

이 승리를 마음에 떠올릴 수 있는 사람은 모두 구원받았습니다. 그리고 성 금요일과 부활절을 지키지 않은 사람은 1년 동안 기쁜 날을 갖지 못합니다. 예수가 우리를 위해 고통을 당하시고 부활하신 것을 믿지 않는 사람에게는 희망이 없습니다.

우리가 그리스도인으로 불리는 것은 그리스도를 우러러보고 다음과 같이 말할 수 있기 때문입니다.

"사랑하는 주님, 당신께서는 나의 죄를 짊어지시고 마틴, 베드로, 그리고 바울로가 되어 나의 죄를 멸해 주셨습니다. 당신께서 이끄는 곳에서 나는 나의 죄를 봅니다. 성 금요일에도 여전히 내 죄를 눈앞에서 봅니다. 그러나 부활절에는 새로운 한 사람이 태어났습니다. 그 손은 새로워졌고 죄는 이제 없습니다. 이 모든 것을 당신께서는 아낌없이 저에게 주시고, 악마와 죄와 죽음에게 이미 승리를 거두었다고 말씀해 주십니다."

1530년 설교에서

부활
우리의 형제이신 부활의 주님

예수께서는 마리아에게 "내가 아직 아버지께 올라가지 않았으니 나를 붙잡지 말고 어서 내 형제들을 찾아가거라. 그리고 '나는 내 아버지이며 너희의 아버지 곧 내 하느님이며 너희의 하느님이신 분께 올라간다'고 전하여라" 하고 일러 주셨다.

〈요한의 복음서〉 20 : 17

그리스도가 우리의 형제라면 우리에게 부족한 것은 무엇이겠습니까?

이 세상에 있는 육신의 형제들에게 들어맞는 것이 이 경우에도 들어맞을 것으로 생각합니다. 육신의 형제는 공통의 재산을 지니고 있습니다. '한' 아버지를 모시고 있습니다. 또 다른 유산과 달리 서로 나누어도 줄지 않는 '한' 유산이 있습니다. 정신적 유산으로서 금전과 달리 계속 불어납니다.

그러면 그리스도의 유산은 무엇이겠습니까?

그것은 생명과 죽음이고, 죄와 은혜이고, 하늘과 땅에 있는 모든 것, 영원한 진리·힘·지혜·정의입니다. 그리스도는 모든 것을 지배하십니다. 굶주림과 목마름, 기쁨과 슬픔, 하늘과 땅에서 생각할 수 있는 모든 것입니다. 영적인 것뿐만 아니고 물질적인 것도 지배하십니다. 요컨대 이 세상의 것, 영원한 것을 불문하고 그 손 안에서 모든 것을 지배하고 계십니다. 그리고 주님을 믿을 때에는, 이 가운데 하나라든가 어느 일부분이 아니라 모든 것을 주님과 함께합니다. 주님과 마찬가지로 나는 영원한 의, 영원한 지혜, 영원한 힘 등 모든 것을 지니고 주님과 함께 지배합니다.

그리스도의 부활의 결실과 힘에 대해서

부활
평화가 있기를

안식일 다음 날 저녁에 제자들은 유대인들이 무서워서 어떤 집에 모여 문을 모두 닫아걸고 있었다. 그런데 예수께서 들어오셔서 그들 한가운데 서시며 "너희에게 평화가 있기를!" 하고 인사하셨다.

〈요한의 복음서〉 20 : 19

제자들은 무엇을 두려워했을까요? 죽음을 두려워한 것입니다. 그들은 죽음 한가운데에 있었습니다. 죽음의 공포는 어디에서 왔을까요? 죄에서 온 것입니다. 만일 그들이 죄를 범하지 않았다면 두려워할 일은 없었을 것입니다. 또 죽음도 그들에게 해를 가하지 않았을 것입니다. 죽음에 힘을 주는 죽음의 가시는 죄이기 때문입니다.

제자들은 우리와 마찬가지로 하느님을 올바로 알지 못했습니다. 만일 하느님의 진정한 모습을 알고 있었다면 확신을 가져서 두려워할 일이 없었을 것입니다. 하느님을 믿지 않는 사람은 죽음을 두려워하는 것입니다.

한편 이와 같은 두려움 가운데 있을 때 하느님을 외치며 갈구하면 언제든지 도와 주십니다. 그리스도는 두려움에 떠는 제자들을 버려두고 언제까지나 밖에 계시지 않고, 안으로 들어와 "평화가 있기를" 하시면서 위로하고 "나다. 겁낼 것 없다. 용기를 내어라"고 말씀하셨습니다.

마찬가지로 오늘도 하느님은 우리를 위로해 주십니다. 우리가 두려워할 때 잡아 주시고, 복음을 알려 주시고, 다시 우리에게 기쁨과 흔들리지 않는 마음을 주십니다.

그리스도가 계시는 곳에는 아버지와 성령도 오십니다. 순수한 은혜가 있을 뿐이고 율법은 없습니다. 순수한 동정뿐이고 죄는 없습니다. 순수한 생명뿐이고 죽음은 없습니다. 순수한 천국뿐이고 저승은 없습니다. 나는 그곳에서 내가 하기라도 한 것처럼 그리스도의 행위 안에 위로를 받는 것입니다.

부활절 후 제1주일의 설교

부활
그리스도의 부활과 우리

우리는 예수께서 죽으셨다가 다시 살아나신 것을 믿습니다. 그래서 우리는 예수를 믿다가 죽은 사람들을 하느님께서 예수와 함께 생명의 나라로 데려가실 것을 믿습니다.

〈데살로니카에게 보낸 첫째 편지〉 4 : 14

주님은 부활 가운데 모든 자들을 끌어올려 주셨습니다. 하늘도 땅도 해도 달도 모든 피조물은 주님과 함께 되살아나 새롭게 됩니다. 그리고 주님은 우리를 당신과 함께 끌어올려 주십니다. 그리스도를 죽음에서 부활하게 하셨던 그 하느님이 죽어야 할 우리의 육신을 되살아나게 해 주십니다. 또 우리와 함께 모든 피조물을 새롭게 하십니다. 지금 피조물은 허무를 쫓고 있습니다. 그러나 우리는 영광스럽게 될 날을 열심히 기다리며, 변전하는 존재에서 해방되어 영광 안에 들기를 소망합니다.

우리는 이미 부활의 반을 성취하였습니다. 마음과 생각이 이미 하늘에 있으며 극히 일부분이 지상에 남아 있을 뿐입니다. 남아 있는 육신도 새로워지기 위해 장례를 한 번 치르게 되어 있습니다.

시신이 비참한 것임을 부정하는 사람은 없을 것입니다. 그러나 나는 눈으로 보고 오감으로 느끼는 것보다는 더욱 잘 이해하고 있습니다. 그것은 신앙이 나에게 가르치는 것입니다. '주님이 다시 살아나셨다'는 말씀이 보여 주듯이 주님은 이제 무덤 속에 계시지 않습니다. 땅 속에 묻히지 않으셨습니다. 죽음에서 부활하셨습니다. 더구나 그것은 주님 자신을 위해서가 아니고 우리를 위해서입니다. 주님의 부활이 우리의 부활이 되어, 우리도 주님 안에서 부활하기 위해서입니다.

우리는 이제 무덤과 죽음 안에 머물지 않고, 우리의 육신도 주님과 함께 영원한 부활의 날을 축하합니다.

1532년 설교에서

Pentecost
성령강림절

성령강림
성령의 약속

> 내가 다윗 가문과 예루살렘 성민들에게 용서를 빌 마음을 품게 하리니……
>
> 〈즈가리야〉 12 : 10

성령은 모든 그리스도인 안에 두 개의 것을 만드십니다. 우선 그들의 마음에 하느님이 자비로우신 분임을 확신시킵니다. 그런 다음 기도에 의해서 다른 사람들까지도 도울 수 있다는 것을 확신시킵니다. 첫 번째는 그들이 하느님과 화해하여 온갖 필요한 것이 충족되고 있음을 의미합니다. 그러면 이번에는 그들 자신이 기도로써 세상을 구하고 세상에 영향을 미치게 됩니다.

그리스도인이 그리스도를 자신의 주님, 구세주로서 알게 되면, 즉 이분을 통해서 죽음에서 속량되고 주님의 나라로 들어가 계승자가 된 것을 알게 될 때, 그 마음은 하느님의 뜨거운 사랑으로 불타오르고 다른 사람들도 같은 경험을 맛보도록 이끌기를 간절히 원합니다. 이 보물, 즉 그리스도를 알고 있다는 보물을 갖는 것보다 더 커다란 기쁨이 없기 때문입니다. 그래서 그 사람은 밖으로 나가 다른 삶에게 이 보물에 대해서 가르치고, 권하고, 증거하고, 그리스도를 찬양해 같은 은총과 함께하도록 기도하고 소망합니다.

이야말로 하느님의 은총과 평안을 기뻐하고 쉬지 않는 영입니다. 이 영은 가만히 있지도 못하고 게으름을 피울 수도 없습니다. 언제나 온 힘을 다하여 하느님의 영광과 영예를 사람들에게 전하려고 합니다. 그러므로 사람들도 이 은총의 성령을 받고 기도를 통해서 다른 사람들을 이끌게 됩니다.

〈요한의 복음서〉 14장의 강해

성령강림
성령의 교회

그들의 마음은 성령으로 가득 차서……

〈사도행전〉 2 : 4

　이 기쁜 성령강림일에 우리는 주님이 이 땅에 와 주신 한없는 자비를 축하하면서 주 하느님에게 감사를 드립니다. 그 자비 가운데 주님은 하늘에서 가엾은 우리 인간에게 거룩한 말씀을 계시해 주셨습니다. 명백히 일반적인 언어도 아니고, 모세의 율법과 비교해도 완전히 이질적인 말씀이었습니다.
　이날 그리스도의 나라는 사도들을 통해서 시작되고, 복음 선교에 의해서 온 세상에 모습을 드러냈습니다. 물론 그리스도는 태초부터 그 안에 그의 나라를 보유하고 계셨습니다. 그리고 이제 이 성령강림일에 성령께서 사도들을 통해 명확하게 하셨습니다. 이 메시지는 전에 어리석음과 공포와 절망 때문에 그리스도를 부인하고 버리고 도망간 그 어부들, 즉 사도들에게 용기와 담대함과 기쁨을 주었습니다.
　오늘 이 성령강림일에도 우리는 기쁨과 축복으로 충만한 그리스도의 나라를 경축합니다. 주님의 나라는 기쁨과 신뢰와 용기로 가득 차 있습니다.

1534년 성령강림절의 설교

성령강림
약한 자에 의해서 시작된다

그런데 하느님께서는 지혜 있다는 자들을 부끄럽게 하시려고 이 세상의 어리석은 사람들을 택하셨으며, 강하다는 자들을 부끄럽게 하시려고 이 세상의 약한 사람들을 택하셨습니다.

〈고린토인들에게 보낸 첫째 편지〉 1 : 27

그리스도는 성서를 배운 적이 없고, 교양도 없는 어리석은 어부들로 나라를 시작하셨습니다. 그리스도의 교회가 십자가에 못 박히신 나자렛의 예수에 대한 남세스러운 설교와 불쌍한 거지들에 의해 시작되었다는 것은 실로 바보같은 일처럼 보입니다. 이 예수는 비웃음 당하고, 모독과 비난을 받고, 치욕으로 가득한 취급을 당하고, 채찍을 맞으며, 마지막에는 신을 모독하는 자, 모반하는 자로서 십자가에 못 박혀 굴욕 속에 사형에 처해졌습니다. 십자가 위에는 '유대인의 왕, 나자렛의 예수'로 죄목이 쓰여 있었습니다.

이를 베드로가 오순절에 설교하여, 그리스도가 악과 폭력으로 고통을 당한 것과 악마가 그리스도를 십자가에 매달아 죽였고, 하느님의 적이며, 중대한 죄를 범해 하느님의 분노를 산 일이 전해졌습니다. 이 선교를 통해서 그리스도의 나라와 그리스도의 교회가 시작되었습니다. 사도들과 제자들이 성령강림일에 많은 사람들 앞에서, 이와 같은 소식을 전하는 힘을 받은 그들에게 커다란 위안이었습니다.

그 힘과 권위는 도대체 무엇에 따른 것입니까? 말씀과 성령입니다. 베드로는 얼마나 놀라운 힘을 가지고 있었습니까? 더구나 베드로뿐만 아니라 다른 사람들도 그랬습니다. 그들은 얼마나 확신을 가지고 메시지를 전했을까요? 마치 10만 년 동안 배워서 완전히 깨친 사람과도 같습니다. 나는 신학자이고 그들은 그때까지 성서를 배운 적이 없는 어부였지만, 나는 그들처럼 성서를 완전히 터득할 수 없었습니다.

이와 같이 그리스도의 나라는 가난한 어부들의 말과 십자가에 못박히신 나자렛 예수이신 주님의 모욕적이고 경멸적인 행위에 의해 시작된 것입니다.

1534년 성령강림절의 설교

성령강림
은총의 영

내가 아버지께 구하면 다른 협조자를 보내 주셔서 너희와 영원히 함께 계시도록 하실 것이다.

〈요한의 복음서〉 14 : 16

우리는 그리스도가 가르치고 영혼에 보여 주셨던 대로 성령을 알고, 또 그렇게 믿어야 합니다. 즉 성령은 분노와 공포의 영이 아니라 은혜와 위로의 성령이므로, 하느님의 본질은 위로 이외에 아무것도 아니라는 것입니다. 아버지의 뜻은 우리를 위로하는 것이기 때문에 성령을 주셨습니다. 그의 아들도 위로를 주십니다. 성령을 보내 주시도록 아버지께 기도해 주셨기 때문입니다.

성령은 위로하시는 주님입니다. 그러므로 그리스도인에게는 하늘에서나 땅에서나 아무런 두려움도 위협도 없습니다. 오직 은혜의 웃음과 부드러운 위로가 있을 뿐입니다. 왜 그럴까요? (그리스도가 말씀하셨습니다) 여러분이 성령이 강림하기 전에, 충분히 고문하는 자나 교살하는 자들에게 시달리고 고통을 당했기 때문입니다.

성령을 위로의 주님이라 부르고, 그것이 이분의 성질·성격·직무임을 가르치는 것은 올바른 것입니다. 지금 여기에서 성령이신 하느님의 본질에 대해서 상세하게 논할 생각은 없습니다. 그것은 한 마디로 말해서 아버지와 아들이 하느님의 하나의 본질이라는 것입니다.

우리에게 있어서 성령은 위로의 주님이십니다. 위로의 주님은 슬퍼하는 마음을 하느님에게로 돌리게 해 기쁨으로 채우시고, "너의 죄는 용서받았다. 죽음은 망했고 하늘은 열렸다. 주님은 미소짓고 계시다" 하고 알려 주십니다.

이 진리를 올바르게 파악할 수 있는 사람은 모두 이미 승리를 얻은 것이고, 하늘에서나 땅에서나 위로와 기쁨만을 발견할 것입니다.

〈요한의 복음서〉 14장의 강해

성령강림
성령에서의 의와 평화와 기쁨

하느님의 나라는 먹고 마시는 일이 아니라 성령을 통해서 누리는 정의와 평화와 기쁨입니다.

〈로마인들에게 보낸 편지〉 14 : 17

내가 성도가 되기 위해서는 겉으로만 좋은 행위를 하는 것으로는 불충분합니다. 사랑과 기쁨을 지니고 진심으로 행해야 합니다. 그것은 내가 두려움을 안거나 하지 않고 자유로이 기쁨에 충만하기 위해서이며, 하느님 앞에 어떻게 설 것인가를 알고, 건전한 양심과 완전한 확신으로 하느님 앞에 서기 위해서입니다. 나의 어떤 행위도 신앙이 없으면 그 확신을 갖게 할 수 없고, 또 어떤 피조물도 확신을 줄 수 없습니다. 오직 그리스도만이 할 수 있습니다.

이 신앙에 의해서 나는 하느님이 기뻐하는 자가 되고, 그리스도는 성령을 마음에 채워 주십니다. 성령은 나를 행복하게 하고 기꺼이 선행을 하게 해 주십니다. 이 길만이 내가 의인(義認)을 받는 길이고, 이 외의 방법은 없습니다. 일에 의존하는 기간이 길면 길수록 여러분은 불행해지기 때문입니다.

신앙에 의한 행위를 하고, 그것을 잘 알면 알수록 여러분의 마음은 기쁨으로 가득 찹니다. 신앙의 지식이 있는 곳에 성령이 계실 수 없다는 것은 있을 수 없기 때문입니다. 그리고 성령이 오시면 여러분은 마음을 기쁨과 원기와 즐거움으로 채우고, 기꺼이 하느님이 기뻐하는 일만을 하게 됩니다. 또 고통을 당해야 할 때에는, 고통은 물론 죽음까지도 두려워하지 않게 됩니다. 신앙의 지식이 정화되면 정화될수록, 또 커지면 커질수록 축복과 기쁨도 깊게 성장합니다.

이렇게 주님의 명령이 이루어지고, 해야 할 일도 모두 이루어져 여러분은 올바른 사람이 됩니다.

1523년 설교에서

성령강림
주님의 관(冠)인 교회

…… 존귀와 영광의 관을 씌워주셨습니다.

〈시편〉 8 : 5

시편의 작자는 여기에서 왕의 옷차림에 대해서 기술하였습니다. 왕관을 쓰신 그리스도는 이 옷차림으로 이 세상이나 다가올 세상에서도 영광을 받으실 수 있습니다. 세상의 왕들이 호화로운 모습으로 나타날 때에는 옷차림에 신경을 쓰는 것이 보통입니다. 왕이신 그리스도는 그들처럼 자신을 위해 육신의 몸을 치장할 뿐 아니라, 우리를 위해 영의 몸, 즉 교회까지도 치장해 주십니다. 복음선교를 통해서 교회를 모으고, 성령으로 치장해 주시는 것입니다.

이 치장은 주님의 그 비참한 겉모습과는 정반대의 것입니다. 비참한 겉모습에 대해서는 이사야가 "늠름한 풍채도, 멋진 모습도 그에게는 없었다. 눈길을 끌 만한 볼품도 없었다. 사람들에게 멸시당하고 퇴박을 맞았다"고 예언하였습니다. (《이사야》 53 : 2, 3)

그리고 주님 자신의 백성이 "십자가에 매달라. 십자가에 매달라"라고 외쳤습니다. 제자들도 그를 버리고 도망가 버렸습니다.

그러나 부활하신 뒤, 주님은 영광과 명예를 받으시고, 많은 그리스도인들이 지상에서 주님을 따릅니다. 이것이야말로 주님이 이 세상에서 관을 받아 아름다운 모습을 하는 것입니다.

1537년 설교에서

성령강림
복음은 어리석다

그 중에는 "저 사람들이 술에 취했군!" 하고 빈정거리는 사람들도 있었다.

〈사도행전〉 2 : 13

　오순절이 되어 그리스도가 보이는 성령을 사도들에게 주셨으므로, 혀와 같은 것이 불길처럼 개개인 위에 내렸습니다. 그들은 여러 나라의 언어로 말하고 악마를 몰아내 병자를 고쳤습니다. 그러나 오늘날, 또 세상의 마지막 날까지 그 오순절에 받은 것과 같은 성령과 그 선물을 그리스도인은 받지 못합니다. 보이지 않는 형태로 은밀하게 받기 때문입니다.
　우리가 이성으로는 그리스도가 온갖 적과 죽음과 악마에게 승리해 포로로 잡은 것을 거의 믿을 수 없는 것과 마찬가지로, 그리스도가 사람들에게 선물을 부어 주고 계신 것을 믿는 것도 어렵습니다.
　사도들이 성령강림일에 성령을 받고 타국의 언어로 이야기하기 시작해 예루살렘에 가서 설교하고 주님의 명령에 따라서 유대 전체에서 사마리아, 그리고 전세계로 나갔을 때, 누가 그들이 제정신이라고 생각했겠습니까? 유대 동포들은 그들이 술에 취했고 악마에 들렸다고까지 말했습니다.

　이와 같은 이유로 세상은 성령의 선물은 보지도 않고, 이해하지도 않은 채, 오히려 비웃고 모욕합니다. 실제로 우리 주님이 하신 말씀은 모두 이 세상에 맞지 않고 맞출 수도 없는 것입니다. 세상 사람들은 주님의 말씀이 거짓 가르침, 악마의 가르침이라고까지 생각합니다. 한편으로는 악마의 행위를 높이 평가하고 그것을 하느님의 말씀이라고 부릅니다.

　그리스도인만이 하느님의 말씀을 인정하고 가장 큰 지상의 보배로 생각합니다. 그리스도인만이 하느님의 위대한 권위와 힘을 인정합니다. 그렇다 하더라도 그들이 정말로 충분히 하느님을 찬양하고 찬미하고 있는 것은 아닙니다. 우리도 성령강림일의 사도들과 마찬가지로 지금 이 시대에 증거해야 합니다.

우리 주 예수 그리스도가 승천한 힘과 결실에 관한 설교

Advent · Christmas
대강절 · 성탄절

선구자

아가야, 너는 지극히 높으신 하느님의 예언자 되어……
〈루가의 복음서〉 1 : 76

　그리스도는 이 세속적인 마음이 즐기는 요란한 과장 없이 그처럼 가난한 모습으로 오셨습니다. 하느님은 그리스도가 오시기 전에 총이나 검 같은 이 세상의 권력에 따르지 않고, 말씀과 올바른 행위로 세계를 쟁취하기 위해 천사 대신 인간을 보내셨습니다(이에 대해서는 모세나 예언자, 사제, 레위인도 그렇게 말했습니다). 그 사람의 이름은 요한이고(그리스도가 증언하신 것처럼) 예언자 이상의 사람이었습니다. 그는 자신을 위해 온 것이 아니고 다만 하느님이 보내셨습니다. 더구나 주님보다 먼저 와서 유대인의 마음의 문을 두드려 눈뜨게 하고, 주님에 대해 증언하였습니다. 그는 외칩니다.
　"문을 열라. 오랫동안 기다리고 기다렸던 너희의 주님이 오신다. 잠에서 깨어나라, 빛을 보아라. 태초부터 하느님과 함께 있고 영원한 주님이시고 지금 사람이 되신 빛이 이곳에 계시다. 조심해서 네 앞을 지나치게 하지 않도록 하라."
　이 사람은 요한이라는 기품 있는 이름을 지니고 있었습니다. 그것은 '은혜로 가득 차다'라는 의미입니다. 다른 사람들처럼 아무렇게

나 붙여진 것이 아닙니다. 그 이름을 통해서 하느님의 메시지를 전합니다. 하느님께서 이름을 붙여 주셨던 옛 사람들처럼 이름이 의미하는 내용을 메시지로서 짊어지고 갑니다.

   마찬가지로 아들이 예수로 불리는 것도 무턱대고 붙여진 것이 아니고, 주님의 백성을 죄에서 구출하기 때문입니다. 요한도 자기 자신을 위해서가 아니라, 그 증거와 주님을 위한 일을 그 이름으로 나타냅니다.

〈요한의 복음서〉 1장의 강해

성탄
세례 요한이란 인물

그는 빛이 아니라 다만 그 빛을 증언하러 왔을 따름이다.

〈요한의 복음서〉 1 : 8

  나는 세례자 요한을 밀어내기는커녕 존경하고 높이 평가합니다. 그러나 그와 동시에 그와 그의 활동과 생애, 그리고 그가 증거했던 그리스도를 명확하게 구분지어야 합니다. 요한은 어디까지나 종이고 주인은 아니었습니다. 진정한 빛을 가리키고 그곳으로 인도하여도 빛 그 자체는 아닙니다. 그의 활동은 모든 예언자의 행위보다 뛰어나고 기품이 있으며 위대합니다. 주님이 곧 오신다는 것을 예언해서가 아니라 "보시오. 이분이 바로 그분"이라고 그리스도를 가리켰기 때문입니다.

  그러므로 나는 그 행위를 높이 평가하고, 사랑하는 우리의 아버지께서 이와 같은 충실한 증인을 주신 것을 감사합니다. 그의 입과 손은 축복을 받고 우리 앞에 진정한 빛을 증언하였습니다. 그리고 우리도 그 빛을 받아 마음이 영원히 빛나도록 그곳으로 인도하는 것입니다. 바로 이분이야말로 하느님의 어린 양인 주님을 가리키는 사람입니다.

  하지만 나의 구원에 대해서는 요한에 의존하지도 않으며, 그렇게

할 수도 없습니다. 또 그의 깨끗함, 엄격한 생활, 성도로서의 행위
에도 매달릴 수 없습니다. 그것은 (요한도 고백했듯이) 그 자신이
하느님인 그리스도는 아니기 때문입니다. 그리스도만이 사람들의 빛
이고 생명입니다. 요한은 어디까지나 빛에 대한 증인이고, 그 행위
를 통해서 빛의 자녀가 되도록 우리를 이끕니다. 그 때문에 밝고 부
드러운 등불처럼 반짝입니다.

〈요한의 복음서〉 1장의 강해

성탄
세례자 요한의 전도

너희는 주의 길을 닦고 그의 길을 고르게 하여라.

〈마태오의 복음서〉 3 : 3

　사람들의 마음을 깨부수고 사람은 모두 죄인임을 알리는 것은 그리스도를 위해 길을 곧게 내는 것이며 요한이 해야 할 일입니다. 사람은 모두 잃어버리고, 죄인으로 정해진 비참하고 가련한 죄인입니다. 그곳에는 깨끗하다든가, 위대하다든가, 선하다고 일컬어지는 생애·일·입장이 하나도 없고 그리스도가 살고, 일하고, 걸어 주지 않으시면 죄로 정해지는 것밖에 없습니다.
　그리스도의 이름으로 존재하지 않으면 모든 것이 무의미합니다. 사람은 모두 예수 그리스도를 필요로 하며 그 은총에 참여하는 것을 열심히 추구해야 합니다.
　인간의 모든 행위와 생애가 완전히 헛된 것임을 널리 퍼뜨리게 될 때, 그곳에 황야의 요한의 목소리가 울려 퍼지고 있으며, 바울로가 말한 순수하고도 진정한 그리스도교의 가르침이 전해지고 있습니다.
　"모든 사람이 죄를 지었기 때문에 하느님이 주셨던 본래의 영광스러운 모습을 잃어버렸습니다"(《로마인들에게 보낸 편지》 3 : 23)에 있는 대로입니다.

이것은 인간이 완전히 낮은 것이 되고, 그 자랑을 마음에서 분리해 완전히 깨 부셔야만 할 것을 의미합니다. 그리고 이것이야말로 우리의 주님을 위해 바른 길을 내고, 황야를 평탄하게 해 길을 준비하는 것이라고 말할 수 있습니다.

강림절 제4주일의 설교

성탄
진심으로 주님 맞을 준비를 합시다

"회개하여라. 하늘나라가 다가왔다!"

〈마태오의 복음서〉 3 : 2

　내가 곧 오실 주님의 길을 준비하고, 그 길을 곧게 하도록 당신에게 알리기 위해 주님보다 먼저 와서 부르는 목소리로 알았다면 엎드리십시오. 주님의 길에 방해가 되는 것을 제거하십시오. 그대로 드러난 무서운 죄를 제거하십시오. 그리고 무엇보다도 우선 겉으로는 깨끗한 것 같아도 실은 주님의 왕림을 방해하는 거짓 마음이 낳는 죄를 제거하십시오. 그리고 주님을 기꺼이 받아들여 주님을 따르고, 주님을 믿고, 세례를 받으십시오. 그렇게 한다면 하느님의 축복을 받고, 죄를 용서 받고, 구원을 받아 주님의 성도가 됩니다.
　한편, 가르침을 거부하고 옛 성질에 머물려고 한다면, 온갖 희망은 사라지고 멸망이 빠르게 찾아옵니다. 도끼는 벤치 밑이나 벽에 걸려 있는 것이 아니라 '이미 나무 뿌리에 닿아 있기' 때문입니다. (《마태오의 복음서〉 3 : 10)
　내가 증언을 하고 가리키는 분은 당신이 생각하고 있는 것처럼 나약하고 하찮은 분이 아닙니다. 사실 나보다도 강한 분이십니다. 너무나 위대하시기 때문에 "나는 그분의 신발을 들고 다닐 자격조차 없습니다."(《마태오의 복음서》 3 : 11) 주이신 하느님이기 때문입니다.
　이분은 넘칠 만큼의 은혜로 당신이 필요한 것을 채우고 축복해 주십니다. 이분을 받아들인다면 만사가 잘 되고, 받아들이지 않으면 머지않아 당신에게 이분과의 절교가 닥쳐옵니다.

1540년 설교에서

성탄
하느님의 어린 양을 보라

이 세상의 죄를 없애시는 하느님의 어린 양이 저기 오신다.

〈요한의 복음서〉 1 : 29

여기서부터 요한의 두 번째 가르침이 시작됩니다. 그는 사람들의 주의를 자기 자신에서 그리스도에게로 돌리며 말합니다.

"보라, 이 세상의 죄를 없애시는 하느님의 어린 양이 저기 오신다."

이제까지는 당신이 죄인임을 가르치고, 그 모든 행위를 죄로 정해 우선 자기 자신에 절망해야 한다고 말했습니다. 그러나 지금 하느님에게도 절망하지 않기 위해, 당신의 모든 죄를 제거하고 구원에 이르는 길을 제시하려고 합니다.

당신은 죄에서 당신 스스로를 분리할 수 없습니다. 또 선행으로 당신 자신을 정화할 수도 없습니다. 누군가 다른 사람에게 의존해야 합니다. 저도 아닙니다. 나는 그 일을 해 주는 분을 가리킬 수는 있습니다. 그 일을 할 수 있는 분은 하느님의 어린 양, 예수 그리스도이십니다. 그리스도만이 자신 위에 죄를 짊어질 수 있습니다. 하늘에도 땅에도 그 일을 할 수 있는 분은 그리스도뿐입니다. 더구나 그것은 완전한 것입니다. 아무리 작은 죄도 당신이 속량할 수는 없었지만, 그리스도는 완전히 사해 주십니다. 주님은 당신의 죄를 짊어질 뿐 아니라 온 세상의 죄까지도 짊어지십니다. 온 세상의 어느 부분만을 짊어지는 것이 아니라 대소다소를 불문하고 모든 죄를 속량합니다. 이야말로 진정한 복음이므로, 이 진리가 널리 전해지는 것입니다. 부디 이 요한이 가리키는 쪽을 보기 바랍니다. 그곳에 하느님의 어린 양이 계시지는 않습니까?

만일 요한의 목소리가 진리의 예고임을 믿고, 그가 가리키는 방향으로 나아가 당신의 죄를 짊어지는 하느님의 어린 양을 본다면, 그때 당신은 승리를 얻을 것입니다. 그리고 그리스도인이 되어 죄와 죽음과 저승과 모든 것의 지배자가 될 것입니다. 당신의 마음은 기쁨에 넘쳐 하느님의 어린 양을 사랑하게 될 것입니다.

강림절 제4주일의 설교

성탄
사람이 되신 하느님

 우리가 믿는 종교의 진리는 참으로 심오합니다. 그분은 사람으로 이 세상에 오셨고, 성령이 그분의 본성을 입증하셨으며, 천사들이 그분을 보았습니다. 그분은 만방에 전해져서 온 세상이 그분을 믿게 되었으며 영광 가운데 승천하셨습니다.

〈디모테오에게 보낸 첫째 편지〉 3 : 16

 지극히 높으신 자, 유일하고도 진실하신 하느님이 사람이 된다는 것은 얼마나 신비로운 일입니까? 거기에서 사람과 사람을 만드신 분이 하나 된 것입니다. 이성은 온 힘을 다해 이 사실에 반발합니다.
 우리의 이성으로 전능하신 하느님을 찾으려고 하늘을 헤매거나, 하느님이 하늘에서 어떻게 지배하시는가를 탐색하는 모든 것이 여기에서 무의미해집니다. 찾는 곳은 다른 데에 있습니다. 우리는 전 세계의 어디에서나, 베들레헴으로, 그 마구간으로, 말구유로, 그리고 마리아의 무릎 위에 누우신 어린 아기에게로 달려가야 합니다. 그리고 이 사실은 이성보다 앞선 것입니다.
 당신은 높은 것을 찾아서는 안 됩니다. 이제 진리는 우리의 바로 앞까지 내려왔습니다. 어머니의 무릎에 계시는 갓난아기를 볼 수 있습니다. 그곳에는 다른 아이와 똑같이 태어나 똑같이 자라고 다른 인간과 완전히 똑같은 성질, 행동을 보여 주는 아기가 누워 있습니다. 그러므로 누구도 갓난아기를 창조주로 생각하지 못했습니다.

  이 사실을 앞에 두고 현인은 어디에 갔을까요? 누가 이와 같은 일을 생각하고 구명하겠습니까? 이성은 여기에 엎드려 자신의 눈이 감겨 있었던 것을 고백해야 할 것입니다. 눈앞에 펼쳐진 사실을 볼 수도 없는데, 하늘에 올라 하느님의 심오함을 구명하길 바랐기 때문입니다.

1533년 설교에서

성탄
베들레헴의 말구유

드디어 첫아들을 낳았다. 여관에는 그들이 머무를 방이 없었기 때문에 아기는 포대기에 싸여 말구유에 눕혔다.

〈루가의 복음서〉 2 : 7

이런 일들이 땅에서는 얼마나 초라한 모습으로 비쳐졌겠습니까? 그리고 하늘에서는 얼마나 높이 평가되었겠습니까? 땅에서는 마을에서 가장 신분이 낮은 여자로 여겨졌던 나자렛 처녀 마리아에게 일어난 일입니다. 그녀가 아기를 낳았다는 그 신기한 사실을 아무도 깨닫지 못하고 있습니다. 그녀 자신조차도 침묵을 지키고, 자랑도 하지 않고 자신은 마을에서 가장 신분이 낮은 여자라고 생각하였습니다.

마리아는 남편 요셉과 함께 올라갔습니다. 아마 종도 하녀도 데리고 있지 않았을 것입니다. 요셉 자신이 주인이자 종이고, 마리아 자신이 여주인이자 하녀였기 때문입니다. 집안일도 그대로 두고 이웃에 도움을 청하러 온 것이 분명합니다.

이렇게 해서 두 사람은 베들레헴 근처까지 왔습니다. 복음서 기자는 아무에게도 받아들여지지 않은, 여행자 가운데서도 가장 초라한 자로서 두 사람을 묘사하고 있습니다. 머물 곳이 없는 요셉과 마리아는 결국 마구간으로 들어가 지붕과 테이블과 침대를 가축과 함께 썼습니다. 한편으로는 많은 부정한 사람들이 여관 2층에 앉아 왕족과 같은 대접을 받고 있었습니다. 더구나 누구 한 사람도 지금 하느님이 이 마구간에서 무슨 일을 하고 계신지 몰랐습니다. 이 커다란 위로와 보물은 그 사람들에게 숨겨져 있었습니다.

바야흐로 베들레헴 위에는 너무나도 짙은 어둠이 깔려 있었지만, 이렇게까지 반짝이는 빛을 아무도 인정할 수가 없었습니다. 하느님이 이 세상과 세상의 길을 전혀 마음에 두시지 않는다는 것이 이토록 잘 나타난 적은 없습니다. 또 세상이 하느님에 대해 전혀 무관심하다는 것을 이만큼 잘 나타내는 때도 없습니다. 세상은 하느님과 하느님의 것, 하느님이 하시는 일을 전혀 마음에 두지 않았습니다.

크리스마스의 설교

성탄
두려워하지 마라

두려워하지 마라.

〈루가의 복음서〉 2 : 10

이 왕이 두려움에 떠는 사람들을 위해 태어났고, 주님의 나라가 이들만을 위해서 존재한다는 것을 이 성구가 한 마디로 잘 나타내고 있습니다. 그들에게 말씀이 전해졌습니다. 천사는 겁에 질려 떠는 목자들에게 "기쁜 소식을 전하러 왔다" 하고 말했습니다. 이 기쁨은 모든 사람에게 전해졌는데 마음에 두려움을 안고 고뇌를 지닌 사람들만이 그 소식을 받아들였습니다. 천사가 말했습니다.
"나에게 속하고 나의 메시지를 듣는 것은 그들뿐이다. 나는 그들에게 좋은 소식을 전할 것이다."
마음에 커다란 불안을 안은 사람에게 이 기쁨이 가장 가까이 있다는 것은 얼마나 신비로운 일입니까?
빵과 생선, 부와 금전, 권위와 영예가 있으면 세상은 행복으로 기뻐합니다. 그러나 슬픔과 고뇌를 지닌 영혼은 평안과 위로를 찾고 하느님이 그에게 깊은 은총을 베푸려는지 알기를 원합니다. 고뇌하는 혼이 평안과 휴식을 발견하면 그 기쁨이 매우 커서 세상의 모든 행복도 이것에 비할 수 없습니다.

좋은 소식은 천사가 여기에서 전한 것과 같이 고뇌하는 마음에 전해집니다.

"슬픔으로 고뇌하는 자는 내 말을 들으라. 나는 너에게 커다란 기쁨을 전할 것이다."

주님이 이 세상에 강림하시어 사람이 되신 것은 여러분을 저승으로 몰아넣기 위해서가 아닙니다. 그런 것 때문에 십자가에 매달려 죽으신 것이 아닙니다. 주님은 여러분에게 주님 안에서 커다란 기쁨을 주려고 오셨습니다. 지금 그리스도를 올바르게 알고 주님이 어떤 분이신가를 묘사하려면, 천사가 그리스도를 어떻게 묘사하고 있는가에 귀를 기울이기 바랍니다. 이분은 '굉장한 기쁨'으로 불리고, 또 '굉장한 기쁨' 그 자체라고 천사들이 외칩니다.

이 말씀을 올바르게 이해하고 마음에 확실하게 지닐 수 있다면 얼마나 다행입니까? 오직 그곳에만 힘이 있기 때문입니다.

크리스마스의 설교

성탄
진심으로 아들을 맞이한다

 우리를 위하여 태어날 한 아기, 우리에게 주시는 아들, 그 어깨에는 주권이 메어지겠고 그 이름은 탁월한 경륜가, 용사이신 하느님, 영원한 아버지, 평화의 왕이라 불릴 것입니다.

〈이사야〉 9 : 5

 이 갓난아기는 다른 이유 없이 오로지 당신의 마음을 채워 주기 위해 보내졌습니다. 그래서 마음이 신앙으로 열리게 될 때 주님의 의미, 즉 '자비로우신 예수님'을 알게 됩니다. 그리고 은총으로 갓난아기를 마음에 주신 아버지 하느님을 드높이게 됩니다. 이처럼 작은 자 안에 이처럼 큰 보물이 숨겨져 있는 것은 말로 표현할 수 없는 신비입니다.
 대단한 기적이 되풀이되고 마음에 사랑과 기쁨이 채워지고 두려움은 사라집니다. 어떤 고통이 닥쳐도 평화가 있기 때문입니다. 갓난아기가 있는 곳에서는 모든 일이 순조로워집니다. 마음과 갓난아기는 분리할 수 없습니다.
 그러나 여기에서 주의해야 할 것이 있습니다. 이 세상의 온갖 기쁨과 그리스도 이외의 모든 것을 버리지 않으면 갓난아기의 평화로움을 맛볼 수 없다는 것입니다. 갓난아기는 무언가 다른 것에 매료

된 마음에는 견디지 못합니다. 모든 것을 버린 마음에만 깃들 수 있기 때문입니다.

　우리는 눈에 보이는 것과 이별해야 합니다. 정욕·재물욕·명예욕·생명·깊은 신심·지혜 그 밖에 덕에 대한 온갖 집착을 버려야 합니다. 그리고 가진 것을 모두 버리고 자기 자신도 부정한 곳에 이 갓난아기가 올 수 있습니다. 더구나 우리가 그 옛날의 아담을 마음에 지니고 있는 한 그리스도는 밖에 서 계십니다.

크리스마스 그리스도의 탄생에 대한 설교

성탄
낮은 자를 돌보시는 주님

> 권세 있는 자들을 그 자리에서 내치시고 보잘것없는 이들을 높이셨으며……
>
> 〈루가의 복음서〉 1 : 52

하느님이 육신의 모습을 취하기까지 자신을 낮추고, 인성의 신비를 경멸하지 않으시고, 아담과 하와가 그토록 더럽힌 인성을 존중해 주는 것만큼 하느님의 자비로우심을 나타낸 방법은 달리 없었을 것입니다.

만일 주님의 탄생으로 우리의 눈을 돌려 지극히 높으신 자가 기적적으로 비천한 처녀 마리아의 피와 살에 미친 그 모습에 주목한다면 나쁜 정욕과 생각이 아무리 강해도 사라지고 말 것입니다. 마리아는 이 세상에서 천대받은 만큼, 하늘에서는 그 천 배나 영예를 받는 것입니다.

하느님은 남에게 경멸을 당하면서도 주님을 기뻐하는 자에게 얼마나 커다란 영광을 주실까요? 주님이 보고 계시다는 것을 눈을 크게 뜨고 보십시오. 하느님은 가장 낮은 곳을 내려다보고 계십니다.

"주님은 케루빔 위에 앉으셔서 지극히 깊은 곳, 깊은 늪까지 내려다보고 계시다"는 말 그대로입니다.

한편, 천사가 발견한 것도 왕후나 권력자가 아니라 배우지 못한 사람, 세상에서 가장 천한 자였습니다. 그들은 예루살렘에서 하느님이나 천사에 대해서 가르치는 학자나 대사제에게 메시지를 전할 수 없었을까요? 그렇습니다. 이처럼 하늘에서 대단한 은총과 영예를 받을 가치가 있었던 자는 땅에서 아무런 영예도 없는 가난한 목자뿐이었던 것입니다. 하느님은 교만한 자들을 반드시 모두 버리십니다.

크리스마스의 설교

성탄
시므온의 기쁨

그래서 시므온은 그 아기를 두 팔에 받아 안고 하느님을 찬양하였다. "주여, 이제는 말씀하신 대로 이 종은 평안히 눈감게 되었습니다. 주님의 구원을 제 눈으로 보았습니다."

〈루가의 복음서〉 2 : 28~30

시므온은 늙어서 죽음을 눈앞에 두고 있었습니다. 뼈와 손발에 나날이 죽음이 다가오고 있음을 느끼고, 늙은이가 다 그렇듯이 나날이 약해져 가는 것을 느꼈습니다. 그러나 시므온은 슬퍼하지 않았습니다. 단지 그때가 빨리 오기만을 바랐습니다. 이 세상을 떠나는 것이 무서운 일이 아니고, 도리어 죽음을 환영한다고 말하였습니다. 그것은 그의 눈이 구세주를 보았기 때문입니다. 만일 그렇지 않았다면 죽음을 맞이해도 아무런 행복도 기쁨도 없었을 것입니다.

신앙심이 깊은 시므온은 모든 사람에게 경고하며 구세주에게로 가라고 권하였습니다(우리 모두는 구세주가 필요하다고 고백해야 하기 때문입니다). 우리의 공상을 따르지 말고 하느님 자신이 정하신 예수 그리스도를 받아들여야 합니다. 그리스도의 도움은 확실합니다.

갓난아기가 오셨습니다. 하늘의 아버지이신 하느님은 우리를 도우려고 아들을 보내셨습니다. 하느님이 보내신 구세주를 받아들이면 누구나 마음에 평안과 안식을 받습니다.

이 모든 것은 단 하나에 달려 있습니다. 즉 우리도 늙은 시므온과 함께 눈을 크게 떠 갓난아기를 보고, 팔에 안고, 입맞춤하고, 그를 우리의 희망, 기쁨, 위로, 생명으로 받아들이는 것입니다.

이 갓난아기가 하느님이 보내신 구세주라는 신앙이 우리 마음 안에 확실하게 뿌리내리면 마음이 가득 차 죄도 죽음도 두려워할 것이 없습니다. 구세주는 온갖 두려움에서 우리를 해방시켜 주시기 때문입니다.

1944년 설교에서

성탄
주님에게 영광 돌려라

그의 이름 야훼를 내가 부르면, 너희는 우리 하느님께 영광을 돌려라.

〈신명〉 32 : 3

이것은 이 땅에서는 아무도 할 수 없을 만큼 높은 가락으로 노래해야 한다는 의미입니다. 이 노래의 가장 큰 주제는 우리가 유일한 하느님만을 예배하고 진심으로 주님을 두려워하며, 사랑하고, 신뢰해 우리의 생활을 오직 주님 위에 구축해야 한다는 첫째 계명입니다.

그리고 이 노래는 주님에게 모든 영광을 돌리고 찬미하라고 노래합니다. 유일하고도 진정한 살아계신 하느님에게만 천지의 온갖 찬미와 영예가 돌아갑니다. 주님만이 모든 신에 앞서는 신, 모든 주인에 앞서는 주인, 하늘과 땅과 바다와 그 안에 있는 모든 것의 창조주, 이 땅의 온갖 나라를 다스리는 분이십니다.

주님은 뜻대로 그것들을 들어올리고 또 던져 버리십니다. 온 인류에게 생명의 숨을 주십니다. 뜻대로 지상의 모든 왕과 사람들의 마음을 만드시고 이끄십니다. 주님만이 심신에 필요한 온갖 좋은 선물을 주십니다. 주님 없이는 누구도 육체·생명·지혜·힘·건강·권위·

부·보물을 가질 수 없고 한 순간도 그런 것들을 보유할 수 없습니다.

그러므로 우리가 배우고, 기억해야 할 것은 모든 영예를 주님에게만 돌리는 것입니다. 이 세상의 온갖 선물과 영적인 도움과 위로를 열심히 주님에게 기원하는 것입니다. 마음을 주님께 바치고 좋을 때나 나쁠 때나, 살 때나 죽을 때나, 항상 주님을 신뢰합시다. 유혹에 직면했을 때에 주님에게서 숨을 곳을 찾읍시다. 온갖 슬픔과 고뇌가 닥칠 때에 주님을 찾고 주님만을 부릅시다. 이것이야말로 우리가 할 수 있는 가장 좋고 훌륭한 섬김입니다.

진정한 신앙을 가진 자, 지상에 있는 몇몇 성도만이 이와 같은 영광을 주님에게 바칩니다. 진정으로 주님을 신뢰하고 주님 위에 집을 짓습니다. 하느님, 당신께서 버팀목이 되어 주지 않으시면 한순간도 악마에게 저항할 수 없음을 압니다.

모세의 노래 강해

성탄
신앙을 굳게 지킵시다

……그러므로 우리는 그분에 대한 신앙을 굳게 지킵시다.

〈히브리인들에게 보낸 편지〉 4 : 14

만일 내가 100년을 살고 하느님의 은총으로 과거, 현재, 미래의 온갖 적의 공격에 승리할 힘을 받았다고 해도, 그것이 자손들에게 아무런 평안도 주지 못할 것은 확실합니다. 왜냐하면 악마는 아직도 살아서 이 세상을 지배하고 있기 때문입니다. 그러므로 나는 이제 생명에 집착하지 않고 단지 죽을 때에 하느님이 자비를 내려주시길 바랄 뿐입니다.

우리를 뒤따를 여러분도 싫증 내지 말고 열심히 말씀의 선교와 가르침을 추구하십시오. 하느님의 작은 등불이 꺼지지 않도록 하십시오. 경고하는 말씀에 언제나 귀를 기울이고 대비를 해 두십시오. 악마가 언제 유리창을 깨부수고, 언제 천정과 문을 부수어 등불을 끌지 모르기 때문입니다.

그러므로 언제나 몸을 삼가고 깨어 있어야 합니다. 악마는 잠을 자지 않습니다. 쉬지도 않습니다. 심판의 날까지 죽지 않을 것입니다. 여러분도 죽고 나도 죽습니다. 그러나 우리가 죽어도 악마는 변함없이 이 지상에 머무르며 그리스도인에게 겨눈 분노의 무기를 거두지 않을 것입니다. 그의 머리를 깨부수고 우리 주 그리스도가 마지막에 나타나셔서 그 분노에서 구출해 주시길, 아멘.

하느님을 두려워하는 경건한 영혼에 대한 진실을 담은 경고

루터의 생애 사상 저작

루터에 있어서의 모든 문제

 오늘날 전세계에는 격한 사회적·사상적 전환과 변혁이 진행되고 있다.
 격하다는 것은 그 자체가 강력하다든가 깊이가 있다는 것을 의미하는 것이 아니다. 전환이라든가 변혁은 단순히 외적인 면을 이끌고 있는 사회적·정치적인 운동에 한하며, 한 개인의 정신적 내부까지 흔들어 움직이게 하는 것은 되지 못한다. 그런데 개인의 내면적인 세계란, 역사상 움직이고 있는 사회적·정치적 동향의 틈바구니에 끼어들어 결국 그 속에 휩쓸려 들어가는 종속적인 미세한 일부분에 지나지 않는다고 지적되어질 수가 있다.
 그러나 하나의 변혁이 표면에만 머물러 있지 않고 영속적으로, 또 근본적으로 이루어지는 것이 그 사회를 위해서 또 민중의 복지를 위해서 필요하다 할 것 같으면, 개인이 역사나 사회에 대해서 내면적으로, 또 주체적으로 연대를 갖는 것이 가장 궁극적인 의미에서 필요한 것이 되어야 한다. 이런 문제가 제기되는 이 마당에 우리는 루터의 답변을 탐구해 보아야 할 것이다. 더구나 루터 자신에 의해서 일으켜진 종교개혁의 의미를 여기에서 다시 살펴보는 것이 객관적인 의미에서 불가피한 요청—시대적인 요청일지도 모른다.
 그러면 루터는 이 문제에 대해서 어떻게 답변을 하고 있는 것일까. 이에 대해서 루터는 그의 전생애와 그의 저작 전부가 대답을 해 주고 있다고 해도 과언이 아니다. 그의 사상과 주장은 광범위하게 그의 모든 언동 속에서 말하여져 있는 것이다. 《독일대학의 정신(Deutsche Akademiereden)》(1924) 속에 수록된 아돌프 하르낙의 〈마틴 루터의 정신사적 의의〉에 다음과 같은 구절이 있다.

'루터는 혈액 순환에 대하여 또는 중력의 법칙에 대하여, 혹은 신세계의 발견 같은 그러한 역사적인 사실 같은 것을 발견한 적은 없다. 또 그의 역사학 또는 철학적 지식에 있어서도 다른 위대한 학자들보다 우월한 것이라고는 하나도 없다. 그의 문학작품에 있어서도 이것이야말로 루터의 전부라고 말할 수 있는 것도 사실 하나도 없다. 우리에게 있어서, 《신곡》은 단테 자신이고, 《파우스트》는 엄밀한 의미에서 괴테의 전인격이지만, 이것에 상통한 것을 우리는 루터에게서 찾아볼 수가 없는 것이다.'

그의 역작에 대해서 구태여 말해 보자면, 그의 정신의 깊이와 풍요함을 가장 잘 표현하고 있는 업적은 단 하나의 번역인데, 그것은 성서의 번역일 것이다.

이것으로 미루어 봐서도 알 수 있는 바와 같이, 루터의 전체는 그의 전 언동이며, 결코 몇몇 작품에서 보게 되는 것이 아니다. 한 사람의 종교개혁자로서 발언하고, 저작하고, 행동하고, 존재했던 자가 바로 마틴 루터였으며, 또한 그는 만민과 함께 있는 존재인 것이다.

루터의 전생애를 훑어 보면 여러 가지 극적 장면이 풍부하다. 1483년에 시작하여 60여 년이 넘는 긴 생애는 여러 가지 변화된 생애였으며, 그것은 또한 각각 별개의 의의를 나타내고 있으며, 각각 다른 역할을 지니고 있다.

그러나 1521년 4월 18일, 라인 강 상류에 있는 도시 보름스에서 열린 국회에 소환되어 심문을 받았던 그날의 루터는 그의 생애에서 최고의 자리에 서 있었다. 그는 신성 로마제국의 황제 카를 5세의 심문을 받고 그의 저서를 취소할 것인지 어쩔지 단언하도록 명령받았다. 그때 그가 답변한 너무나도 유명한 말은 동석했던 기록자에 의해서 기록되어 있는데, 루터는 다음과 같이 끝을 맺고 있었다.

"양심을 어기고 행동하는 짓은 정확한 일도 아니고, 올바른 일도 아니기 때문에, 나는 아무것도 취소할 수 없고, 또 그러기를 원하지도 않으며 다만 여기에 서 있기만 하겠습니다."

이 발언의 의미는 루터의 모든 존재를 이해하기 위한 열쇠가 되리라고 생각한다. 따라서 이 상황의 결정적인 중요성 때문에 이후에도 여러 번 이 발언이 인용될 것이다. 사실 그의 전생애의 의의도 이 시점에서 결정되었다 해도 과언이 아닐 것이다.

이 보름스의 국회에 참석하고 있던 사람들은 갓 즉위했던 신성 로마제국의 황제이며, 오스트리아의 합스부르크가의 왕이었던 카를 5세를 비롯하여 여러 선제후 및 중·소 귀족, 또 황제에 직속하는 제국 기사와 제국 도시의 시민들, 즉 신성 로마제국의 부귀와 권력과 권위를 대표하는 사람들이었다. 이들은 봉건적 권력과 권위의 모든 것을 의미하고 있는 자들이었던 것이다.

마틴 루터(1483~1546)
독일 종교개혁 지도자인 루터는 '95개조의 논제'를 써서, 면죄부 판매로 이익을 얻고 있던 로마 가톨릭 교회를 강하게 비판했다.

그러면 그들 앞에 소환되어 서 있던 루터는 이때 어떤 자였던가. 그는 체격이 허약하고 얼굴이 창백한 청년 학자이며 수도사에 지나지 않았다. 〈이사야서〉 42장 1절에서 3절까지 보면, 한 사람의 하느님의 종이 하느님을 위해서 일하는 사람으로서 선출되어 있다. "여기에 나의 종이 있다. 그는 내가 믿어 주는 자, 마음에 들어 뽑아 세운 나의 종이다. 그는 나의 영을 받아 뭇 민족에게 바른 인생길을 펴 주리라. 그는 소리치거나 고함을 지르지 않아 밖에서 그의 소리가 들리지 않는다. 갈대가 부러졌다 하여 잘라 버리지 아니하고, 심지가 깜박거린다 하여 등불을 꺼 버리지 아니하며, 성실하게 바른 인생길만 펴리라."

이런 사명을 띤 사람의 종—이는 바로 보름스의 국회에 나갔던 루터의 모습이었다. 이런 초라한 모습을 한 종은 〈이사야서〉 41장 2절에 말하고 있는 바와 같이 '동방을 일으키고 민족들을 넘겨 주고 제왕들을 굴복시키는 사명'을 띠게 된 것이다.

그러나 루터는 아무런 권위도 없고 권력과도 인연이 먼 사람이었다. 다만 그는 이때 다른 누구도 갖지 못했던 이상을 가지고 사명감을 느끼고 있었으며, 그 때문에 부인할 수 없는 지위를 차지하고 있었던 것이다. 그것은 그를 제쳐놓고 아무도 대치할 수 없는 지위이며, 이 지위의 의미와 가치는 이 세상의 권위와 권력보다 훨씬 우월한 것이었다. 이것을 루터의 내면적 가치라 부를 수 있는데, 그 이유는 그에게는 권위나 권력이 없었기 때문에 그 지위는 내면적 권위를 지니고 있었다 하더라도 그것은 다만 내면적인 것에 지나지 않았기 때문이다. 그러나 바로 이것이 이 세상에서의 그의 독자적인 지위와 사명을 유지해 주는 기초인 것이다.

그는 외부의 힘이, 그것이 권력이건 권위이건 간에, 도저히 움직일 수 없는 것을 '양심'이라고 말하고 있었다. 그런데 루터가 말하는 양심이라는 것은 주관적인 적당한 그런 것이 아니었다. 그것은 그 당시의 세계, 즉 가톨릭적 세계가 갖는 권력이나 권위보다는 훨씬 우월한 것이었다. 이에 대해 루터는 보름스 국회에서의 심문에서 답변을 통해 명백하게 말했다.

"내 양심은 하느님의 말씀에 사로잡혀 있다."

신학자 고갈덴은 이에 대해서 아주 적절한 해석을 내리고 있다.

"루터는 우리들이 생각할 수 있는 최대의 자유를 가지고, 그의 전생애를 통해서 세상을 상대했다. 왜냐하면 그는 커다란 자각에 의해서, 즉 양심에 의해서 자기가 하느님의 말씀에 사로잡혀 있는 것을 알고 있었다. 이처럼 자기가 하느님 말씀에 사로잡혀 있다는 것에서 그의 자유는 그 강력한 힘을 얻었는데, 이것이야말로 그의 생애와 업적의 비밀인 것이다. 인간이 자기 본질과 실존의 기저에 사로잡혀 있을 때, 이 자유는 가능한 것이다. 그 피박성(被縛性)이 깊고 강력하면 그만큼 인간이 그 속에서 획득하는 자유는 크다."

루터가 세속적, 외면적인 권위와 권력보다 우월할 수 있었던 것은, 그의 '양심'이 하느님 말씀에 사로잡혀 있었기 때문이며, 이것은 바로 피박성에 의해서 발생된 것이다.

고갈덴은 이에 대해서 또 이렇게 말하고 있다.

"그의 신앙이 세속에 대해서 엄청나게 초월되어 있는 것이, 그로 하여금 세속에서 멀리 떨어지게 하지는 않았다는 것은, 루터에게 있어서 아주 중요한 점이다. 그가 아주 격렬했다는 것과 세속에서의 초월성에 의해서 세속에 대한 자유를 획득하고, 세상에 대해서 필요한 자유를 부여할 수가 있었다."

피박성과 자유, 이 모순된 두 가지 것, 이것이 루터의 전생애가 되고, 종교개혁의 역사적인 의의, 그 사상적 내용을 이해하는 열쇠가 될지 모른다. 이런 의미에서 그의 저작 가운데서 그의 정신을 주장하는 데 가장 중요한 저서로서 《그리스도인의 자유》와 《노예적 의지》가 있다. 이 두 가지 저서는 이 책에도 수록되어 있는데 《그리스도인의 자유》에서는 '그리스도인은 모든 것의 우위에 서는 자유로운 군주로서 그 누구에게도 종속되지 않는다'는 제일 명제를 제시하고 있고, 《노예적 의지》에서는 "인간의 의지는 그 자체가 자유롭지 못하다. 그것은 하느님에 의해서 지배받거나 혹은 악마에 의해서 지배받거나 둘 중의 하나이다"라고 말하고 있다. 여기에서도 분명히 루터에 있어서의 모순의 논리가 표현되어 있다.

루터에 있어서는 위에 말한 인간 의지의 부자유와, 따라서 하느님은 무엇인가? 라는 인식과는 언제든지 대조되어 있다. 루터는 이렇게 말하고 있다.

"우선 먼저 하느님은 전능하신 분이다. 그것은 가능성에 있어서뿐만 아니라 현실에 있어서도 그렇다. ……다음으로 하느님은 일체를 알고 또 미리 알고 있고, 실수를 하거나, 속임을 당하거나 하는 일이 없는 분이다." 그는 이어 이렇게 말하고 있다. "이 두 가지의 사항이 모든 사람의 마음에 인정받고 있다면, 우리는 우리의 의사에 의해서 만들어진 것이 아니라, 필연성에 의해서 만들어졌다는 피할 수 없는 구절을 용인하지 않을 수가 없게 된다."

이것들은 놀랄 만한 발언인 것이다. 첫째로 이 말은 하느님의 전능을 설명하는 데 사용되고 있는 논리이지만, 가능성과 현실이라는 용어는 바로 변증법적 논리로, 하느님의 전능을 필연성으로서 인정하고 있다는 것을 표시하고 있다. 그렇기 때문에 인간은 자기 의사에 의해서 창조된 것이 아니라, 필연성에 의해서 창조된 것이라는 구절로 유도되는 것이다. 루터는 "이처럼 우리는 자유 의사의 권리에 의해서 무엇인가를 행하는 것이 아니라, 하느님께서 미리 알고 계시고, 또 과오를 범하는 일이 없고, 변화하지 않는 결의와 힘에 의해서 촉진되는 대로 행하는 것이다"라고 말하고 있다.

그런데 여기에서 하느님이라는 문구를 빼놓고 보면, 이것은 유물론의 공식을 생각케 하는 논리 방식이다. 더구나 피박성과 자유가 결합되어 있는 모순의 논리는 필연성의 인식의 자유가 내용으로 되어 있는 유물론의 자유 개념을 연상케 한다. 그런데 이것은 조금도 이상할 것이 없다. 그런 의미에서의 루터의 사상은 관념론과는 아무런 연관성이 없는 것이기 때문이다. 실상 하느님의 존재와 하느님이 없는 상태와는 서로 아주 이질적인 세계에 속하여 있어도 그 형식논리상의 구조에서 보면 이 두 가지는 유사하다는 것이 명확하다.

오늘날 혼란한 세대의 와중에서 시대의 움직임은 개개인의 내면성과 결합하지 않고 단지 외적인 강제에 의해서 개개인을 결합시키고 있다. 우리 한국 역사에서는 인간이 내면적인 필연성에의 피박의식을 가져본 적은 한 번도 없다. 그런데 이것 없이는 새로운 시대를 이룩하거나 이것을 부담하는 새로운 인간을 창조하는 것도 불가능한 것이다.

새로운 창조는 내면에서부터 출발해야 한다. 그렇지 않고서는 어떠한 사회의 형성도 단지 외면적·표면적일 뿐이며, 그러한 사회는 영속성에의 보증이 없고 사회적 복지도 실현되지 않을 것이다. 거기에는 공허한 사회적 모든 조건의 결합만이 있을 뿐이고, 골격은 있어도 피와 살은 결여되어 있다. 여기에는 프로테스탄트의 하느님의 섭리—하느님의 말씀에 의한 '양심'의 피박성에 의해서 새로운 창조가 행해지는 길밖에는 없게 된다.

하느님의 섭리에의 피박성이란 현대의 표현에 따르면, 필연의 객체로서 자기를 인식하는 일이며, 거기에서 자유가 발생하는 것을 의미한다. 피박성이 엄하고 격렬하면 할수록 그만큼 자유의 감각은 한층 날카롭고 또 밝은 것이 될 것이다.

종교사상의 형성

마틴 루터의 아버지 고향은 튀링겐 지방의 시골마을 메라였다. "나는 농민의 아들이다. 내 증조부도 조부도 아버지도 순수한 농민이었다." 이처럼 루터가 농민의 아들이라고 말하였듯이 그의 부모는 처음에는 평야지대인 메라에서 살고 있었다. 그러나 이 지방에서는 막내아들 상속제가 행하여져서, 그의 아버지 한스 루터는 막내아들이 아니었기 때문에 아내 마르가레테와 함께 근처에 있는 아이슬레벤으로 이사하여 구리 광산에서 광부로 일하였다. 루터는 이렇게 그 일을 기술하였다. '그 후 내 아버지는 만스펠트로 옮겨 광부가 되었다.' '나는 광부인 그의 아들이다.'—즉 '농민의 아들' '광부의 아들'로서의 루터는 생애를 통하여 이러한 자기 내력을 자각하고 이것을 자랑으로 삼고 있었다.

아이슬레벤에는 루터의 생가가 있다. 루터가 태어날 무렵 루터의 집안은 너무도 가난하였다. 그래서 루터의 어머니는 직접 산에 가서 손수 땔감을 해와야만 할 정도였다. 루터가 세상에 태어난 이듬해에 그의 아버지는 다시 이사를 하여 만스펠트로 왔는데, 여기에서 그는 비로소 생활의 안정을 얻고 성공을 하게 된 것이다. 그는 두 개의 용광로를 영주에게서 빌려 자그마한 공장을 차렸다. 그리하여 이사온 지 불과 7년 만에 네 명의 부시장 가운데 한 사람으로 선출되기까지 했다.

마틴 루터도 이렇게 아버지의 사회적 지위가 상승하는 덕택에 교육을 받을 수가 있게 되었다. 소년기가 되자, 그는 라틴 어 학교에 입학하여 문법을 배우고 그리스도교 교리를 배우고, 찬송가도 배웠다. 루터는 14세 때 고향에서 북쪽으로 1백 킬로 정도 떨어져 있는 마그데부르크의 유명한 명문 학교에 들어갔지만, 1년 후에는 어머니의 친구가 있는 아이제나흐로 가서 그곳에 있는 성 게오르크 교구 학교에 입학했다. 그의 아버지로부터 학비조달이 여의치 않자, 그는 마을 집들을 돌아다니며 먹을 것을 구걸하며 학교에 다녀야만 했다.

1501년 그는 에르푸르트 대학에 입학했다. 이 대학은 그 당시 독일에서 제일 좋다는 평을 받았던 대학이어서, 전국에서 이 대학으로 많은 학생들이 몰려들었다. 대학은 인문주의적 정신에 충만하여 있었고, 고전으로서는 아리스토텔레스가 개설되어 있었다. 에르푸르트에서 루터는 인문주의자 학자들과 많은 접촉을 가졌다.

1502년 루터는 문학사 학위를 받고, 1505년에는 문학수사를 획득하였다. 졸업성적은 차석으로 나올 정도로 우수했다. 그는 졸업 후 이 대학에 남아서 강의를 맡으면서 한편으로는 법학 공부도 계속했다. 같은 해 6월에 그는 고향 만스펠트에 돌아왔는데 이때 그의 운명을 결정하는 순간이 찾아오게 된다.

7월 16일 에르푸르트에 돌아온 그는 갑자기 친구들을 초대하여 작별의 연회를 개최하였다. 그는 친구들에게 자기가 그들과 작별을 고하는 동기와 심경을 말해 주었다. 즉 그가 집으로 돌아오는 길에 에르푸르트에서 그다지 멀지 않은 시테투름하임 근처를 지나고 있을 때 갑자기 주위에 벼락이 떨어졌다. 그는 질겁한 나머지 이렇게 외쳤다는 것이다. "성 안나여, 나를 살려 주십시오. 그러면 나는 수도사가 되겠습니다." 그리하여 그는 이 서약 때문에 수도사가 되기로 결심한 것이다.

1505년 7월 17일 루터는 에르푸르트에 있는 아우구스티누스회 수도원에 들어갔다. 수도사로서의 그의 생활은 극히 엄격하고 고되었다. 그는 '기도·단식·철야·내한(耐寒)' 등에 의해서 고문의 괴로움을 겪어야 했던 것이다. 그는 후에 이때의 수도생활을 이렇게 술회하고 있다.

"나는 참으로 경건한 수도사였고 엄격하게 수도원의 규칙을 지켰다. 만약 수도사가 수도에 의해서 하늘나라에 들어갈 수가 있다면, 나는 충분히 들어갈 수 있었으리라 생각된다. 이것은 나를 알고 있는 모든 수도사들이 증언해 줄 수 있을 것이다."

이런 고되고 엄격한 수도 끝에 2년이 지나, 1507년에 그는 사제(司祭)

가 되어 미사 의식을 집행할 수 있게 되었다. 이렇게 그의 지위는 확보되었지만, 그의 마음의 한구석은 그리 쉽게 안정되지는 못했다. 그가 수도원에 들어온 것은 서약 때문에 구속되어 그랬다고는 하지만, 그 서약은 일생을 통해서 하느님께 봉사한다는 의의가 있어야 하는 것이다.

루터 내면의 문제는 이런 것이었다. 즉 하느님은 신성하고 완전한 정의이시다. 만약 그렇다면 그 하느님은 '내가 명하는 바를 행하라'라고 인간에게 요구하고, 만약 이것을 행하지 않을 것 같으면 인간을 심판하고 벌 주시는 하느님이시다. 그는 이와 같이 협박하는 하느님의 공포에서 도망쳐 나오기 위해서

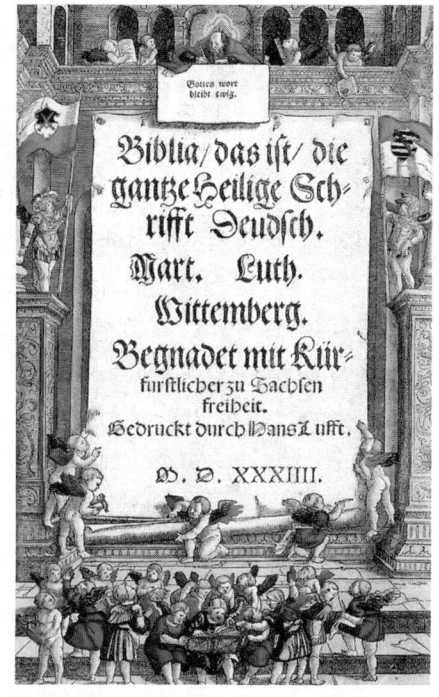

루터의 독일어 번역 성서 속표지(1534)
이 책은 작센 선제후의 허가를 받아 출판되었다. 루터의 독일어 번역 성서는 프로테스탄트가 확대되는 데 매우 중요한 공헌을 했다.

수도생활에 들어가 완전히 되려 하고, 또 벌을 면하려 한 것이다. 그러나 맑아져 가는 양심은 점점 그를 더 책망하고 하느님은 더욱더 무서운 하느님으로서 비친 것이다. 이 괴로운 시기는 오래 계속된다.

루터는 그 후 신설된 비텐베르크 대학의 초청을 받았다. 불과 스물다섯 살이라는 나이로, 그는 대학의 강좌를 맡고, 논리학과 아리스토텔레스의 철학 강의를 맡았다. 1508년 이후 그는 대부분의 생애를 여기에 바쳤다.

이와 같이 외적인 그의 생활에도 불구하고, 그의 내면적 생활은 여전히 고뇌가 계속되었다. 그는 비텐베르크의 아우구스티누스회 수도원의 건물 안에 있는 탑 속의 방에서 살았다. 여기에서 사색하고 연구하고 또 생활

을 해 왔지만, 그것은 모든 고뇌에 둘러싸여 있는 생활이었다. 그렇기 때문에 루터는 이 무렵의 고뇌를 '탑의 경험'이라고 불렀다.
 그러나 드디어 루터는 새로운 경지에 도달했다. 그에 의하면, 사람은 올바르게 생활하는 것을 평생토록 늘 구하고 원하며 사는 것으로, 하느님은 이것을 허락해 주며 풍부한 은혜를 내리시고, 그 은혜에 의해서 인간을 정의의 입장으로서도 완전한 것으로 용인한다. 이 하느님은 은혜의 하느님이시고, 인간은 다만 이 하느님을 신뢰하기만 하면 된다. 여기에 그가 표방한 시대의 표어, 즉 새로운 가르침 '오직 신앙뿐'이라는 새로운 말이 생기게 된다. 신뢰와 신앙, 이것만이 인간이 행해야 할 것이고, 그 외의 모든 것은 은혜와 더불어 주어진다는 것이다.
 이리하여 루터의 내면에는 새로운 하나의 근거가 생겼다. 그의 일상생활은 일변하고, 그의 태도나 언어에는 새로운 생생한 힘이 넘치게 되었다. 어느 날 그가 수도원 뜰에 있는 대나무 밑에 서 있을 때, 부수도원장 슈타우비츠가 루터에게 이렇게 권하였다. "당신은 신학사 학위를 받아 보면 어떻겠습니까? 그러면 무엇인가 새로운 것을 얻게 될지 모릅니다." 루터는 여러 가지 많은 이유를 내세우며 이 권고를 사양했다. 결국 루터는 설득당하여 여태까지 교양학과만을 강의해 오다가, 신학 전문가로 전환하게 된다. 이 전환은 결코 간단한 일이 아니고, 이에 의해서 종교개혁가로서의 루터의 발언이 유발되었기 때문에 아주 중요한 계기가 되는 것이다.
 원래 루터는 철학을 강의해 왔는데 철학 자체에는 사실 그다지 흥미를 갖고 있지 않았다. 그리하여 틈틈이 해 오던 성경 연구가 점점 성장하여 그를 신학 교수로 만들게 된 것이다. 동시에 그는 학자로서뿐만 아니라 그가 즐겨 하는 설교자로서도 활동을 하게 되었다. 그 결과 그는 비텐베르크 성에 속해 있는 성 교회의 사제가 되었는데, 이것은 그의 장래를 크게 결정하는 동기가 되었다. 그의 설교는 정열과 적절한 표현과 깊은 성경 지식에 의해서 많은 청중을 모았다.
 또한 루터의 신학강의는 많은 학생의 신망을 얻었다. 그의 강의는 통일적 견지를 갖고 있었고, 논리적으로도 명석했고, 또 현실 문제를 이용하여 실제적인 표현을 취하는데다 열정적인 면이 있었다. 이리하여 그는 교회의 전통인 라틴 어 번역성서만으로는 만족할 수가 없게 되었고, 이윽고는 원어인 히브리어, 헬라 어까지 연구를 하게 되었다. 그리하여 루터의 훌륭한 번역은 그의 명성을 한층 높이게 되었다. 그 무렵 루터가 강의했던 것은 성경 가운데 〈시편〉·〈로마인들에게 보낸 편지〉·〈갈라디아인들에게 보낸 편지〉 등 가장 중요하고 난해한 부분을 택하였는데, 그의 강의는 명석하고 평이하고 또 매력이 있어 호평을 받았다.

루터는 1512년 10월에 신학박사 학위를 받았다. 비텐베르크 성 교회에서는 화려하고 엄숙한 의식에 의해서 루터에게 신학박사 학위를 수여하였다. 그는 성경학 박사이고, 성경 강의의 강좌를 담당하게 된 것이다.

이와 같이 해서 루터의 종교사상은 점차 형성되어 갔다. 그의 성경 자체에 대해서 깊이 파고들어갔던 연구가 하느님에 대한 투철한 견해를 세우게 되고, 하느님에게 대조된 인간의 존재 이유, 인간의 자태나 그의 활동 의의가 분명하게 그려지게 되었다.

개혁자로서의 생애

루터는 성경강의를 해 오면서 새로운 가르침을 설교하기 시작하였다. 〈시편〉 강의에서는 새롭고 자유로운 인간과 하느님과의 관례를 전체로 하여 생생한 인간의 신앙을 찾아내고 높이 평가하였다. 〈로마인들에게 보낸 편지〉 강의에서는 로마 교황청에 대한 날카로운 비난까지 하게 되었다.

"로마 교황청은 아주 퇴폐에 물들어 있고, 병독에 감염되어 있으며, 도저히 상상조차 할 수 없을 정도로 음란하고 식도락을 즐기며, 사기꾼의 집단이며, 권세욕에 눈이 어두워 있고, 하느님을 비방하는 모독과 혼돈으로 가득 차 있다. 로마는 지금 로마 이교도시대의 제정기에 뒤떨어지지 않을 만큼 사치와 허영에 빠져 있다. 그렇기 때문에 옛 초대 교회시대보다 현재가 더욱 사도를 필요로 하고 있다."

이 글은 1516년에 쓰였는데, 이것만 봐도 루터는 로마의 사태를 완전히 파악하고 있었던 것이 분명하다. 다만 그는 이것이 하나의 사실이고, 본질은 다른 것이라 생각하였다. 그러기에 폐단만을 제거하면 그것으로 족하였던 것이다. 그러나 역사의 흐름은, 오히려 그를 이런 것을 넘어 훨씬 앞으로 전진하게 만들었던 것이다.

1513년 독일에서 가장 높은 지위이며 존경받는 지위인 대주교에 불과 나이가 23세밖에 되지 않은 청년이 임명되었다. 그는 바로 마그데부르크의 알브레히트 대주교(1490~1545)였는데, 그 이듬해 그는 대주교의 수석인 마인츠 대주교까지 되었다. 이것이 바로 선제후의 지위인데 참으로 파격적인 임명이었던 것이다. 더구나 그는 로마의 성 피에트로 대성당을 신축하기 위해서, 독일 국내에서의 면죄부를 발행하는 권한까지 위탁받은 것이다.

알브레히트 대주교는 면죄부의 판매를 도미니크회의 설교사인 테첼에게 위임하였다. 테첼은 이런 방면에서는 이미 깊은 경험을 쌓았던 사람으로서 그의 경험과 교활한 변설에 의해서 많은 사람들을 움직이고, 곳곳에서 성과를 거두고 있었다. 그는 이런 식으로 설교를 했다.

"당신들은 하느님과 성 베드로가 부르고 있는 것을 듣지 않는가. 당신들은 당신들의 영혼과 저승에 가 있는, 당신들과 친했던 사람들을 생각지 않는가……. 생각들 해 보시오. 후회하고 참회하고 기부금만을 지불하면 누구든지 죄를 용서받게 됩니다. 당신들의 친한 친척이나 친구들이 당신들에게 호소하고 있는 것이 들리지 않는가? '나를 불쌍히 생각해 달라. 나는 공포와 괴로움 속에 있다. 조금만 희사를 하면 너희들은 나를 지옥 속에서 빼낼 수가 있다.' 여러분들 어떻소, 이 소리가 들리지 않소? 그리고 그들을 구원하려는 생각이 일어나지 않습니까? …… 돈이 이 상자 속에 '짤랑'하고 들어가면 영혼은 지옥의 불길 속에서 튀어나오게 된단 말이오."

그는 이런 식으로 감언이설을 섞어 가며 설교를 하고서는 사람들에게서 돈을 거두어들였다. 그러나 테첼 일행은 루터가 있는 비텐베르크에 들어오지를 못했다. 프리드리히 영주는 자기 영내에서 면죄부가 판매되는 것을 좋아하지 않았던 것이다. 그러나 테첼은 비텐베르크령 경계선까지 다가와 열심히 면죄부를 판매했다. 루터가 속하여 있는 교구에서도 이 면죄부를 구하는 사람들이 많이 나타났고, 루터는 교도들의 말을 통해서 테첼이 '면죄부를 사면 그리스도의 어머니 마리아를 범해도 용서받는다'라든가 '교황의 문장으로 장식된 십자가는 그리스도의 십자가와 같은 가치가 있다'라고 말하고 있다는 것을 알았다.

이쯤되자 루터는 가만히 앉아서 구경만 하고 있을 수가 없게 되었다. 그는 그래도 반년 동안 심사숙고했다. 그러고서 드디어 침묵을 깨뜨리고 자기 소신을 공개하여 전 유럽에 문의해 보려 했다. 이것이 바로 그 유명한 '95개조의 논제'이며 그때 루터의 나이는 34세였다.

1517년 10월 31일 그는 비텐베르크 성 교회 문에 '95개조의 논제'를 게시했다. 이 행위는 당시 학자들 사이에 널리 행해진 논쟁의 형식을 따른 것으로, 질문을 전개하고 또 자기 견해를 표시하여 이에 대한 논쟁을 구하는 학자적인 방법이었다. 게시했던 용어도 일반 민중이 읽는 언어가 아니라, 라틴 어로 씌어 있었다. 어떤 면에서 보더라도 이것이 세계사의 새로운 시기를 만드는 그러한 화려한 개막이 아니었던 것만큼은 확실한 일이었다.

여기에서 그는 시종일관 죄의 용서는 하느님의 의사에 의한 것이고, 교회법이나 면죄부에 의한 것이 아니라는 것을 반복하고 있다.

'제1조 우리 주 예수 그리스도께서는 전도를 시작하시며 "회개하여라. 하늘나라가 다가왔다" 하고 말씀하셨다. (《마태오의 복음서》 4:17) 예수께서는 신자의 전생애가 회개하는 것이기를 원한 것이다.'

'제36조 진심으로 뉘우치고 회개하고 있다면 그리스도교 신자는 완전히 죄와 벌에서 구원받은 것이고, 구원은 면죄부 없이 그에게 주어지는 것이다.'

이처럼 그의 논지는 순수하게 교의(敎義)의 문제로서 다루어지고 논의하여져 있다. 그 중에는 제86조에서처럼, 교황의 막대한 재산을 지적하고, 성 피에트로 성당을 짓는데, 어째서 자기의 막대한 재산을 바치지 않고, 가난한 신자의 돈을 뜯으려 하느냐는 현실적인 논쟁도 있기는 하다.

그러나 전체적으로 내용은 교회법을 논하고, 교의를 논하고, 신도의 생활 태도를 올바르게 하도록 가르치는 것으로, 전혀 어떤 정치적 의도를 포함하는 것이 아니었다. 그리고 이 라틴 어 원문은 곧 독일어로 번역되고, 이것은 독일 국민 전체가 읽게 되었다.

1518년 봄에 네카어 강변에 있는 아름다운 도시 하이델베르크에서 아우구스티누스회 총회가 개최되었다. 루터는 이때 이미 시대의 인물로 세상의 각광을 받고 있는 몸이었다. 루터의 친구들은 그가 하이델베르크에 가는 것을 염려하여 중지시키려 했다. 그러나 루터는 이런 정세하에서도 '순종'은 수도사의 의무라고 하며 그대로 가기로 결정했다. 그런데 하이델베르크 총회는 예상 외로 루터에 대해서 호의적인 분위기 속에서 마치고, 오히려 그를 지지하는 사람까지 나타났다. 이것으로 말미암아 루터의 입장이 새로운 교의를 분명히 제창했다는 것이 객관적으로도 확인받게 된 것이다.

루터의 파문은 점점 퍼져 갔다. 루터에 반박하는 소리도 높아 갔지만, 그와 반대로 그를 지지하는 사람들의 수도 점점 늘어났다. 사정이 이렇게 되자 교황측에서도 그대로 있을 수가 없었다. 테첼이 루터의 '95개 조항'을 문제삼았을 때, 교황은 이것에 전연 개의치 않고 있었다. 교황 주위에서는 루터가 정말 교황에게 반항하고 있다고 생각지 않았고, 수도사들끼리의 논쟁 정도로만 여겼다. 그러나 루터의 영향이 의외로 확대되자, 교황은 도미니크회의 교황청 사자 푸리에리아스에게 명하여 루터를 비판토록 했다.

6월에 교황은 드디어 루터에게 소환장을 발송하여 60일 내에 로마에 출두하여 이단의 혐의에 대해서 변명하도록 요구하였다. 그때 마침 남독일의 아우크스부르크에서 독일 국회가 열리고 있었다. 교황은 이 국회에 출석 중인 추기경 카예타누스에 명하여 루터를 심문하려 했다.

아우크스부르크는 황제의 지배를 받고 있는 자유도시였다. 이곳은 후거 재벌의 근거지이고, 또 이탈리아와 관계도 깊고, 전독일의 봉건 영주들이 막시밀리안 1세 황제 임석하에 국회에 참석하고 있는 중이었다. 루터가

아우크스부르크 의회 풍경(1548)
왼쪽의 신성 로마제국 황제 카를 5세 앞에 독일의 제후들이 모여 있다. 가톨릭과 프로테스탄트의 투쟁은 1555년의 '아우크스부르크 화의(和議)'까지 계속되었다.

만약 이런 곳에 끌려가게 되면, 심문 결과에 따라서 자칫하다가는 체포되어 이단자로서 처형당할 수도 있는 일이었다. 그래서 루터의 친구들은 그를 말렸다. 그러나 루터는 이런 환경을 충분히 알고 있으면서도 죽음을 무릅쓰고 가기로 결심했다.

  10월 7일에 루터가 아우크스부르크에 도착했을 때, 가톨릭 교회와 관계가 깊은 이곳 시민들은 의외로 루터를 환영하였다. 그가 성문 안에 들어서자, 그들은 루터에게 "루터여, 영원하여라"고 환호성을 질렀고, 루터는 "아니, 그리스도만이 영원하리라"라고 응답하였다. 이처럼 의외로 민중의 환영을 받은 루터는 12일에서 14일까지 3일간 카예타누스의 심문을 받게 되었다. 루터는 지정된 12일에 출두하여 카예타누스와 만나 얼굴을 마주하게 되었다. 추기경은 극히 친절하게 물었다. 그는 다만 지금까지 루터가 쓴 것을 취소하여 주기만을 원하고 있었다. 이것에 대해서는 루터는 "나는 이것을 취소할 수 없다. 그러나 이후로는 침묵을 지키고 있겠다"고 말했다. 그러나 추기경은 이것을 받아들이지 않았다. 그러자 루터는 소리를 높여 이렇게 말했다. "나는 취소할 수 없습니다. 그렇게 하는 것이 나로서는 보다 올바르다는 것을 깨닫게 해 줍니다. 나는 성경을 저버릴 수 없습니다." 그는 취소하라는 말로서는 루터를 조금도 움직일 수 없을 것을 깨닫고 격노하여 말했다. "취소하든가 그렇지 않으면 두 번 다시 내 눈앞에 나타나지 말아라."

그 다음엔 극적인 루터의 아우크스부르크의 탈출이 있었다.

"나는 며칠을 더 아우크스부르크에 체류하고 있으면서 두 통의 편지를 추기경에 써서 보내어 내 의견이 변하지 않는다는 것을 알려 주었다. 그런데 그는 아무런 답장을 보내지 않았기 때문에 슈타우피츠 박사는 말을 한 마리, 그리고 내 조언자는 길을 잘 아는 길잡이를 한 명 딸려 주었다. '나는 긴 외투를 입고서 내 몸을 숨겨 밤중에 작은 문을 통해서 시외에 나아갈 수가 있었다. 비밀스런 탈출이기 때문에, 나는 승마용 바지도 장화도 박차도 없이 말을 타고 비츠베르크로 향했다. 낮에 8마일을 가고 밤중에 겨우 숙소에 도착했다. 나는 너무도 지쳐 있어서 말에서 내리자마자 서 있을 수가 없어서 그대로 쓰러져 버렸다.'"

교황은 루터를 설득하는 데 실패한 것이다. 그 후 교황은 칙사 미르티츠를 보내어 프리드리히 영주를 사주하여 루터를 체포하도록 시도한 적이 있었다. 교황은 프리드리히공이 평소에 원하고 있던 '황금 장미 훈장'을 수여하고, 루터를 체포하여 로마에 연행시키고자 했다. 그러나 미르티츠는 교황의 측근이기는 했지만, 그는 독일 사람이었고 작센 귀족 출신이었다. 더구나 독일 국민의 4분의 3이 지지하고 있는 루터를 체포하여 로마에 호송하는 것은 불가능한 일이라는 것을 그도 알고 있었다.

그러나 얼마 후 로마 교회측에서 도전을 해와 문제는 다시 불붙게 되었다. 즉 잉골슈타트 대학의 교수였던 요한 에크의 루터 공격이 시작되었고, 루터는 이에 침묵을 지키고 있을 수 없는 입장이 되었다. 에크는 루터도 평소 존경하고 있었던 박학한 신학자였다. 그는 '95개 조항' 사건 후 여러 차례 루터에게 비판을 가해 온 것이다. 이리하여 루터의 개혁자로서의 생애를 결정하는 라이프치히 논쟁이 벌어진 것이다.

　1519년 6월 24일 루터는 비츠베르크를 출발했다. 루터, 카를 슈타트, 그리고 루터의 친구 멜란히톤 등이 마차를 타고 선두에 나서고, 200명의 학생들이 창과 검을 들고 이들을 호위하며 갔다. 행선지는 라이프치히의 작센공 게오르크의 저택이었다.

　이 라이프치히 논쟁은 루터 생애의 서막에 해당된다 할지라도, 그의 학설이 이단으로 판정되는 최초의 기회가 되었고, 그 경과도 극히 극적이었다. 루터는 개나리꽃다발을 한 손에 쥐고, 이것을 바라보거나 향을 맡거나 하면서 시종 조용하게 토의를 진행시켰다.

　루터와 에크의 논쟁에는 두 가지의 중심점이 있었다. '하나는 로마교황의 지상권에 대해서이고, 또 하나는 백 년 전에 이단자로서 화형에 처해진 보헤미아의 종교개혁자 후스의 가르침을 어떻게 평가하는가'라는 점이었다.

　첫 번째 논점에 대해서 에크는 "나는 로마교황을 그리스도의 대리자로서 숭배한다"라고 했다.

　그러나 문제는 이단자 후스의 설을 어떻게 평가하는가였다. 루터는 답변할 것을 재촉받자 대답하지 않을 수 없었다. 루터는 후스의 논제는 참된 그리스도교적인 것이고, 이것을 로마 가톨릭 교회에서 부당하게 이단시하여 그를 화형에 처하였다는 점을 명백히 하였다. 이로 말미암아 루터도 이단에 속한다는 것을, 로마 가톨릭 교회측에서 고발하고 판결하도록 하는 결과가 되어 버린 것이라 해도 좋을 것이다. 이제는 루터의 운명은 결정된 거나 마찬가지이고 그에게는 화형의 길만이 남게 된 것이다.

　그러나 독일 국민의 대부분은 루터를 지지하고 있었다. 그가 후스를 승인한 것은, 오히려 그의 지지자를 증가시켰다. 그는 다시 대학에 돌아와 여전히 강의를 계속하고, 또 필요에 따라 점점 더 많은 논문이나 저서를 간행하여 반론에 응답했다.

　루터의 책이 출판되었을 때에는 군중은 인쇄소에서 이것을 기다리고 있다가 책이 나오는 대로 바로 인수하여 집으로 가지고 갔는데, 도중에 많은 사람들의 간청에 따라 이 책을 낭독해 주어야만 할 정도였다.

루터는 드디어 새로운 정신에 입각하여 행동을 시작하였다.

그는 1520년 소위 3대 종교개혁 문서를 공개하였다.

첫째는 '그리스도교계의 개선에 대해서 독일 국민의 그리스도교 귀족에게 말한다'라는 제목을 붙인 것이고, 둘째는 '교회의 바빌론 포로'이고 셋째는 이 세 가지 중 가장 훌륭한 내용을 가진 것인데 '그리스도인의 자유'가 그것이다.

앞에서도 지적한 바와 같이 루터의 저술 가운데 대표적인 것은 아마 이 《그리스도인의 자유》일 것이다.

루터가 이처럼 새로운 정신에 대해서 말할 것을 다 말하였을 때, 드디어 올 것이 오고 말았다. 즉 교황의 파문 교서였다. 이것은 60일 이내에 루터가 자기 학설을 철회하지 않을 경우에는 파문에 처하겠다는 것을 경고한 것이다. 60일이 지나 교황이 예고한 파문의 유예기간은 만료가 되었다.

1520년 12월 10일 멜란히톤의 이름으로, 학생들이 모일 것을 공고하는 게시가 나붙었다. 그날 학생·교수·시민은 성 밖의 엘베 강가에 모여 장작을 태워 교회 법규집, 에크의 신학서 등을 하나하나 소각하였다. 이제는 루터도 드디어 대담한 일보를 내디디고, 교황을 반그리스도적이라 단언하고, 이후 그들과 절연할 것을 마음먹었다.

교황은 독일 황제에게 루터를 추방할 것을 요구하여 왔다. 그러나 신임 황제 카를 5세는 교황의 요구를 무조건 받아들이거나 하지는 않았다. 그는 이 문제에 대해서 정치적으로 해결하려고 기도하였다. 그리하여 황제는 루터를 국회에 환문하려 한 것이다. 황제 카를 5세는 1521년 4월에 국회가 개최되고 있는 보름스에 출두하도록 루터에게 소환장을 발송하였다. 이와 함께 그 여행기간 중 루터의 일신의 안전을 보장하는 여행보호장도 교부하였다. 이것은 정식으로 형식이 갖추어진 황제의 소환장이기는 하였지만, 백 년 전에 후스도 여행보호장을 받았지만 화형에 처하여졌다. 그렇기 때문에 결코 루터의 신분이 보장된 것이라고는 할 수 없었다.

이때도 또 루터의 주위에서는 그에게 권고하여 출두하는 것을 막으려 했다. 루터를 위하는 사람은 그만큼 염려가 되었던 것이다. 루터는 자기 친구인 시파라틴에게 편지를 내어 심경을 토로했다.

'나로서는 소환장이 오면 그것에 응하려 하오. ……모두가 나에게 기대를 걸고 있소. 나는 도망하거나 취소하거나 하고 싶지 않소. 하느님이시여, 아무쪼록 나를 보호하여 주소서.'

1521년 4월 17일 그는 국회 회의장에 출두하였다. 그가 회의장에 들어서자, 거기에는 신성 로마제국의 황제로서 신세계 및 구세계의 두 세계를 포함하는 광대한 영토를 갖고, 중세 황제의 최후의 전통에서 이탈하지를 못하고, 시대의 커다란 전환 속에서 낡은 입장만을 고수하고 있던 카를 5세가 모든 권력을 대표하여 정상의 옥좌를 차지한 채 앉아 있었다. 그 주위에는 고귀한 선제후들, 대주교들을 비롯하여 전독일의 권위와 권력과 부를 대표하는 사람들이 모여 있었다. 그 앞에는 심신이 모두 지쳐 창백하게 야윈 아우구스티누스회 수도사 루터가 서 있었다. 심문이 시작되었다. 황제를 대신하여 한 사람의 심문관이 그에게 말을 했다. 이 광경을 황제의 특사인 알렉산더는 이렇게 기술하였다.

'심문관은 루터에게 다음과 같이 물었다. "첫째로 그대는 이 책들을 저술하였는가? —알렉산더는 황제의 명령에 따라 25권 정도의 루터의 저술들을 갖다 놓았다. —그대의 이름이 있는 이 책들을……, 둘째로 이 책들을 그대는 옹호하고 그 내용을 지켜 나갈 작정인가?" 이리하여 책들의 제목이 하나하나 낭독되었다. 이에 대해서 루터는 첫 번째 질문에 대답하였다. "나는 이 모든 책이 나의 것임을 인정하고 마틴 루터의 이름으로 되어 있는 이 책들 가운데 몇 권은 나의 것이 아니라고 한다면, 그것은 허위 진술을 하는 것이 될 것이다. 두 번째 심문에 대해서는 이것은 신앙에 관한 것으로 아주 어려운 문제에 속하기 때문에 생각할 수 있는 시간을 주어야 한다"라고 그는 말했다.'

이리하여 그날 심문은 끝나고 다음 날 4월 18일 오후 4시에 심문이 다시 시작되었다. 루터는 침착하게 심문관 앞에 섰다.

"그대가 승인한 이 저술들을 그대는 여전히 옹호할 것인가 또는 전부 취소하겠는가?"

이에 대해 마틴 루터는 라틴 어 및 독일어로 정중하게 그리고 예절바르게 대답하였다.

"황제 폐하·선제후·제후·각하들께서는 나의 명백솔직한 답변을 요구하시기 때문에 나는 완만한 표현을 사용하지 않고 말씀드리려 합니다. 나는 성경의 증거 또는 올바르고 명확한 근거나 이유에 의해서 설득받고 승복되지 않는 한, 교회나 교회 회의가 모두 이따금 과오를 범하고 또 모순되어 있다는 것을 믿고 있습니다. 또한 나는 교회나 교회 회의만을 신용할 수 없기 때문에 나는 내가 인용하고 밝힌 성경 말씀을 확신하고, 앞으로도 그러려고 합니다. 내 양심은 하느님 말씀에 사로잡혀 있습니다. 양심을 어기고 행동하는 짓은 정확한 일도 올바른 일도 아니기 때문에, 나는 아무것도 취소할 수가 없고, 또 그러기를 원하지도 않습니다."

이것은 명백한 거절의 말이었다. 그리고 최후에 그는 너무나도 유명한 다음과 같은 말로 끝맺었다.

"나는 여기에 서 있습니다. 그 외의 다른 아무것도 나는 할 수가 없습니다. 하느님이시여, 나를 구하여 주옵소서."

그는 곧 회의장을 빠져 나왔다. 그를 뒤따라 많은 사람들이 따라나왔는데, 특히 선제후를 호위하고 있던 작센 귀족들이 많았다. 그들은 루터의 숙소에서 두 손을 높이 들어 환호성을 질렀다.

보름스 국회에서의 루터―. 그때 그는 거의 전독일 국민들의 지지를 받고 있었던 것이다.

그는 보름스 국회에서의 극적인 심문에 대한 답변에서 그의 사명을 마쳤다. 그 후의 그의 남은 반생에서 독일 국민의 운명 속에 격동이 이는 가운데서 그의 생애에도 숱한 파란이 일어났다.

루터는 보름스를 떠나 작센으로 돌아가는 길에 알렌슈타인에서 다섯 명의 복면을 한 기사들에게 습격을 받았다. 그리하여 그들은 루터를 사로잡아 어디론가 납치해 갔다.

루터의 유괴사건은 곧 전국에 소문이 퍼지고 그가 살해되었다는 풍문과 더불어 국민들은 비탄에 잠겼다. 그러나 그는 작센 선제후의 모의에 의해서 바르트부르크 성에서 안전하게 보호를 받았다. 루터는 이 바르트부르크 성에서 약 10개월 간에 걸쳐 성경의 독일어 번역에 전력을 다하였다. 이에 의해서 그가 극히 존중하고 있던 성경은, 성직자들 손에서 전국민의 것이 되고, 그가 번역한 독일어 성경 문장은 이윽고 근대 독일어의 표준이 되어, 국민들 사이에 널리 통용하게 된 것이다. 그는 성경을 독일어로 번역하는 데 있어서 단어 하나하나를 선택하는 데 무척 고심을 했고, 어느 때는 한 마디의 단어를 찾기 위해서 일주일 간을 시장 속을 돌아다니며 서민들의 대화에 귀를 기울여 찾아내기도 했다는 일화가 있을 정도였다.

루터는 다시 세상에 나타났다. 그가 성에 숨어 있는 동안 독일 국내에는 사회적·정치적 동요가 일어났다. 기사들은 제후들에게 반란을 꾀하였는데 이것은 몰락하는 자기들의 지위를 방위하려고 한 것이었다. 농민들은 일반적으로 그 당시 경제적인 면에서 향상을 보이고 있었는데, 이것을 억압하려는 사회적·정치적 제도를 배제하려고 1524년에서 1525년에 걸쳐 농민전쟁을 일으켰다. 이 농민전쟁은 루터의 종교개혁에 힘입은 것이고, 또 루터의 사상에 영향을 받았던 것이다. 기사 대장 프란츠 폰 지킨겐은 인문주의 시인 웃딘을 통해서 루터의 가르침에 마음이 이끌렸고, 농민도 종교개혁사상의 영향을 받아 하느님이 내려준 권리에 의거하여 가톨릭 교회에 대한 십일조 세를 거부하고 하느님으로부터 물려받은 권리를 찾기 위한 개혁을 요구하였다. 이 요구에 의해서 농민전쟁은 시작된 것이다.

농민전쟁은 두 가지의 시기로 나누게 된다. 전기는 1524년 5월의 슈바르츠발트 폭동을 발단으로 하여 이것이 남부 독일지방인 슈바벤 지방으로 옮겨가 메밍겐 시가 중심이 되었다. 1525년 5월에 이 고을의 시민 세바스찬 로츠아가 유명한 '12개 조항'의 요구를 기초하였다. 이 운동은 이윽고 남독일 전체에 확대되고 각 지구 집단은 1명의 지휘자와 4명의 위원에 의해서 통솔되고 그리스도인 동맹을 조직하였다. 이 슈바벤 농민단이 절충한 상대는 제국통치기관으로서의 슈바벤 동맹 당국이었다. 농민측은 중재재판에 의한 평화적 해결을 구하고 루터, 멜란히톤, 츠빙글리 등을 중재

자로 지명하였는데, 당국이 이것을 기피하였기 때문에 양측의 타협은 결국 이루어지지 않았다.

농민전쟁의 후기는 튀링겐 농민단의 경우인데, 이것은 1525년 5월 이후 토마스 뮌처를 지도자로 하여 결성되었다. 이들의 주장은 보다 혁명적이고 원시 그리스도교를 이상으로 하는 공산주의적인 하느님의 지상낙원을 목표로 한 것이다. 그러나 작센, 헤센 제후의 군대에 의해서 이 농민단은 무참히 붕괴되어 버렸다.

루터는 전기 농민전쟁 당시에는 농민의 입장을 기본적으로는 지지하고, 이 폭동은 제후·주교·수도사 등의 책임이라고 하였다. '12개 조항'에 대해서도 그 중에는 공정과 정의가 포함되어 있기 때문에, 이것을 하느님과 세상 앞에서 승인해야 한다고 주장했다. 그러나 후기 농민전쟁에 있어서는 뮌처의 지휘하에 튀링겐 농민이 폭동으로 바뀌어 파괴, 약탈 행위가 격화되자, 루터는 온 힘을 다해 그것을 저지하려고 했다. 그는 농민의 폭력을 비난하고, 영주들에게 탄압을 요구하기에 이르렀다. 이른바 '농민전쟁문서'는 이 경위를 분명히 해 주고 있다. 이리하여 농민전쟁은 농민측의 참담한 패배로 끝났다. 루터가 농민전쟁 당시 처음에는 농민 편이 되었다가 후에 영주들 편을 든 것은, 자기 교회(프로테스탄트)를 확장시키고 보존하려면 영주들의 지지를 받아야 했기 때문에 그렇게 태도를 표변한 이유도 있다.

하여튼 루터가 스스로 '농민의 아들'이라 칭하면서 결국에 가서는 농민전쟁의 탄압자로 끝난 것은 그의 생애에서 씻을 수 없는 오점이 되었다. 그는 전쟁이 끝난 뒤 자기가 농민에 대한 대학살의 책임을 면치 못한다는 것을 인정하고 자기를 스스로 책하였다.

이러한 정신적인 격정 속에서, 1525년 12월 루터는 당대 서유럽 최대의 인문주의자라 불린 에라스무스의 《평론·자유의지》에 반박하여 《노예적 의지》를 저술했다.

이 무렵 그는 농민전쟁과의 관계에서 불행한 사태에 빠져 있었고, 또 수녀였던 카타리나 폰 보라는 귀족의 딸과 결혼하여 여러 가지 복잡한 상태에 빠져 있었다. 그러나 에라스무스의 '자유의지론'이 원죄에 대해서 부정적인 페라기우스주의이며, 루터의 복음의 근원에 대해서 부정적인 것을 중요시하여, 루터는 반박을 시도한 것이다. 그는 스스로 《노예적 의지》를 중요시하여 '나의 많은 저술 가운데 《교리문답서》와 《노예적 의지》 외는 전부 없어져도 좋다. 이 두 권만이 내 진정한 책이다'라고 말하고 있다. 루터는 인간의 의지는 부자유하고 노예적 의지를 갖는 데 지나지 않으며, 하

츠빙글리(1484~1531)
스위스의 종교개혁을 추진했던 성직자.

느님은 전지전능하고 인간의 행위는 하느님의 사려와 대능(大能)에 따라서 행하여진다고 단정하였다. 그는 여기에서 인문주의와 절연하여 독일 종교개혁 운동을 대표하기만 했다.

이와 같이 해서 그의 종교개혁을 위한 기본적인 작업은 끝났다. 그 뒤 루터에게는 이 길을 위해 정해진 길에 점점 더 기초를 쌓고, 그 위에 그의 작업을 쌓아올리는 일만이 남아 있게 되었다. 1540년 드디어 그의 성경번역이 완성되었고, 그의 생애에 있어서 가장 중요한 그리고 영원히 살아남을 작업이 성취된 것이다. 1544년 슈파이어 회의는 그의 가르침의 절대적인 사회적 영향에 의거하여 드디어 프로테스탄트주의를 공인하기에 이르렀다. 1546년 2월 18일 그는 여행 도중 아이슬레벤 마을에서 종교개혁자로서의 신념을 고백하면서 63세의 생애를 마쳤다.

종교개혁의 근본원리

불과 한 개인의 역사적 영향이라는 점에서 생각해 볼 때, 루터만큼 이

렇게 광범위하게 깊은 영향을 끼친 예를 다른 것에서는 그 유래를 찾아볼 수 없다. 그는 왕족이나 귀족도 아니었고, 장군도 정치가도 아니었다. 그러나 그의 생애의 역사적인 의의는 세계사의 조류 속에 큰 위치를 차지하고 있다 해도 지나친 말은 아닐 것이다.

종교개혁자로서의 그의 활동은 그 중심을 종교개혁에 두고 있는데, 그것이 연관하는 것은 일반적인 문화적·정치적, 또 사회경제적인 것이기도 했다. 그러나 그 중심은 신앙문제임은 분명한 일이고 다른 분야에 관계는 모두 파생적인 것에 지나지 않는다.

종교개혁은 원래 개혁자 루터의 개인적 경험에 기초되는 내면적인 신앙개혁이며, 그 근본 특징은 루터의 중심사상인 두 개의 원리에 표현되어 있다.

첫째 사람이 '의로워진다'는—하느님에 의해서 의로운 사람이라고 인정받는—것은 다만 내면적인 신앙에만 의한 것이지 도덕적 선행이나 새크러먼트(Sacrament : 하느님의 은혜를 신자들에게 베푸는 의식)에 의한 것이 아니라는 주장이다. 여기서 출발하여 종교는 본질적으로 하느님과의 내적 관계라고 말하여지고, 외형적인 교회제도나 의식은 그 내적 관계를 방해하는 것이 되어서는 안 된다. 만약 외형적인 모든 것이 이 내적 관계를 방해한다면, 제도·의식은 배제되어야 하며, 더구나 사제 같은 특수한 종교적 신분은 불필요하며, 신앙에 있어서는 만인은 평등하며 그런 의미에서 만인의 평등성은 '만인사제주의(萬人司祭主義)'라 불리고 있다. 이 원리는 루터 사상의 기초이며, 또 종교개혁의 기본원리인 것이다.

둘째로는 성경을 하느님의 말씀으로서, 즉 신앙의 근원인 하느님의 은총과 신앙의 내용으로서의 하느님의 진리가 계시된 것으로 보고, 이것을 지상(至上)의 것으로서 존중한 것이다. 이것은 '성경주의'라 불리고 있는 것으로서 교회의 전승에 의해서 성경을 해석하는 입장에서는 가톨릭 교회의 '전통주의'와 대립되어 있는 것이다.

여기에 말한 이 두 가지 원리 중 어느 것이나 가톨릭 교회의 사제를 필요로 하는 제도, 의식과는 대립된 것인데, 그 결과 교회는 전면적으로 개혁을 요구당하게 되었다. 그리하여 가톨릭 사상에 뿌리박는 금욕주의적인 도덕을 준수하는 수도원제도가 부정되고, 거꾸로 일상의 세속적 생활, 이것을 유지하는 직업 및 직업노동이 중요시되었다. 원래 '교직' 또는 '소명'을 의미하는 낱말 'Beruf'가 루터에 의해서 직업을 의미하게 된 것도 위에서 말한 근본원리에 의한 것이다.

이 책에 수록되어 있는 루터의 논문은 종교개혁자로서의 루터의 사상을 가장 기본적인 부문에서 포착하고, 또 가장 구체적인 모습으로 분명히 하기 위해서 선택된 것들이다.

이 논문들의 배열순은 다음과 같다.
⑴ 그리스도인의 자유(1520)
⑵ 그리스도교계의 개선에 대해서 독일 국민의 그리스도교 귀족에게 말한다(1520)
⑶ 노예적 의지(1525)
⑷ 농민전쟁 문서(1525)
⑸ 상업과 고리(1524)
⑹ 성서강의
   1. 〈시편〉(1513~15 제1회 강의)
   2. 〈로마인들에게 보낸 편지〉(1515~16)
   3. 〈갈라디아인들에게 보낸 편지〉(1531 제2회 강의)
⑺ 탁상어록

이 배열은 루터에 귀속하는 프로테스탄트주의의 정신을 표현하는 것이고, 그의 모든 사상 및 그의 인간성을 발견하는 데 충분한 소재가 이 논문 안에 들어 있다.

루터의 사상사적 의의는 프로테스탄트주의의 깊은 기초를 부여했다는 점이다. 그러나 그의 영향은 그것만으로는 끝나지 않았다. 가령 문화사적 측면에 대해서 말하자면, 그의 독일어역 성경을 주로 하는 근대 독일어에

의 영향이라든가, 교회음악 특히 합창이 끼친 독일 음악사에서의 역할은 모두가 다 세계사적인 의의가 있는 것이다. 이것과 더불어 루터의 사상이 후의 시대와 사회에 기여한 결과로 '직업소명관(Berufsidee)'을 지적하지 않을 수가 없을 것이다. 직업 또는 직업노동에 대한 내면적인 깊이를 갖는 이 확신이 유럽 근대사의 시초에 작용하는 역할 또 더 나아가 현대에 살아 있는 의의에 대해서는 새삼 말할 필요도 없을 것이다.

이런 의미에서 루터의 사상사적 의의를 그 스스로 말하는 것으로 분명히 하려 한 것이 이 책의 내용이다.

프로테스탄트주의의 근본원리는, '사람이 의롭다고 인정받는 것은 신앙에 의해서만 이루어진다'라는 루터의 가르침에 의해서 기초가 주어져 있다. 이 근본원리는 루터의 저술 속 많은 곳에서 표명되어 있지만, 이 책에 수록되어 있는 것 중에는 〈그리스도인의 자유〉와 〈그리스도교계의 개선에 대해서 독일 국민의 그리스도교 귀족에게 말한다〉 이 두 가지 논문이 특히 이 원리의 해명에 관계가 깊다. 이 두 가지 논문과 〈교회의 바빌론 포로〉를 더한 세 가지 논문은 모두 다 1520년에 저술된 것으로서 3대 종교개혁 문서라 일컬어지고 있는 대표적 문헌이다.

1520년은 종교개혁자로서의 루터의 활동이 이미 후퇴 불가능한 입장에까지 이르렀던 때이다. 이보다 앞서 1517년에는 '95개조의 논제'가 발표되어 있었다. 그는 이것에 의해서 죄를 면하는 것은, 교황의 권위나 교회의 전통에 의해서, 교회법이나 면죄부에 의해서 이루어지는 것이 아니며, 하느님의 은혜의 복음을 믿는 신앙에 의해서밖에 이루어지지 않는다는 것을 논하였다. 바로 이것이 종교개혁 운동의 기점이었다. 앞서 인용한 바와 같이 36조에서 그는 '진심으로 뉘우치고 회개하고 있다면 그리스도교 신자는 완전히 죄와 벌에서 구원받는 것이고, 구원은 면죄부 없이 그에게 주어지는 것이다'라고 주장하고 있다. 이리하여 면죄부가 원인이 되어 루터는 1518년의 하이델베르크 총회, 아우크스부르크의 국회 심문, 그리고 1519년의 라이프치히 논쟁을 경과하여 확고한 종교개혁자로서 세계사의 무대에 나타났다. 그는 1519년에는 약 50편의 논문을 발표했는데, 이것은 같은 해의 독일 국내 모든 출판물의 거의 반수에 가까웠다. 1520년에는 그가 저술한 책이 133권에 이르러, 같은 해 독일 출판물의 반수 이상을 차지하고 있다. 이 가운데에 그의 3대 종교개혁 문서가 포함되어 있는 것이다.

《그리스도인의 자유》

《그리스도인의 자유》는 그 유명한 명제, 즉 그리스도인은 '자유로운 군주'이며, 또 '봉사하는 종'이라는 명제가 뚜렷하게 나타나 있다. 이 논문은 그의 저술 중 가장 많이 읽히고 있다. 이 논문은 루터의 근본사상을 가장 똑똑하게 표명하고 있으며 그의 체험 위에 이루어져 있다. 이것은 곧 그의 영혼의 진실한 고백이며 신앙고백이다.

《그리스도교 귀족에게 말한다》

3대 종교개혁 문서 가운데 제일 먼저 쓰인 《그리스도교계의 개선에 대해서 독일 국민의 그리스도교 귀족에게 말한다》는 논쟁적이고, 개혁적인 문서이다. 이것은 교황의 독점적인 권한, 즉 성경해석, 공회의 소집 등에 대한 권한은 세속권력의 일체를 배제하고 있는데, 그것은 아무런 근거가 없는 것이다. 따라서 독일귀족은 교황의 권력에서 단절하고, 자주적인 권력을 확립시켜야 한다.

교회의 특권이나 관습은 모두 다시 검토한 후에 그 대부분은 폐지해야 한다고 루터는 여기에서 논하고 있다. 이 개혁의 주장이 교회인과 평신도 사이에는 아무런 차별이 없고, 우리들은 모두 사제이며, 모두가 하나의 신앙, 하나의 복음, 하나의 새크러먼트를 갖고 있다는 '만인사제주의'의 원칙에 의해서 이루어져 있는 것을 주의해야 한다.

또한 3대 종교개혁 문서의 하나인 《교회의 바빌론 포로》는 가톨릭 교회의 의식, 제도를 전면적으로 부인하는 것으로서 문제된 책인데, 독일에서는 루터의 주장이 그대로 실현되었다. 그가 주장한 대로 성경 말씀에 합당한 의식으로 세례와 성찬 예식만이 남게 된 것이다.

루터는 보름스 국회에서 이 3대 종교개혁 문서 등 자기 저술을 취소하기를 거부하고, 바르트부르크 성에 숨어서 성경의 독일어 번역을 완성시켜, 신앙의 유일한 근거이며, 하느님의 말씀인 성경을 교회에서 민중의 손으로 옮겨 가게 하는 데 성공했다.

그 후 그는 농민전쟁의 소용돌이 속에서 심각한 체험을 겪은 다음, 1525년 6월 13일 수도원 수녀였던 귀족의 딸 카타리나 폰 보라와 결혼식을 올렸다. 이것은 수도원 수녀와 수도사의 결혼인 것이다. 이는 루터에게 있어 오랜 심사숙고와 고뇌 끝에 도달한 결단이었다. 이것으로 성직자의 결혼금지를 해제시켰다는 의의, 또 후세에의 사회적 영향은 지대한 것이었다. 또 그의 가정이 그리스도인적 가정의 전형으로서 형성되었다. 이러한 신변의 변화 속에서 1525년 12월 《노예적 의지》가 저술된 것이다.

《노예적 의지》

이 책은 당시의 서부 유럽에서 가장 유명했던 인문주의자, 로테르담의 에라스무스가 저술한 《평론·자유의지》에 대한 반박의 서(書)이다.

제목 그 자체가 아우구스티누스의 말에서 취하여져 있는 것에서 알 수 있듯이, 그리스도교계의 중세 이래의 논점을 다시 꺼낸 것으로, 루터는 이 책의 의의를 높이 평가하고 있다. 그에 의하면 에라스무스에 반박하는 것은 엄숙하고 불가피하게 된 입장에서 취해진 것이라 말하고 있다. 그런데 이 책은 결코 논쟁을 위한 반박문이 아니라, 복음적 신앙의 집약적 표현인 것이다. 그 뒤에 루터는 "《교리문답서》와 《노예적 의지》 외는 전부 없어져도 좋다. 이 두 권만이 내 진정한 책이다"라고 말하고 있고, 이 《노예적 의지》는 복음 교리의 수위에 있는 책이라 말하고 있다. 이 책을 종교개혁의 선언이라 해도 틀림없을 것이다.

이 책의 본래의 위치로 말하자면, 이것은 에라스무스의 사상에 대한 반박서이다. 에라스무스는 중세 신학사상의 총집약이며, 아우구스티누스와 페라기우스의 대립을 통일적으로 이해하려 하여 《평론·자유의지》를 저술했다. 이에 대해서 루터는 고뇌 끝에 체험한 하느님의 의의, 신앙에 서서 청신한 논쟁을 전개한 것이다.

루터는 《노예적 의지》 속에서 인간 의지의 부자유, 즉 노예적 의지와 하느님의 전능과 전지를 대립시키고 있다.

그에 의하면 인간은 죄 속에 있기 때문에, 선에 대해서는 아주 무능력하다. 이것을 구하는 것은 오직 하느님의 은총의 독점적인 역사밖에 없다. 만약 이런 것이 승인된다면 우리는 자신의 의지에 의해서 이루어지는 것이 아니라 필연에 의해서 이루어져 있다는 것, 또 우리는 자유의지

로테르담의 에라스무스(1467~1536)

의 법칙에 의해서 무절제하게 행하는 것이 아니라, 하느님의 예정에 의해서 행하는 것이며, 또 하느님의 완전불변한 사려와 대능(大能)에 의해서 행위하는 것을 용인하지 않을 수 없을 것이다. 그렇기 때문에 인간에게는 자유의지가 없다는 결론을 얻게 된다는 것이다.

이 논문은 상당히 논쟁의 대상이 되었던 문제의 책이며, 지금도 이에 대해서 여러 가지 평론이 나와 있다. 이 책에는 약 5분의 1로 초역이 되어 있지만, 그래도 주요 논점은 모두 실려 있다.

이 책은 인간은 하느님의 의지, 즉 하느님의 예정적 의지—하느님의 의지가 인간의 구원과 멸망의 숙명을 결정한다는 예정설—밑에 있다는 것을 강조하고 있고, 거기에 모든 역경에 있어서의 그리스도인의 유일한 최고의 위로가 있다는 것을 지적하였다. 이런 의미에서 이 논문이 인간을 하느님에의 피박성으로 파악하는 것이 역경 속에 있는, 또 권력 밑에 억압당하고 있고 종교상의 싸움 속에서 억압받고 있는 사람들의 가장 강력한 위로의 근거가 되어 있는 것은 명백한 일이다.

루터의 생애 사상 저작

《농민전쟁 문서》
　이것은 비극적인 농민전쟁에 대한 루터의 발언인데, 그의 세 차례에 걸친 발언은 여기에 전부 번역되어 있다. 루터의 농민전쟁에 대한 사고방식은 순전히 신학적인 것만은 확실하다. 그가 농민전쟁에 대해서 이 속을 흐르는 두 가지의 사회적 계류가 있는 것을 식별하고 있는 것을 주의해야 한다. 앞에서 지적한 바와 같이 농민전쟁은 전후기로 나누어져 있고, 농민집단도 각각 별개의 집단들이다.
　'슈바벤 농민의 12개 조항에서는 찬성하고 지지하여 영주들에 대해서 평화를 권고한다'를 통해 루터는 전기 농민전쟁에 대해서는 그 요구의 어떤 부분에 대해서는 찬성하고 지지하여 영주들에게 경고를 하기까지 했다.
　그러나 '노략질하고 살인하는 농민 폭도에 대해서'를 통해 후기 농민전쟁에 대해서는 폭동의 폭력적 성격과 재세례파(再洗禮派)의 복음주의에서의 배반을 이유로 하여 철저하게 공격의 화살을 퍼부었다. 그러나 여기에 담긴 농민 학살을 교사한 그의 논조가 너무 과도하여서 그의 생애의 오점이라 일컬어지고 있다. 그는 후에 '농민에게 가혹한 내 책에 대한 편지'에서 이 세상의 나라와 하느님의 나라가 각각 다른 질서에 속한다고 말하며 이것을 혼돈해서는 안 된다고 말하고 있다. 그리하여 그는 폭동과 하느님의 나라는 서로 상용되지 않는다는 것을 강조하였다.
　루터는 여기에 수록되어 있는 저술을 통해서 농민전쟁에 대해서는 구체적으로 법률에 호소하는 중세 이래의 중재재판을 농민이 요구하는 한에서 이것을 지지하고, 폭동이나 혁명에 대해서는 '두 개의 각각 다른 나라'의 원칙에 의해서 배격하였다. 그러나 루터는 농민의 요구의 본질을 잘 이해하지 못하고 '농노제' 철폐의 요구마저 부정하고 있다. 유감스럽게도 농민전쟁에 대한 그의 태도는 영주들의 농민 대량 학살과 종교적인 보복이 뒷받침되어, 이것이 역사적으로는 루터의 오점으로 남게 된 것이다.

《상업과 고리(高利)》
　루터가 살아 있을 때 사회적 과제에는 남독일의 아우크스부르크를 거점으로 하는 거대한 상업·고리채 자본가인 후거가(家)를 정점으로 하는 금융·상업적 지배의 문제가 있었다. 이 세력 밑에 귀족·시민·농민들이 모두 경제적인 궁핍 속에 빠지게 된 것이다. 이때 루터는 '선한 행위'에서, 상업이나 고리를 '훔치지 말라'는 십계명이나 사랑의 가르침에 위반되는 악덕이라고 규탄하고 있다. 이 책에 실린 '상업과 고리'에서는 그 당시의 상업·고리채 자본의 실태가 명료하게 들어나 있고, 이에 대해 그 행위가 탄핵되어 있다. 확실히 당시의 상업·고리채 자본은 독점―전기 자본의 독점―체제이며, 카르텔이나 콘체른과 비슷한 독점조직을 구비하기까지 하고 있어 '고도 자본주의의 축도'였다. 루터가 이자나 이윤을 인정하고 있느냐 하지 않고 있느냐, 즉 근대경제를 이해하고 있느냐 하지 않고 있느냐는 별문제로 하고, 전기 자본체제의 본질 인식에 있어서 그의 올바르고 날카로운 눈은 높이 평가받을 만한 것이다.

성서 〈시편〉 강의

루터의 성경강의는 종교개혁과 프로테스탄트주의에 의해서 이루어진 것들이다. 이 책에는 〈시편〉, 〈로마인들에게 보낸 편지〉, 〈갈리디아인들에게 보낸 편지〉 강의들인데, 모두가 복음주의적인 가르침에 근본적인 근거를 두고 있다. 그러나 이 성경강의들을 전역으로 하지 못하고 초역으로 한 것은 유감스런 일이지만, 그러나 루터와 프로테스탄트주의에 있어서 성경의 결정적인 의의는 어느 정도 명백하게 되었다.

이 〈시편〉 강의는 그가 대학에서 행한 강의이다.

1512년 10월, 불과 29세라는 젊은 나이로 루터는 비텐베르크 대학 교수가 되었다. 그가 첫 강의의 제목으로 택한 것이 〈시편〉이다.

이 〈시편〉 강의는 아직 스콜라 신학파의 흔적이 남아 있고, 또 비유적 해석이 많고 명확한 이해가 가지 않는 곳이 많기는 하다. 그러나 여기에서 루터의 의인론(義認論)―어떻게 해서 인간이 의롭다고 인정을 받는가 하는 문제―에 대한 그의 생각이 나타나 있는 것은 매우 주목할 만한 일이다.

〈로마인들에게 보낸 편지〉 강의

〈로마인들에게 보낸 편지〉 강의는 〈시편〉 강의에 이어서 1515년 11월에 비텐베르크 대학에서 행해진 것이다. 이 원본은 오랫동안 햇빛을 보지 못하고 있다가 1905년 베를린 국립도서관에서 발굴되었다. 이것은 완전한 루터 자필의 초고이고, 그의 모든 저작물 중에서 완전한 초고는 이것만이 현존되어 있다.

〈로마인들에게 보낸 편지〉 강의의 내용은 고차적인 그의 학문적 업적일 뿐만 아니라, 루터 신학의 원천이 되고 있다. 하느님 앞에서 근본적으로 부정되었다가는 또 긍정받는 인간에 대해 그리스도에게서 표시된 넘쳐 흐르는 하느님의 은혜를 대치시켜 놓고 여기에 새로운 종교, 종교개혁에의 길을 타개하려 하는 것이 이 강의의 특색이다.

〈갈라디아인들에게 보낸 편지〉 강의

〈갈라디아인들에게 보낸 편지〉는 루터가 가장 좋아했고 존중한 성경이었다. 루터와 〈갈라디아인들에게 보낸 편지〉 강의는 또한 아주 깊은 관계로 맺어져 있다. 루터에게 1516~1517년에 비텐베르크 대학에서 〈시편〉, 〈로마인들에게 보낸 편지〉에 이어서 제1회 〈갈라디아인들에게 보낸 편지〉 강의가 점하는 중요성은 가히 추측하고도 남음이 있을 것이다. 이로부터 14년 후 그는 다시 〈갈라디아인들에게 보낸 편지〉 강의를 시작하였다. 두 번째의 〈갈라디아인들에게 보낸 편지〉 강의는 루터 사상의 일관성과 그의 발전을 말해 주고 있다.

이 강의의 원고는 청강한 학생의 필기인데 루터는 이 내용을 보증해 주고 있다.

이상의 성경 강의 3편은 종교개혁과 프로테스탄트주의의 근본원리인 '성서주의'를 뒷받침해 주는 내용을 구비하고 있는 것이다. 그리하여 이것들은 모두 성경을 하느님의 말씀으로 믿고, 하느님의 진리의 계시라는 확신이 강력하게 표현되어 있다.

《탁상어록》

이 책의 최후의 부분인 《탁상어록》은 엄밀한 의미에서의 루터의 저작은 아니지만, 루터와 그의 언동을 알기 위해서는 빠질 수 없는 문헌이다.

루터 집안에서는 보통 가족은 물론 친구들이나 학생들을 포함해서 많은 사람들이 식탁을 둘러싸고 있었다. 이들의 화제는 모든 분야에 다양한 것이며 성경해석, 신학이나 철학의 문제에 이르는 때도 있었지만 결코 지루한 것은 아니고, 활달하며 재미있는 분위기 속에서 진행되고 있었다. 그리하여 가톨릭측과 프로테스탄트측의 인물 비평, 회고담, 어떤 사건에 대한 설명, 시대의 문명 비평이나 미래에의 예언 또는 농담 등 재미있는 화제가 많았다. 그런데 이런 화제가 동석하고 있던 사람들이나 학생들에 의해서 기록되었던 점이 흥미있는 점이다.

종교개혁가 루터의 사상은 독일인의 3분의 2가 이것을 받아들이고, 이것은 북방으로 뻗어 덴마크·스웨덴·노르웨이로 전파되었다. 이리하여 이 지역은 루터파의 새로운 영역을 형성하였다.

루터 연보

1483년
  11월 10일, 마틴 루터는 한스 루터와 그 아내 마르가레테 사이의 아들로서 독일에 작센 선제후령에 속하는 만스펠트 백작 영내인 아이슬레벤에서 태어났다. 이튿날 성 베드로 교회에서 수세(受洗)하였는데, 그 날이 마침 성 마르티누스의 날이었으므로 이를 따라 마틴이라고 명명되었다.

1484년(1세)
  아버지 한스는 당시 막내아들 상속제로 인해 상속권이 없자, 1483년 가을에 아내와 함께 아이슬레벤으로 가 광부로 나갈 결심을 하였으나, 그보다 반년 후인 1484년 여름에 마틴을 데리고 제련업의 중심지인 만스펠트로 이주하였다. 마틴은 여기에서 1496년(13세)까지 부모 밑에서 양육되고 또 학교교육을 받았다.

1488년(5세)
  3월, 만스펠트의 라틴 어 학교에 입학하여 9년간 재학하였다.

1497년(14세)
  부모 슬하를 떠나 만스펠트의 라틴 어 학교에서 마그데부르크의 라틴 어 학교로 보내어졌다.

1498년(15세)
  이 해의 부활절 즈음에 마그데부르크에서 만스펠트로 돌아갔다가 다시 아이제나흐의 성 게오르크 교구의 학교로 보내어져 4년간 재학했다.

1501년(18세)

4월, 에르푸르트 대학에 입학하여 인문학부에서 1505년까지 일반 교육 과정을 이수, 이 동안에 1502년 9월에는 B·A(문학사)를, 1505년 2월까지에 M·A(문학수사)를 획득하였다.

1505년(22세)

5월 20일, 아버지의 희망에 따라 법학부에서 법학 공부를 시작했다. 7월 2일 자택에서 에르푸르트로 돌아가는 중 에르푸르트 북방 1킬로 반 지점인 시테투름하임 주위에 벼락이 떨어져, 수호성자인 안나의 도움을 구하고 수도사가 될 것을 맹세했다. 7월, 에르푸르트에 있는 아우구스티누스회 수도원에 들어갔다.

1507년(24세)

4월 4일, 1년간의 견습기간 뒤에 수도사로서 받아들여졌으며, 이때 사제로 서품되었다. 5월, 아우구스티누스회 수사 교회에서 첫 미사를 집행하였다.

1508년(25세)

10월, 비텐베르크 대학의 인문학부에서 교편을 잡게 되어 아리스토텔레스의 도덕철학 《니코마코스 윤리학》을 강의하기 시작했다.

1510년(27세)

11월 중순경에 독일 아우구스티누스회 수도원을 동요케 한 중요한 분쟁 문제에 대하여 교황에게 상소하기 위하여 수도사 한 사람을 수행하고 로마로 갔다.

1511년(28세)

4월 초순에 에르푸르트로 돌아가 롬바르두스의 《신학 명제론집》을 강의하였는데, 여름이 다 갈 즈음에 에르푸르트를 떠나 다시 비텐베르크로 돌아가 평생 거기에 자리를 잡고 살게 되었다.

1512년(29세)

10월 4일, 신학박사 학위를 땄다. 10월 20일, 비텐베르크 대학 신학부 교수로 취임하여 이후 죽기까지 이 직에 있었다.

1513년(30세)

8월 16일, 〈시편〉 제1회 강의를 시작했다.

1515년(32세)

11월 3일, 〈로마인들에게 보낸 편지〉 강의를 시작했다.

1516년(33세)

10월 27일, 〈갈라디아인들에게 보낸 편지〉 강의를 시작했다.

1517년(34세)

4월 21일, 〈히브리인들에게 보낸 편지〉 강의를 시작했다. 10월 31일, '95개조의 논제'를 마인츠 대주교 알브레히트에게 편지에 동봉하여 보냈다.

1518년(35세)

1월 20일, 오데르 강변의 프랑크푸르트에서 개최된 도미니크회의 총회에서 테첼의 〈106조문〉이 루터에 대한 반대론으로서 발표되었다. 4월 11일~5월 15일, 루터는 하이델베르크에서 행한 독일 아우구스티누스회 총회(4월 25일 개최)에 출석하였다. 6월, 로마에 있어서 교회법의 '이단의 의심'이라는 조항에 비추어 루터의 심문이 개시되었다. 8월 25일, 멜란히톤이 고전어 교수로서 비텐베르크 대학 인문학부에 초빙되었다. 10월 12일~14일, 카예타누스에 의한 루터의 심문이 아우크스부르크의 후거 저택(아우크스부르크의 국회에서가 아님)에서 행해졌다.

1519년(36세)
1월 4일~10일, 교황청에서 파견되어 아우크스부르크에 도착해 있던 미르티츠와 회담하기 위하여 알텐부르크로 갔다. 7월 4일~14일, 라이프치히에서 루터와 요한 에크와의 사이에 토론이 행해졌다.

1520년(37세)
6월 15일, 교황 레오 10세는 루터에게 파문을 위협하는 대교서를 발하였다. 8월 중순 《그리스도교계의 개선에 대하여 독일 국민의 그리스도교 귀족에게 말한다》, 8월 하순 《교회의 바빌론 포로》, 11월 중순 《그리스도인의 자유》를 출판. 12월 10일, 비텐베르크의 에르스터 문 광장에 모인 군중들이 교회 법규집, 에크의 신학서, 파문을 위협하는 대교서 등을 불태웠다.

1521년(38세)
1월 3일, 루터에게 정식적으로 파문장이 발해졌다. 1월 27일, 보름스 국회가 개최되고 4월 17일~18일, 루터는 보름스 국회에서 심문을 받고 거기에서 세계사적으로 유명한 발언을 하였다. 4월 19일, 황제 카를 5세는 스스로 기초한 판결문을 낭독하고 루터의 이단을 선고하였다. 5월 4일, 루터는 보름스를 떠나 작센으로 돌아오는 길에 알렌슈타인에서 습격을 받고 밤에 바르트부르크 성에 도착하여 1522년 3월 1일까지 귀족 게오르크라고 칭하고 체재했다. 5월 26일, 보름스 칙령이 발포되었다.

1522년(39세)
2월부터 루터는 신약성서의 독일어역을 완료했다. 3월 1일, 바르트부르크를 출발하여 비텐베르크로 돌아갔다. 3월 9일~15일, 열광주의자와 성상 파괴자를 진정시키는 설교를 하여 비텐베르크의 동요를 가라앉혔다. 8월, 영국 왕 헨리 8세의 질의서에 대하여 루터는 독일어로 답변을 썼다. 9월, 독일어역 신약성서가 출판되었다(이른바 9월 성서). 12월, 그의 독일어역 신약성서의 제2판이 나왔다(이른바 12월 성서).

1523년(40세)
2월《예수 그리스도는 유대인으로 태어나셨다는 것》, 3월에《이 세상의 권위에 대하여 사람은 어느 정도까지 이에 대하여 복종할 의무가 있는가》를 출판. 4월 7일, 카타리나 폰 보라를 포함한 9명의 수녀들이 수녀원을 탈출하여 비텐베르크로 왔다. 4월《교회에 있어서의 예배의 순서에 대하여》《독일어 세례서》, 7월 29일《네덜란드의 그리스도인에게 보내는 편지》를 출판. 8월 31일, 구약성서의 독일어역의 첫 부분이 출판되었다.

1524년(41세)
1월《독일 전시의 참사회원에게 대하여 그리스도교적 학교를 설립하고 유지해야 할 것》을 출판. 5월, 농민전쟁이 시작됨. 9월《상업과 고리》, 에라스무스, 루터에 대하여《평론·자유의지》를 썼다. 10월 9일, 루터는 아우구스티누스회 수도원의 수도사로서의 옷을 벗었다. 그는 비텐베르크에 남은 이 회 최후의 수도사였다. 12월《천래(天來)의 예언자들을 공박함, 성상(聖像)과 비적(秘蹟)에 대하여》를 출판.

1525년(42세)
2월, 구약성서(〈오바댜〉, 〈요나〉, 〈미가〉)의 강의를 계속했다. 5월 9일《슈바벤 농민의 12개조에 대하여 평화를 권고한다》를 제1서인《평화권고》의 신판 부록으로서 출판. 5월 중순에《훔치고 죽이는 농민 폭도에 대하여》를 출판. 6월 13일, 루터는 카타리나 폰 보라와 결혼하였다. 7월 초순《농민에 대한 가혹한 소저(小著)에 대한 편지》를 출판. 10월 29일,

비텐베르크에서 최초의 독일어 미사가 집행되었다. 12월《독일 미사와 예배의 순서》, 에라스무스의《평론·자유의지》에 대한 반박서인《노예적 의지》를 써 에라스무스와 결별했다.

1526년(43세)

6월 7일, 루터의 첫 아이 요하네스가 태어났다. 6월 25일~8월 27일까지 개최된 슈파이어 국회에서 터키군의 공세에 감안하여 보름스 칙령의 실시 연기가 결의되었다.

1527년(44세)

1월《군인도 또한 구원될 수 있는가》를 출판. 7월 6일, 루터 앓다. 8월 31일, 루터의 병고는 겨우 차도가 생겼다. 9월 13일, 루터는 작성 중인 작센의 교회 순찰 조령을 재차 교열하였다. 11월 26일~29일, 루터는 부겐하겐, 멜란히톤, 아그리콜라와 함께 토의를 위하여 토르가우로 갔다. 12월, 둘째 아이 엘리자베트 태어났다.

1528년(45세)

1월《십계의 강해》, 3월《작센 선제후 영내의 목사들에 대한 순찰 지도에의 선언》, 3월 28일《그리스도의 성찬에 대한 고백》을 출판. 8월 3일, 루터의 딸 엘리자베트가 죽었다. 11월, 교회 순찰 여행에 참가하였다.

1529년(46세)

1월 20일《소교회 문답서》를 발표. 4월 19일, 슈파이어 국회에 있어서 복음주의 입장에 선 제후와 도시대표가 국회 결정에 대하여 항의하였다. 4월 23일, 《대(對) 터키 전쟁에 대하여》《대교리 문답서》를 출판. 5월 4일, 셋째 아이 막달레네 태어났다. 5월 16일《소교리 문답서》에 가필한 《일반의 목사, 설교자를 위한 소교리 문답서》가 책의 체재로 출판되었다. 여름에 멜란히톤과 협력하여 최초의 복음주의적 신앙고백인 시바바하 조항을 만들었다. 9월 15일~10월 18일, 스위스 및 상독일의 츠빙글리파와 회담하기 위하여 마르부르크로 향하였다.

1530년(47세)

3월에 멜란히톤, 부겐하겐, 유스투스, 요나스의 협력을 얻어 루터는 〈토르가우 신조〉를 만들어 아우크스부르크 국회를 위하여 준비하였다. 4월 16일~10월 13일, 이 사이에 루터는 파이트 디이트리히와 함께 코부르크 성에 체재하였다. 그는 제국 아하트(법률보호 정치)형을 받고 있는 몸이므로 아우크스부르크 국회에는 출석할 자격이 없어 선제후령의 최남단에 있는 이 성에서 편지로 멜란히톤과 연락하였다. 4월 29일 《아우크스부르크 국회에 참집한 종교인에 대한 충고》를 출판. 이즈음 〈예레미야서〉의 독일어역을 끝내고 〈에스겔서〉 38, 39장을 번역하고 〈시편〉 강의를 계속 진척시키고 있었다. 6월 25일, 작센의 상서(尙書) 크리스찬 바이엘, 멜란히톤의 집필에 의한 〈아우크스부르크 신앙 고백〉을 국회에서 낭독하였다. 8월 3일, 가톨릭측의 〈반박문〉이 낭독되었다. 9월 12일 《번역자와의 편지》를 출판. 이즈음 복음주의적 제후는 국회를 떠났다. 루터는 코부르크 체재 중 병으로 신음하였다. 《사랑하는 독일인에 대한 충고》, 10월 《열쇠에 대하여》를 출판. 부겐하겐의 뤼벡에 복음주의적인 교회 조령을 시행하였다. 11월 19일, 아우크스부르크 국회는 복음주의적인 입장에 있는 제후와 도시 대표가 결석한 중에 보름스 칙령의 갱신과 모든 교회개혁의 금지를 결의하였다. 12월 31~이듬해 2월 27일 황제의 조처와 가톨릭적 여러 신문에 대항하기 위하여 복음주의적인 입장에 선 제후와 도시 대표의 사이에 슈말칼덴 군사동맹이 성립되었다.

1531년(48세)

1월, 이즈음부터 루터는 성서 번역을 위하여 조력자와 끊임없이 위원회에 출석하였다.

1532년(49세)

1월 28일, 루터의 다섯째 아이 파울이 태어났다. 이즈음 그는 앓는 일이 종종 있었는데, 그러나 그는 자신의 집에 있어서의 집회에서는 많은 설교를 하고 있었다.

1534년(51세)

성서의 독일어역을 완성하여 제1판을 내었다. 제2판은 1540~1541년, 제3판은 1546년에 세상에 내놓았다. 12월 17일, 루터의 막내아이 마르가레테가 태어났다.

1535년(52세)

《갈라디아서 강의》가 출판되었다. 루터는 신학부장으로서 교무(校務)가 매우 바빴다. 11월, 교황 대사 페터 파울 베르길리우스는 다가올 공회의 준비를 위해 선제후의 손님이 되어 비텐베르크에 체재했다. 루터는 정장을 하고 기쁨과 자랑을 안고 그의 초대에 응하여 식사를 나누었다.

1536년(53세)

3월, 상독일의 신학장 볼프강 카피토와 마틴 부우차는 잠시 동안 루터와 이야기를 나누고 개혁파와 루터파와의 사이에 비텐베르크 화협이 성립했다. 그러나 양자의 동맹은 오래 계속되지는 않았다. 7월 12일, 에라스무스가 바젤에서 사망. 루터는 〈슈말칼덴 조항〉을 기초하여 가톨릭과의 상위점을 한층 분명히 강조하였다.

1537년(54세)

1월 21일~3월 14일, 루터는 프로테스탄트 제후의 동맹회의에 출석하기 위하여 슈말칼덴으로 가서 거기에 머물었다. 그가 기초한 〈조항〉은 다수의 신학자들의 승인을 얻어 이 회의의 신조로서 결정되었다. 이 회의는 교황 바울 3세에 의하여 오순절에 개최가 예정되어 있던 이탈리아의 만토

바 회의에서 출석을 거절하였다. 2월 18일, 루터는 결석병에 신음하여 2월 26일 귀국길에 오르게 되었다. 8월 12일, 부겐하겐은 덴마크에서 종교개혁적인 입장에서 하는 교회조례를 시행하였다.

1539년(56세)

3월《공회의와 교회에 대하여》를 출판. 이즈음 그는《비텐베르크 루터 전집》의 제1권의 서문을 썼다(9월 출판). 다시 어지럼증과 결석병에 신음했다. 성서개정위원회를 1544년까지 계속했다. 12월, 헤센 방백 필립의 중혼(重婚) 문제에 대하여 루터는 구약의 족장에서도 선례가 있음을 이유로 비밀리에 이를 시인하여 비난을 받았다.

1540년(57세)

1월, 루터의 아내 카타리나 폰 보라가 중병에 걸려 선제후가 노루를 병상으로 보냈다.

1541년(58세)

3월《한스 보르스트를 논박함》을 출판. 4월, 루터의 병이 심해졌다.

1542년(59세)

1월 6일, 루터 유언장을 씀. 5월, 루터는 최후의 〈창세기〉 강의를 시작했다. 9월 20일, 셋째 아이 막달레네가 잠시 앓다 죽었다.

1543년(60세)

1월《유대인과 그 허위에 대하여》를 출판. 11월, 〈창세기〉 강의의 최초의 11장이 인쇄되었다(1535~1545년에 강의되었던 것).

1544년(61세)

8월 11~27일, 루터는 차이츠에 니콜라우스 폰 암스도르프를 방문하였다. 10월 5일, 루터는 최초의 복음주의적 교회당인 토르가우의 성 교회에서 성별(聖別)하였다. 12월 19일, 최후의 성서개정위원회가 열렸다.

1545년(62세)

3월 《악마에 의하여 세워진 로마의 교황에게 반대하여》를 출판. 11월 17일, 〈창세기〉 강의를 마쳤다. 루터의 서문을 붙인 라틴 어 저작집의 초판(비텐베르크판)이 인쇄되어 출판되기 시작하였다. 12월 13일, 토리엔토 공회의가 열렸다.

1546년(63세)

전 해 12월 22~1월 7일, 멜란히톤과 함께 만스펠트에 여행하여 만스펠트 백작의 분쟁문제의 조정에 나섰다. 1월 23~28일, 만스펠트 백작의 상속문제를 에워싼 분쟁조정을 위하여 아이슬레벤에 여행을 떠났으나, 자르 강의 범람 때문에 하는 수 없이 할레에 체재하고(1월 25일), 할레를 28일 출발하였으나 도중에서 병을 앓았다. 요나스가 그곳에서 그를 수행하였다. 2월 14일 만스펠트 백작의 분쟁을 해결하였다. 2월 18일, 병의 발작이 나타났으므로 그날 밤 루터의 친구들이 그의 죽음이 다가온 것을 알았다. 드디어 루터는 영면하였다. 2월 20~22일 루터의 유해는 성(城) 교회에 매장되기 위하여 아이슬레벤으로부터 비텐베르크로 옮겨졌다.

추인해(秋仁海)
전남대학교 대학원 정치학과 졸업(정치학 석사). 한신대학교 신학대학원 졸업. 장로회신학대학교 목회 신학 박사과정. 연세대학교 신학대학원(목회상담학) 수학. 좋은 교회 담임목사. 대한기독교신문 칼럼니스트. 지은책 수상집「진리가 너를 자유케 하리라」옮긴책 노먼 필「적극적 사고방식」

122
Martin Luther
VON DER FREIHEIT EINES CHRISTENMENSCHEN
DAY BY DAY WE MAGNIFY THEE
그리스도인의 자유/루터 생명의 말
마틴 루터/추인해 옮김
1판 1쇄 발행/2010. 5. 1
1판 3쇄 발행/2016. 2. 20
발행인 고정일
발행처 동서문화사
창업 1956. 12. 12. 등록 16-3799
서울 중구 다산로 12길 6(신당동, 4층)
☎ 546-0331~6 (FAX) 545-0331
www.dongsuhbook.com

*

이 책의 출판권은 동서문화사가 소유합니다.
의장권 제호권 편집권은 저작권 법에 의해 보호를 받는 출판물이므로 무단전재와 무단복제를 금합니다.
사업자등록번호 211-87-75330
ISBN 978-89-497-0661-0 04080
ISBN 978-89-497-0382-4 (세트)